中華古籍保護計劃

ZHONG HUA GU JI BAO HU JI HUA CHENG GUO

·成果·

民國時期文獻
保護計劃

成果

# 寧波市圖書館等八家收藏單位民國時期傳統裝幀書籍普查登記目録

浙江省民國時期傳統裝幀書籍普查登記目録 · 寧波

國家圖書館出版社
National Library of China Publishing House

**圖書在版編目(CIP)數據**

寧波市圖書館等八家收藏單位民國時期傳統裝幀書籍普查登記目録/《寧波市圖書館等八家收藏單位民國時期傳統裝幀書籍普查登記目録》編委會編. --北京:國家圖書館出版社,2018.12

(浙江省民國時期傳統裝幀書籍普查登記目録)

ISBN 978-7-5013-6459-6

Ⅰ. ①寧… Ⅱ. ①寧… Ⅲ. ①公共圖書館—圖書館目録—寧波—民國 Ⅳ. ①Z822.1

中國版本圖書館 CIP 數據核字(2018)第 129210 號

**書　　名**　寧波市圖書館等八家收藏單位民國時期傳統裝幀書籍普查登記目録
**著　　者**　《寧波市圖書館等八家收藏單位民國時期傳統裝幀書籍普查登記目録》編委會　編
**責任編輯**　張珂卿

---

**出　　版**　國家圖書館出版社(100034　北京市西城區文津街 7 號)
(原書目文獻出版社　北京圖書館出版社)
**發　　行**　010-66114536　66126153　66151313　66175620
66121706(傳真)　66126156(門市部)
**E-mail**　nlcpress@nlc.cn(郵購)
**Website**　www.nlcpress.com→投稿中心
**經　　銷**　新華書店
**印　　裝**　河北三河弘翰印務有限公司
**版　　次**　2018 年 12 月第 1 版　2018 年 12 月第 1 次印刷

---

**開　　本**　787×1092(毫米)　1/16
**印　　張**　30.25
**字　　數**　630 千字

---

**書　　號**　ISBN 978-7-5013-6459-6
**定　　價**　270.00 圓

# 《浙江省民國時期傳統裝幀書籍普查登記目録》

## 指導委員會

**主　任：**褚子育

**副主任：**葉　菁

**委　員**（按姓氏筆畫排序）：

呂振興　李儉英　金琴龍　倪　巍　徐兼明

徐　潔　陸深海　陳泉標　陳　浩　孫雍容

張純芳　張愛琴　褚樹青　樓　婷　鍾世杰

應　雄

# 《浙江省民國時期傳統裝幀書籍普查登記目録》

## 工作委員會

**主　任：** 褚樹青

**委　員**（按姓氏筆畫排序）：

王以儉　毛　旭　占　劍　沈紅梅　季彤曦

胡海榮　莊立臻　徐益波　孫旭霞　孫國茂

劉　偉　應　暉

# 《浙江省民國時期傳統裝幀書籍普查登記目録》

## 編纂委員會

**主　編：** 徐曉軍

**副主編：** 曹海花　童聖江

**統校和編纂工作小組組長：** 曹海花（浙江圖書館）

**統校和編纂工作小組成員**（按姓氏筆畫排序）：

干亦鈴（寧波市圖書館）

吕　芳（浙江圖書館）

沈秋燕（嘉興市圖書館）

秦華英（浙江圖書館）

唐　微（紹興圖書館）

陳瑾淵（温州市圖書館）

# 《浙江省民國時期傳統裝幀書籍普查登記目録》

## 序　言

近代中國社會由封建王朝向民主政體蛹變的轉型時期，傳統思維與新思潮强烈衝突，書籍也隨之進入了重大變革時期，以綫裝書爲代表的傳統裝幀書籍日漸式微，傳統裝幀與現代裝幀進入了一個并存期。社會革命的發生并不意味着文化馬上就發生根本性的變化，文化的發展是有連續性的，它不會因朝代的突然更替而發生斷層式的變化。1912年辛亥革命勝利後，中國傳統文化的發展依然繁榮，産生了一大批高質量的傳統裝幀書籍，這部分書籍也是中國傳統文化的重要組成部分。百年來，公共圖書館等公藏單位將這部分書籍跟古籍采取一樣的存放、管理、保護方式。浙江是文化大省，文化底藴深厚，書籍刻印歷史悠久，前賢留下的著述浩如烟海，藏書雅閣及私人藏書爲數衆多，民國期間也刻印了大量典籍，民國時期傳統裝幀書籍在各藏書單位（尤其是基層單位）所藏歷史文獻中占據了相當大的比重。這些文獻形成了浙江文獻典藏的重要特色，是浙江傳統文化的重要組成部分。爲更加全面地掌握全省歷史文獻文化遺産現狀，揭示全省各地區文化脉絡，浙江省自古籍普查伊始就將民國時期傳統裝幀書籍納入古籍普查範圍。

按照《全國古籍普查登記手册》要求，登記每部古籍的基本項目，必登項目有索書號、題名卷數、著者、版本、册數、存（缺）卷數，選登項目有分類、批校題跋、版式、裝幀形式、叢書子目、書影、破損狀况等内容。“秉持浙江精神，幹在實處、走在前列、勇立潮頭”，浙江省的古籍普查工作一直高標準、嚴要求，自始至終堅持全國古籍普查登記平臺（以下簡稱古籍普查平臺）項目全著録，堅持文字信息和書影信息雙著録，登記每部書的索書號、分類、題名卷數、著者、卷數統計、版本、版式、裝幀、裝具、序跋、刻工、批校題跋、鈐印、叢書子目、定級及書影、定損及書影等16大項74小項的信息。普查統計顯示，截至2017年4月30日，全省95家單位共藏有中國傳統裝幀書籍337405部2506633册，其中民國時期傳統裝幀書籍117543部751690册，占全部傳統裝幀書籍的三分之一。

普查登記著録工作結束後，省古籍保護中心組織普查業務骨幹統校、編纂全省的普查登記目録。全省的普查登記目録是將古籍和民國數據分開的，由省古籍保護中心統一規劃，分别出版《浙江省古籍普查登記目録》和《浙江省民國時期傳統裝幀書籍普查登記目録》。古籍數據統校完成後，於2017年3月成立由浙江圖書館、寧波市圖書館、温州市圖書館、嘉興市圖書館、紹興圖書館5家單位的7名普查業務骨幹組成的《浙江省民國時期傳統裝幀書籍普查登記目録》統校和編纂工作小組，開展民國時期傳統裝幀書籍普查數據的統校和登記目録的編纂工作。

民國時期傳統裝幀書籍普查數據統校要求和登記目録編纂工作程序與古籍相同，省古籍保護中心制定的《浙江省古籍普查登記目録編纂工作方案》《浙江省古籍普查數據統校細則》，也適用於指導全省民國時期傳統裝幀書籍普查數據的統校和登記目録的編纂。統校和編纂工作程序如下：導出古籍普查平臺上的數據，切分出民國數據，按照設定的普查編號、索書號、分類、題名卷數、著者、版本、批校題跋、册數、存（缺）卷這幾項登記目録的出版款目對表格進行整理，整理後按照題名進行排列分給各統校員進行統校，統校結束後的數據按行政區域進行彙總，交由分區負責人進行覆核，覆核結束後由省古籍保護中心一一寄給各館進行修改確認，經各館確認後由分區負責人進行最後審定。

全省參與普查的共95家單位，其中94家有民國時期傳統裝幀書籍，進入本登記目録的有93家單位，總數達11萬餘部。根據分區域出版和達到一定條數可以單獨成書的原則，全省的民國時期傳統裝幀書籍普查登記目録大致分爲以下15種：浙江圖書館，浙江省博物館，中國美術學院圖書館等四家收藏單位，杭州圖書館等十一家收藏單位，寧波市天一閣博物館，寧波市圖書館等八家收藏單位，温州市圖書館，瑞安市博物館（玉海樓）等九家收藏單位、湖州市圖書館等七家收藏單位，嘉興市圖書館，嘉善縣圖書館等八家收藏單位，紹興圖書館，紹興市上虞區圖書館等九家收藏單位，金華市博物館等九家收藏單位，衢州市博物館等四家收藏單位、舟山市圖書館等二家收藏單位、麗水市圖書館等八家收藏單位，臨海市圖書館等八家收藏單位。爲保障普查編號的唯一性、終身有效性，各館數據以原普查編號從低到高的順序進行排列。由於浙江省古籍普查範圍包括古籍、民國傳統裝幀書籍、域外漢文古籍，著録時幾種文獻交替進行，而出版時是分開的，加之古籍普查平臺系統出現的跳號情況，所以會出現普查編號不連貫的現象，特此説明。

浙江省古籍普查工作得到了各方的關心和支持。感謝各兄弟省份古籍同行的熱情幫助，感謝李致忠、張志清、吴格、陳先行、陳紅彦、陳荔京、羅琳、王清原、唱春蓮、李德生、石洪運、賈秀麗、范邦瑾等專家學者的悉心指導。

條數多，分布廣，又出於衆手，儘管工作中我們一直争取做到最好，但無論是已經著録的古籍普查平臺數據還是即將付梓的登記目録，都難免存在紕漏，希望業界同仁不吝賜教，俾臻完善。

浙江省古籍保護中心
2018年3月

# 《浙江省民國時期傳統裝幀書籍普查登記目録》

## 編纂凡例

一、收録範圍爲浙江省圖書館、博物館等公共收藏機構所藏，産生於1912年到1949年9月，有關傳統學術并以綫裝爲主的具有傳統裝幀形式的漢文書籍。

二、以各收藏機構爲分册依據，篇幅較小者，適當合并出版。

三、一部書籍一條款目，複本亦單獨著録。

四、著録款目包括普查登記編號、索書號、分類、題名卷數、著者、版本、批校題跋、册數、存(缺)卷等。普查登記編號的組成方式是：省級行政區劃代碼—單位代碼—古籍普查登記順序號。

五、以普查登記編號順序排序。

六、編製各館藏目録書名筆畫索引附於書後，以便檢索。

# 目　　録

# 寧波市圖書館民國時期傳統裝幀書籍普查登記目錄

浙江省民國時期傳統裝幀書籍普查登記目錄·寧波

國家圖書館出版社
National Library of China Publishing House

#《寧波市圖書館民國時期傳統裝幀書籍普查登記目録》

## 編委會


**主　編：**徐益波

**副主編：**賀宇紅　沈冠武　干亦鈴

**編纂人員：**汪　嵐　陳偉萍　陳英浩　周寶靈　竺葉芬

劉佳敏　孔斕穎　戎　維　倪鴻潔

# 《寧波市圖書館民國時期傳統裝幀書籍普查登記目録》

## 前　言

寧波市圖書館創始於1927年,初名寧波市立圖書館,是浙東地區歷史較爲悠久的一家公共圖書館。

目前,寧波市圖書館共有民國圖書2.5萬册,其中傳統裝幀書籍1.5萬餘册。這些書籍的來源有三:一是1913年建成的近代寧波公共藏書樓"薛樓"舊藏,這批藏書後成爲寧波市立圖書館的最初館藏;二是1927—1949年間寧波市立圖書館、鄞縣縣立圖書館的積纍;三是20世紀五六十年代上級單位的劃撥和社會各界的捐贈。

在古籍普查工作開始以前,寧波市圖書館從未單獨對館藏的民國時期傳統裝幀書籍進行整理、編目。這些書籍的信息僅散見於民國時期編印的《鄞縣縣立圖書館書目》《浙江鄞縣縣立圖書館圖書目録》《浙江鄞縣縣立圖書館圖書目録補編第一集》以及1949年後内部抄録的《寧波市圖書館古籍目録》中。

2009年,寧波市圖書館啓動古籍普查工作,至2015年7月,完成了所有古籍及民國時期傳統裝幀文獻的著録、核庫工作,在全國古籍普查登記平臺録入數據7189條,其中民國時期傳統裝幀書籍1819條,共15399册。

本目録是將普查中登記録入的1819條民國時期傳統裝幀書籍書目數據整理而成,作爲寧波地區公共圖書館的中心館,本館藏民國時期傳統裝幀書籍相較本館的古籍,具有保存較完好、複本多、地方文獻多等特點。其中地方文獻又呈現以下特徵:

首先是藏有一些珍貴的寧波地方人士的稿抄本和批校題跋本。例如有王宇高、秦祖澤、馮貞群、何其樞、李仲斐、范賡治等本地名人的稿抄本,張壽鏞、錢罕、張美翊、馮幵等本地名人的批校題跋本,這些稿抄本和批校題跋本中記録了不少當時的珍貴史料,反映了民國時期寧波的經濟、文化、教育、科技、醫學等方方面面的成果。

其次是有一些記録民國時期寧波地方政府和駐甬機關在政治、經濟等社會各個領域的有關措施的文獻,如《鄞縣参議會秘書室工作報告》《浙海常關新定税則》《鄞西學山承佃總册》等,這些文獻是反映寧波地區近代化發展的一手文獻,對於研究民國時期地方史具有不可替代的作用。

再次是含有大量本地刊刻的文獻。不僅有傳統的自刊自印本,还包括繼雅齋、汲綆齋、寧波鈞和公司、四明印局等書店、企業的刻印本,鄞縣縣政府財務委員會、鄞縣通志館、寧波日報社等政府和公立機構,鄞縣縣立女子中學校友會、武嶺中學等公私教育機構,以及重修天一閣委員會、建修萬季野先生祠墓事務所等本地社會組織的刻印本,這也爲寧波近代新聞出版史的研究提供了新的實物資料。

本書的出版標志着本館的古籍普查登記工作已基本結束。我們希望通過本目録的出版，使讀者能更加便利地瞭解、查詢本館的民國時期傳統裝幀文獻。今後，寧波市圖書館還將進一步對這些館藏文獻進行系統地整理、加工、保護和研究，通過數字化、影印出版等方式將更多的普查成果呈現在廣大讀者面前。

最後還要説明的是，因編者能力有限、普查工作量大，本書中難免有疏漏、謬誤之處，敬請專家和廣大讀者批評指正。

寧波市圖書館

2018 年 2 月

330000－1703－0000010　M30001　子部/儒家類/儒家之屬

**孔氏家語十卷**　(三國魏)王肅注　民國二年(1913)上海文瑞樓石印本　五冊

330000－1703－0000012　M10958　經部/小學類/訓詁之屬/方言

**鄉諺證古四卷**　(清)陳康祺撰　張壽鏞編　民國三十三年(1944)鉛印本　一冊

330000－1703－0000013　M30004　子部/儒家類/儒家之屬

**荀子二十卷**　(唐)楊倞注　**荀子校勘補遺一卷**　(清)謝墉撰　民國三年(1914)掃葉山房石印本　四冊

330000－1703－0000015　M30007　子部/儒家類/儒學之屬/經濟

**說苑二十卷**　(漢)劉向撰　民國上海涵芬樓鉛印本　四冊

330000－1703－0000018　M30013　子部/儒家類/儒學之屬/性理

**近思錄集注十四卷考訂朱子世家一卷**　(清)江永撰　**校勘記一卷**　(清)王炳撰　民國上海文瑞樓石印本　四冊

330000－1703－0000029　M30035　子部/儒家類/儒學之屬/性理

**王陽明先生傳習錄集評四卷**　(清)孫奇逢等參評　(清)陶潯霍　梁啓超續評　孫鏘輯校　民國三年(1914)上海新學會社鉛印本　二冊

330000－1703－0000030　M30036　子部/儒家類/儒學之屬/性理

**王陽明先生傳習錄集評四卷**　(清)孫奇逢等參評　(清)陶潯霍　梁啓超續評　孫鏘輯校　民國三年(1914)上海新學會社鉛印本　二冊

330000－1703－0000031　M30037　子部/儒家類/儒學之屬/性理

**王陽明先生傳習錄集評四卷**　(清)孫奇逢等參評　(清)陶潯霍　梁啓超續評　孫鏘輯校　民國三年(1914)上海新學會社鉛印本　二冊

330000－1703－0000032　M30038　子部/儒家類/儒學之屬/性理

**王陽明先生傳習錄集評四卷**　(清)孫奇逢等參評　(清)陶潯霍　梁啓超續評　孫鏘輯校　民國三年(1914)上海新學會社鉛印本　二冊

330000－1703－0000033　M30039　子部/儒家類/儒學之屬/性理

**王陽明先生傳習錄集評四卷**　(清)孫奇逢等參評　(清)陶潯霍　梁啓超續評　孫鏘輯校　民國三年(1914)上海新學會社鉛印本　一冊　存二卷(三至四)

330000－1703－0000043　M30068　子部/儒家類/儒學之屬/禮教/女範

**閨範四卷**　(明)呂坤注　(清)程夢暘等校　民國十六年(1927)據明刻本影印本　四冊

330000－1703－0000058　M30314　子部/兵家類/兵法之屬

**讀史兵略四十六卷**　(清)胡林翼纂　民國元年(1912)鄂官書處刻本　十六冊

330000－1703－0000059　M30315　子部/兵家類/兵法之屬

**仁湖武紀内篇十四卷**　王宇高撰　民國二十八年(1939)稿本　二冊

330000－1703－0000067　S00005　史部/史抄類

**陳言雜鈔□□卷**　王纘緒輯　稿本　三冊　存三卷(二至四)

330000－1703－0000085　M40758　集部/別集類

**民園詩集四卷首一卷後集四卷末一卷**　江五民撰　民國五年(1916)上海鉛印本　二冊

330000－1703－0000093　M41398　集部/總集類/郡邑之屬

**蛟川耆舊詩補十二卷**　王榮商編　張寅煇參訂　民國七年(1918)刻本　六冊

330000－1703－0000103　M40903　集部/別集類

**海漚集二卷**　張汝釗撰　民國二十三年(1934)四明印局鉛印本　一冊

330000－1703－0000105　M40654　集部/別集類/清別集

**注韓室詩存一卷**　(清)梅調鼎撰　民國二十二年(1933)張頤、方能光鉛印本　一冊

330000－1703－0000107　M40618　集部/別集類/清別集

**浮碧山館駢文二卷**　(清)馮可鏞撰　民國六年(1917)寧波鈞和公司鉛印本　一冊

330000－1703－0000109　M40902　集部/別集類

**回風堂詩七卷前錄二卷文五卷**　馮幵撰　**婦學齋遺稿一卷**　俞因撰　民國三十年(1941)中華書局鉛印本　三冊　缺二卷(文一至二)

330000－1703－0000111　M40780　集部/別集類

**端夷六十後詩詞一卷**　魏友枋撰　民國三十五年(1946)萊緣社鉛印本　一冊

330000－1703－0000112　M40873　集部/別集類

**綠天簃詩集一卷詞集一卷**　張汝釗撰　民國十四年(1925)鉛印本　一冊

330000－1703－0000113　M40865　集部/別集類

**流亡詩稿一卷**　汪煥章撰　民國三十八年(1949)寧波日報社鉛印本　一冊

330000－1703－0000114　M40844　集部/別集類

**葑里賸稿四卷**　張原煒撰　民國三十四年(1945)張氏鉛印本　一冊

330000－1703－0000115　M40807　集部/別集類

**約園雜箸八卷**　張壽鏞撰　民國二十五年(1936)鉛印本　張壽鏞題記　三冊

330000－1703－0000116　M40843　集部/別集類

**游蜀草三卷**　張壽鏞撰　民國二十七年(1938)鉛印本　一冊

330000－1703－0000119　M40548　集部/別集類/清別集

**二琴居詩鈔四卷**　(清)王迪中撰　民國十年(1921)盟鷗別墅木活字印本　二冊

330000－1703－0000120　M40756　集部/別集類

**刪亭文集二卷續集二卷**　周同愈撰　民國二十四年(1935)無錫周氏鉛印本　一冊

330000－1703－0000123　M40544　集部/別集類/清別集

**語石居詩鈔二卷**　(清)林植三撰　李鱻　陳宗勄編次　民國二十二年(1933)石印本　二冊

330000－1703－0000124　M40752　集部/別集類

**荇沚遺稿一卷**　鄭廷琛撰　民國四年(1915)鉛印本　一冊

330000－1703－0000126　M41397　集部/總集類/郡邑之屬

**蛟川詩繫三十一卷首一卷**　(清)姚燮輯　**蛟川詩繫續編八卷首一卷**　范鑄編次　民國二年至三年(1913－1914)鉛印本　十冊

330000－1703－0000128　M40479　集部/別集類/清別集

**訪梅吟舍殘稿一卷**　(清)盧以瑛撰　盧霖錄　民國二十年(1931)鉛印本　一冊

330000－1703－0000129　M40881　集部/別集類

**綠天簃詩集一卷詞集一卷**　張汝釗撰　民國十四年(1925)鉛印本　一冊

330000－1703－0000130　M40880　集部/別集類

**綠天簃詩集一卷詞集一卷**　張汝釗撰　民國十四年(1925)鉛印本　一冊

330000－1703－0000131　M40879　集部/別集類

**綠天簃詩集一卷詞集一卷**　張汝釗撰　民國十四年(1925)鉛印本　一冊

330000－1703－0000132　M40878　集部/別集類

**綠天簃詩集一卷詞集一卷**　張汝釗撰　民國十四年(1925)鉛印本　一冊

330000－1703－0000133　M40877　集部/別集類

**綠天簃詩集一卷詞集一卷**　張汝釗撰　民國十四年(1925)鉛印本　一冊

330000－1703－0000134　M40876　集部/別集類

**綠天簃詩集一卷詞集一卷**　張汝釗撰　民國十四年(1925)鉛印本　一冊

330000－1703－0000135　M40875　集部/別集類

**綠天簃詩集一卷詞集一卷**　張汝釗撰　民國十四年(1925)鉛印本　一冊

330000－1703－0000136　M40874　集部/別集類

**綠天簃詩集一卷詞集一卷**　張汝釗撰　民國十四年(1925)鉛印本　一冊

330000－1703－0000143　M31541　集部/別集類

**約園雜箸三編八卷**　張壽鏞撰　民國三十四年(1945)鉛印本　二冊

330000－1703－0000149　M40755　集部/別集類

**荇沚遺稿一卷**　鄭廷琛撰　民國四年(1915)鉛印本　一冊

330000－1703－0000150　M40754　集部/別集類

**荇沚遺稿一卷**　鄭廷琛撰　民國四年(1915)鉛印本　一冊

330000－1703－0000151　M40753　集部/別集類

**荇沚遺稿一卷**　鄭廷琛撰　民國四年(1915)鉛印本　一冊

330000－1703－0000152　M40806　集部/別集類

**約園雜箸八卷**　張壽鏞撰　民國二十五年(1936)鉛印本　張壽鏞題記　三冊

330000－1703－0000153　M40805　集部/別集類

**約園雜箸八卷**　張壽鏞撰　民國二十五年(1936)鉛印本　三冊

330000－1703－0000154　M40809　集部/別集類

**約園雜箸八卷**　張壽鏞撰　民國二十五年(1936)鉛印本　張壽鏞題記　三冊

330000－1703－0000155　M40808　集部/別集類

**約園雜箸八卷**　張壽鏞撰　民國二十五年(1936)鉛印本　三冊

330000－1703－0000158　M22075　史部/地理類/方志之屬/郡縣志

**[民國]鎮海縣志四十五卷首一卷**　洪錫範　盛鴻燾修　王榮商　楊敏曾纂　民國二十年(1931)上海蔚文印刷局鉛印本　二十二冊

330000－1703－0000159　M40866　集部/別集類

**流亡詩稿一卷**　汪煥章撰　民國三十八年(1949)寧波日報社鉛印本　一冊

330000－1703－0000163　M40931　集部/別集類

**少有軒近體詩草三卷**　傅可堂撰　民國六年(1917)鉛印本　一冊

330000－1703－0000164　M40927　集部/別集類

**悔復堂詩一卷外錄一卷**　應啟墀撰　**寥陽館詩草一卷附錄一卷**　姚壽祁撰　民國三十一年(1942)鉛印本　一冊

330000－1703－0000165　M41653　集部/總集類/郡邑之屬
**四明愚叟拾殘錄二卷**　顧釗輯　程聖畧編　民國二十二年(1933)顧釗晚晴廬鉛印本　四冊

330000－1703－0000166　M40921　集部/別集類
**晚綠居詩藁四卷首一卷詩餘一卷**　周茂榕撰　方積鈺　江五民編次　民國五年(1916)寧波鈞和公司鉛印本　二冊

330000－1703－0000168　M40920　集部/別集類
**退步軒詩稿四卷詩餘一卷**　林脩華撰　民國二十六年(1937)寧波鈞和印刷公司鉛印本　一冊

330000－1703－0000174　M31538　集部/別集類
**約園雜箸三編八卷**　張壽鏞撰　民國三十四年(1945)鉛印本　二冊

330000－1703－0000175　M31540　集部/別集類
**約園雜箸三編八卷**　張壽鏞撰　民國三十四年(1945)鉛印本　二冊

330000－1703－0000176　M31539　集部/別集類
**約園雜箸三編八卷**　張壽鏞撰　民國三十四年(1945)鉛印本　二冊

330000－1703－0000177　M31542　集部/別集類
**約園雜箸三編八卷**　張壽鏞撰　民國三十四年(1945)鉛印本　一冊　存五卷(四至八)

330000－1703－0000178　M31543　集部/別集類
**約園雜箸三編八卷**　張壽鏞撰　民國三十四年(1945)鉛印本　一冊　存五卷(四至八)

330000－1703－0000179　M31544　集部/別集類
**約園雜箸三編八卷**　張壽鏞撰　民國三十四年(1945)鉛印本　一冊　存五卷(四至八)

330000－1703－0000180　M31545　集部/別集類
**約園雜箸三編八卷**　張壽鏞撰　民國三十四年(1945)鉛印本　一冊　存五卷(四至八)

330000－1703－0000181　M31546　集部/別集類
**約園雜箸三編八卷**　張壽鏞撰　民國三十四年(1945)鉛印本　一冊　存五卷(四至八)

330000－1703－0000182　M31547　集部/別集類
**約園雜箸三編八卷**　張壽鏞撰　民國三十四年(1945)鉛印本　一冊　存五卷(四至八)

330000－1703－0000183　M40181　集部/別集類/宋別集
**四明文獻集五卷**　(宋)王應麟撰　(明)鄭真輯　**深寧先生文鈔摭餘編三卷**　(宋)王應麟撰　(清)葉熊輯　**深寧先生[王應麟]年譜一卷**　(清)錢大昕編　**王深寧先生[應麟]年譜一卷**　(清)陳僅撰　(清)張恕編　**王深寧先生[應麟]年譜一卷**　(清)張大昌輯　民國五年(1916)仁和王存善鉛印本　三冊　缺三卷(文獻集四至五、摭餘編一)

330000－1703－0000185　M40925　集部/別集類
**詩稿待刪□□卷**　虞和欽撰　民國八年(1919)蒔薰精舍鉛印本　一冊　存五卷(一至五)

330000－1703－0000187　M22081　史部/地理類/方志之屬/郡縣志
**[民國]象山縣志三十二卷首一卷**　李洣等修　陳漢章等纂　民國十六年(1927)寧波鉛印本　二十冊

330000－1703－0000188　M22080　史部/地理類/方志之屬/郡縣志
**[道光]象山縣志二十二卷首一卷**　(清)童立成　(清)吳錫疇修　(清)馮登府等總纂　(清)倪劼繪圖　**象山文類二卷**　(清)邑人編

輯　民國四年(1915)張鵬霄木活字印本　七冊　缺一卷(象山文類一)

330000－1703－0000190　M10936　經部/小學類/訓詁之屬/方言
**鄉諺證古四卷**　(清)陳康祺撰　張壽鏞編　民國三十三年(1944)鉛印本　一冊

330000－1703－0000195　M41396　集部/總集類/郡邑之屬
**蛟川詩繫三十一卷首一卷**　(清)姚燮輯　**蛟川詩繫續編八卷首一卷**　范鑄編次　民國二年至三年(1913－1914)鉛印本　十冊

330000－1703－0000196　M22078　史部/地理類/方志之屬/郡縣志
**[光緒]剡源鄉志二十四卷首一卷**　(清)趙霈濤纂　民國五年(1916)丹山赤水洞天剡曲草堂鉛印本　四冊

330000－1703－0000199　M40534　集部/別集類/清別集
**霓仙遺稿一卷**　(清)葉同春撰　民國十一年(1922)石印本　一冊

330000－1703－0000200　M40521　集部/別集類/清別集
**鄮盦集七卷**　(清)鄧濂撰　諸以仁　宗子戴編　劉亞康書　民國二十四年(1935)石印本　一冊

330000－1703－0000211　M40528　集部/別集類/清別集
**後湖漁人詩集一卷文集一卷**　(清)林福源撰　民國十五年(1926)上海鴻寶齋書局石印本　二冊

330000－1703－0000215　M22064　史部/地理類/方志之屬/郡縣志
**[康熙]桃源鄉誌八卷**　(清)杜璋吉　(清)臧麟炳纂　民國二十三年(1934)油印本　六冊

330000－1703－0000224　M40860　集部/別集類
**珠巖齋文初編九卷**　王宇高撰　民國二十五年(1936)鉛印本　一冊　存五卷(一至五)

330000－1703－0000225　M40863　集部/別集類
**歲寒堂詩集二卷首一卷詩餘一卷**　王慕蘭撰　民國十五年(1926)甬上鉛印本　鄔炯謨題記　一冊

330000－1703－0000226　M40853　集部/別集類
**恕醉廬初稿一卷**　張應皓撰　民國二十四年(1935)甬上華陞印局鉛印本　一冊

330000－1703－0000227　M40813　集部/別集類
**約園雜箸續編八卷**　張壽鏞撰　民國三十年(1941)鉛印本　二冊

330000－1703－0000228　M40798　集部/別集類
**一舟詩草五卷**　葉桐封撰　民國三十四年(1945)石印本　一冊

330000－1703－0000229　M40790　集部/別集類
**悲華經舍書牘二卷附讀經札記一卷**　洪允祥撰　民國二十六年(1937)鉛印本　一冊

330000－1703－0000230　M40787　集部/別集類
**悲華經舍文存二卷附聯語一卷**　洪允祥撰　民國二十五年(1936)鉛印本　一冊

330000－1703－0000231　M40785　集部/別集類
**悲華經舍詩存五卷**　洪允祥撰　民國二十二年(1933)慈谿洪氏慎思軒鉛印本　一冊　存四卷(一至四)

330000－1703－0000232　M40783　集部/別集類
**求我山人雜著六卷首一卷**　莊景仲撰　**附錄一卷**　民國十八年(1929)鉛印本　二冊

330000－1703－0000233　M40781　集部/別集類

**端夷閣近三年詩詞一卷** 魏友枋撰 民國二十三年(1934)菜緣社鉛印本 一冊

330000－1703－0000234 M21087 史部/傳記類/日記之屬
**秋荼日記一卷(民國十六年三月二十七日至九月三十日)** 何其樞撰 稿本 一冊

330000－1703－0000235 M22076 史部/地理類/方志之屬/郡縣志
**[民國]鎮海縣新志備稿二卷** 董祖羲纂 民國二十年(1931)上海蔚文印刷局鉛印本 二冊

330000－1703－0000236 M40846 集部/別集類
**韜園詩集八卷續集一卷詩餘一卷** 賈景德撰 民國三十二年(1943)重慶石印本 四冊

330000－1703－0000238 M40847 集部/別集類
**秋螢集二卷** 葉秉成撰 民國十九年(1930)王文翰等鉛印本 汪煥章題記 一冊

330000－1703－0000239 M40845 集部/別集類
**葑里賸稿四卷** 張原煒撰 民國三十四年(1945)張氏鉛印本 一冊

330000－1703－0000240 M30893 子部/醫家類/外科之屬/癰疽、疔瘡
**癰疽集方一卷瘍科本草治要一卷** 陳頤壽編 稿本 一冊

330000－1703－0000249 M41383 集部/總集類/郡邑之屬
**續甬上耆舊詩一百二十卷首一卷** (清)全祖望輯選 民國七年(1918)四明文獻社鉛印本 二十四冊

330000－1703－0000254 M40888 集部/別集類
**青蓮花館詩存一卷** 陳康壽撰 **附錄一卷** 陳康瑞輯 民國九年(1920)青蓮花館鉛印本 一冊

330000－1703－0000256 M40862 集部/別集類
**珠巖齋文初編九卷** 王宇高撰 民國二十五年(1936)鉛印本 錢罕題記 一冊 存五卷(一至五)

330000－1703－0000257 M40894 集部/別集類
**適可居詩集五卷鳳山牧笛譜二卷** 胡善曾撰 民國五年(1916)鉛印本 一冊

330000－1703－0000261 M40914 集部/別集類
**雪野堂文稿三卷** 袁惠常撰 民國三十八年(1949)鉛印本 一冊

330000－1703－0000263 M40922 集部/別集類
**北溟詩藁二卷補遺一卷** 江起鯤撰 民國二十二年(1933)寧波鈞和公司鉛印本 一冊

330000－1703－0000268 M40926 集部/別集類
**約園演講集一卷** 張壽鏞撰 民國鉛印本 一冊

330000－1703－0000271 M40928 集部/別集類
**悔復堂詩一卷外錄一卷** 應啟墀撰 **寥陽館詩草一卷附錄一卷** 姚壽祁撰 民國三十一年(1942)鉛印本 秦頌如題簽、題跋並批 一冊

330000－1703－0000273 M40929 集部/別集類
**破愁城集二卷** 沈詔聞撰 民國八年(1919)稿本 一冊 存一卷(下)

330000－1703－0000274 M40573 集部/別集類
**甬山堂詩集六卷** 周世棠撰 民國十九年(1930)鉛印本 一冊

330000－1703－0000275 M40574 集部/別集類
**甬山堂詩集六卷** 周世棠撰 民國十九年

(1930)鉛印本　一冊

330000－1703－0000276　M40804　集部/別集類

**唧唧吟癸未集二卷**　李世培撰　稿本　一冊

330000－1703－0000287　M40549　集部/別集類/清別集

**二琴居詩鈔四卷**　(清)王迪中撰　民國十年(1921)盟鷗别墅木活字印本　二冊

330000－1703－0000298　M40580　集部/別集類

**八指頭陀詩集十卷續集八卷襍文一卷**　釋敬安撰　民國八年(1919)北京法源寺刻本　五冊

330000－1703－0000299　M40581　集部/別集類

**八指頭陀詩集十卷續集八卷襍文一卷**　釋敬安撰　民國八年(1919)北京法源寺刻本　五冊

330000－1703－0000301　M40772　集部/別集類

**天嬰室叢稿第一輯九卷**　陳訓正撰　民國十四年(1925)鉛印本　四冊

330000－1703－0000302　M40778　集部/別集類

**天嬰室叢稿第二輯十卷**　陳訓正撰　民國二十年(1931)鉛印本　二冊

330000－1703－0000303　M40763　集部/別集類

**艮園文集十二卷**　江五民撰　民國十九年(1930)寧波鉛印本　四冊

330000－1703－0000304　M50870　集部/別集類

**飲冰室全集四十八卷**　梁啓超撰　民國五年(1916)上海中華書局鉛印本　四十八冊

330000－1703－0000305　M40757　集部/別集類

**王徵君詩稾三卷**　王慈撰　民國十年(1921)木活字印本　一冊

330000－1703－0000306　M40557　集部/別集類/清別集

**綠天盦詩集一卷**　(清)王筠僊撰　民國三十六年(1947)董維城鉛印本　一冊

330000－1703－0000348　M10016　經部/易類/傳說之屬

**周易變通解二卷首一卷末一卷**　(清)萬裕澐注　民國三十二年(1943)鉛印本　二冊

330000－1703－0000349　M40889　集部/別集類

**青蓮花館詩存一卷**　陳康壽撰　**附錄一卷**　陳康瑞輯　民國九年(1920)青蓮花館鉛印本　一冊

330000－1703－0000350　M40923　集部/別集類

**北溟詩藁二卷補遺一卷**　江起鯤撰　民國二十二年(1933)寧波鈞和公司鉛印本　一冊

330000－1703－0000351　M40864　集部/別集類

**歲寒堂詩集二卷首一卷詩餘一卷**　王慕蘭撰　民國十五年(1926)甬上鉛印本　一冊

330000－1703－0000352　M40904　集部/別集類

**海漚集二卷**　張汝釗撰　民國二十三年(1934)四明印局鉛印本　一冊

330000－1703－0000353　M40905　集部/別集類

**海漚集二卷**　張汝釗撰　民國二十三年(1934)四明印局鉛印本　一冊

330000－1703－0000354　M41654　集部/總集類/郡邑之屬

**四明愚叟拾殘錄二卷**　顧釗輯　程聖輅編　民國二十二年(1933)顧釗晚晴廬鉛印本　四冊

330000－1703－0000356　M22267　史部/地理類/專志之屬/寺觀

**金峩寺志六卷**　吴振藩輯　釋卓梵鑒定　釋觀蓮盛　釋定得安校訂　民國二十三年(1934)鄞邑丁成章木活字印本　二册

330000－1703－0000357　M22261　史部/地理類/專志之屬/寺觀

**天童寺續志二卷首一卷**　釋淨心修　釋蓮萍纂　民國九年(1920)天童寺刻本　二册

330000－1703－0000368　M40779　集部/别集類

**天嬰室叢稿第二輯十卷**　陳訓正撰　民國二十年(1931)鉛印本　陳□題記　二册

330000－1703－0000369　M40771　集部/别集類

**天嬰室叢稿第一輯九卷**　陳訓正撰　民國十四年(1925)鉛印本　四册

330000－1703－0000370　M40770　集部/别集類

**天嬰室叢稿第一輯九卷**　陳訓正撰　民國十四年(1925)鉛印本　四册

330000－1703－0000375　M22082　史部/地理類/方志之屬/郡縣志

**[民國]象山縣志三十二卷首一卷**　李洣等修　陳漢章等纂　民國十六年(1927)寧波鉛印本　十九册　缺一卷(十八)

330000－1703－0000378　M22085　史部/地理類/方志之屬/郡縣志

**[民國]定海縣志十六卷首一卷**　陳訓正　馬瀛纂修　施臯　顔聖介　張紀隆測繪　民國十三年(1924)旅滬同鄉會鉛印本　六册

330000－1703－0000384　M22100　史部/地理類/方志之屬/郡縣志

**[民國]南田縣志三十五卷首一卷**　吕耀鈐　厲家禎修　吕芝延　施仁緯纂　民國十九年(1930)鉛印本　二册

330000－1703－0000385　M22101　史部/地理類/方志之屬/郡縣志

**[民國]南田縣志三十五卷首一卷**　吕耀鈐　厲家禎修　吕芝延　施仁緯纂　民國十九年(1930)鉛印本　一册　存十卷(二十六至三十五)

330000－1703－0000386　M22102　史部/地理類/方志之屬/郡縣志

**[民國]岱山鎮志二十卷首一卷**　湯濬纂　沈立恭繪圖　民國十六年(1927)定海湯氏一某軒木活字印本　四册

330000－1703－0000387　M22103　史部/地理類/方志之屬/郡縣志

**[民國]岱山鎮志二十卷首一卷**　湯濬纂　沈立恭繪圖　民國十六年(1927)定海湯氏一某軒木活字印本　四册

330000－1703－0000409　M22099　史部/地理類/方志之屬/郡縣志

**[民國]新昌縣志二十卷附新昌農事調查一卷**　金城修　陳畬纂　**沃州詩存一卷**　(宋)潘音撰　**沃州文存一卷**　(宋)徐霖撰　民國八年(1919)鉛印本　十一册

330000－1703－0000411　M40535　集部/别集類/清别集

**霓仙遺稿一卷**　(清)葉同春撰　民國十一年(1922)石印本　一册

330000－1703－0000412　M40536　集部/别集類/清别集

**霓仙遺稿一卷**　(清)葉同春撰　民國十一年(1922)石印本　一册

330000－1703－0000413　M40537　集部/别集類/清别集

**霓仙遺稿一卷**　(清)葉同春撰　民國十一年(1922)石印本　一册

330000－1703－0000414　M40538　集部/别集類/清别集

**霓仙遺稿一卷**　(清)葉同春撰　民國十一年(1922)石印本　一册

330000－1703－0000415　M40539　集部/别集類/清别集

**霓仙遺稿一卷**　(清)葉同春撰　民國十一年(1922)石印本　一册

330000－1703－0000416　M40540　集部/別集類/清別集
**霓仙遺稿一卷**　(清)葉同春撰　民國十一年(1922)石印本　一冊

330000－1703－0000453　M30606　子部/醫家類/方書之屬/單方驗方
**靈機筆談不分卷**　(南朝梁)陶弘景撰　民國十八年(1929)醒廬精舍鉛印本　一冊

330000－1703－0000458　M30607　子部/醫家類/方書之屬/單方驗方
**靈機筆談不分卷**　(南朝梁)陶弘景撰　民國十八年(1929)醒廬精舍鉛印本　一冊

330000－1703－0000490　M10029　經部/易類/傳説之屬
**周易史論不分卷**　(清)孔廣海原本　民國二十一年(1932)上海國光印書局鉛印本　一冊

330000－1703－0000546　M40861　集部/別集類
**珠巖齋文初編九卷**　王宇高撰　民國二十五年(1936)鉛印本　一冊　存五卷(一至五)

330000－1703－0000570　M10133　經部/詩類/詩序之屬
**詩序解三卷**　陳延傑撰　民國二十一年(1932)上海開明書店鉛印本　一冊

330000－1703－0000571　M10132　經部/詩類/專著之屬
**詩史初稿十六卷首一卷**　張壽鏞撰　民國三十一年(1942)鉛印本　二冊

330000－1703－0000583　M40522　集部/別集類/清別集
**㔶盦集七卷**　(清)鄧濂撰　諸以仁　宗子戴編　劉亞康書　民國二十四年(1935)石印本　一冊

330000－1703－0000585　M40523　集部/別集類
**畏廬文集一卷**　林紓撰　民國五年(1916)上海商務印書館鉛印本　一冊

330000－1703－0000587　M40524　集部/別集類
**畏廬文集一卷**　林紓撰　民國二年(1913)上海商務印書館鉛印本　何其樞題記　一冊

330000－1703－0000588　M40525　集部/別集類
**畏廬續集一卷**　林紓撰　民國十一年(1922)上海商務印書館鉛印本　一冊

330000－1703－0000620　M10937　經部/小學類/訓詁之屬/方言
**鄉諺證古四卷**　(清)陳康祺撰　張壽鏞編　民國三十三年(1944)鉛印本　一冊

330000－1703－0000621　M10241　經部/禮記類/傳説之屬
**禮記集説十卷**　(元)陳澔撰　民國上海千頃堂書局石印本　十冊

330000－1703－0000627　M10250　經部/禮記類/分篇之屬
**教科適用檀弓精華一卷**　中華書局編　民國五年(1916)上海中華書局鉛印本　一冊

330000－1703－0000629　M10251　經部/大戴禮記類/傳説之屬
**大戴禮記斠補三卷**　(清)孫詒讓撰　民國三年(1914)瑞安廣明印刷所石印本　三冊

330000－1703－0000666　M10339　經部/春秋左傳類/傳説之屬
**左傳禮説十卷**　張其淦撰　民國十五年(1926)鉛印本　二冊

330000－1703－0000667　M10341　經部/春秋左傳類/傳説之屬
**左傳提綱一卷春秋左傳講義二卷**　林朝翰纂述　民國油印本　一冊

330000－1703－0000668　M10340　經部/春秋左傳類/傳説之屬
**言文對照左傳評註讀本二卷**　秦同培選輯　民國十七年(1928)上海世界書局石印本　二冊

330000－1703－0000669　M10342　經部/春秋左傳類/傳說之屬

**左傳講義一卷**　張洪鈞編輯　民國油印本　一冊

330000－1703－0000682　M10370　經部/讖緯類/春秋緯之屬

**春秋緯史集傳四十卷**　(清)陳省欽撰　民國十三年(1924)鉛印本　四冊

330000－1703－0000691　M10349　經部/春秋左傳類/傳說之屬

**春秋左傳句解六卷**　(清)韓菼重訂　民國三年(1914)上海商務印書館鉛印本　一冊　存一卷(一)

330000－1703－0000692　M10350　經部/春秋左傳類/傳說之屬

**評點春秋綱目左傳句解彙雋六卷**　(清)韓菼重訂　民國五年(1916)上海章福記書局石印本　盧于道題記　一冊

330000－1703－0000694　M10401　子部/藝術類/書畫之屬/法帖

**孝經一卷**　(清)吳大澂篆書　民國二年(1913)蘇州振新書社影印本　一冊

330000－1703－0000695　M10408　經部/孝經類/傳說之屬

**孝經一卷附二十四孝圖說一卷**　(唐)玄宗李隆基注　王震繪　民國上海孤兒院據宋刻本影印本　一冊

330000－1703－0000696　M10402　子部/藝術類/書畫之屬/法帖

**孝經一卷**　(清)吳大澂篆書　民國二年(1913)蘇州振新書社影印本　一冊

330000－1703－0000698　M10404　經部/孝經類/傳說之屬

**孝經一卷　弟子職一卷**　(清)任兆麟集註　民國商務印書館鉛印本　一冊

330000－1703－0000699　M10405　經部/孝經類/傳說之屬

**孝經一卷附二十四孝圖說一卷**　(唐)玄宗李隆基注　王震繪　民國據宋刻本影印本　一冊

330000－1703－0000700　M10406　經部/孝經類/傳說之屬

**孝經一卷附二十四孝圖說一卷**　(唐)玄宗李隆基注　王震繪　民國據宋刻本影印本　一冊

330000－1703－0000701　M10407　經部/孝經類/傳說之屬

**孝經一卷附二十四孝圖說一卷**　(唐)玄宗李隆基注　王震繪　民國據宋刻本影印本　一冊

330000－1703－0000705　M10412　經部/孝經類/傳說之屬

**御註孝經一卷**　(唐)玄宗李隆基註　民國上海廣益書局石印本　一冊

330000－1703－0000729　M11119　經部/群經總義類

**經學通論五卷**　(清)皮錫瑞撰　民國十五年(1926)上海商務印書館影印本　五冊

330000－1703－0000735　M10629　經部/群經總義類/文字音義之屬

**經傳釋詞十卷**　(清)王引之撰　王時潤點勘　民國上海古書流通處影印本　四冊

330000－1703－0000743　M10639　經部/群經總義類/傳說之屬

**羣經鍊語精華錄不分卷**　民國新新書局石印本　二冊

330000－1703－0000746　M10437　經部/四書類/論語之屬/傳說

**彙選論語讀本一卷**　陳希為選釋　民國三十五年(1946)鉛印本　一冊

330000－1703－0000747　M10438　經部/四書類/論語之屬/傳說

**彙選論語讀本一卷**　陳希為選釋　民國三十五年(1946)鉛印本　一冊

330000－1703－0000748　M10439　經部/四

書類/論語之屬/傳說
**彙選論語讀本一卷**　陳希為選釋　民國三十五年(1946)鉛印本　一冊

330000-1703-0000749　M10440　經部/四書類/論語之屬/傳說
**彙選論語讀本一卷**　陳希為選釋　民國三十五年(1946)鉛印本　一冊

330000-1703-0000750　M10441　經部/四書類/論語之屬/傳說
**彙選論語讀本一卷**　陳希為選釋　民國三十五年(1946)鉛印本　一冊

330000-1703-0000751　M10442　經部/四書類/論語之屬/傳說
**彙選論語讀本一卷**　陳希為選釋　民國三十五年(1946)鉛印本　一冊

330000-1703-0000753　M10434　子部/藝術類/書畫之屬/法帖
**吳篆論語二卷**　(清)吳大澂書　民國蘇州振新書社影印本　四冊

330000-1703-0000754　M10433　經部/四書類/大學之屬/傳說
**大學古本質言一卷**　(清)劉沅撰　民國八年(1919)石印本　一冊

330000-1703-0000755　M10436　經部/四書類/總義之屬/傳說
**四書集註十九卷**　(宋)朱熹撰　民國上海會文堂書局石印本　一冊　存五卷(論語一至五)

330000-1703-0000758　M10435　子部/藝術類/書畫之屬/法帖
**吳篆論語二卷**　(清)吳大澂書　民國蘇州振新書社影印本　四冊

330000-1703-0000761　M10443　經部/四書類/論語之屬/傳說
**論語稽二十卷附孔子世家稽一卷**　(清)宦懋庸撰　民國二年(1913)維新印書館鉛印本　四冊

330000-1703-0000765　M10444　經部/四書類/論語之屬/傳說
**論語稽二十卷附孔子世家稽一卷**　(清)宦懋庸撰　民國二年(1913)維新印書館鉛印本　四冊

330000-1703-0000766　M10448　經部/四書類/孟子之屬/傳說
**增補蘇批孟子二卷**　(宋)蘇洵撰　(清)趙大浣增補　**孟子年譜一卷**　民國三年(1914)上海會文堂書局石印本　二冊

330000-1703-0000774　M10451　經部/四書類/總義之屬/傳說
**言文對照廣註四書讀本**　世界書局編輯所編輯　民國十四年(1925)上海世界書局石印本　三冊　存一種

330000-1703-0000822　M10515　經部/四書類/總義之屬/傳說
**新式標點四書白話解說二十九卷**　董堅志編輯　民國二十四年(1935)上海錦章圖書局石印本　十三冊　缺一卷(大學)

330000-1703-0000849　M10536　經部/四書類/總義之屬/傳說
**四書恆解十四卷**　(清)劉沅輯注　民國九年(1920)北京道德學社鉛印本　一冊　存三卷(大學、中庸一至二)

330000-1703-0000864　M10701　經部/小學類/文字之屬/說文
**說文解字十五卷標目一卷**　(漢)許慎撰　(宋)徐鉉等校定　民國鑄記書局石印本　一冊

330000-1703-0000867　M10900　經部/小學類/訓詁之屬/爾雅
**爾雅正名一卷**　汪鎣撰　黃侃評　民國二十五年(1936)章氏國學講習會鉛印本　一冊

330000-1703-0000877　M10709　經部/小學類/文字之屬/說文/專著
**汲古閣說文訂一卷**　(清)段玉裁撰　民國元年(1912)鄂官書處刻本　一冊

330000－1703－0000906　M10742　經部/小學類/文字之屬/說文

**說文解字羣經正字二十八卷**　(清)邵瑛撰　民國六年(1917)邵啟賢影印本　八冊

330000－1703－0000917　M10754　經部/小學類/文字之屬/說文/專著

**說文解字研究法不分卷**　馬敘倫撰　民國十八年(1929)上海商務印書館石印本　一冊

330000－1703－0000919　M10753　經部/小學類/文字之屬/說文/專著

**說文解字研究法不分卷**　馬敘倫撰　民國十八年(1929)上海商務印書館石印本　一冊

330000－1703－0000928　M10938　經部/小學類/訓詁之屬/方言

**鄉諺證古四卷**　(清)陳康祺撰　張壽鏞編　民國三十三年(1944)鉛印本　一冊

330000－1703－0000934　M10767　經部/小學類/文字之屬/說文/專著

**說文古籀補十四卷補遺一卷附錄一卷**　(清)吳大澂撰　民國石印本　四冊

330000－1703－0000935　M10766　子部/藝術類/篆刻之屬/印論

**繆篆分韻五卷補一卷**　(清)桂馥輯　民國十二年(1923)蘇州振新書社影印本　一冊　存一卷(補)

330000－1703－0000936　M10768　經部/小學類/文字之屬/說文/專著

**說文古籀補十四卷補遺一卷附錄一卷**　(清)吳大澂撰　民國二年(1913)上海掃葉山房石印本　一冊

330000－1703－0000941　M10769　經部/小學類/文字之屬/字書/字體

**隸辨八卷**　(清)顧藹吉撰　民國四年(1915)掃葉山房石印本　八冊

330000－1703－0000958　M10819　經部/小學類/文字之屬/字書/字體

**六書通十卷首一卷附百體福壽全圖**　(清)閔齊伋撰　(清)畢弘述篆訂　民國八年(1919)上海掃葉山房石印本　四冊

330000－1703－0000979　M10815　經部/小學類/文字之屬/字書/訓蒙

**補訂急就章偏旁歌一卷**　李濱撰　卓定謀補訂　民國十九年(1930)北平自青榭刻本　一冊

330000－1703－0000984　M10796　經部/小學類/文字之屬/字書/字典

**正草隸篆四體大字典十二集二十四卷部首檢查表一卷難字檢查表一卷**　陳龢祥等編　**文字源流攷一卷**　王大錯纂述　**正草隸篆名人楹聯大觀四卷**　民國十八年(1929)上海掃葉山房石印本　十四冊　缺十四卷(卯集上下、辰集上、巳集上下、未集下、酉集上下、戌集上下、亥集上下,楹聯大觀二、四)

330000－1703－0000989　M10809　經部/小學類/文字之屬/字書/字典

**康熙字典十二集三十六卷總目一卷檢字一卷辨似一卷等韻一卷補遺一卷備考一卷**　(清)張玉書等纂修　民國中華書局據清光緒上海同文書局石印本影印本　六冊

330000－1703－0001011　M10940　經部/小學類/訓詁之屬/方言

**鄉諺證古四卷**　(清)陳康祺撰　張壽鏞編　民國三十三年(1944)鉛印本　一冊

330000－1703－0001013　M10939　經部/小學類/訓詁之屬/方言

**鄉諺證古四卷**　(清)陳康祺撰　張壽鏞編　民國三十三年(1944)鉛印本　一冊

330000－1703－0001018　M10820　經部/小學類/文字之屬/字書/古文

**六朝別字記一卷**　(清)趙之謙撰　民國十五年(1926)上海商務印書館影印本　一冊

330000－1703－0001020　M10821　經部/小學類/文字之屬

**幽求室字說一卷附說文足部字攷原一卷**　胡吉宣撰　民國影印本　一冊

330000－1703－0001032　M32568　子部/儒

家類/儒學之屬/蒙學

**龍文鞭影二卷**　(明)蕭良有撰　(明)楊臣諍增訂　(清)來集之音注　**二集二卷**　(清)李暉吉　(清)徐灒輯　民國上洋普新石印局石印本　四冊

330000－1703－0001033　M10857　經部/小學類/音韻之屬/韻書

**初學檢韻袖珍十二卷佩文詩韻一卷**　(清)姚文登輯　民國八年(1919)刻本　四冊

330000－1703－0001070　M10836　經部/小學類/文字之屬/字書/字典

**文科大詞典十二卷**　國學扶輪社編輯　民國鉛印本　一冊　存一卷(十一)

330000－1703－0001072　M10835　子部/藝術類/書畫之屬

**習字秘訣一卷**　王虛洲　蔣湘帆　蔣和編輯　民國十四年(1925)上海世界書局石印本　一冊

330000－1703－0001074　M32783　新學/學校

**國語講義一卷**　王璞輯　民國八年(1919)注音字母書報社石印本　一冊

330000－1703－0001075　M32784　新學/學校

**國語講義一卷**　王璞輯　民國石印本　一冊

330000－1703－0001078　M32782　新學/學校

**書法約言一卷習字教本一卷國文典講義一卷**　(清)宋曹撰　民國油印本　一冊

330000－1703－0001082　M11187　經部/叢編

**欽定篆文六經四書**　(清)李光地等輯　民國十三年(1924)上海千頃堂書局影印本　十冊

330000－1703－0001083　M11188　經部/叢編

**欽定篆文六經四書**　(清)李光地等輯　民國四年(1915)上海千頃堂石印本　十冊

330000－1703－0001103　M32833　史部/雜史類/通代之屬

**本國史不分卷**　民國油印本　一冊

330000－1703－0001104　M32834　史部/雜史類/通代之屬

**本國史不分卷**　民國油印本　一冊

330000－1703－0001131　M20431　史部/雜史類/通代之屬

**世本集覽四十八卷**　(清)王梓材抄　民國四明張氏約園抄本　四冊　存四卷(二十二至二十三、二十七至二十八)

330000－1703－0001145　M20364　史部/雜史類/斷代之屬

**國語二十一卷**　(三國吳)韋昭解　**校刊明道本韋氏解國語札記一卷**　(清)黄丕烈撰　民國三年(1914)上海鴻寶齋書局石印本　三冊

330000－1703－0001146　M20363　史部/雜史類/斷代之屬

**國語二十一卷**　(三國吳)韋昭解　**校刊明道本韋氏解國語札記一卷**　(清)黄丕烈撰　**國語明道本考異四卷**　(清)汪遠孫撰　民國元年(1912)湖北崇文書局刻本　五冊

330000－1703－0001147　M20367　史部/雜史類/斷代之屬

**國語韋解補正二十一卷**　吴曾祺撰　朱元善校訂　民國上海商務印書館鉛印本　二冊

330000－1703－0001148　M20366　史部/雜史類/斷代之屬

**國語韋解補正二十一卷**　吴曾祺撰　朱元善校訂　民國二年(1913)上海商務印書館鉛印本　一冊

330000－1703－0001157　M20377　史部/雜史類/斷代之屬

**戰國策補註三十三卷**　吴曾祺撰　民國上海商務印書館鉛印本　一冊

330000－1703－0001164　M20375　史部/雜史類/斷代之屬

**戰國策三十三卷**　(漢)高誘注　**重刻剡川姚**

氏本戰國策札記三卷　(清)黄丕烈撰　民國元年(1912)湖北崇文書局刻本　五冊

330000－1703－0001165　M20400　史部/雜史類/斷代之屬
明太祖革命武功記十八卷導言一卷　方覺慧纂　民國二十九年(1940)重慶國學書局刻本　二冊　存五卷(十至十二、十五至十六)

330000－1703－0001168　M22702　史部/雜史類/斷代之屬
國難叢書第一輯　民國二十六年(1937)軍事新聞社出版部鉛印本　四冊　存四種

330000－1703－0001172　M20376　史部/雜史類/斷代之屬
戰國策三十三卷　(漢)高誘注　重刻剡川姚氏本戰國策札記三卷　(清)黄丕烈撰　民國石印本　五冊

330000－1703－0001175　M32807　新學/史志/別國史
日本維新三十年史十二編　民國鉛印本　一冊　存三編(五至七)

330000－1703－0001176　M20399　史部/雜史類/斷代之屬
明季實錄二卷　(清)顧炎武輯　民國元年(1912)石印本　二冊

330000－1703－0001184　M22709　史部/雜史類/斷代之屬
滿清稗史十六種附二種　陸保璿輯　民國二年(1913)新中國圖書局鉛印本　一冊　存一種

330000－1703－0001196　M20390　史部/雜史類/斷代之屬
滿洲實錄八卷　民國影印本　四冊　存四卷(一、四至五、七)

330000－1703－0001198　M20416　史部/雜史類/斷代之屬
涿州戰紀十六卷文書彙編四卷圖表彙編不分卷　夏壽田撰　民國石印本暨鉛印本　六冊

330000－1703－0001210　M20426　史部/雜史類/斷代之屬
言文對照國策評註讀本二卷　秦同培編輯　民國上海世界書局石印本　一冊　存一卷(一)

330000－1703－0001218　M20381　史部/雜史類/斷代之屬
匪窟悲思記一卷　樂振葆撰　民國二十五年(1936)鉛印本　一冊

330000－1703－0001266　M10973　經部/小學類/訓詁之屬/方言
鄉諺證古四卷　(清)陳康祺撰　張壽鏞編　民國三十三年(1944)鉛印本　一冊

330000－1703－0001293　M22214　史部/地理類/山川之屬/水志
西湖新志十四卷　胡祥翰輯　民國十年(1921)鉛印本　秦頌如題記　三冊　存九卷(一至九)

330000－1703－0001306　M41282　集部/總集類/尺牘之屬
蘇東坡尺牘八卷　(宋)蘇軾撰　黄山谷尺牘十卷　(宋)黄庭堅撰　民國九年(1920)上海掃葉山房石印本　八冊

330000－1703－0001308　M40733　集部/別集類/清別集
新體廣註雪鴻軒尺牘二卷　(清)龔萼撰　朱詩隱　徐慎幾註　民國十五年(1926)上海世界書局石印本　二冊

330000－1703－0001310　M40732　集部/別集類/清別集
新體廣註秋水軒尺牘二卷　(清)許思湄撰　陸翔註　民國十四年(1925)上海世界書局石印本　二冊

330000－1703－0001311　M40731　集部/別集類/清別集
增註秋水軒尺牘二卷　(清)許思湄撰　(清)婁世瑞注　(清)寄虹軒主人輯　民國十七年(1928)上海昌文書局石印本　二冊

330000－1703－0001321　M20893　史部/傳記類/别傳之屬/事狀

**程志范先生哀輓録一卷**　秦曾潞輯　民國二十一年(1932)程氏端静堂鉛印本　一册

330000－1703－0001392　M50847　類叢部/叢書類/自著之屬

**退廬全書十二種**　胡思敬撰　民國南昌退廬刻本　四册　存一種

330000－1703－0001423　M30415　子部/醫家類/醫經之屬/内經

**黄帝内經素問合纂十卷靈樞經合纂九卷補遺一卷**　(明)馬蒔　(清)張志聰注　民國二十五年(1936)上海錦章圖書局石印本　十八册

330000－1703－0001441　M21953　史部/地理類/方志之屬/郡縣志

**[民國]瀋陽縣志十五卷首一卷**　趙恭寅監修　曾有翼纂　民國六年(1917)鉛印本　七册

330000－1703－0001452　M30428　子部/醫家類/醫經之屬/内經

**羣經見智録三卷**　惲鐵樵撰　**古醫經論一卷**　韋格六撰　民國十一年(1922)武進惲氏鉛印本　二册

330000－1703－0001454　M30422　子部/醫家類/醫經之屬/難經

**古本難經闡注校正四卷**　(清)丁錦注　陳頤壽校正　民國十八年(1929)石印本　陳頤壽題簽　一册

330000－1703－0001455　M30423　子部/醫家類/醫經之屬/難經

**古本難經闡注校正四卷**　(清)丁錦注　陳頤壽校正　民國十八年(1929)石印本　一册

330000－1703－0001475　M21488　史部/政書類/邦計之屬

**財政部新訂各項公債庫券程表彙編**　財政部編　民國二十一年(1932)鉛印本　一册

330000－1703－0001504　M21973　史部/地理類/方志之屬/郡縣志

**[民國]寶應縣志三十二卷首一卷**　戴邦楨　趙世榮修　馮煦等纂　劉嶽雲測繪　民國二十一年(1932)鉛印本　十册

330000－1703－0001512　M21978　史部/地理類/方志之屬/郡縣志

**[民國]蕪湖縣志六十卷**　余誼密　彭萃文　濮文波修　鮑寔纂　民國八年(1919)石印本　八册

330000－1703－0001515　M21986　史部/地理類/方志之屬/通志

**浙江通志釐金門稿三卷**　顧家相纂　民國八年(1919)上海聚珍倣宋印書局鉛印本　一册　存一卷(一)

330000－1703－0001516　M21985　史部/地理類/方志之屬/通志

**[民國]重修浙江通志初稿不分卷**　浙江省通志館修　余紹宋　孫延釗等纂　民國三十七年(1948)鉛印本　三册　存田賦

330000－1703－0001518　M30437　子部/醫家類/醫理之屬/病源病機

**重刊巢氏諸病源候總論五十卷**　(隋)巢元方等撰　民國上海千頃堂書局石印本　八册

330000－1703－0001524　M30429　子部/醫家類/醫經之屬/内經

**靈素商兑一卷附砭新醫一卷箴病人一卷**　余巖撰　民國鉛印本　一册

330000－1703－0001525　M30459　子部/醫家類/診法之屬/其他診法

**彩圖辨舌指南六卷**　曹炳章撰　民國十年(1921)上海大東書局石印本　六册

330000－1703－0001526　M32768　新學/醫學/衛生學

**生理衛生教科書不分卷**　(日本)岩川友太郎編　鍾觀光譯　民國油印本　一册

330000－1703－0001527　M30455　子部/醫家類/類編之屬

**嘉定張氏體仁堂醫藥叢刊五種**　張壽頤撰　民國十二年至二十二年(1923－1933)浙江蘭谿中醫專門學校石印本暨鉛印本　六册　存

一種

330000－1703－0001530　M40561　集部/別集類/清別集

**北戍草一卷附龍江紀事一卷**　（清）張光藻撰　民國十九年（1930）廣德錢文選鉛印本　一册

330000－1703－0001534　M22016　史部/地理類/方志之屬/郡縣志

**[民國]德清縣新志十四卷**　吳翯皋等修　程森纂　民國二十一年（1932）鉛印本　四册

330000－1703－0001552　M30466　子部/醫家類/本草之屬

**增補珍珠囊指掌藥性賦四卷雷公炮製藥性解六卷附藥性歌括四百種一卷**　（金）李杲　（清）李中梓輯　民國上海錦章圖書局石印本　一册

330000－1703－0001557　M30431　新學/醫學

**生理餘錄不分卷**　民國毅莽抄本　一册

330000－1703－0001560　M30445　子部/醫家類/診法之屬/歷代脈學

**脈學指南四卷**　盧其慎撰　民國十一年（1922）上海千頃堂石印本　四册

330000－1703－0001570　M22116　史部/地理類/方志之屬/郡縣志

**[民國]建德縣志十五卷首一卷附教育公產一卷慈善公產一卷**　夏曰璈　張良楷修　王韌纂　民國八年（1919）金華朱集成堂鉛印本　四册　存五卷（六、八、十四至十五，慈善公產）

330000－1703－0001579　M21509　史部/政書類/律令之屬

**考察日本司法報告一卷**　石志泉　洪文瀾編纂　民國二十四年（1935）司法院鉛印本　一册

330000－1703－0001581　M21505　史部/政書類/公牘檔冊之屬

**浙江省政府工作報告不分卷**　浙江省政府祕書處編　民國二十六年（1937）浙江省政府祕書處鉛印本　一册

330000－1703－0001582　M21506　史部/政書類/邦計之屬

**中華民國内國公債調查錄不分卷**　民國九年（1920）鉛印本　一册

330000－1703－0001583　M21512　史部/政書類/邦交之屬

**解決山東懸案條約一卷**　民國十一年（1922）鉛印本　一册

330000－1703－0001587　M22098　史部/地理類/方志之屬/郡縣志

**[民國]嵊縣志三十二卷首一卷**　牛蔭麐　羅毅修　丁謙　余重耀纂　民國二十四年（1935）鉛印本　十四册　存二十五卷（一至三、六至十八、二十四至三十二）

330000－1703－0001589　M21508　史部/政書類/公牘檔冊之屬

**文稿不分卷**　郭立言　周欽甫撰　民國抄本　一册

330000－1703－0001591　M21501　史部/政書類/公牘檔冊之屬

**參議院議決案不分卷**　民國石印本　一册

330000－1703－0001593　M22141　史部/地理類/方志之屬/郡縣志

**[嘉慶]義烏縣志二十二卷首一卷**　（清）諸自穀修　（清）程瑜　（清）李錫齡纂　（清）毛光焞繪圖　民國十八年（1929）灌聽圖書館石印本　十二册

330000－1703－0001597　M22128　史部/地理類/方志之屬/郡縣志

**[民國]續修分水縣志十四卷首一卷**　鍾詩傑修　臧承宣纂　王獅測繪　民國三十一年（1942）鉛印本　二册

330000－1703－0001613　M21513　史部/政書類/公牘檔冊之屬

**蔡氏旅滬同宗會會刊不分卷**　蔡氏旅滬同宗會編　民國鉛印本　一册

330000－1703－0001623　M22187　史部/地理類/方志之屬/通志

**[民國]四川郡縣志十二卷**　龔煦春撰　民國二十四年(1935)刻三十五年(1946)重校印本　五冊

330000－1703－0001639　M22176　史部/地理類/方志之屬/郡縣志

**[民國]姚安縣志六十六卷首一卷末一卷**　霍士廉等修　由雲龍纂　周德華繪圖　民國三十七年(1948)鉛印本　八冊

330000－1703－0001646　M30819　子部/醫家類/兒科之屬/通論

**錢氏小兒藥證直訣三卷**　(宋)錢乙撰　(宋)閻孝忠輯　**附方並說一卷**　(宋)閻孝忠撰　**董氏小兒斑疹備急方論一卷**　(宋)董汲撰　民國十三年(1924)蕭氏蘭陵堂刻本　三冊

330000－1703－0001656　M22174　史部/地理類/方志之屬/郡縣志

**[民國]西昌縣志十二卷首一卷**　鄭少成等修　楊肇基等纂　馬駘等繪圖題畫　民國三十一年(1942)鉛印本　二冊　存六卷(首,一至三、十一至十二)

330000－1703－0001659　M22179　史部/地理類/方志之屬/郡縣志

**[民國]歙縣志十六卷**　石國柱　樓文釗修　許承堯纂　民國二十六年(1937)歙縣旅滬同鄉會鉛印本　十六冊

330000－1703－0001661　M22181　史部/地理類/方志之屬/郡縣志

**[乾隆]烏青鎮志十二卷**　(清)董世寧纂　民國七年(1918)鉛印本　二冊

330000－1703－0001671　M10941　經部/小學類/訓詁之屬/方言

**鄉諺證古四卷**　(清)陳康祺撰　張壽鏞編　民國三十三年(1944)鉛印本　一冊

330000－1703－0001672　M40007　集部/楚辭類

**楚辭集註八卷後語六卷辯證二卷**　(宋)朱熹撰　民國十年(1921)上海掃葉山房石印本　二冊

330000－1703－0001676　M31626　子部/小說家類/瑣語之屬

**懺因醒噻一卷**　程善之編纂　民國六年(1917)上海有正書局鉛印本　一冊

330000－1703－0001684　M31532　子部/雜著類/雜纂之屬

**漁洋說部精華十二卷**　(清)王士禛撰　(清)劉堅輯　民國三年(1914)埽葉山房石印本　四冊

330000－1703－0001685　M31503　子部/雜著類/雜纂之屬

**庸盦筆記六卷**　(清)薛福成撰　民國十一年(1922)上海掃葉山房石印本　三冊

330000－1703－0001693　M30527　子部/醫家類/方書之屬/單方驗方

**重校舊本湯頭歌訣一卷**　(清)汪昂撰　民國上海錦章圖書局石印本　一冊

330000－1703－0001713　M40045　集部/別集類/漢魏六朝別集

**陶靖節先生詩四卷附錄一卷**　(晉)陶潛撰　民國三年(1914)上海有正書局石印本　一冊

330000－1703－0001737　M40182　集部/別集類/宋別集

**四明文獻集五卷**　(宋)王應麟撰　(明)鄭真輯　**深寧先生文鈔摭餘編三卷**　(宋)王應麟撰　(清)葉熊輯　**深寧先生[王應麟]年譜一卷**　(清)錢大昕編　**王深寧先生[應麟]年譜一卷**　(清)陳僅撰　(清)張恕編　**王深寧先生[應麟]年譜一卷**　(清)張大昌輯　民國五年(1916)仁和王存善鉛印本　一冊　缺八卷(四明文獻集一至五、深寧先生文鈔摭餘編一至三)

330000－1703－0001740　M40107　集部/別集類/唐五代別集

**樊紹述集二卷**　(唐)樊宗師撰　(清)孫之騄輯　民國七年(1918)上海文明書局石印本

一册

330000－1703－0001742　M40120　集部/别集類/宋别集

**六一居士文集五卷外集錄二卷**　(宋)歐陽修撰　民國二年(1913)上海會文堂書局石印本　六册

330000－1703－0001743　M40114　集部/總集類/選集之屬/通代

**唐宋十大家全集**　(清)儲欣輯　民國十四年(1925)上海大通書局石印本　二册　存一種

330000－1703－0001745　M40112　集部/别集類/宋别集

**范文正公書牘不分卷**　(宋)范仲淹撰　民國上海商務印書館鉛印本　一册

330000－1703－0001781　M40197　集部/别集類/明别集

**青邱高季迪先生詩集十八卷首一卷遺詩一卷扣舷集一卷鳧藻集五卷附錄一卷**　(明)高啓撰　(清)金檀輯注　民國三年(1914)東吴浦氏石印本　十二册

330000－1703－0001793　M30492　子部/醫家類/本草之屬/歷代綜合本草

**本草從新十八卷**　(清)吳儀洛輯　民國九年(1920)刻本　六册

330000－1703－0001830　M40100　集部/别集類/唐五代别集

**李義山詩集十六卷**　(唐)李商隱撰　(清)姚培謙箋　民國據清乾隆松桂讀書堂刻本影印本　八册

330000－1703－0001831　M40102　集部/别集類/唐五代别集

**玉谿生詩詳註六卷首一卷**　(唐)李商隱撰　(清)馮浩注　民國三年(1914)崇古山房石印本　八册

330000－1703－0001841　M40216　集部/别集類/明别集

**震川大全集三十卷别集十卷餘集八卷補集八卷**　(明)歸有光撰　民國五年(1916)中國圖書公司和記石印本　十二册

330000－1703－0001852　M40242　集部/别集類/明别集

**王次回疑雨集註四卷**　(明)王彦泓撰　(□)句漏後裔釋　民國七年(1918)上海文明書局石印本　一册

330000－1703－0001856　M50277　類叢部/叢書類/家集之屬

**涵暉樓叢書**　民國潮安翁氏弢廬鉛印本　二册　存一種

330000－1703－0001861　M40225　集部/别集類/明别集

**沈青門詩集一卷詩餘一卷青門山人文一卷**　(明)沈仕撰　**沈青門詩集附錄一卷**　沈祖緜輯　民國七年(1918)西泠印社木活字印本　一册

330000－1703－0001863　M40224　集部/别集類/明别集

**沈青門詩集一卷詩餘一卷青門山人文一卷**　(明)沈仕撰　**沈青門詩集附錄一卷**　沈祖緜輯　民國七年(1918)西泠印社木活字印本　一册

330000－1703－0001866　M40243　集部/别集類/明别集

**重訂祝子遺書六卷首一卷末一卷**　(明)祝淵撰　祝廷錫編　民國六年(1917)知非樓刻本　二册

330000－1703－0001869　M50827　類叢部/叢書類/自著之屬

**舜水遺書四種附錄一卷**　(明)朱之瑜撰　民國二年(1913)山陰湯壽潛鉛印本　十一册　缺二卷(文集八至九)

330000－1703－0001873　M40306　集部/别集類/清别集

**亭林詩集五卷文集六卷餘集一卷**　(清)顧炎武撰　民國四年(1915)掃葉山房石印本　一册　存四卷(文集一至四)

330000－1703－0001892　M30513　子部/醫

家類/方書之屬/歷代方書

**唐王燾先生外臺祕要方四十卷** (唐)王燾撰 民國元年(1912)上海緯文閣書局石印本 十六冊

330000－1703－0001894 M30514 子部/醫家類/方書之屬/歷代方書

**唐王燾先生外臺祕要方四十卷** (唐)王燾撰 民國上海鴻寶齋書局石印本 十六冊

330000－1703－0001923 M40301 集部/別集類/清別集

**漁洋山人精華錄箋注十二卷補一卷附錄一卷年譜一卷** (清)王士禛撰 (清)金榮箋注 (清)徐淮纂輯 民國上海有正書局石印本 六冊

330000－1703－0001925 M20784 史部/傳記類/總傳之屬/儒林

**明儒學案六十二卷** (清)黃宗羲撰 民國五年(1916)上海文瑞樓石印本 十六冊

330000－1703－0001926 M20783 史部/傳記類/總傳之屬/儒林

**明儒學案六十二卷** (清)黃宗羲撰 民國五年(1916)上海文瑞樓石印本 十六冊

330000－1703－0001927 M40311 集部/別集類/清別集

**橫山文集十六卷詩集六卷** (清)裘璉撰 **橫山先生[裘璉]年譜一卷** (清)裘姚崇原編 (清)王家振節鈔 民國三年(1914)甬上旅遯軒鉛印本 一冊 存六卷(文集一至五、年譜)

330000－1703－0001946 M40053 集部/別集類/唐五代別集

**王子安集佚文一卷** (唐)王勃撰 羅振玉輯 **王子安集校記一卷** 羅振玉撰 民國鉛印本 一冊

330000－1703－0001950 M22177 史部/地理類/方志之屬/郡縣志

**[民國]昆明縣志八卷** 倪維欽 董廣布修 陳榮昌 顧視高纂 民國三十二年(1943)鉛印本 十六冊

330000－1703－0001962 M40065 集部/別集類/唐五代別集

**杜詩鏡銓二十卷附諸家論杜一卷杜工部年譜一卷** (清)楊倫輯 **讀書堂杜工部文集註解二卷** (清)張溍撰 民國十七年(1928)成都志古堂刻本 十二冊

330000－1703－0001963 M40081 集部/別集類/唐五代別集

**山曉閣選唐大家柳柳州全集四卷** (唐)柳宗元撰 (清)孫琮評 民國四年(1915)上海廣益書局石印本 張美翊題記 四冊

330000－1703－0001964 M40082 集部/別集類/唐五代別集

**山曉閣選唐大家柳柳州全集四卷** (唐)柳宗元撰 (清)孫琮評 民國四年(1915)上海廣益書局石印本 四冊

330000－1703－0001966 M40083 集部/別集類/唐五代別集

**山曉閣選唐大家柳柳州全集四卷** (唐)柳宗元撰 (清)孫琮評 民國上海廣益書局石印本 四冊

330000－1703－0001975 M40068 集部/別集類/唐五代別集

**杜工部集二十卷** (清)錢謙益箋註 **附錄一卷唱酬題詠附錄一卷諸家詩話一卷** 民國四年(1915)上海廣益書局鉛印本 何其樞題記 四冊

330000－1703－0001976 M40085 集部/別集類/唐五代別集

**韓文起十二卷** (唐)韓愈撰 (清)林雲銘評註 民國四年(1915)上海會文堂書局石印本 五冊 缺二卷(九至十)

330000－1703－0002008 M22250 史部/地理類/山川之屬/山志

**峨山圖志不分卷** (清)黃綬芙 (清)譚鐘嶽原著 (美國)費爾樸譯 (清)俞子丹繪 民國二十五年(1936)成都華西大學哈佛燕京學

社鉛印本暨石印本　一册

330000－1703－0002011　M50305　類叢部/叢書類/彙編之屬
**求恕齋叢書三十一種**　劉承幹編　民國吴興劉氏嘉業堂刻本　一册　存一種

330000－1703－0002017　M22248　史部/地理類/山川之屬/山志
**南田山志十四卷首一卷**　劉燿東撰　民國二十四年(1935)啓後亭鉛印本　劉燿東題記　四册

330000－1703－0002021　M22251　史部/地理類/專志之屬/寺觀
**佑聖道觀志不分卷**　民國抄本　一册

330000－1703－0002022　M22252　史部/地理類/專志之屬/寺觀
**天王廟記一卷金崇廟境主鮑王行略一卷**　(清)史錫祺撰　民國抄本　一册

330000－1703－0002023　M22611　史部/目録類/總録之屬/官修
**寧波市立圖書館目錄不分卷**　楊鐵夫編　民國二十年(1931)寧波市立圖書館鉛印本　一册

330000－1703－0002024　M22245　史部/地理類/山川之屬/山志
**峨眉山志八卷首一卷**　(清)蔣超纂　釋印光增訂　民國二十三年(1934)蘇州弘化社鉛印本　二册

330000－1703－0002025　M22033　史部/地理類/方志之屬/郡縣志
**[民國]鄞縣通志六志五十一編附圖一函**　張傳保　汪煥章修　陳訓正　馬瀛纂　民國二十四年(1935)至一九五一年寧波鄞縣通志館鉛印本　三十六册

330000－1703－0002026　M22262　史部/地理類/專志之屬/寺觀
**天童寺續志二卷首一卷**　釋淨心修　釋蓮萍纂　民國九年(1920)天童寺刻本　二册

330000－1703－0002028　M22253　史部/地理類/專志之屬/寺觀
**七塔寺志八卷**　陳寥士纂　民國二十六年(1937)鉛印本　一册

330000－1703－0002029　M22263　史部/地理類/專志之屬/寺觀
**天童寺續志二卷首一卷**　釋淨心修　釋蓮萍纂　民國九年(1920)天童寺刻本　二册

330000－1703－0002030　M22254　史部/地理類/專志之屬/寺觀
**七塔寺志八卷**　陳寥士纂　**七塔寺志補正一卷**　馬契西撰　民國二十六年(1937)鉛印本　一册

330000－1703－0002031　M22255　史部/地理類/專志之屬/寺觀
**七塔寺志八卷**　陳寥士纂　民國二十六年(1937)鉛印本　一册

330000－1703－0002032　M22264　史部/地理類/專志之屬/寺觀
**天童寺續志二卷首一卷**　釋淨心修　釋蓮萍纂　民國九年(1920)天童寺刻本　二册

330000－1703－0002033　M22614　史部/目録類/總録之屬/私撰
**鄞范氏天一閣書目内編十卷**　馮貞羣編　民國二十六年至二十九年(1937－1940)寧波重修天一閣委員會鉛印本　四册

330000－1703－0002034　M22265　史部/地理類/專志之屬/寺觀
**天童寺續志二卷首一卷**　釋淨心修　釋蓮萍纂　民國九年(1920)天童寺刻本　一册　存一卷(上)

330000－1703－0002035　M22266　史部/地理類/專志之屬/寺觀
**三茅普安寺志二卷**　釋無住撰　民國二十四年(1935)三茅普安寺鉛印本　一册

330000－1703－0002036　M22034　史部/地理類/方志之屬/郡縣志
**[民國]鄞縣通志六志五十一編附圖一函**　張

傳保　汪煥章修　陳訓正　馬瀛纂　民國二十四年(1935)至一九五一年寧波鄞縣通志館鉛印本　三十五册

330000－1703－0002037　M22613　史部/目録類/總録之屬/私撰
**天一閣劫餘書目初稿不分卷**　民國抄本　一册

330000－1703－0002039　M50306　類叢部/叢書類/彙編之屬
**求恕齋叢書三十一種**　劉承幹編　民國吳興劉氏嘉業堂刻本　一册　存一種

330000－1703－0002041　M50307　類叢部/叢書類/彙編之屬
**求恕齋叢書三十一種**　劉承幹編　民國吳興劉氏嘉業堂刻本　四册　存一種

330000－1703－0002044　M22243　史部/地理類/山川之屬/山志
**招寶山志二卷**　(清)陳景沛撰　(清)周道遵修校　民國二十六年(1937)鉛印本　夏益壽題記　二册

330000－1703－0002045　M22605　史部/目録類/總録之屬/官修
**壬子文瀾閣所存書目五卷**　錢恂編　**文瀾閣目補一卷**　章箴編　民國元年(1912)浙江圖書館刻十二年(1923)補刻本　三册　存四卷(一至四)

330000－1703－0002046　M22604　史部/目録類/總録之屬/官修
**壬子文瀾閣所存書目五卷**　錢恂編　民國元年(1912)浙江圖書館刻本　四册

330000－1703－0002047　M22039　史部/地理類/方志之屬/郡縣志
**[民國]鄞縣通志六志五十一編附圖一函**　張傳保　汪煥章修　陳訓正　馬瀛纂　民國二十四年(1935)至一九五一年寧波鄞縣通志館鉛印本　六册　存七編(博物志甲、乙,文獻志甲、乙、丙、丁、戊上)

330000－1703－0002050　M22036　史部/地理類/方志之屬/郡縣志
**[民國]鄞縣通志六志五十一編附圖一函**　張傳保　汪煥章修　陳訓正　馬瀛纂　民國二十四年(1935)至一九五一年寧波鄞縣通志館鉛印本　十八册　存三十一編(輿地志甲、乙、丙、丁、戊、己、庚、辛、壬、癸、子、丑、寅、卯、辰、巳,博物志甲、乙,食貨志甲、乙、丙、丁、戊、己、庚,工程志甲、乙、丙、丁、戊、己)

330000－1703－0002051　M22035　史部/地理類/方志之屬/郡縣志
**[民國]鄞縣通志六志五十一編附圖一函**　張傳保　汪煥章修　陳訓正　馬瀛纂　民國二十四年(1935)至一九五一年寧波鄞縣通志館鉛印本　三十三册　缺一編(文獻志己)

330000－1703－0002053　M22616　史部/目録類/專録之屬
**張約園遺書目錄一卷**　馮貞羣撰　民國鉛印本　一册

330000－1703－0002056　M22618　史部/目録類/專録之屬
**張約園遺書目錄一卷**　馮貞羣撰　民國鉛印本　一册

330000－1703－0002057　M22615　史部/目録類/總録之屬/私撰
**抹雲樓藏贈書書目不分卷**　民國抄本　一册

330000－1703－0002059　M22040　史部/地理類/方志之屬/郡縣志
**[民國]鄞縣通志六志五十一編附圖一函**　張傳保　汪煥章修　陳訓正　馬瀛纂　民國二十四年(1935)至一九五一年寧波鄞縣通志館鉛印本　一册　存一編(政教志丙)

330000－1703－0002061　M22041　史部/地理類/方志之屬/郡縣志
**[民國]鄞縣通志六志五十一編附圖一函**　張傳保　汪煥章修　陳訓正　馬瀛纂　民國二十四年(1935)至一九五一年寧波鄞縣通志館鉛印本　二册　存四編(政教志庚下、辛、壬上、寅上中)

330000－1703－0002064　M22042　史部/地理類/方志之屬/郡縣志

**[民國]鄞縣通志六志五十一編附圖一函**　張傳保　汪煥章修　陳訓正　馬瀛纂　民國二十四年(1935)至一九五一年寧波鄞縣通志館鉛印本　四冊　存五編(政教志丁、戊、己、庚上中、寅)

330000－1703－0002066　M22038　史部/地理類/方志之屬/郡縣志

**[民國]鄞縣通志六志五十一編附圖一函**　張傳保　汪煥章修　陳訓正　馬瀛纂　民國二十四年(1935)至一九五一年寧波鄞縣通志館鉛印本　五冊　存六編(輿地志丑、文獻志戊中,食貨志丁下、戊、己、庚)

330000－1703－0002067　M22037　史部/地理類/方志之屬/郡縣志

**[民國]鄞縣通志六志五十一編附圖一函**　張傳保　汪煥章修　陳訓正　馬瀛纂　民國二十四年(1935)至一九五一年寧波鄞縣通志館鉛印本　十三冊　存十九編(輿地志庚、辛、壬、癸上、丑、寅、卯、辰,政教志庚、辛、壬,文獻志戊上中,食貨志甲、乙、丙、丁、戊、己、庚)

330000－1703－0002071　M22268　史部/地理類/專志之屬/寺觀

**金峩寺志六卷**　吴振藩輯　釋卓梵鑒定　釋觀蓮盛　釋定得安校訂　民國二十三年(1934)鄞邑丁成章木活字印本　二冊

330000－1703－0002074　M22270　史部/地理類/專志之屬/寺觀

**東天目山昭明禪寺志十二卷**　釋慈壽輯　陳兆元編　民國三年(1914)杭州文粹印局鉛印本　二冊

330000－1703－0002077　M22273　史部/地理類/專志之屬/園林

**滄浪亭新志八卷**　蔣瀚澄輯　民國十八年(1929)鉛印本　一冊

330000－1703－0002085　M22285　史部/地理類/遊記之屬/紀勝

**天台山行記一卷後記一卷**　范鑄撰　民國四年(1915)刻本　一冊

330000－1703－0002087　M22619　史部/目録類/專録之屬

**張約園遺書目錄一卷**　馮貞羣撰　民國鉛印本　一冊

330000－1703－0002108　M22328　史部/地理類/專志之屬/祠墓

**建修萬季野先生祠墓捐冊一卷**　建修萬季野先生祠墓事務所輯　民國二十五年(1936)寧波鈞和公司鉛印本　一冊

330000－1703－0002121　M20844　史部/傳記類/别傳之屬/事狀

**魏文節公[杞]事略一卷**　魏頌唐輯　民國二十五年(1936)鉛印本　一冊

330000－1703－0002124　M20846　史部/傳記類/别傳之屬/事狀

**魏文節公[杞]事略一卷**　魏頌唐輯　民國二十五年(1936)鉛印本　一冊

330000－1703－0002125　M20847　史部/傳記類/别傳之屬/事狀

**魏文節公[杞]事略一卷**　魏頌唐輯　民國二十五年(1936)鉛印本　一冊

330000－1703－0002128　M20848　史部/傳記類/别傳之屬/事狀

**魏文節公[杞]事略一卷**　魏頌唐輯　民國二十五年(1936)鉛印本　一冊

330000－1703－0002130　M20849　史部/傳記類/别傳之屬/事狀

**魏文節公[杞]事略一卷**　魏頌唐輯　民國二十五年(1936)鉛印本　一冊

330000－1703－0002131　M20850　史部/傳記類/别傳之屬/事狀

**魏文節公[杞]事略一卷**　魏頌唐輯　民國二十五年(1936)鉛印本　一冊

330000－1703－0002133　M20851　史部/傳記類/别傳之屬/事狀

**魏文節公[杞]事略一卷**　魏頌唐輯　民國二

十五年(1936)鉛印本　一册

330000－1703－0002135　M20852　史部/傳記類/别傳之屬/事狀

**魏文節公[杞]事略一卷**　魏頌唐輯　民國二十五年(1936)鉛印本　一册

330000－1703－0002136　M20853　史部/傳記類/别傳之屬/事狀

**魏文節公[杞]事略一卷**　魏頌唐輯　民國二十五年(1936)鉛印本　一册

330000－1703－0002138　M20845　史部/傳記類/别傳之屬/事狀

**魏文節公[杞]事略一卷**　魏頌唐輯　民國二十五年(1936)鉛印本　一册

330000－1703－0002143　M22308　史部/地理類/總志之屬

**地理摘要□□卷**　民國抄本　一册　存二卷(一至二)

330000－1703－0002149　M22620　史部/目録類/專録之屬

**張約園遺書目錄一卷**　馮貞羣撰　民國鉛印本　一册

330000－1703－0002151　M22621　史部/目録類/專録之屬

**張約園遺書目錄一卷**　馮貞羣撰　民國鉛印本　一册

330000－1703－0002155　M20857　史部/傳記類/别傳之屬/事狀

**清故誥授光禄大夫經筵講官軍機大臣協辦大學士外務部尚書瞿文慎公[鴻禨]行狀一卷**　余肇康撰　民國上海聚珍倣宋印書局鉛印本　一册

330000－1703－0002160　M20877　史部/傳記類/别傳之屬/事狀

**楊忠文先生[廷樞]實錄四卷**　(清)陳希恕輯　補遺一卷　陳去病輯　民國十六年(1927)鉛印本　一册

330000－1703－0002161　M22609　史部/目録類/總録之屬/官修

**浙江省立圖書館善本書目甲編四卷**　毛春翔編　民國二十五年(1936)浙江省立圖書館鉛印本　一册

330000－1703－0002163　M20875　史部/傳記類/别傳之屬/年譜

**蔡渭生自編年譜一卷**　蔡煥文撰　蔡鎮瀛等續編　民國三十七年(1948)鉛印本　一册

330000－1703－0002165　M20874　史部/傳記類/别傳之屬/年譜

**蔡渭生自編年譜一卷**　蔡煥文撰　蔡鎮瀛等續編　民國三十七年(1948)鉛印本　一册

330000－1703－0002166　M20873　史部/傳記類/别傳之屬/年譜

**蔡渭生自編年譜一卷**　蔡煥文撰　蔡鎮瀛等續編　民國三十七年(1948)鉛印本　一册

330000－1703－0002167　M20871　史部/傳記類/别傳之屬/年譜

**嗇翁[張謇]自訂年譜二卷**　張謇撰　民國十四年(1925)鉛印本　一册　存一卷(二)

330000－1703－0002169　M20870　史部/傳記類/别傳之屬/年譜

**嗇翁[張謇]自訂年譜二卷**　張謇撰　民國十四年(1925)鉛印本　一册

330000－1703－0002172　M22622　史部/目録類/專録之屬

**張約園遺書目錄一卷**　馮貞羣撰　民國鉛印本　一册

330000－1703－0002173　M22623　史部/目録類/專録之屬

**張約園遺書目錄一卷**　馮貞羣撰　民國鉛印本　一册

330000－1703－0002174　M22624　史部/目録類/專録之屬

**張約園遺書目錄一卷**　馮貞羣撰　民國鉛印本　一册

330000－1703－0002176　M20872　史部/傳

記類/别傳之屬/年譜

**武進陶湘字蘭泉號涉園七十年記略一卷** 陶湘撰 民國二十八年(1939)武進陶氏鉛印本 一册

330000－1703－0002177 M20721 史部/傳記類/總傳之屬/家乘

**[浙江鄞縣]浣溪馮氏宗譜三十六卷首一卷末一卷** 馮中璽纂修 民國三十八年(1949)鉛印本 一册 存一卷(三十二)

330000－1703－0002178 M22625 史部/目録類/專録之屬

**張約園遺書目錄一卷** 馮貞羣撰 民國鉛印本 一册

330000－1703－0002179 M50846 類叢部/叢書類/自著之屬

**孫隘堪所著書四種** 孫德謙撰 民國十二年至十七年(1923－1928)元和孫氏四益宧刻本 一册 存一種

330000－1703－0002180 M20724 史部/傳記類/總傳之屬/家乘

**[浙江鄞縣]浣溪馮氏宗譜三十六卷首一卷末一卷** 馮中璽纂修 民國三十八年(1949)鉛印本 一册 存一卷(三十二)

330000－1703－0002181 M20725 史部/傳記類/總傳之屬/家乘

**[浙江鄞縣]浣溪馮氏宗譜三十六卷首一卷末一卷** 馮中璽纂修 民國三十八年(1949)鉛印本 一册 存一卷(三十二)

330000－1703－0002182 M20726 史部/傳記類/總傳之屬/家乘

**[浙江鄞縣]浣溪馮氏宗譜三十六卷首一卷末一卷** 馮中璽纂修 民國三十八年(1949)鉛印本 一册 存一卷(三十二)

330000－1703－0002183 M20891 史部/傳記類/别傳之屬/事狀

**永感錄不分卷** 王景濂輯 民國十四年(1925)鉛印本 一册

330000－1703－0002184 M20727 史部/傳記類/總傳之屬/家乘

**[浙江鄞縣]浣溪馮氏宗譜三十六卷首一卷末一卷** 馮中璽纂修 民國三十八年(1949)鉛印本 一册 存一卷(三十二)

330000－1703－0002186 M20728 史部/傳記類/總傳之屬/家乘

**[浙江鄞縣]浣溪馮氏宗譜三十六卷首一卷末一卷** 馮中璽纂修 民國三十八年(1949)鉛印本 一册 存一卷(三十二)

330000－1703－0002187 M20729 史部/傳記類/總傳之屬/家乘

**[浙江鄞縣]浣溪馮氏宗譜三十六卷首一卷末一卷** 馮中璽纂修 民國三十八年(1949)鉛印本 一册 存一卷(三十二)

330000－1703－0002188 M20730 史部/傳記類/總傳之屬/家乘

**[浙江鄞縣]浣溪馮氏宗譜三十六卷首一卷末一卷** 馮中璽纂修 民國三十八年(1949)鉛印本 一册 存一卷(三十二)

330000－1703－0002189 M20731 史部/傳記類/總傳之屬/家乘

**[浙江鄞縣]浣溪馮氏宗譜三十六卷首一卷末一卷** 馮中璽纂修 民國三十八年(1949)鉛印本 一册 存一卷(三十二)

330000－1703－0002190 M22608 史部/目録類/總録之屬/官修

**浙江圖書館觀覽類書目四卷補遺一卷附錄一卷補編二卷保存類書目四卷末一卷** 浙江圖書館編 民國四年(1915)浙江圖書館鉛印本 七册

330000－1703－0002191 M20722 史部/傳記類/總傳之屬/家乘

**[浙江鄞縣]浣溪馮氏宗譜三十六卷首一卷末一卷** 馮中璽纂修 民國三十八年(1949)鉛印本 一册 存一卷(三十二)

330000－1703－0002192 M20723 史部/傳記類/總傳之屬/家乘

**[浙江鄞縣]浣溪馮氏宗譜三十六卷首一卷末**

**一卷**　馮中璽纂修　民國三十八年(1949)鉛印本　一册　存一卷(三十二)

330000－1703－0002193　M20890　史部/傳記類/别傳之屬/事狀
**嚴味蓮先生[兆濂]哀思録一卷**　嚴昌堉等輯　民國二十九年(1940)鉛印本　一册

330000－1703－0002195　M20889　史部/傳記類/别傳之屬/事狀
**吴興周夢坡先生[慶雲]哀思録不分卷**　周延礽輯　民國二十四年(1935)鉛印本　二册

330000－1703－0002196　M20888　史部/傳記類/别傳之屬/事狀
**簡君照南[耀登]哀輓録不分卷**　簡日華等編　民國十二年(1923)簡日華等石印本　六册

330000－1703－0002198　M22603　史部/目録類/總録之屬/官修
**故宫殿本書庫現存目三卷附録一卷**　陶湘編　民國二十二年(1933)北平故宫博物院圖書館鉛印本　一册　存二卷(下、附録)

330000－1703－0002203　M20886　史部/傳記類/别傳之屬/事狀
**黄膺白先生[郛]故舊感憶録不分卷**　黄膺白先生紀念刊編輯委員會編　民國二十六年(1937)鉛印本　一册

330000－1703－0002205　M20887　史部/傳記類/别傳之屬/事狀
**黄膺白先生[郛]故舊感憶録不分卷**　黄膺白先生紀念刊編輯委員會編　民國二十六年(1937)鉛印本　一册

330000－1703－0002206　M20884　史部/傳記類/别傳之屬/事狀
**伍秩庸博士[廷芳]哀思録不分卷**　伍朝樞輯　民國十二年(1923)鉛印本　一册

330000－1703－0002210　M22633　史部/目録類/總録之屬/私撰
**書目答問五卷别録一卷國朝箸述諸家姓名略一卷**　(清)張之洞撰　民國十一年(1922)上海掃葉山房石印本　二册

330000－1703－0002211　M50861　類叢部/叢書類/自著之屬
**張季子九録附一種**　張謇撰　張怡祖編　民國上海中華書局鉛印本　秦從士題記　四册　存一種

330000－1703－0002212　M20883　史部/傳記類/别傳之屬/事狀
**哀思録初編七卷二編四卷三編四卷**　孫中山先生葬事籌備處編　民國孫中山先生葬事籌備處鉛印本　二册　缺四卷(二編一至四)

330000－1703－0002213　M22632　史部/目録類/總録之屬/私撰
**書目答問五卷别録一卷國朝箸述諸家姓名略一卷**　(清)張之洞撰　民國十一年(1922)上海掃葉山房石印本　二册

330000－1703－0002214　M22635　史部/目録類/總録之屬/私撰
**書目答問補正五卷**　范希曾編　民國二十年(1931)江蘇省立國學圖書館鉛印本　二册

330000－1703－0002215　M20885　史部/傳記類/别傳之屬/事狀
**許稻蓀先生[嘉穀]哀思録不分卷**　許受培等輯　民國石印本　一册

330000－1703－0002216　M22636　史部/目録類/書志之屬/提要
**讀書敏求記四卷**　(清)錢曾撰　民國三年(1914)上海掃葉山房石印本　四册

330000－1703－0002217　M50860　類叢部/叢書類/自著之屬
**張季子九録附一種**　張謇撰　張怡祖編　民國二十一年(1932)上海中華書局鉛印本　四册　存二種

330000－1703－0002219　M20737　史部/傳記類/總傳之屬/家乘
**[浙江寧波]甬上青石張氏家譜四卷**　張美翊等修　民國十四年(1925)味芹堂鉛印本　四册

330000－1703－0002220　M20738　史部/傳

記類/總傳之屬/家乘

**[浙江寧波]甬上青石張氏家譜四卷** 張美翊等修 民國十四年(1925)味芹堂鉛印本 四册

330000－1703－0002221 M20882 史部/傳記類/别傳之屬

**總理奉安實錄不分卷** 總理奉安專刊編纂委員會編 民國十八年(1929)總理奉安專刊編纂委員會鉛印本 一册

330000－1703－0002222 M20739 史部/傳記類/總傳之屬/家乘

**[浙江寧波]甬上青石張氏家譜四卷** 張美翊等修 民國十四年(1925)味芹堂鉛印本 四册

330000－1703－0002223 M20879 史部/傳記類/别傳之屬

**總理奉安實錄不分卷** 總理奉安專刊編纂委員會編 民國十八年(1929)總理奉安專刊編纂委員會鉛印本 俞静安題記 二册

330000－1703－0002224 M20880 史部/傳記類/别傳之屬

**總理奉安實錄不分卷** 總理奉安專刊編纂委員會編 民國十八年(1929)總理奉安專刊編纂委員會鉛印本 二册

330000－1703－0002225 M20881 史部/傳記類/别傳之屬

**總理奉安實錄不分卷** 總理奉安專刊編纂委員會編 民國十八年(1929)總理奉安專刊編纂委員會鉛印本 二册

330000－1703－0002226 M22222 史部/地理類/山川之屬/水志

**蕭山湘湖志八卷外編一卷續志一卷** 周易藻編 民國十六年(1927)周氏鉛印本 五册

330000－1703－0002229 M20740 史部/傳記類/總傳之屬/家乘

**[浙江慈溪]慈谿赭山嚴氏宗譜四卷首一卷末一卷** 嚴維驄等修 周毓邠纂 民國十一年(1922)奉思堂木活字印本 四册

330000－1703－0002230 M20741 史部/傳記類/總傳之屬/家乘

**[浙江慈溪]慈谿赭山嚴氏宗譜四卷首一卷末一卷** 嚴維驄等修 周毓邠纂 民國十一年(1922)奉思堂木活字印本 四册

330000－1703－0002231 M20742 史部/傳記類/總傳之屬/家乘

**[浙江慈溪]赭山嚴氏文三公支譜四卷末一卷** 嚴寶玟修 民國十一年(1922)木活字印本 一册 缺二卷(一至二)

330000－1703－0002232 M20743 史部/傳記類/總傳之屬/家乘

**[浙江慈溪]赭山嚴氏文三公支譜四卷末一卷** 嚴寶玟修 民國十一年(1922)木活字印本 一册 缺二卷(一至二)

330000－1703－0002233 M20744 史部/傳記類/總傳之屬/家乘

**[浙江鎮海]鎮海柏墅方氏族譜二十四卷首一卷** 方仁海等修 張美翊纂 民國四年(1915)六桂堂木活字印本 十二册

330000－1703－0002235 M20745 史部/傳記類/總傳之屬/家乘

**[浙江鎮海]鎮海柏墅方氏恭房支譜二十卷首一卷** 方義鶚修 江五民纂 民國二十二年(1933)木活字印本 五册 缺四卷(十七至二十)

330000－1703－0002237 M20746 史部/傳記類/總傳之屬/家乘

**[浙江鎮海]鎮海柏墅方氏恭房支譜二十卷首一卷** 方義鶚修 江五民纂 民國二十二年(1933)木活字印本 二册 存九卷(首,一至五、十至十二)

330000－1703－0002239 M20894 史部/傳記類/别傳之屬/事狀

**嚴母王恭人[宗儀]哀思錄不分卷** 嚴昌堉輯 民國二十四年(1935)鉛印本 一册

330000－1703－0002241 M21093 史部/傳記類/日記之屬

**越縵堂日記補不分卷(清咸豐四年三月十四日至同治二年三月三十日)** (清)李慈銘撰 民國二十六年(1937)上海商務印書館影印本 一册

330000－1703－0002243 M10945 經部/小學類/訓詁之屬/方言
**鄉諺證古四卷** (清)陳康祺撰 張壽鏞編 民國三十三年(1944)鉛印本 一册

330000－1703－0002245 M22227 史部/地理類/山川之屬/山志
**廬山志十二卷首一卷** 吴宗慈編 民國二十二年(1933)鉛印本 十四册

330000－1703－0002250 M21092 史部/傳記類/日記之屬
**越縵堂日記補不分卷(清咸豐四年三月十四日至同治二年三月三十日)** (清)李慈銘撰 民國二十五年(1936)上海商務印書館影印本 十三册

330000－1703－0002252 M22234 史部/地理類/山川之屬/山志
**南雁蕩山志十三卷首一卷** 周喟編 民國七年(1918)瑞安戴氏詠古齋刻本 四册

330000－1703－0002261 M22236 史部/地理類/山川之屬/山志
**普陀洛迦山志十二卷** 王亨彦輯 民國十七年(1928)鉛印本 四册

330000－1703－0002262 M22237 史部/地理類/山川之屬/山志
**普陀洛迦新志十二卷首一卷** 許止淨述 王亨彦輯 民國二十年(1931)鉛印本 四册

330000－1703－0002281 M21993 史部/地理類/輿圖之屬/郡縣
**浙江水陸道里記不分卷** (清)宗源翰等纂 民國四年(1915)石印本 十五册

330000－1703－0002287 M22070 史部/地理類/方志之屬/郡縣志
**慈谿縣志艸創例目不分卷** 民國鉛印本 一册

330000－1703－0002288 M10946 經部/小學類/訓詁之屬/方言
**鄉諺證古四卷** (清)陳康祺撰 張壽鏞編 民國三十三年(1944)鉛印本 一册

330000－1703－0002289 M21033 史部/傳記類/别傳之屬/事狀
**甬上證人書院配享記不分卷** 馮貞羣述 民國油印本 一册

330000－1703－0002290 M22310 史部/地理類/總志之屬/通代
**新體中國地理二卷** 民國油印本 一册

330000－1703－0002291 M22312 史部/地理類/方志之屬/通志
**浙江省通志編纂大綱草案不分卷** 余紹宋撰 民國鉛印本 一册

330000－1703－0002292 M10942 經部/小學類/訓詁之屬/方言
**鄉諺證古四卷** (清)陳康祺撰 張壽鏞編 民國三十三年(1944)鉛印本 一册

330000－1703－0002293 M10943 經部/小學類/訓詁之屬/方言
**鄉諺證古四卷** (清)陳康祺撰 張壽鏞編 民國三十三年(1944)鉛印本 一册

330000－1703－0002294 M10944 經部/小學類/訓詁之屬/方言
**鄉諺證古四卷** (清)陳康祺撰 張壽鏞編 民國三十三年(1944)鉛印本 一册

330000－1703－0002295 M20762 史部/傳記類/總傳之屬/斷代
**清史列傳八十卷** 中華書局編 民國十七年(1928)上海中華書局鉛印本 十六册 存十六卷(五十七至七十二)

330000－1703－0002297 M32750 新學/雜著/叢編
**日用萬事全書二十編** 新華編輯所編 民國十二年(1923)上海新華書局鉛印本 一册 存二編

330000－1703－0002303　M41632　集部/總集類/郡邑之屬
**竹洲文獻二卷**　楊貽誠編　民國二十五年(1936)鄞縣縣立女子中學校友會鉛印本　一冊

330000－1703－0002305　M41633　集部/總集類/郡邑之屬
**竹洲文獻二卷**　楊貽誠編　民國二十五年(1936)鄞縣縣立女子中學校友會鉛印本　一冊

330000－1703－0002309　M31838　子部/術數類/相宅相墓之屬
**地理大成五種**　(清)葉泰輯　民國石印本　八冊　存四種

330000－1703－0002337　M22617　史部/目録類/專録之屬
**張約園遺書目錄一卷**　馮貞羣撰　民國鉛印本　一冊

330000－1703－0002340　M22662　史部/目録類/總録之屬/私撰
**通學齋書目第二期一卷**　孫殿起編　民國二十五年(1936)北平通學齋鉛印本　一冊

330000－1703－0002352　M20569　史部/金石類/總志之屬
**范鼎卿先生所著書三種**　范壽銘撰　民國會稽顧燮光金佳石好樓石印本　一冊　存一種

330000－1703－0002356　M22508　史部/金石類
**錢武肅王銀簡圖考不分卷**　錢季寅輯　民國十四年(1925)鄞縣錢季寅石印本　一冊

330000－1703－0002361　M22509　史部/金石類/錢幣之屬/圖像
**大清錢譜不分卷**　張美翊輯　民國十二年(1923)拓本　朱義方題簽　一冊

330000－1703－0002362　M22654　史部/目録類/總録之屬/私撰
**郘亭知見傳本書目十六卷**　(清)莫友芝撰　民國鉛印本　四冊

330000－1703－0002364　M10947　經部/小學類/訓詁之屬/方言
**鄉諺證古四卷**　(清)陳康祺撰　張壽鏞編　民國三十三年(1944)鉛印本　一冊

330000－1703－0002367　M50273　類叢部/叢書類/彙編之屬
**國立中央研究院歷史語言研究所單刊**　國立中央研究院歷史語言研究所編　民國上海商務印書館鉛印本暨影印本　一冊　存一種

330000－1703－0002368　M22653　史部/目録類/專録之屬
**中國地方志綜錄不分卷**　朱士嘉撰　民國二十六年(1937)上海商務印書館石印本　三冊

330000－1703－0002379　M22514　史部/金石類/石之屬/通考
**校碑隨筆不分卷**　方若撰　民國天津中東石印局石印本　張美翊題記　一冊

330000－1703－0002381　M20568　史部/金石類
**非儒非俠齋金石叢著十種**　顧燮光撰　民國會稽顧氏金佳石好樓石印本暨鉛印本　三冊　存一種

330000－1703－0002387　M31555　子部/雜著類/雜考之屬
**古書校讀法一卷**　胡韞玉編　民國十四年(1925)安吳胡氏鉛印本　一冊

330000－1703－0002389　M22664　史部/目録類/書志之屬/提要
**四部叢刊書錄一卷**　商務印書館編　民國十一年(1922)上海商務印書館鉛印本　一冊

330000－1703－0002390　M22665　史部/目録類/書志之屬/提要
**四部叢刊書錄一卷**　商務印書館編　民國十一年(1922)上海商務印書館鉛印本　一冊

330000－1703－0002391　M22666　史部/目録類/書志之屬/提要
**四部叢刊書錄一卷**　商務印書館編　民國十八年(1929)上海商務印書館鉛印本　一冊

330000－1703－0002403　M10948　經部/小學類/訓詁之屬/方言

**鄉諺證古四卷**　(清)陳康祺撰　張壽鏞編　民國三十三年(1944)鉛印本　一冊

330000－1703－0002405　M22526　史部/金石類/郡邑之屬

**安徽通志稿金石古物考十七卷例目一卷安徽金石古物存真一卷**　徐乃昌纂　民國安徽通志館石印本　十八冊

330000－1703－0002411　M22521　史部/金石類/陶之屬/文字

**恒農冢墓遺文不分卷**　羅振玉輯　民國四年(1915)上虞羅振玉永慕園影印本　一冊

330000－1703－0002422　M22668　史部/目録類/版本之屬/書影

**百衲本二十四史預約樣本一卷**　上海商務印書館編　民國十九年(1930)上海商務印書館鉛印本暨影印本　一冊

330000－1703－0002431　M22667　史部/目録類/總録之屬/彙刻

**重印四部叢刊輯補缺文序跋增訂校文札記一卷**　民國商務印書館影印本暨鉛印本　一冊

330000－1703－0002434　M11001　經部/小學類/訓詁之屬

**古書讀校法一卷聲韻發凡一卷文字發凡一卷詁訓發凡一卷章句發凡一卷**　陳鐘凡述　民國油印本　一冊

330000－1703－0002440　M20618　史部/史評類/史論之屬

**讀通鑑論十六卷附宋論十五卷**　(清)王夫之撰　民國上海商務印書館鉛印本　十冊

330000－1703－0002448　M20621　史部/史評類/史論之屬

**讀通鑑論十六卷附宋論十五卷**　(清)王夫之撰　民國上海商務印書館鉛印本　十冊

330000－1703－0002449　M22673　史部/目録類/專録之屬

**國立北平圖書館善本書目乙編四卷**　趙録綽編　民國二十四年(1935)鉛印本　一冊

330000－1703－0002453　M32070　子部/藝術類/書畫之屬/法帖

**寐叟題跋一集二卷二集二卷**　沈曾植撰並書　民國上海商務印書館石印本　二冊　存二卷(一集一至二)

330000－1703－0002473　M22670　史部/目録類/專録之屬

**叢部總目十一卷武英殿聚珍版書書目一卷函海目錄一卷**　民國抄本　十一冊　缺一卷(二)

330000－1703－0002475　M22674　史部/目録類/總録之屬/彙刻

**景印四庫全書珍本初集目錄一卷**　商務印書館編　民國二十四年(1935)上海商務印書館鉛印本　一冊

330000－1703－0002477　M22672　史部/目録類/版本之屬/書影

**重印聚珍倣宋版五開大本四部備要樣本不分卷**　中華書局編　民國二十三年(1934)中華書局鉛印本　一冊

330000－1703－0002482　M22679　史部/目録類/總録之屬/私撰

**杭州抱經堂書局第一期新板書目五卷補遺一卷**　杭州抱經堂書局編　民國十八年(1929)杭州抱經堂書局鉛印本　一冊

330000－1703－0002485　M22677　史部/目録類/總録之屬/私撰

**杭州朱氏抱經堂藏版書目一卷**　朱氏抱經堂編　民國二十五年(1936)杭州朱氏抱經堂鉛印本　一冊

330000－1703－0002487　M22675　史部/目録類/版本之屬/書影

**聚珍倣宋版二十四史樣本一卷**　中華書局編　民國十八年(1929)中華書局鉛印本　一冊

330000－1703－0002489　M22676　史部/目録類/版本之屬/書影

**聚珍倣宋版二十四史樣本一卷**　中華書局編

民國十八年(1929)中華書局鉛印本　一册

330000－1703－0002490　M22678　史部/目録類/版本之屬/書影

**四部叢刊第二次預約樣本一卷**　上海商務印書館編　民國十五年(1926)上海商務印書館影印本暨鉛印本　一册

330000－1703－0002499　M20533　史部/史抄類

**史記菁華録六卷**　(清)姚祖恩輯評　民國二十二年(1933)上海商務印書館鉛印本　三册

330000－1703－0002503　M20069　史部/紀傳類/正史之屬

**史記論文不分卷**　(清)吴見思評點　民國上海中華書局鉛印本　八册

330000－1703－0002508　M20540　史部/史抄類

**教科適用漢書精華八卷**　中華書局編　民國四年(1915)上海中華書局鉛印本　八册

330000－1703－0002509　M20541　史部/史抄類

**後漢書論贊一卷三國志評一卷兩晉論贊一卷**　民國抄本　一册

330000－1703－0002513　M20537　史部/紀傳類/正史之屬

**邵氏史記輯評十卷**　(清)邵晉涵撰　民國八年(1919)上海會文堂書局石印本　七册　存九卷(一、三至十)

330000－1703－0002523　M20546　史部/史抄類

**歐陽文忠公五代史抄二十卷**　(宋)歐陽修撰　(明)茅坤輯　民國八年(1919)上海會文堂書局石印本　何其樞題記　四册

330000－1703－0002524　M10949　經部/小學類/訓詁之屬/方言

**鄉諺證古四卷**　(清)陳康祺撰　張壽鏞編　民國三十三年(1944)鉛印本　一册

330000－1703－0002526　M10950　經部/小學類/訓詁之屬/方言

**鄉諺證古四卷**　(清)陳康祺撰　張壽鏞編　民國三十三年(1944)鉛印本　一册

330000－1703－0002528　M20559　史部/史抄類

**二十四史輯要六十四卷附二十四史總目一卷二十四史四庫提要一卷**　趙華基編　民國二十二年(1933)上海中華書局鉛印本　三十六册

330000－1703－0002539　M22322　史部/地理類/輿圖之屬

**甘肅地理沿革圖表不分卷**　甘肅通志館編　民國二十三年(1934)北平大北印書局鉛印本　一册

330000－1703－0002541　M22316　史部/地理類/水利之屬

**淮系年表全編不分卷**　武同舉纂繪　民國十八年(1929)鉛印本暨影印本　四册

330000－1703－0002542　M20510　史部/史表類

**歷史表解不分卷**　民國毅盦抄本　一册

330000－1703－0002560　M21521　史部/政書類/公牘檔册之屬

**鄞縣參議會秘書室工作報告不分卷**　鄞縣參議會秘書室編　民國三十五年(1946)油印本　一册

330000－1703－0002562　M21523　史部/政書類/邦計之屬

**浙海常關新定税則不分卷**　浙海關監督署編訂　民國四年(1915)鉛印本　一册

330000－1703－0002564　M21524　史部/政書類/公牘檔册之屬

**代擬城鎮董事會選舉細則一卷代擬鄉董鄉佐選舉細則一卷**　民國鉛印本　一册

330000－1703－0002565　M32846　新學/學校

**新體國語教科書不分卷**　莊適編纂　民國九年(1920)上海商務印書館石印本　一册

330000－1703－0002566　M32753　新學/商務/商學

**商品學不分卷**　民國油印本　二冊

330000－1703－0002570　M21526　史部/政書類/律令之屬/律例

**地方自治試行條例一卷附施行規則一卷**　民國四年(1915)鉛印本　一冊

330000－1703－0002571　M21527　史部/政書類/律令之屬

**浙江省現行法規彙編不分卷**　浙江省政府秘書處編輯　民國二十三年(1934)浙江省政府秘書處鉛印本　六冊

330000－1703－0002580　M32841　新學/學校

**高等小學國文讀本□□卷**　上海文明書局編譯　民國上海文明編譯書局鉛印本　一冊　存一卷(一)

330000－1703－0002581　M10952　經部/小學類/訓詁之屬/方言

**鄉諺證古四卷**　(清)陳康祺撰　張壽鏞編　民國三十三年(1944)鉛印本　一冊

330000－1703－0002582　M32755　新學/學校

**博物示教一卷**　杜就田編譯　民國二年(1913)上海商務印書館鉛印本　一冊

330000－1703－0002594　M10951　經部/小學類/訓詁之屬/方言

**鄉諺證古四卷**　(清)陳康祺撰　張壽鏞編　民國三十三年(1944)鉛印本　一冊

330000－1703－0002599　M20380　史部/叢編

**鄂故叢書二種**　湖北通志館編　民國三十六年(1947)湖北通志館鉛印本　三冊

330000－1703－0002615　M32848　新學/學校

**新編春季始業國文教科書八卷**　劉傳厚等編　民國三年(1914)上海中華書局石印本　一冊　存一卷(八)

330000－1703－0002622　M21575　史部/政書類/公牘檔冊之屬

**紹興縣管理縣教育款產委員會經管縣教育費收支清冊一卷(十八年度第一學期)**　民國十九年(1930)鉛印本　一冊

330000－1703－0002626　M32847　新學/學校

**共和國教科書新歷史教授法六冊不分卷**　趙玉森編纂　民國上海商務印書館鉛印本　二冊　存二冊(四至五)

330000－1703－0002629　M20238　史部/編年類/通代之屬

**綱鑑易知錄九十二卷明鑑易知錄十五卷**　(清)吳乘權　(清)周之炯　(清)周之燦輯　民國五年(1916)上海商務印書館鉛印本　十冊　存六十四卷(綱鑑易知錄一至六十四)

330000－1703－0002630　M20236　史部/編年類/通代之屬

**尺木堂綱鑑易知錄九十二卷明鑑易知錄十五卷**　(清)吳乘權　(清)周之炯　(清)周之燦輯　民國鉛印本　六冊　存三十九卷(綱鑑易知錄十五至二十一、四十至六十四,明鑑易知錄一至七)

330000－1703－0002643　M41643　集部/總集類

**淺深遞進國文讀本不分卷**　林紓編　民國五年(1916)上海商務印書館鉛印本　一冊

330000－1703－0002647　M10955　經部/小學類/訓詁之屬/方言

**鄉諺證古四卷**　(清)陳康祺撰　張壽鏞編　民國三十三年(1944)鉛印本　一冊

330000－1703－0002681　M20262　史部/編年類/斷代之屬

**藻思堂清鑑易知錄前編四卷正編二十八卷**　許國英編輯　民國七年(1918)藻思堂鉛印本　十三冊

330000－1703－0002688　M20263　史部/編年類/斷代之屬

**二思堂清鑑易知錄前編四卷正編二十八卷** 許國英輯　沈文浩重編　民國二十年(1931)二思堂鉛印本　秦從士題簽並記　八冊　存二十卷(前編一、正編十至二十八)

330000－1703－0002695　M20403　史部/雜史類/斷代之屬
**痛史二十一種附九種**　樂天居士輯　民國上海商務印書館鉛印本　二冊　存一種

330000－1703－0002730　M32757　新學/政治法律
**司法院法官訓練所講義**　民國鉛印本　二十四冊　存十七種

330000－1703－0002738　M10953　經部/小學類/訓詁之屬/方言
**鄉諺證古四卷**　(清)陳康祺撰　張壽鏞編　民國三十三年(1944)鉛印本　一冊

330000－1703－0002741　M30093　子部/儒家類/儒學之屬/經濟
**移畫齋統一分治芻議一卷附封建篇一卷法家篇一卷**　孫興撰　民國五年(1916)鉛印本　一冊

330000－1703－0002743　M32786　新學/政治法律/律例
**湖南省憲六法全文六卷**　湖南省憲法審查會編　民國十年(1921)鉛印本　一冊

330000－1703－0002746　M10954　經部/小學類/訓詁之屬/方言
**鄉諺證古四卷**　(清)陳康祺撰　張壽鏞編　民國三十三年(1944)鉛印本　一冊

330000－1703－0002749　M32787　史部/政書類
**增訂三十六種中華六法全書**　法政學社撰　民國元年(1912)法政學社鉛印本　三冊　存十種

330000－1703－0002829　M21486　史部/政書類/邦計之屬/鹽法
**鹽法通志一百卷首一卷**　周慶雲纂　民國七年(1918)鉛印本　二十四冊

330000－1703－0002845　M21463　史部/政書類/邦計之屬/荒政
**新編康濟錄四卷**　(清)陸曾禹輯　(清)倪國璉錄　民國三十七年(1948)武嶺中學稿本　三冊

330000－1703－0002859　M31851　子部/藝術類/書畫之屬
**題畫雜綴不分卷**　民國抄本　張延章題簽　孫毓英題記　二冊

330000－1703－0002866　M31858　子部/藝術類/書畫之屬/畫法畫品
**畫法要錄十七卷首一卷**　余紹宋撰　民國十九年(1930)上海中華書局鉛印本　四冊

330000－1703－0002872　M31857　子部/藝術類/書畫之屬/總論
**大觀錄二十卷**　(清)吳升輯　民國九年(1920)武進李氏聖譯樓鉛印本　七冊　存九卷(一至九)

330000－1703－0002874　M40129　集部/別集類/宋別集
**重栞明成化本東坡七集一百十卷**　(宋)蘇軾撰　**東坡集校記二卷**　繆荃孫撰　**東坡先生[蘇軾]年譜一卷**　(宋)王宗稷編　**東坡先生[蘇軾]墓誌銘一卷**　(宋)蘇轍撰　民國影印本　四十六冊　缺四卷(東坡集二十九至三十一、東坡續集九)

330000－1703－0002875　M31859　子部/藝術類/書畫之屬/總論
**甌鉢羅室書畫過目攷四卷首一卷附卷一卷** (清)李玉棻輯　民國上海朝記書莊鉛印本　三冊　存四卷(二至四、附)

330000－1703－0002876　M40127　集部/別集類/宋別集
**臨川集拾遺一卷**　(宋)王安石撰　羅振玉輯　民國七年(1918)上海聚珍倣宋印書局鉛印本　一冊

330000－1703－0002879　M31864　子部/藝術類/書畫之屬/畫譜

**分類畫範自習畫譜大全三集二十四卷** 馬駘繪 民國十七年(1928)上海世界書局石印本 十六册 存十六卷(人物畫範一、仙佛圖像畫譜二、歷代名將畫譜一、花卉草蟲畫法一、百花寫生畫譜一至二、花鳥畫譜一至二、蘭竹博古畫譜一、魚蟲瓜果畫譜一、鳥獸畫法一、中外百獸畫譜二、山水畫訣一、名勝山水畫譜一、詩情畫意畫譜一至二)

330000－1703－0002883 M40123 集部/別集類/宋別集
**王荆文公詩五十卷目錄三卷** (宋)王安石撰 (宋)李壁箋註 (宋)劉辰翁評點 **王荆文公[安石]年譜一卷** (宋)詹大和撰 民國十一年(1922)海鹽張氏據元刻本影印本 十册

330000－1703－0002884 M31865 子部/藝術類/書畫之屬/畫譜
**分類畫範自習畫譜大全三集二十四卷** 馬駘繪 民國上海世界書局石印本 十九册 缺五卷(山水畫訣一至二、名勝山水畫譜一、詩情畫意畫譜一至二)

330000－1703－0002886 M40138 集部/別集類/宋別集
**蘇東坡詩集注三十二卷** (宋)蘇軾撰 (宋)呂祖謙編 (宋)王十朋集注 **東坡先生[蘇軾]年譜一卷** (宋)王宗稷編 **失編一卷** (清)朱從延補注 民國四年(1915)上海掃葉山房石印本 二十册

330000－1703－0002904 M31870 子部/藝術類/書畫之屬/畫譜
**古今名人畫稿不分卷** (清)費丹旭等繪 民國三年(1914)上海共和書局石印本 六册

330000－1703－0002906 M32054 子部/藝術類/篆刻之屬/印論
**篆刻入門一卷** 孔雲白撰 民國二十四年(1935)上海商務印書館影印本 百琴題記 一册

330000－1703－0002907 M31872 子部/藝術類/遊藝之屬/雜藝
**七巧書譜二卷** (清)嚴恆撰 嚴信厚輯 民國六年(1917)石印本 嚴宏源題記 二册

330000－1703－0002912 M40143 集部/別集類/宋別集
**山谷詩集注内集二十卷外集十七卷別集二卷** (宋)黄庭堅撰 (宋)任淵 (宋)史容 (宋)史季溫注 民國四年(1915)上海著易堂據清光緒二十一年至二十五年(1895－1899)刻宣統二年(1910)印本影印本 十六册

330000－1703－0002913 M32064 子部/藝術類/篆刻之屬
**篆學瑣著(篆學叢書)三十一種** (清)顧湘輯 民國七年(1918)上海文瑞樓石印本 十六册

330000－1703－0002914 M40144 集部/別集類/宋別集
**山谷詩集注内集二十卷外集十七卷別集二卷** (宋)黄庭堅撰 (宋)任淵 (宋)史容 (宋)史季溫注 民國四年(1915)上海著易堂據清光緒二十一年至二十五年(1895－1899)刻宣統二年(1910)印本影印本 八册 存二十卷(内集一至二十)

330000－1703－0002918 M32055 子部/藝術類/篆刻之屬/印譜
**匋齋藏印初集不分卷二集不分卷** (清)端方藏 民國有正書局影印本 八册

330000－1703－0002920 M31875 子部/藝術類/書畫之屬/法帖
**楹聯墨蹟大觀不分卷** 高野侯輯 民國十七年(1928)上海中華書局影印本 九册 存九册(一至九)

330000－1703－0002922 M21050 子部/藝術類/書畫之屬/法帖
**魏高湛墓誌銘初搨本不分卷** 民國影印本 一册

330000－1703－0002924 M10797 經部/小學類/文字之屬/字書/字典
**正草隸篆四體大字典十二集二十四卷部首檢查表一卷難字檢查表一卷** 陳龢祥等編 **文**

**字源流攷一卷** 王大錯纂述 **正草隸篆名人楹聯大觀四卷** 民國十八年(1929)上海掃葉山房石印本 十二册 存十五卷(子集上下、丑集上下、寅集上下、午集上下、未集上下、申集上下,部首檢查表,難字檢察表,文字源流攷)

330000－1703－0002926 M31884 子部/藝術類/書畫之屬/畫録
**病鶴叢書四卷** 錢辛繪畫 民國十一年(1922)四月上海會文堂書局石印本 一册 存一卷(四)

330000－1703－0002927 M31979 子部/藝術類/書畫之屬/法帖
**唐釋懷素聖母帖一卷** (唐)釋懷素書 民國上海藝苑真賞社影印本 一册

330000－1703－0002928 M32058 子部/藝術類/篆刻之屬/印譜
**鴈湪半癡印存不分卷** 包柏�篆 民國鈐印本 一册

330000－1703－0002929 M31885 子部/藝術類/書畫之屬/法帖
**康南海先生墨蹟不分卷附南海先生所著書目一卷** 康有為書 俠安居士編 民國二十三年(1934)上海馬啓新書局石印本暨鉛印本 四册

330000－1703－0002930 M32276 子部/宗教類/佛教之屬
**華嚴集聯三百不分卷** 李叔同書 民國影印本 一册

330000－1703－0002931 M31890 子部/藝術類/書畫之屬/法帖
**絳帖十二卷** (宋)潘師旦編 民國影印本 十二册

330000－1703－0002932 M31891 子部/藝術類/書畫之屬/法帖
**古今尺牘墨蹟大觀不分卷** 高野侯輯 民國影印本 十一册 存十一册(一至八、十一至十二、十四)

330000－1703－0002933 M32063 子部/藝術類/篆刻之屬/印譜
**歷朝史印十卷** (清)黃學圯篆 (清)吳叔元等釋 民國十一年(1922)石印本 六册

330000－1703－0002935 M31876 子部/藝術類/書畫之屬/法帖
**御刻三希堂石渠寶笈法帖不分卷** (清)梁詩正等輯 民國影印本 十五册 缺一册(十三至十四合册)

330000－1703－0002936 M31892 子部/藝術類/書畫之屬/法帖
**鄭蘇戡書南唐集字一卷** 鄭孝胥書 民國二年(1913)上海商務印書館影印本 一册

330000－1703－0002937 M31901 子部/藝術類/書畫之屬/法帖
**梅赧翁手書山谷梅花詩真跡不分卷** (清)梅調鼎書 民國影印本 一册

330000－1703－0002938 M31877 子部/藝術類/書畫之屬/法帖
**御刻三希堂石渠寶笈法帖不分卷** (清)梁詩正等輯 民國影印本 一册 存一册(二十七)

330000－1703－0002939 M31902 子部/藝術類/書畫之屬/法帖
**梅赧翁手書山谷梅花詩真跡不分卷** (清)梅調鼎書 民國影印本 一册

330000－1703－0002940 M31878 子部/藝術類/書畫之屬/法帖
**御刻三希堂石渠寶笈法帖不分卷** (清)梁詩正等輯 民國石印本 二册 存二册(十、十三)

330000－1703－0002941 M31951 子部/藝術類/書畫之屬/法帖
**宋拓智永正草千字文一卷** (隋)釋智永書 民國九年(1920)上海有正書局影印本 一册

330000－1703－0002942 M31879 子部/藝術類/書畫之屬/法帖
**翰苑七賢楷書楚辭不分卷** (清)王仁堪等書

吳季衡藏　民國二十四年(1935)上海商務印書館石印本　一册

330000－1703－0002943　M31905　子部/藝術類/書畫之屬/法帖

**錢太希臨帖精品初集一卷**　錢罕書　民國三十一年(1942)石印本　一册

330000－1703－0002944　M31894　子部/藝術類/書畫之屬/法帖

**宋拓淳熙祕閣續法帖十卷**　民國有正書局影印本　三册　存六卷(一、三至五、九至十)

330000－1703－0002945　M31886　子部/藝術類/書畫之屬/法帖

**星彔書詞一卷**　童式規書　民國十五年(1926)上海商務印書館石印本　一册

330000－1703－0002946　M31906　子部/藝術類/書畫之屬/法帖

**錢太希臨帖精品初集一卷**　錢罕書　民國三十一年(1942)石印本　一册

330000－1703－0002947　M31880　子部/藝術類/書畫之屬/法帖

**劉石庵大楷習字範本一卷**　(清)劉墉書　民國四年(1915)上海有正書局石印本　一册

330000－1703－0002949　M31910　子部/藝術類/書畫之屬/法帖

**柳公權小楷金剛經不分卷**　(唐)柳公權書　民國上海育古山房影印本　一册

330000－1703－0002950　M31909　子部/藝術類/書畫之屬/法帖

**黄山谷梨花詩一卷**　(宋)黄庭堅撰並書　民國上海尚古山房影印本　一册

330000－1703－0002951　M31881　子部/藝術類/書畫之屬/法帖

**劉書聖教序不分卷**　劉春霖書　民國石印本　一册

330000－1703－0002952　M31887　子部/藝術類/書畫之屬/法帖

**字帖集錦第二輯不分卷**　周菊人輯　民國十六年(1927)上海文明書局影印本　一册

330000－1703－0002953　M10956　經部/小學類/訓詁之屬/方言

**鄉諺證古四卷**　(清)陳康祺撰　張壽鏞編　民國三十三年(1944)鉛印本　一册

330000－1703－0002956　M31899　子部/藝術類/書畫之屬/法帖

**董香光手札墨跡一卷**　(明)董其昌書　民國十二年(1923)上海有正書局影印本　一册

330000－1703－0002959　M40741　集部/别集類/清别集

**味佛諦盦尺牘一卷**　(清)陶方琦撰　民國三十二年(1943)陶聞齋影印本　一册

330000－1703－0002960　M31898　子部/藝術類/書畫之屬/法帖

**三希堂蘇長公法書帖三卷**　(宋)蘇軾書　民國八年(1919)上海有正書局影印本　三册

330000－1703－0002962　M31911　子部/藝術類/書畫之屬/法帖

**前後赤壁賦帖不分卷**　(清)何紹基書　民國石印本　一册

330000－1703－0002965　M31897　子部/藝術類/書畫之屬/法帖

**吳中丞説文部首墨蹟一卷**　(清)吳大澂書　民國石印本　一册

330000－1703－0002966　M31900　子部/藝術類/書畫之屬/法帖

**倪久香先生遺墨八卷**　倪久香書　倪文碩輯　民國二十三年(1934)影印本　一册　存一卷(一)

330000－1703－0002967　M22539　史部/金石類/石之屬/文字

**明拓石鼓文不分卷　石鼓文續集一卷**　趙鎬編　民國石印本　一册

330000－1703－0002968　M31913　子部/藝術類/書畫之屬/法帖

**明宜興盧忠肅公臨王右軍艸書帖一卷**　(明)

盧象昇書　民國上海有正書局影印本　一册

330000－1703－0002969　M32065　子部/藝術類/篆刻之屬/印譜

**陰騭文圖章一卷**　王錫光篆　民國十四年(1925)影印本　一册

330000－1703－0002970　M32103　子部/工藝類/日用器物之屬/陶瓷

**飲流齋説瓷十卷**　許之衡撰　民國上海朝記書莊鉛印本　一册

330000－1703－0002971　M32102　子部/工藝類/日用器物之屬/陶瓷

**匋雅二卷**　陳瀏撰　民國上海朝記書莊石印本　二册

330000－1703－0002972　M22540　子部/藝術類/書畫之屬/法帖

**舊拓急就章兩種不分卷**　民國影印本　一册

330000－1703－0002974　M31924　子部/藝術類/書畫之屬/法帖

**宋拓夏承碑一卷**　民國十八年(1929)上海中華書局影印本　一册

330000－1703－0002975　M31921　子部/藝術類/書畫之屬/法帖

**宋拓魯峻碑及碑陰二卷**　民國有正書局影印本　一册

330000－1703－0002976　M31914　子部/藝術類/書畫之屬/法帖

**小萬柳堂摹古不分卷**　吴芝瑛書　民國石印本　一册

330000－1703－0002977　M31920　子部/藝術類/書畫之屬/法帖

**宋拓魯峻碑及碑陰二卷**　民國有正書局影印本　一册

330000－1703－0002978　M31925　子部/藝術類/書畫之屬/法帖

**漢郃陽令曹全碑不分卷**　民國八年(1919)上海有正書局影印本　一册

330000－1703－0002980　M41954　集部/戲劇類

**京調大觀二集不分卷**　許志豪編　民國上海世界書局石印本　一册

330000－1703－0002981　M31926　子部/藝術類/書畫之屬/法帖

**海内初拓第一曹全碑不分卷**　民國六年(1917)上海文明書局影印本　一册

330000－1703－0002982　M22541　子部/藝術類/書畫之屬/法帖

**黄曉松藏漢碑五種不分卷**　民國十五年(1926)上海有正書局影印本　五册

330000－1703－0002986　M22543　子部/藝術類/書畫之屬/法帖

**明拓張遷碑不分卷**　民國五年(1916)上海有正書局石印本　一册

330000－1703－0002987　M31918　子部/藝術類/書畫之屬/法帖

**王可莊離騷經一卷**　(清)王仁堪書　民國上海尚古山房石印本　一册

330000－1703－0002988　M31916　集部/曲類/曲韻曲譜曲律之屬

**京調工尺譜不分卷**　江天一編輯　民國十九年(1930)上海世界書局石印本　一册

330000－1703－0002989　M22544　子部/藝術類/書畫之屬/法帖

**漢張遷碑不分卷**　民國二十一年(1932)商務印書館影印本　秦頌如題簽並記　一册

330000－1703－0002991　M22546　子部/藝術類/書畫之屬/法帖

**漢劉熊碑不分卷**　民國十五年(1926)上海有正書局影印本　一册

330000－1703－0002993　M22547　子部/藝術類/書畫之屬/法帖

**初拓禮器碑及碑陰不分卷**　民國上海有正書局影印本　一册

330000－1703－0002994　M21051　子部/藝術類/書畫之屬/法帖

**魏高湛墓誌銘初搨本不分卷**　民國影印本　一册

330000－1703－0002995　M22548　子部/藝術類/書畫之屬/法帖

**初拓禮器碑及碑陰不分卷**　民國十五年(1926)上海有正書局影印本　一册

330000－1703－0002996　M22563　子部/藝術類/書畫之屬/法帖

**初拓李璧碑不分卷**　民國九年(1920)上海文明書局影印本　一册

330000－1703－0002997　M22561　子部/藝術類/書畫之屬/法帖

**宋拓魏黄初修孔子廟碑不分卷**　(三國魏)梁鵠書　民國十年(1921)上海有正書局影印本　一册

330000－1703－0002999　M21045　子部/藝術類/書畫之屬/法帖

**初拓劉懿墓誌銘一卷**　民國十二年(1923)上海有正書局石印本　一册

330000－1703－0003000　M22559　子部/藝術類/書畫之屬/法帖

**魏王基斷碑一卷**　民國五年(1916)上海有正書局影印本　一册

330000－1703－0003001　M22560　子部/藝術類/書畫之屬/法帖

**魏王基斷碑一卷**　民國五年(1916)上海有正書局影印本　一册

330000－1703－0003003　M22562　子部/藝術類/書畫之屬/法帖

**魏王僧墓誌銘初搨本不分卷**　民國影印本　一册

330000－1703－0003004　M22558　史部/金石類/石之屬/文字

**魏齊造像二十品不分卷**　(清)沈樹鏞藏　(清)趙之謙選定　民國五年(1916)上海有正書局影印本　一册

330000－1703－0003005　M21046　子部/藝術類/書畫之屬/法帖

**魏劉懿墓誌銘初搨本一卷**　秦絧孫選印　民國六年(1917)上海藝苑真賞社影印本　一册

330000－1703－0003006　M31927　子部/藝術類/書畫之屬/法帖

**郎中郃陽令曹景完碑不分卷**　民國影印本　一册

330000－1703－0003007　M31919　子部/藝術類/書畫之屬/法帖

**魯相乙瑛碑一卷**　民國有正書局影印本　一册

330000－1703－0003009　M31922　子部/藝術類/書畫之屬/法帖

**匋齋藏明拓孔季將碑陰不分卷**　(清)端方藏　民國十一年(1922)有正書局影印本　一册

330000－1703－0003010　M31923　子部/藝術類/書畫之屬/法帖

**匋齋藏明拓孔季將碑陰不分卷**　(清)端方藏　民國有正書局影印本　一册

330000－1703－0003011　M21047　子部/藝術類/書畫之屬/法帖

**魏墓誌三種合冊不分卷**　民國九年(1920)上海有正書局石印本　一册

330000－1703－0003012　M22549　史部/金石類/石之屬/文字

**泰山秦篆二十九字南宋精拓本一卷附魯孝王石刻一卷**　民國上海有正書局影印本　一册

330000－1703－0003014　M22550　子部/藝術類/書畫之屬/法帖

**宋拓石門頌不分卷**　民國上海有正書局影印本　一册

330000－1703－0003015　M22551　子部/藝術類/書畫之屬/法帖

**舊拓好大王碑一卷**　民國四年(1915)上海有正書局影印本　一册

330000－1703－0003016　M21024　子部/藝術類/書畫之屬/法帖

**魏故懷令李君墓誌銘一卷** 民國七年(1918)上海商務印書館影印本 一冊

330000－1703－0003017 M21043 子部/藝術類/書畫之屬/法帖
**魏張黑女墓誌一卷** 民國十三年(1924)上海文明書局影印本 錢罕題記 一冊

330000－1703－0003019 M21048 子部/藝術類/書畫之屬/法帖
**魏代楊州長史南梁郡太守宜陽子司馬景和妻墓誌銘一卷** 民國影印本 一冊

330000－1703－0003020 M21049 子部/藝術類/書畫之屬/法帖
**原拓魏鄭道忠墓誌一卷** 民國十年(1921)上海有正書局石印本 一冊

330000－1703－0003021 M22552 子部/藝術類/書畫之屬/法帖
**最初精拓爨龍顔碑不分卷** 民國上海有正書局石印本 一冊

330000－1703－0003022 M31928 子部/藝術類/書畫之屬/法帖
**舊拓龍門二十品二卷** 民國十五年(1926)上海有正書局石印本 一冊

330000－1703－0003023 M31932 子部/藝術類/書畫之屬/法帖
**宋搨晉唐小楷十一種至寶不分卷** 民國有正書局影印本 二冊

330000－1703－0003024 M31933 子部/藝術類/書畫之屬/法帖
**宋拓晉唐小楷十一種至寶不分卷** 抱殘守缺齋藏 民國上海有正書局影印本 二冊

330000－1703－0003025 M31946 子部/藝術類/書畫之屬/法帖
**宋拓索靖月儀帖一卷** (晉)索靖書 **月儀帖釋文一卷** 民國十一年(1922)上海有正書局影印本 一冊

330000－1703－0003026 M31930 子部/藝術類/書畫之屬/法帖
**舊拓龍門二十品二卷** 民國七年(1918)上海有正書局石印本 二冊

330000－1703－0003027 M31935 子部/藝術類/書畫之屬/法帖
**宋拓十三行一卷** (晉)王獻之書 民國上海有正書局影印本 一冊

330000－1703－0003028 M22553 子部/藝術類/書畫之屬/法帖
**最初精拓爨龍顔碑不分卷** 民國上海有正書局石印本 一冊

330000－1703－0003029 M31931 子部/藝術類/書畫之屬/法帖
**舊拓龍門二十品二卷** 民國石印本 一冊 存一卷(一)

330000－1703－0003030 M22554 子部/藝術類/書畫之屬/法帖
**大代華岳廟碑不分卷** 民國十四年(1925)上海有正書局影印本 一冊

330000－1703－0003031 M21044 子部/藝術類/書畫之屬/法帖
**初拓崔敬邕墓誌不分卷** 民國七年(1918)上海有正書局影印本 一冊

330000－1703－0003032 M31943 子部/藝術類/書畫之屬/法帖
**右軍書樂毅論放大本一卷** (晉)王羲之書 民國影印本 一冊

330000－1703－0003033 M31936 子部/藝術類/書畫之屬/法帖
**宋拓十七帖不分卷** (晉)王羲之書 民國上海有正書局影印本 一冊

330000－1703－0003034 M31944 子部/藝術類/書畫之屬/法帖
**宋搨樂毅論一卷** (晉)王羲之書 民國十七年(1928)上海文明書局影印本 一冊

330000－1703－0003035 M31937 子部/藝術類/書畫之屬/法帖
**宋拓十七帖不分卷** (晉)王羲之書 民國十

八年(1929)上海中華書局影印本　一冊

330000－1703－0003036　M21052　子部/藝術類/書畫之屬/法帖

**隋元公墓誌銘初搨本一卷**　民國影印本　一冊

330000－1703－0003037　M31938　子部/藝術類/書畫之屬/法帖

**宋拓河南本十七帖不分卷**　(晉)王羲之書　民國上海有正書局影印本　錢罕跋　一冊

330000－1703－0003038　M22555　子部/藝術類/書畫之屬/法帖

**初拓張猛龍碑不分卷**　民國上海有正書局影印本　一冊

330000－1703－0003039　M31939　子部/藝術類/書畫之屬/法帖

**宋拓河南本十七帖不分卷**　(晉)王羲之書　民國七年(1918)上海有正書局影印本　一冊

330000－1703－0003040　M31945　子部/藝術類/書畫之屬/法帖

**人間第一精本王右軍書聖教序不分卷**　(晉)王羲之書　(唐)釋懷仁集字　民國影印本　一冊

330000－1703－0003041　M31948　子部/藝術類/書畫之屬/法帖

**宋拓龍藏寺碑一卷**　民國九年(1920)上海有正書局影印本　一冊

330000－1703－0003042　M31934　子部/藝術類/書畫之屬/法帖

**宋拓王右軍金剛經一卷**　(晉)王羲之書　民國五年(1916)上海有正書局影印本　一冊

330000－1703－0003043　M22556　子部/藝術類/書畫之屬/法帖

**初拓張猛龍碑不分卷**　民國上海有正書局影印本　一冊

330000－1703－0003044　M21053　子部/藝術類/書畫之屬/法帖

**初拓美人董氏墓誌銘一卷**　民國有正書局影印本　一冊

330000－1703－0003045　M31947　子部/藝術類/書畫之屬/法帖

**北齊平秦王高歸彥造像不分卷**　民國八年(1919)古望書局影印本　馮开題記　一冊

330000－1703－0003046　M22566　子部/藝術類/書畫之屬/法帖

**大晉龍興頌不分卷**　民國有正書局影印本　一冊

330000－1703－0003047　M31942　子部/藝術類/書畫之屬/法帖

**初拓爨寶子碑不分卷**　民國有正書局影印本　一冊

330000－1703－0003048　M21054　子部/藝術類/書畫之屬/法帖

**初拓董美人墓誌一卷**　民國八年(1919)上海有正書局影印本　一冊

330000－1703－0003049　M22565　子部/藝術類/書畫之屬/法帖

**水前拓瘞鶴銘不分卷**　(南朝梁)華陽真逸撰　(南朝梁)上皇山樵書　民國十三年(1924)上海有正書局影印本　一冊

330000－1703－0003050　M31967　子部/藝術類/書畫之屬/法帖

**宋搨薛少保書信行禪師碑一卷**　(唐)薛稷書　民國上海有正書局影印本　一冊

330000－1703－0003051　M22564　子部/藝術類/書畫之屬/法帖

**水前拓本瘞鶴銘不分卷**　(南朝梁)華陽真逸撰　(南朝梁)上皇山樵書　民國上海有正書局影印本　一冊

330000－1703－0003052　M31965　子部/藝術類/書畫之屬/法帖

**褚遂良書兒寬贊不分卷**　(唐)褚遂良書　民國五年(1916)上海商務印書館影印本　一冊

330000－1703－0003053　M31940　子部/藝術類/書畫之屬/法帖

匋齋藏瘞鶴銘兩種合冊　(清)端方藏　民國上海有正書局影印本　一冊

330000－1703－0003054　M31929　子部/藝術類/書畫之屬/法帖

舊拓龍門二十品二卷　民國七年(1918)上海有正書局石印本　一冊　存一卷(二)

330000－1703－0003055　M31941　子部/藝術類/書畫之屬/法帖

匋齋藏瘞鶴銘兩種合冊　(清)端方藏　民國上海有正書局影印本　一冊

330000－1703－0003056　M31968　子部/藝術類/書畫之屬/法帖

宋拓唐姜柔遠碑一卷　(唐)姜晞書　民國有正書局影印本　一冊

330000－1703－0003058　M21055　子部/藝術類/書畫之屬/法帖

初拓張陶二夫人墓誌銘二卷　民國上海有正書局影印本　一冊

330000－1703－0003059　M31969　子部/藝術類/書畫之屬/法帖

宋拓雲麾碑一卷　(唐)李邕書　民國十五年(1926)上海有正書局影印本　一冊

330000－1703－0003060　M22567　子部/藝術類/書畫之屬/法帖

宋拓同州本聖教序一卷　(唐)褚遂良書　民國六年(1917)上海有正書局影印本　一冊

330000－1703－0003061　M31970　子部/藝術類/書畫之屬/法帖

最初搨靈飛經一卷　民國上海有正書局影印本　一冊

330000－1703－0003062　M21060　子部/藝術類/書畫之屬/法帖

宋拓褚河南哀冊一卷　(唐)褚遂良書　民國上海有正書局影印本　一冊

330000－1703－0003063　M21056　子部/藝術類/書畫之屬/法帖

隋滎澤令常醜奴墓誌一卷　民國五年(1916)上海有正書局影印本　一冊

330000－1703－0003064　M31971　子部/藝術類/書畫之屬/法帖

宋拓道因法師碑一卷　(唐)李儼撰　(唐)歐陽通書　民國上海有正書局影印本　文素觀款　秦履中觀款並題簽　一冊

330000－1703－0003065　M31960　子部/藝術類/書畫之屬/法帖

宋明拓本褚河南枯樹賦合冊不分卷　(南朝梁)庾信撰　(唐)褚遂良書　民國七年(1918)上海有正書局影印本　一冊

330000－1703－0003066　M31972　子部/藝術類/書畫之屬/法帖

宋拓道因法師碑一卷　(唐)李儼撰　(唐)歐陽通書　民國八年(1919)上海有正書局影印本　一冊

330000－1703－0003067　M21057　子部/藝術類/書畫之屬/法帖

隋張貴男墓誌銘初搨本一卷　秦絅孫輯　民國六年(1917)上海藝苑真賞社影印本　一冊

330000－1703－0003068　M50170　類叢部/叢書類/彙編之屬

袖珍古書讀本三十種　中華書局編　民國十九年(1930)上海中華書局鉛印本　二百冊

330000－1703－0003069　M31961　子部/藝術類/書畫之屬/法帖

宋拓明拓褚河南枯樹賦合冊不分卷　(唐)褚遂良書　民國上海有正書局影印本　一冊

330000－1703－0003070　M21058　史部/金石類/石之屬/文字

初拓元公姬夫人墓誌二卷　民國有正書局影印本　一冊

330000－1703－0003071　M31962　子部/藝術類/書畫之屬/法帖

宋拓明拓褚河南枯樹賦合冊不分卷　(唐)褚遂良書　民國十三年(1924)上海有正書局影印本　一冊

330000－1703－0003072　M31963　子部/藝術類/書畫之屬/法帖
**宋拓明拓褚河南枯樹賦合册不分卷**　(唐)褚遂良書　民國上海有正書局影印本　一册

330000－1703－0003073　M31966　子部/藝術類/書畫之屬/法帖
**褚河南大楷習字範本不分卷**　(唐)褚遂良書　民國上海有正書局影印本　一册

330000－1703－0003074　M31964　子部/藝術類/書畫之屬/法帖
**北宋拓聖教序一卷**　(晉)王羲之書　(唐)釋懷仁集　民國上海有正書局影印本　一册

330000－1703－0003075　M31949　子部/藝術類/書畫之屬/法帖
**宋拓智永正草千字文一卷**　(隋)釋智永書　民國有正書局影印本　一册

330000－1703－0003076　M31950　子部/藝術類/書畫之屬/法帖
**宋拓智永正草千字文一卷**　(隋)釋智永書　民國有正書局影印本　一册

330000－1703－0003077　M31991　子部/藝術類/書畫之屬/法帖
**宋拓太清樓書譜不分卷**　(唐)孫過庭書　民國十五年(1926)上海有正書局影印本　一册

330000－1703－0003078　M31992　子部/藝術類/書畫之屬/法帖
**宋拓太清樓書譜不分卷**　(唐)孫過庭書　民國十二年(1923)上海有正書局影印本　一册

330000－1703－0003079　M31993　子部/藝術類/書畫之屬/法帖
**宋拓太清樓書譜不分卷**　(唐)孫過庭書　民國十年(1921)上海有正書局影印本　一册

330000－1703－0003080　M31952　子部/藝術類/書畫之屬/法帖
**宋拓東廟堂碑一卷**　(唐)虞世南撰並書　民國有正書局影印本　一册

330000－1703－0003081　M31994　子部/藝術類/書畫之屬/法帖
**宋拓太清樓書譜不分卷**　(唐)孫過庭書　民國上海有正書局影印本　一册

330000－1703－0003082　M31953　子部/藝術類/書畫之屬/法帖
**宋拓東廟堂碑一卷**　(唐)虞世南撰並書　民國十五年(1926)上海有正書局影印本　劉惜暗題記　一册

330000－1703－0003083　M31955　子部/藝術類/書畫之屬/法帖
**虞世南汝南公主墓誌不分卷**　(唐)虞世南書　民國五年(1916)上海有正書局影印本　一册

330000－1703－0003084　M31956　子部/藝術類/書畫之屬/法帖
**翁覃溪手鈎化度寺碑一卷**　(唐)歐陽詢書　(清)翁方綱重摹　民國十年(1921)上海有正書局影印本　一册

330000－1703－0003085　M31980　子部/藝術類/書畫之屬/法帖
**宋拓顔家廟碑三卷**　(唐)顔真卿撰並書　民國六年(1917)上海有正書局影印本　三册

330000－1703－0003086　M31988　子部/藝術類/書畫之屬/法帖
**北宋拓顔魯公爭坐位帖一卷**　(唐)顔真卿書　民國上海有正書局影印本　一册

330000－1703－0003087　M31973　子部/藝術類/書畫之屬/法帖
**宋拓道因法師碑一卷**　(唐)李儼撰　(唐)歐陽通書　民國八年(1919)上海有正書局影印本　一册

330000－1703－0003088　M31974　子部/藝術類/書畫之屬/法帖
**宋拓道因法師碑一卷**　(唐)李儼撰　(唐)歐陽通書　民國八年(1919)上海有正書局影印本　一册

330000－1703－0003089　M31975　子部/藝術類/書畫之屬/法帖

**宋拓道因法師碑一卷** (唐)李儼撰 (唐)歐陽通書 民國八年(1919)上海有正書局影印本 一冊

330000－1703－0003090 M31958 子部/藝術類/書畫之屬/法帖

**九成宫醴泉銘一卷** (唐)歐陽詢書 民國二十二年(1933)上海商務印書館影印本 一冊

330000－1703－0003091 M31985 子部/藝術類/書畫之屬/法帖

**宋拓顏平原東方畫贊不分卷** (唐)顏真卿書 民國上海有正書局影印本 一冊

330000－1703－0003092 M31986 子部/藝術類/書畫之屬/法帖

**宋拓顏平原東方畫贊不分卷** (唐)顏真卿書 民國上海有正書局影印本 一冊

330000－1703－0003094 M31987 子部/藝術類/書畫之屬/法帖

**宋拓顏平原東方畫贊不分卷** (唐)顏真卿書 民國上海有正書局影印本 一冊

330000－1703－0003095 M31995 子部/藝術類/書畫之屬/法帖

**宋拓太清樓書譜不分卷** (唐)孫過庭書 民國上海有正書局影印本 晚香室主人觀款 一冊

330000－1703－0003096 M31996 子部/藝術類/書畫之屬/法帖

**宋拓太清樓書譜不分卷** (唐)孫過庭書 民國十年(1921)上海有正書局影印本 一冊

330000－1703－0003097 M31997 子部/藝術類/書畫之屬/法帖

**宋拓太清樓書譜不分卷** (唐)孫過庭書 民國十二年(1923)上海有正書局影印本 一冊

330000－1703－0003098 M31954 子部/藝術類/書畫之屬/法帖

**龍藏寺碑一卷** 民國影印本 一冊

330000－1703－0003099 M31957 子部/藝術類/書畫之屬/法帖

**隋柱國左光禄大夫弘義明公皇甫府君之碑一卷** (唐)歐陽詢書 民國影印本 一冊

330000－1703－0003100 M32014 子部/藝術類/書畫之屬/法帖

**吳皇象書急就章一卷** (三國吳)皇象書 民國影印本 一冊

330000－1703－0003101 M22568 子部/藝術類/書畫之屬/法帖

**重修蜀先主廟碑一卷** (金)王庭筠撰並書 民國上海有正書局影印本 一冊

330000－1703－0003102 M22569 子部/藝術類/書畫之屬/法帖

**孝女曹娥碑二種** 民國八年(1919)上海藝苑真賞社影印本 一冊

330000－1703－0003103 M22570 子部/藝術類/書畫之屬/法帖

**米海岳方圓菴記一卷** (宋)米芾書 民國六年(1917)上海震亞圖書局影印本 一冊

330000－1703－0003104 M31998 子部/藝術類/書畫之屬/法帖

**宋拓太清樓書譜不分卷** (唐)孫過庭書 民國十二年(1923)上海有正書局影印本 錢鴻籌題記 一冊

330000－1703－0003105 M32015 子部/藝術類/書畫之屬/法帖

**鄧石如篆書十五種不分卷** (清)鄧石如書 民國十一年(1922)上海文明書局石印本 六冊

330000－1703－0003106 M31999 子部/藝術類/書畫之屬/法帖

**宋拓太清樓書譜不分卷** (唐)孫過庭書 民國十二年(1923)上海有正書局影印本 一冊

330000－1703－0003107 M32000 子部/藝術類/書畫之屬/法帖

**舊拓辥刻書譜一卷附釋文一卷** (唐)孫過庭撰並書 民國十一年(1922)上海商務印書館影印本 一冊

330000－1703－0003108　M32016　子部/藝術類/書畫之屬/法帖

**鄧石如篆書十五種不分卷**　(清)鄧石如書　民國十一年(1922)上海文明書局石印本　三冊

330000－1703－0003109　M32001　子部/藝術類/書畫之屬/法帖

**歐陽詢大楷習字範本一卷**　(唐)歐陽詢書　民國上海有正書局影印本　一冊

330000－1703－0003110　M32002　子部/藝術類/書畫之屬/法帖

**歐陽詢行書習字範本一卷**　(唐)歐陽詢書　民國四年(1915)上海有正書局影印本　范賡治題記　一冊

330000－1703－0003111　M32017　子部/藝術類/書畫之屬/法帖

**鄧石如篆書弟子職二卷**　(清)鄧石如書　民國碧梧山莊影印本　二冊

330000－1703－0003112　M31981　子部/藝術類/書畫之屬/法帖

**明拓元次山碑不分卷**　(唐)顔真卿書　民國五年(1916)上海有正書局影印本　一冊

330000－1703－0003113　M31982　子部/藝術類/書畫之屬/法帖

**明拓元次山碑不分卷**　(唐)顔真卿書　民國七年(1918)上海有正書局影印本　一冊

330000－1703－0003115　M31983　子部/藝術類/書畫之屬/法帖

**明拓元次山碑不分卷**　(唐)顔真卿書　民國七年(1918)上海有正書局影印本　一冊

330000－1703－0003116　M31984　子部/藝術類/書畫之屬/法帖

**明拓元次山碑不分卷**　(唐)顔真卿書　民國七年(1918)上海有正書局影印本　一冊

330000－1703－0003117　M31976　子部/藝術類/書畫之屬/法帖

**初拓懷素草書自敘帖一卷**　(唐)釋懷素撰並書　民國上海有正書局影印本　一冊

330000－1703－0003118　M31977　子部/藝術類/書畫之屬/法帖

**初拓懷素草書自敘帖一卷**　(唐)釋懷素撰並書　民國上海有正書局影印本　錢鴻籌題簽　一冊

330000－1703－0003119　M31978　子部/藝術類/書畫之屬/法帖

**初拓懷素草書自敘帖一卷**　(唐)釋懷素撰並書　民國上海有正書局影印本　徐伯固題簽　一冊

330000－1703－0003123　M32027　子部/藝術類/書畫之屬/法帖

**鄭板橋漁村夕照詞一卷**　(清)鄭燮書　民國十四年(1925)上海文明書局石印本　一冊

330000－1703－0003124　M32028　子部/藝術類/書畫之屬/法帖

**劉梁合璧一卷**　(清)劉墉　(清)梁同書書　民國上海有正書局石印本　一冊

330000－1703－0003125　M32030　子部/藝術類/書畫之屬/法帖

**楊沂孫篆書說文解字敘一卷**　(清)楊沂孫書　民國十二年(1923)上海古今圖書店石印本　一冊

330000－1703－0003126　M32037　子部/藝術類/書畫之屬/法帖

**吳大澂篆文孝經一卷**　(清)吳大澂書　民國碧梧山莊石印本　一冊

330000－1703－0003127　M32003　子部/藝術類/書畫之屬/法帖

**顔魯公雙鶴銘一卷**　(唐)顔真卿書　民國上海尚古山房石印本　一冊

330000－1703－0003128　M32031　子部/藝術類/書畫之屬/法帖

**趙偽叔書漢鐃歌眞蹟一卷**　(清)趙之謙書　民國十九年(1930)上海中華書局影印本　一冊

330000－1703－0003129　M32036　子部/藝術類/書畫之屬/法帖

**趙聲伯習字範本不分卷**　(清)馬其昶撰　(清)趙世駿書　民國十年(1921)有正書局影印本　一册

330000－1703－0003130　M31904　子部/藝術類/書畫之屬/法帖

**赧翁集錦不分卷**　(清)梅調鼎書　民國影印本　一册

330000－1703－0003131　M32004　子部/藝術類/書畫之屬/法帖

**岳武穆前出師表一卷後出師表一卷**　(宋)岳飛書　民國十七年(1928)上海文明書局影印本　二册

330000－1703－0003132　M32005　子部/藝術類/書畫之屬/法帖

**宋拓東坡西樓帖三卷**　(宋)蘇軾撰並書　民國九年(1920)上海有正書局影印本　道□題記　一册

330000－1703－0003133　M10837　經部/小學類/文字之屬/字書/字體

**玉堂楷則一卷**　(清)□□輯　民國石印本　一册

330000－1703－0003134　M32006　子部/藝術類/書畫之屬/法帖

**蘇東坡書赤壁賦一卷**　(宋)蘇軾撰並書　民國六年(1917)上海商務印書館影印本　一册

330000－1703－0003135　M31903　子部/藝術類/書畫之屬/法帖

**赧翁集錦不分卷**　(清)梅調鼎書　民國影印本　一册

330000－1703－0003137　M32007　子部/藝術類/書畫之屬/法帖

**趙松雪書福神觀記不分卷**　(元)趙孟頫書　民國十五年(1926)上海有正書局影印本　一册

330000－1703－0003139　M32008　子部/藝術類/書畫之屬/法帖

**趙松雪蕭山大成殿碑記不分卷**　(元)張伯淳撰　(元)趙孟頫書　民國四年(1915)上海有正書局影印本　一册

330000－1703－0003140　M32035　子部/藝術類/書畫之屬/書法書品

**行書備要一卷**　童式規書　民國十年(1921)上海商務印書館石印本　一册

330000－1703－0003141　M32009　子部/藝術類/書畫之屬/法帖

**趙松雪蕭山大成殿碑記不分卷**　(元)張伯淳撰　(元)趙孟頫書　民國上海有正書局影印本　一册

330000－1703－0003142　M32010　子部/藝術類/書畫之屬/法帖

**趙松雪正草千文一卷**　(元)趙孟頫書　民國上海有正書局影印本　一册

330000－1703－0003143　M32038　子部/藝術類/書畫之屬/法帖

**吴清卿書說文解字建首一卷**　(清)吳大澂書　民國十八年(1929)上海商務印書館石印本　一册

330000－1703－0003144　M32011　子部/藝術類/書畫之屬/法帖

**閑邪公家傳一卷**　(元)周馳撰　(元)趙孟頫書　民國十九年(1930)上海文明書局影印本　一册

330000－1703－0003145　M32012　子部/藝術類/書畫之屬/法帖

**舊拓樂毅論閑邪公傳合刻不分卷**　(晉)王羲之書　(元)趙孟頫書　民國有正書局影印本　一册

330000－1703－0003146　M32013　子部/藝術類/書畫之屬/法帖

**趙文敏書急就篇附釋文不分卷**　(元)趙孟頫書　民國二十二年(1933)上海商務印書館影印本　一册

330000－1703－0003147　M21041　史部/傳記類/别傳之屬

**沈君夫人陳氏訃告一卷**　沈毓琛等撰　**沈君夫人陳氏家傳一卷**　沈衛撰　民國影印本

一册

330000－1703－0003148　M32039　子部/藝術類/書畫之屬/法帖

**吴清卿書説文解字建首一卷**　（清）吳大澂書　民國五年（1916）上海商務印書館石印本　一册

330000－1703－0003149　M32018　子部/藝術類/書畫之屬/法帖

**鄧石如隸書樂志論不分卷**　（清）鄧石如書　民國四年（1915）上海進步書局影印本　一册

330000－1703－0003150　M32040　子部/藝術類/書畫之屬/法帖

**吴清卿書説文解字建首一卷**　（清）吳大澂書　民國二十二年（1933）上海商務印書館石印本　一册

330000－1703－0003151　M32019　子部/藝術類/書畫之屬/法帖

**何子貞書鄧石如墓誌不分卷**　（清）何紹基書　民國五年（1916）上海有正書局影印本　一册

330000－1703－0003152　M32020　子部/藝術類/書畫之屬/法帖

**名人真蹟**　民國中華書局影印本　一册　存一種

330000－1703－0003153　M21040　史部/傳記類/别傳之屬/墓誌

**李母張太夫人墓誌銘一卷**　陳三立撰　鄭孝胥書　民國影印本　一册

330000－1703－0003155　M22329　子部/藝術類/書畫之屬/法帖

**重修相墅方氏宗祠記一卷**　張美翊撰　何維樸書　**方母朱太夫人家傳一卷**　張美翊撰　陳脩榆書　民國六年（1917）石印本　一册

330000－1703－0003157　M32034　子部/藝術類/書畫之屬/法帖

**隸書格言三十二種不分卷**　季守正書　民國十二年（1923）商務印書館石印本　一册

330000－1703－0003158　M22330　子部/藝術類/書畫之屬/法帖

**重修相墅方氏宗祠記一卷**　張美翊撰　何維樸書　**方母朱太夫人家傳一卷**　張美翊撰　陳脩榆書　民國六年（1917）石印本　一册

330000－1703－0003159　M32024　子部/藝術類/書畫之屬/法帖

**王可莊書千字文不分卷**　（清）王仁堪書　民國十五年（1926）上海商務印書館影印本　一册

330000－1703－0003160　M32025　子部/藝術類/書畫之屬/法帖

**南園書蕪城賦一卷**　（清）錢灃書　民國影印本　一册

330000－1703－0003161　M21038　史部/傳記類/别傳之屬/事狀

**文府君［翰驊］壙記一卷**　文素松撰　譚澤闓書　民國十八年（1929）影印本　□如題記　一册

330000－1703－0003162　M21034　史部/傳記類/别傳之屬/墓誌

**楊君［璘］墓表一卷**　馮幵表　錢罕書　民國十一年（1922）影印本　一册

330000－1703－0003163　M32026　子部/藝術類/書畫之屬/書法書品

**陳曼生手札墨迹不分卷**　（清）陳鴻壽撰　民國上海有正書局影印本　一册

330000－1703－0003164　M21039　史部/傳記類/别傳之屬/事狀

**孫府君軒蕉九十誕辰嘏辭不分卷**　沈尹默書　民國影印本　一册

330000－1703－0003166　M21035　史部/傳記類/别傳之屬/事狀

**洪君［紹修］家傳一卷**　陳訓正纂　沙文若書　民國二十二年（1933）石印本　一册

330000－1703－0003167　M41644　集部/總集類/尺牘之屬

**女子書翰文二卷**　包天笑編　民國五年

(1916)上海有正書局石印本　一冊　存一卷(一)

330000－1703－0003168　M21042　史部/傳記類/别傳之屬/事狀

**先業師王公孟謙[慶福]家傳一卷**　嚴昌堉撰　錢振鍠書　民國石印本　一冊

330000－1703－0003169　M41645　集部/總集類/尺牘之屬

**女子書翰文二卷**　包天笑編　民國六年(1917)上海有正書局石印本　一冊　存一卷(二)

330000－1703－0003170　M40152　集部/别集類/宋别集

**后山詩十二卷**　(宋)陳師道撰　(宋)任淵注　民國七年(1918)上海文明書局石印本　六冊

330000－1703－0003171　M21036　史部/傳記類/别傳之屬/事狀

**董節母傳一卷**　馮貞胥撰　民國影印本　一冊

330000－1703－0003172　M32041　子部/藝術類/書畫之屬/法帖

**李子龢書閑邪公傳一卷**　(元)周馳撰　李子龢書　民國石印本　一冊

330000－1703－0003173　M32045　子部/藝術類/書畫之屬/法帖

**歷代碑帖大觀五十種**　高野侯輯　民國上海中華書局影印本　四十冊　存四十一種

330000－1703－0003176　M21037　史部/傳記類/别傳之屬/事狀

**董節母傳一卷**　馮貞胥撰　民國三十五年(1946)影印本　一冊

330000－1703－0003177　M40151　集部/别集類/宋别集

**后山詩十二卷**　(宋)陳師道撰　(宋)任淵注　民國上海文明書局石印本　二冊

330000－1703－0003178　M32033　子部/藝術類/書畫之屬/法帖

**夢園記等原書稿不分卷**　民國抄本　一冊

330000－1703－0003179　M32032　子部/藝術類/書畫之屬/法帖

**夢園記一卷**　朱威明撰　錢罕書　民國石印本　一冊

330000－1703－0003180　M31907　子部/藝術類/書畫之屬/法帖

**錢太希臨帖精品初集一卷**　錢罕書　民國三十一年(1942)石印本　一冊

330000－1703－0003184　M32046　子部/藝術類/書畫之屬/法帖

**劉殿撰精楷大唐三藏聖教序不分卷**　劉春霖書　民國尚古山房石印本　一冊

330000－1703－0003185　M40156　集部/别集類/宋别集

**和靖尹先生文集十卷**　(宋)尹焞撰　**和靖尹先生祠附錄一卷**　(明)趙淵　(明)姚鏌撰　民國二年(1913)刻本　四冊

330000－1703－0003186　M32043　子部/藝術類/書畫之屬/法帖

**拓本漢代碑帖精華六種**　世界書局編　民國十七年(1928)上海世界書局影印本　一冊　存一種

330000－1703－0003187　M32021　子部/藝術類/書畫之屬/法帖

**名人真蹟大楷法帖精華**　民國十三年(1924)上海世界書局石印本　一冊　存一種

330000－1703－0003189　M32044　子部/藝術類/書畫之屬/法帖

**明拓秦嶧山碑一卷**　民國六年(1917)有正書局影印本　一冊

330000－1703－0003191　M32042　子部/宗教類/佛教之屬

**金剛經縮本一卷**　民國影印本　一冊

330000－1703－0003206　M40173　集部/别集類/宋别集

**劍南詩鈔六卷**　(宋)陸游撰　(清)楊大鶴選　民國四年(1915)上海掃葉山房石印本　六冊

330000－1703－0003227　M40204　集部/別集類/明別集
**遜志齋集三十卷拾遺十卷續拾遺一卷附錄一卷**　(明)方孝孺撰　民國十七年(1928)寧海胡氏味善居刻本　十八冊

330000－1703－0003230　M40164　集部/別集類/宋別集
**呂東萊書牘一卷**　(宋)呂祖謙撰　民國二年(1913)上海商務印書館鉛印本　二冊

330000－1703－0003231　M40203　集部/別集類/明別集
**遜志齋集三十卷拾遺十卷續拾遺一卷附錄一卷**　(明)方孝孺撰　民國十七年(1928)寧海胡氏味善居刻本　四冊　存十一卷(二十九至三十、拾遺一至九)

330000－1703－0003233　M20077　史部/紀傳類/正史之屬
**漢書補注一百卷首一卷**　王先謙撰　**姚惜抱先生前漢書評點一卷**　(清)姚鼐撰　(清)吳汝綸輯　民國五年(1916)上海同文圖書館石印本　二十一冊

330000－1703－0003234　M50171　類叢部/叢書類/彙編之屬
**袖珍古書讀本三十種**　中華書局編　民國十九年(1930)上海中華書局鉛印本　九十五冊　存十二種

330000－1703－0003237　M10957　經部/小學類/訓詁之屬/方言
**鄉諺證古四卷**　(清)陳康祺撰　張壽鏞編　民國三十三年(1944)鉛印本　一冊

330000－1703－0003239　M50169　類叢部/叢書類/彙編之屬
**袖珍古書讀本三十種**　中華書局編　民國十九年(1930)上海中華書局鉛印本　二百冊

330000－1703－0003240　M20031　史部/紀傳類/正史之屬
**二十四史附考證**　民國五年(1916)上海涵芬樓據清乾隆武英殿刻本影印本　三十四冊　存三種

330000－1703－0003242　M20038　史部/紀傳類/正史之屬
**二十四史附考證**　民國上海涵芬樓據清乾隆武英殿刻本影印本　八冊　存一種

330000－1703－0003257　M20039　史部/紀傳類/正史之屬
**二十四史附考證**　民國上海涵芬樓據清乾隆武英殿刻本影印本　六冊　存一種

330000－1703－0003298　M20043　史部/紀傳類/正史之屬
**二十四史附考證**　民國上海中華書局據清乾隆武英殿本影印本　四冊　存一種

330000－1703－0003320　M40341　集部/別集類/清別集
**新體廣註小倉山房尺牘八卷**　(清)袁枚撰　(清)胡光斗箋釋　(清)徐楨增註　民國十五年(1926)上海世界書局石印本　四冊

330000－1703－0003329　M40365　集部/別集類/清別集
**章實齋文鈔一卷**　(清)章學誠撰　民國六年(1917)菊飲軒鉛印本　一冊

330000－1703－0003338　M40348　集部/別集類/清別集
**小倉山房詩選四卷補選一卷**　(清)袁枚撰　民國上海廣益書局石印本　一冊　存二卷(一至二)

330000－1703－0003356　M40366　集部/別集類/清別集
**章實齋文鈔一卷**　(清)章學誠撰　民國六年(1917)菊飲軒鉛印本　一冊

330000－1703－0003359　M40360　集部/別集類/清別集
**復初齋文集三十五卷首一卷**　(清)翁方綱撰　民國五年(1916)上海同文圖書館石印本

十二册

330000－1703－0003411　M40412　集部/别集類/清别集

**柏梘山房文集十六卷續集一卷駢體文二卷詩集十卷續集二卷**　(清)梅曾亮撰　民國六年(1917)上海國學扶輪社石印本　八册

330000－1703－0003419　M40386　集部/别集類/清别集

**煙霞萬古樓詩集二卷**　(清)王曇撰　**仲瞿詩録一卷**　(清)徐渭仁輯　民國十三年(1924)上海掃葉山房石印本　三册

330000－1703－0003424　M50789　類叢部/叢書類/自著之屬

**李文忠公全集六種一百六十五卷首一卷**　(清)李鴻章撰　(清)吳汝綸編録　民國十年(1921)上海商務印書館據金陵刻本影印本　四十册　存六十三卷(首,李文忠公奏稿一至十二、八十;朋僚函稿一至十八;電稿十至四十)

330000－1703－0003430　M40445　集部/别集類/清别集

**三百堂文集二卷**　(清)陳奐撰　王大隆輯　民國二十四年(1935)鉛印本　趙學南題記　一册

330000－1703－0003441　M41357　集部/總集類/選集之屬/通代

**十八家詩鈔二十八卷首一卷**　(清)曾國藩輯　民國上海商務印書館鉛印本　八册　存十四卷(三至六、十一至十七、二十一至二十三)

330000－1703－0003444　M41358　集部/總集類/選集之屬/通代

**圈點詳註十八家詩鈔二十八卷首一卷**　(清)曾國藩撰　陳存悔等註　民國上海崇新書局鉛印本　八册　存十七卷(首、一至十六)

330000－1703－0003447　M50339　類叢部/叢書類/彙編之屬

**郋園先生全書一百二十九種**　葉啟倬編　民國二十四年(1935)長沙中國古書刻印社彙印本　十册　存七種

330000－1703－0003453　M41564　集部/總集類/選集之屬/通代

**詳註經史百家雜鈔二十六卷**　(清)曾國藩纂　民國二十二年(1933)上海掃葉山房石印本　十二册

330000－1703－0003461　M40484　集部/别集類/清别集

**越縵堂詩初集十卷詞録二卷**　(清)李慈銘撰　民國二十年(1931)、二十四年(1935)上海商務印書館鉛印本　四册

330000－1703－0003463　M40485　集部/别集類/清别集

**越縵堂詩續集十卷**　(清)李慈銘撰　由雲龍編　民國二十二年(1933)上海商務印書館鉛印本　一册

330000－1703－0003466　M40517　集部/别集類

**畸園第三次手定詩稿十七種三十二卷**　陳遹聲撰　民國十一年(1922)影印本　二十三册

330000－1703－0003469　M40503　集部/别集類/清别集

**鴻雪樓詩選初集四卷外集一卷名媛詩話八卷**　(清)沈善寶撰　民國十三年(1924)沈敏元鉛印本　二册　缺八卷(名媛詩話一至八)

330000－1703－0003473　M40504　集部/别集類/清别集

**鴻雪樓詩選初集四卷外集一卷名媛詩話八卷**　(清)沈善寶撰　民國十三年(1924)沈敏元鉛印本　二册　缺八卷(名媛詩話一至八)

330000－1703－0003477　M40480　集部/别集類/清别集

**訪梅吟舍殘稿一卷**　(清)盧以瑛撰　盧霖録　民國二十年(1931)鉛印本　一册

330000－1703－0003499　M40553　集部/别集類/清别集

**先訓導公遺著一卷**　(清)阮慶榧撰　阮紹昌輯　民國十七年(1928)阮性純鉛印本　一册

330000－1703－0003503　M40555　集部/別集類/清別集

**王蘇州遺書十二卷首一卷**　(清)王仁堪撰　王孝繩編輯　民國二十三年(1934)鉛印本　六冊

330000－1703－0003505　M40556　集部/別集類/清別集

**綠天盦詩集一卷**　(清)王筠僊撰　民國三十六年(1947)董維城鉛印本　一冊

330000－1703－0003506　M40558　集部/別集類/清別集

**梯雲館詩鈔一卷**　(清)張端撰　民國七年(1918)寓園刻本　一冊

330000－1703－0003507　M50742　類叢部/叢書類/自著之屬

**晨風廬叢刊十八種**　周慶雲撰　民國吳興周氏夢坡室刻本　一冊　存一種

330000－1703－0003510　M50360　類叢部/叢書類

**夢庵雜著**　民國鉛印本　一冊　存一種

330000－1703－0003511　M40552　集部/別集類/清別集

**綠滿廬文集一卷春宵偶話一卷綠滿廬詩集一卷**　(清)陳之翰撰　民國鉛印本　一冊

330000－1703－0003513　M40563　集部/別集類/清別集

**水雲舟屋詩文鈔不分卷**　馮忠敦輯　民國二十四年(1935)稿本　一冊

330000－1703－0003516　M40792　集部/別集類

**味筍齋詩鈔一卷**　姚琮撰　民國三十二年(1943)鉛印本　一冊

330000－1703－0003517　M40564　集部/別集類/清別集

**石壇山房全集七種十卷**　(清)陳得善撰　民國二十三年(1934)陳慶麒鉛印本　六冊

330000－1703－0003519　M40565　集部/別集類/清別集

**石壇山房全集七種十卷**　(清)陳得善撰　民國二十三年(1934)陳慶麒鉛印本　六冊

330000－1703－0003520　M40793　集部/別集類

**弗堂類稿三十卷**　姚華撰　民國十九年(1930)上海中華書局鉛印本　十二冊

330000－1703－0003523　M40566　集部/別集類/清別集

**知止盦文集四卷補遺一卷**　(清)黄宗起撰　**退齋文存一卷**　黄世礽撰　民國四年(1915)鉛印本　二冊

330000－1703－0003524　M40794　集部/別集類

**浣花集四卷**　羅華撰　民國二十一年(1932)鉛印本　一冊

330000－1703－0003526　M40795　集部/別集類

**沃洲散人漫吟二卷**　俞濬鑑撰　民國十九年(1930)鉛印本　二冊

330000－1703－0003528　M40796　集部/別集類

**聽雨樓詩鈔二卷**　胡慶榮撰　民國二十一年(1932)鉛印本　一冊

330000－1703－0003529　M40797　集部/別集類

**車茵集一卷**　陳歗湖撰　民國二十五年(1936)鉛印本　一冊

330000－1703－0003531　M40774　集部/別集類

**天嬰室叢稿第一輯九卷**　陳訓正撰　民國十四年(1925)鉛印本　四冊

330000－1703－0003532　M40775　集部/別集類

**天嬰室叢稿第一輯九卷**　陳訓正撰　民國十四年(1925)鉛印本　四冊

330000－1703－0003533　M40776　集部/別

集類
**天嬰室叢稿第一輯九卷** 陳訓正撰 民國十四年(1925)鉛印本 四冊

330000－1703－0003534 M40799 集部/別集類
**見齋文稿一卷受川公牘一卷見齋詩稿一卷** 秦錫圭撰 民國十七年(1928)鉛印本 三冊

330000－1703－0003535 M40773 集部/別集類
**天嬰室叢稿第一輯九卷** 陳訓正撰 民國十四年(1925)鉛印本 一冊 存二卷(一至二)

330000－1703－0003536 M40777 集部/別集類
**天嬰室叢稿第一輯九卷** 陳訓正撰 民國十四年(1925)鉛印本 一冊 存三卷(四至六)

330000－1703－0003537 M40800 集部/別集類
**見齋文稿一卷受川公牘一卷見齋詩稿一卷** 秦錫圭撰 民國十七年(1928)鉛印本 三冊

330000－1703－0003538 M40767 集部/別集類
**學製齋駢文二卷** 李詳撰 民國四年(1915)江寧蔣國榜鉛印本 二冊

330000－1703－0003539 M40768 集部/別集類
**學製齋駢文二卷** 李詳撰 民國四年(1915)江寧蔣國榜鉛印本 一冊 存一卷(二)

330000－1703－0003540 M50744 類叢部/叢書類/自著之屬
**晨風廬叢刊十八種** 周慶雲撰 民國吳興周氏夢坡室刻本 一冊 存一種

330000－1703－0003541 M40764 集部/別集類
**民園文集十二卷** 江五民撰 民國十九年(1930)寧波鉛印本 四冊

330000－1703－0003543 M40765 集部/別集類
**民園文集十二卷** 江五民撰 民國十九年(1930)寧波鉛印本 四冊

330000－1703－0003544 M40762 集部/別集類
**漪香山館文集不分卷** 吳曾祺撰 民國四年(1915)上海商務印書館鉛印本 一冊

330000－1703－0003545 M40817 集部/別集類
**約園雜箸續編八卷** 張壽鏞撰 民國三十年(1941)鉛印本 二冊

330000－1703－0003546 M40766 集部/別集類
**民園文集十二卷** 江五民撰 民國十九年(1930)寧波鉛印本 三冊 缺二卷(七至八)

330000－1703－0003547 M40572 集部/別集類
**乙丑重編飲冰室文集八十卷** 梁啓超撰 民國十五年(1926)中華書局鉛印本 五十五冊 缺二十五卷(一至十五、四十七至五十二、七十七至八十)

330000－1703－0003548 M40759 集部/別集類
**民園詩集四卷首一卷後集四卷末一卷** 江五民撰 民國五年(1916)上海鉛印本 二冊

330000－1703－0003549 M31484 子部/雜著類/雜說之屬
**嬰寧什箸** 陳訓正撰 民國十八年(1929)鉛印本 一冊 存一種

330000－1703－0003550 M40818 集部/別集類
**約園雜箸續編八卷** 張壽鏞撰 民國三十年(1941)鉛印本 二冊

330000－1703－0003551 M41364 集部/總集類/選集之屬/斷代
**當代八家文鈔** 胡君復輯 民國上海商務印書館鉛印本 一冊 存一種

330000－1703－0003552 M40819 集部/別

集類
**約園雜箸續編八卷** 張壽鏞撰 民國三十年(1941)鉛印本 二册

330000－1703－0003553 M40782 集部/別集類
**求我山人雜著六卷首一卷** 莊景仲撰 **附錄一卷** 民國十八年(1929)鉛印本 二册

330000－1703－0003554 M40760 集部/別集類
**艮園詩集四卷首一卷後集四卷末一卷** 江五民撰 民國五年(1916)上海鉛印本 二册

330000－1703－0003555 M40820 集部/別集類
**約園雜箸續編八卷** 張壽鏞撰 民國三十年(1941)鉛印本 二册

330000－1703－0003556 M32067 子部/藝術類/書畫之屬/書法書品
**蔡公時烈士遺墨一卷** 蔡公時撰 民國十七年(1928)石印本 一册

330000－1703－0003557 M40821 集部/別集類
**約園雜箸續編八卷** 張壽鏞撰 民國三十年(1941)鉛印本 一册 存五卷(四至八)

330000－1703－0003558 M40822 集部/別集類
**約園雜箸續編八卷** 張壽鏞撰 民國三十年(1941)鉛印本 一册 存五卷(四至八)

330000－1703－0003559 M40761 集部/別集類
**艮園詩集四卷首一卷後集四卷末一卷** 江五民撰 民國五年(1916)上海鉛印本 東山布衣題簽 二册

330000－1703－0003560 M40823 集部/別集類
**約園雜箸續編八卷** 張壽鏞撰 民國三十年(1941)鉛印本 一册 存五卷(四至八)

330000－1703－0003561 M40568 集部/別集類/清別集
**明秋館選課一卷古今體詩存一卷詞賸一卷附曲兩齣** (清)裘凌仙撰 民國三年(1914)鉛印本 二册

330000－1703－0003562 M40784 集部/別集類
**求我山人雜著六卷首一卷** 莊景仲撰 **附錄一卷** 民國十八年(1929)鉛印本 二册

330000－1703－0003563 M40848 集部/別集類
**五言樓詩草初集五卷** 唐鼎元撰 **桐花僊館詩草一卷** 錢靖遠撰 民國二十年(1931)鉛印本 二册

330000－1703－0003564 M40786 集部/別集類
**悲華經舍詩存五卷** 洪允祥撰 民國二十二年(1933)慈谿洪氏慎思軒鉛印本 一册 存四卷(一至四)

330000－1703－0003565 M40803 史部/史評類/詠史之屬
**吴越紀事詩一百二十首一卷** 錢文選撰 民國二十六年(1937)鉛印本 一册

330000－1703－0003566 M40788 集部/別集類
**悲華經舍文存二卷附聯語一卷** 洪允祥撰 民國二十五年(1936)鉛印本 王玄冰題記 一册

330000－1703－0003567 M40802 集部/別集類
**秦伯未詩一卷詩餘一卷** 秦之濟撰 民國十九年(1930)鉛印本 一册

330000－1703－0003569 M40849 集部/別集類
**遐庵彙稿第一輯三卷** 葉恭綽撰 民國十九年(1930)鉛印本 四册

330000－1703－0003571 M40789 集部/別集類
**悲華經舍書牘二卷附讀經札記一卷** 洪允祥

撰　民國二十六年(1937)鉛印本　一冊

330000－1703－0003572　M40810　集部/別集類

**約園雜箸續編八卷**　張壽鏞撰　民國三十年(1941)鉛印本　二冊

330000－1703－0003573　M40850　集部/別集類

**天台遊草一卷**　王善欽撰　民國二十三年(1934)鉛印本　一冊

330000－1703－0003575　M40811　集部/別集類

**約園雜箸續編八卷**　張壽鏞撰　民國三十年(1941)鉛印本　二冊

330000－1703－0003576　M40812　集部/別集類

**約園雜箸續編八卷**　張壽鏞撰　民國三十年(1941)鉛印本　二冊

330000－1703－0003577　M40851　集部/別集類

**天台遊草一卷**　王善欽撰　民國二十三年(1934)鉛印本　一冊

330000－1703－0003578　M40791　集部/別集類

**陳仲權先生遺著一卷**　陳以義撰　**陳仲權烈士紀念集一卷**　陳乃和等輯　民國二十五年(1936)鉛印本　一冊

330000－1703－0003579　M40814　集部/別集類

**約園雜箸續編八卷**　張壽鏞撰　民國三十年(1941)鉛印本　二冊

330000－1703－0003580　M50738　類叢部/叢書類/自著之屬

**濱虹雜著三種三卷**　黃賓虹述　民國七年(1918)鉛印本　一冊

330000－1703－0003581　M40815　集部/別集類

**約園雜箸續編八卷**　張壽鏞撰　民國三十年(1941)鉛印本　二冊

330000－1703－0003582　M40816　集部/別集類

**約園雜箸續編八卷**　張壽鏞撰　民國三十年(1941)鉛印本　二冊

330000－1703－0003583　M40801　集部/別集類

**三壽合編三卷**　湯濬編　民國鉛印本　一冊

330000－1703－0003587　M40859　集部/別集類

**秋垞詩賸一卷**　王玄冰選　**言志草一卷**　趙志熙撰　民國三十七年(1948)鉛印本　王玄冰題記　一冊

330000－1703－0003588　M41363　集部/總集類/選集之屬/斷代

**當代八家文鈔**　胡君復輯　民國五年(1916)中國圖書公司和記鉛印本　二十冊

330000－1703－0003590　M40852　集部/別集類

**夢選樓文鈔二卷詩鈔二卷**　胡宗楙撰　民國二十五年(1936)永康胡氏津門刻本　一冊　存二卷(詩鈔一至二)

330000－1703－0003591　M40854　集部/別集類

**恕醉廬初稿一卷**　張應皓撰　民國二十四年(1935)甬上華陞印局鉛印本　一冊

330000－1703－0003593　M40597　集部/別集類/清別集

**星輝樓詩鈔一卷**　(清)周善登撰　民國五年(1916)桐鄉周氏研華堂刻本　一冊

330000－1703－0003594　M40855　集部/別集類

**恕醉廬初稿一卷**　張應皓撰　民國二十四年(1935)甬上華陞印局鉛印本　一冊

330000－1703－0003595　M40856　集部/別集類

**恕醉廬初稿一卷**　張應皓撰　民國二十四年

(1935)甬上華陞印局鉛印本　一冊

330000－1703－0003596　M40857　集部/別集類

**恕醉廬初稿一卷**　張應皓撰　民國二十四年(1935)甬上華陞印局鉛印本　張應皓題記　一冊

330000－1703－0003597　M41662　集部/總集類/彙編之屬

**章譚合鈔二種**　章炳麟　(清)譚嗣同撰　民國三年(1914)中國圖書公司和記鉛印本　五冊

330000－1703－0003598　M40858　集部/別集類

**恕醉廬初稿一卷**　張應皓撰　民國二十四年(1935)甬上華陞印局鉛印本　張應皓題記　一冊

330000－1703－0003599　M41661　集部/總集類/彙編之屬

**章譚合鈔二種**　章炳麟　(清)譚嗣同撰　民國二年(1913)上海國學扶輪社鉛印本　五冊

330000－1703－0003602　M41660　集部/總集類/彙編之屬

**章譚合鈔二種**　章炳麟　(清)譚嗣同撰　民國上海中華圖書館石印本　五冊　存一種

330000－1703－0003606　M40600　集部/別集類

**樊山詩鈔六卷文鈔四卷**　樊增祥撰　民國元年(1912)上海廣益書局石印本　十冊

330000－1703－0003619　M40607　集部/別集類/清別集

**姚惜抱先生文稿一卷**　(清)姚鼐撰　民國二十四年(1935)上海商務印書館影印本　一冊

330000－1703－0003620　M40630　集部/別集類/清別集

**涵齋遺稿一卷**　(清)徐仁鑄撰　民國八年(1919)鉛印本　一冊

330000－1703－0003621　M40631　集部/別集類

**拄頰樓詩鈔一卷**　王師曾撰　民國八年(1919)上海聚珍倣宋印書局鉛印本　一冊

330000－1703－0003623　M40884　集部/別集類

**湘綺樓文集八卷**　王闓運撰　民國四年(1915)上海廣益書局鉛印本　三冊　缺二卷(三至四)

330000－1703－0003624　M40608　集部/別集類/清別集

**姚惜抱先生家書不分卷**　(清)姚鼐撰　民國二十九年(1940)上海商務印書館影印本　一冊

330000－1703－0003625　M40886　集部/別集類

**中泠詩鈔八卷**　葉玉森撰　民國四年(1915)鉛印本　一冊

330000－1703－0003636　M50799　類叢部/叢書類/自著之屬

**名山全集三十四種**　錢振鍠撰　民國木活字印本暨鉛印本　三冊　存二種

330000－1703－0003638　M40626　集部/別集類/清別集

**詠淮紀略二卷**　(清)盧福臻撰　民國七年(1918)鉛印本　秦淦題記　二冊

330000－1703－0003639　M40246　集部/別集類/清別集

**笠翁一家言全集十六卷**　(清)李漁撰　民國十七年(1928)上海普益書局石印本　十冊

330000－1703－0003640　M50848　集部/別集類/清別集

**柔橋文鈔十六卷**　(清)王棻撰　民國三年(1914)上海國光書局鉛印玩芳艸堂叢書本　張美翊題記　七冊　缺二卷(七至八)

330000－1703－0003644　M50743　類叢部/叢書類/自著之屬

**晨風廬叢刊十八種**　周慶雲撰　民國吳興周氏夢坡室刻本　一冊　存一種

330000－1703－0003645　M40872　子部/宗教類/佛教之屬/諸宗
**印光法師文鈔四卷附錄一卷**　釋聖量撰　民國十八年(1929)鉛印本　四冊

330000－1703－0003646　M40890　集部/別集類
**度帆樓詩稿二卷**　孔祥百撰　民國二十九年(1940)鶴和堂鉛印本　一冊　存一卷(二)

330000－1703－0003648　M40887　集部/別集類
**花近樓詩存初編三卷**　陳夔龍撰　民國三年(1914)上海刻本　一冊

330000－1703－0003649　M40871　子部/宗教類/佛教之屬/諸宗
**印光法師文鈔四卷附錄一卷**　釋聖量撰　民國十二年(1923)刻本　四冊

330000－1703－0003650　M40893　集部/別集類
**醉靈軒詩存十卷**　陳蘧撰　民國十七年(1928)上海聚珍倣宋印書局鉛印本　秦從士題簽並記　二冊

330000－1703－0003652　M40640　集部/別集類/清別集
**秋蟪吟館詩鈔七卷**　(清)金和撰　民國五年(1916)上元金氏刻本　二冊　存三卷(二至四)

330000－1703－0003653　M40895　集部/別集類
**適可居詩集五卷鳳山牧笛譜二卷**　胡善曾撰　民國五年(1916)鉛印本　一冊

330000－1703－0003655　M40869　子部/宗教類/佛教之屬/諸宗
**印光法師文鈔七卷附錄一卷**　釋聖量撰　民國十三年(1924)上海商務印書館鉛印本　三冊　缺一卷(二)

330000－1703－0003657　M40897　集部/別集類
**仰蓊近草一卷**　潘文安撰　民國二十三年(1934)鉛印本　秦頌如題簽並記　一冊

330000－1703－0003659　M20649　史部/史評類/詠史之屬
**清史百詠一卷**　李鈞鰲撰　民國二十四年(1935)鴻泥樓鉛印本　一冊

330000－1703－0003660　M30100　子部/儒家類/儒學之屬/禮教
**評註篤素堂雜著四卷**　(清)張英撰　王有宗評點　周承煦音注　民國十八年(1929)上海鴻章書局石印本　一冊　存二卷(三至四)

330000－1703－0003661　M40868　子部/宗教類/佛教之屬/諸宗
**印光法師文鈔二卷附錄一卷**　釋聖量撰　民國九年(1920)上海商務印書館鉛印本　二冊

330000－1703－0003662　M40898　集部/別集類
**敬鄉樓詩三卷**　黃羣撰　民國三十六年(1947)永嘉鄭樓黃氏石印本　一冊

330000－1703－0003663　M40870　子部/宗教類/佛教之屬/諸宗
**印光法師文鈔七卷附錄一卷**　釋聖量撰　民國十三年(1924)上海商務印書館鉛印本　一冊　存一卷(一)

330000－1703－0003666　M40899　集部/別集類
**茹經堂文集六編七卷**　唐文治撰　民國三十七年(1948)鉛印本　二冊

330000－1703－0003667　M40896　集部/別集類
**止菴詩存二卷外集一卷**　周學熙撰　民國三十七年(1948)鉛印本　三冊

330000－1703－0003671　M40652　集部/別集類/清別集
**張端甫遺稿二卷**　(清)張岳駿著　民國七年(1918)無錫吳禮讓堂鉛印本　一冊

330000－1703－0003673　M40638　集部/別集類/清別集

**翁松禪家書二集**　（清）翁同龢撰　民國二十六年（1937）上海商務印書館影印本　一冊　存一集（一）

330000－1703－0003674　M40639　集部/別集類/清別集
**翁松禪家書二集**　（清）翁同龢撰　民國二十八年（1939）上海商務印書館影印本　一冊　存一集（一）

330000－1703－0003676　M50361　類叢部/叢書類/彙編之屬
**墨巢叢刻**　李宣龔輯　民國鉛印本　秦從士題簽　一冊　存二種

330000－1703－0003677　M40912　集部/別集類
**蝶野詩存三卷**　陳蘧撰　民國鉛印本　一冊

330000－1703－0003681　M40919　集部/別集類
**碧藍蔚客游詩草一卷倦游詩草一卷補遺一卷**　周錫璜撰　**重游泮水唱和集一卷**　周錫璜等撰　民國十一年（1922）鉛印本　一冊

330000－1703－0003683　M50745　類叢部/叢書類/自著之屬
**晨風廬叢刊十八種**　周慶雲撰　民國吳興周氏夢坡室刻本　二冊　存二種

330000－1703－0003684　M40619　集部/別集類/清別集
**浮碧山館駢文二卷**　（清）馮可鏞撰　民國六年（1917）寧波鈞和公司鉛印本　一冊

330000－1703－0003685　M40620　集部/別集類/清別集
**浮碧山館駢文二卷**　（清）馮可鏞撰　民國六年（1917）寧波鈞和公司鉛印本　一冊

330000－1703－0003688　M50746　類叢部/叢書類/自著之屬
**晨風廬叢刊十八種**　周慶雲撰　民國吳興周氏夢坡室刻本　一冊　存一種

330000－1703－0003689　M40622　集部/別集類/清別集
**袁忠節公遺札不分卷**　（清）袁昶撰　民國三十七年（1948）影印本　一冊

330000－1703－0003690　M40623　集部/別集類/清別集
**袁忠節公遺札不分卷**　（清）袁昶撰　民國三十七年（1948）影印本　一冊

330000－1703－0003694　M40918　集部/別集類
**默盦集十卷**　王舟瑤撰　民國二年（1913）上海國光書局鉛印本　三冊

330000－1703－0003706　M40915　集部/別集類
**雪野堂文稿三卷**　袁惠常撰　民國三十八年（1949）鉛印本　夷亭老友、佛之題記　一冊

330000－1703－0003708　M40900　集部/別集類
**非儒非俠齋文集三卷聯語偶存初集一卷詩集一卷詩續集一卷**　顧燮光撰　**福豔樓遺詩一卷**　陸珊撰　民國七年（1918）石印本　三冊　缺二卷（聯語偶存初集、詩集）

330000－1703－0003709　M40916　集部/別集類
**寐叟乙卯稿一卷**　沈曾植撰　民國六年（1917）四益宦寫刻本　張美翊題記　一冊

330000－1703－0003711　M40917　子部/藝術類/書畫之屬/法帖
**何詩孫手書詩稿四卷**　何維樸撰並書　民國十四年（1925）鹿川閣影印本　一冊　存二卷（一至二）

330000－1703－0003714　M40913　集部/別集類
**詩稿不分卷**　民國抄本　一冊

330000－1703－0003715　M40901　集部/別集類
**非儒非俠齋文集三卷聯語偶存初集一卷詩集一卷詩續集一卷**　顧燮光撰　**福豔樓遺詩一卷**　陸珊撰　民國十一年（1922）石印本

四冊

330000－1703－0003716　M41655　集部/總集類/酬唱之屬

**徐虞于喁集三卷**　徐翿　虞和欽撰　民國十六年(1927)鉛印本　一冊

330000－1703－0003718　M40656　集部/別集類

**非儒非俠齋詩一卷**　顧燮光撰　民國三年(1914)鉛印本　一冊

330000－1703－0003722　M40906　集部/別集類

**右任詩存三卷**　于右任撰　民國三十六年(1947)上海大東書局鉛印本　一冊

330000－1703－0003724　M40907　史部/傳記類/日記之屬

**辛亥劄記不分卷**　居正撰　民國三十六年(1947)上海大東書局鉛印本　一冊

330000－1703－0003725　M40930　集部/別集類

**聯語摘錄不分卷**　馮忠敦輯　稿本　一冊

330000－1703－0003726　M40908　集部/別集類

**行役吟一卷**　居正撰　民國三十六年(1947)上海大東書局鉛印本　一冊

330000－1703－0003729　M40909　集部/別集類

**天機樓詩一卷**　張成撰　**善藏樓詩一卷**　胡尚煒撰　民國三十七年(1948)鉛印本　一冊

330000－1703－0003730　M40910　集部/別集類

**海抱樓文初編一卷續編一卷**　朱浩撰　民國三十七年(1948)鉛印本　一冊

330000－1703－0003731　M40911　集部/別集類

**羈餘草一卷臺游草一卷**　潘文安撰　民國鉛印本　潘文安題記　一冊

330000－1703－0003732　M20071　史部/紀傳類/正史之屬

**史記探源八卷**　崔適撰　民國十三年(1924)國立北京大學出版部鉛印本　二冊

330000－1703－0003738　M40690　集部/別集類/清別集

**東瀞文稿二卷**　(清)趙一清撰　民國中國書店據清乾隆五十九年(1794)小山堂刻本影印本　二冊

330000－1703－0003745　M10959　經部/小學類/訓詁之屬/方言

**鄉諺證古四卷**　(清)陳康祺撰　張壽鏞編　民國三十三年(1944)鉛印本　一冊

330000－1703－0003746　M21569　史部/政書類/公牘檔冊之屬

**黎副總統書牘二卷二集二卷三集二卷**　黎元洪撰　民國元年(1912)新中國圖書局鉛印本　一冊　存一卷(二集一)

330000－1703－0003747　M40924　集部/別集類

**梅影軒遺稿四卷**　潘世元撰　民國二十三年(1934)高天棲鉛印本　一冊

330000－1703－0003749　M40932　集部/別集類

**星火三卷坿錄星火的批評一卷**　周祖昌撰　民國抄本　一冊

330000－1703－0003760　M40686　集部/別集類/清別集

**澗于集二十卷**　(清)張佩綸撰　民國七年至十五年(1918－1926)張氏澗于草堂刻本　六冊　存六卷(奏議一至六)

330000－1703－0003763　M40933　集部/別集類

**春水草堂詩稿一卷**　邵學翰撰　民國三十六年(1947)邵士健鉛印本　一冊

330000－1703－0003767　M40934　集部/別集類

**冰雪寮詩鈔二卷**　釋淡雲撰　民國十九年(1930)鉛印本　一冊

330000－1703－0003777　M41801　集部/詞類/别集之屬

**夢窗詞選箋釋一卷附事蹟考略一卷**　（宋）吳文英撰　楊鐵夫箋釋　民國鉛印本　一册　存一卷（事蹟考略）

330000－1703－0003783　M40703　集部/别集類/清别集

**秋江集註六卷**　（清）黄任　（清）王元麟撰　民國三年（1914）石印本　一册

330000－1703－0003794　M30098　子部/儒家類/儒學之屬/經濟

**歷代尊孔記一卷孔教外論一卷**　程淯輯　民國二十二年（1933）上海中國道德會鉛印本　一册

330000－1703－0003795　M30097　子部/儒家類/儒學之屬/經濟

**歷代尊孔記一卷孔教外論一卷**　程淯輯　民國二十二年（1933）上海中國道德會鉛印本　一册

330000－1703－0003796　M20751　史部/傳記類/總傳之屬/通代

**校正尚友録統編二十四卷**　（清）錢湖釣徒編　（清）張元聲輯　民國五年（1916）上海同文圖書館石印本　十六册

330000－1703－0003798　M20752　史部/傳記類/總傳之屬/通代

**廣東通志列傳四卷**　溫廷敬輯纂　民國國立中山大學鉛印本　四册

330000－1703－0003808　M50747　類叢部/叢書類/自著之屬

**崇雅堂叢書十四種**　楊晨撰　民國二十五年（1936）楊紹翰鉛印本　四册　存一種

330000－1703－0003813　M21607　史部/政書類/儀制之屬/典禮

**文廟全録從祀年分並生卒攷略一卷**　孫鏘撰　民國八年（1919）鉛印本　一册

330000－1703－0003818　M21606　史部/政書類/儀制之屬/典禮

**文廟續通考一卷**　孫樹義輯　民國二十三年（1934）上海中華書局鉛印本　一册

330000－1703－0003826　M20790　史部/傳記類/總傳之屬/列女

**列女傳斠注三卷**　陳漢章撰　民國鉛印本　一册

330000－1703－0003846　M20808　史部/傳記類/總傳之屬

**清代學者象傳不分卷**　（清）葉衍蘭纂　葉恭綽輯　民國十九年（1930）上海商務印書館影印本　四册

330000－1703－0003847　M20896　集部/别集類/清别集

**朱公遺蹟録二卷**　（清）朱勵治撰　民國二十四年（1935）木活字印本　一册

330000－1703－0003848　M20897　集部/别集類/清别集

**朱公遺蹟録二卷**　（清）朱勵治撰　民國二十四年（1935）木活字印本　一册

330000－1703－0003850　M20898　史部/傳記類/别傳之屬

**錢母陳太夫人七十壽辭彙刊不分卷**　李光業等編　民國二十四年（1935）鉛印本　一册

330000－1703－0003851　M20899　史部/傳記類/别傳之屬

**錢母陳太夫人七十壽辭彙刊不分卷**　李光業等編　民國二十四年（1935）鉛印本　一册

330000－1703－0003852　M21094　史部/傳記類/雜傳之屬

**戩壽堂百卅合慶壽言不分卷**　姬覺彌編　民國十二年（1923）上海愛儷園鉛印本　二册

330000－1703－0003858　M21465　史部/政書類/公牘檔册之屬

**鄞西學山承佃總册四卷**　鄞縣縣政府財務委員會編　民國抄本　四册

330000－1703－0003864　M21464　史部/政書類/公牘檔册之屬

**鄞西學山承佃總冊四卷** 鄞縣縣政府財務委員會編 民國抄本 四冊

330000－1703－0003872 M11126 經部/叢編

**十三經讀本** 唐文治輯 民國十三年(1924)吴江施肇曾醒園刻本 八十三冊 缺三卷(洪範大義一至三)

330000－1703－0003913 M31711 子部/天文曆算類/天文之屬

**四明三景合表一卷** (清)章忠堃撰 民國抄本 馮貞羣題記 一冊

330000－1703－0003928 M31745 子部/天文曆算類/算書之屬

**珠算入門一卷** 達文社編輯 民國十六年(1927)中華書局鉛印本 一冊

330000－1703－0003942 M10960 經部/小學類/訓詁之屬/方言

**鄉諺證古四卷** (清)陳康祺撰 張壽鏞編 民國三十三年(1944)鉛印本 一冊

330000－1703－0003970 M32878 子部/天文曆算類/算書之屬

**最新初等小學珠算入門二卷** 民國商務印書館鉛印本 一冊 存一卷(一)

330000－1703－0003974 M31803 子部/術數類/相宅相墓之屬

**沈氏玄空學六卷** (清)沈紹勳撰 江志伊編 王則先補編 民國二十二年(1933)杭州新新文記印刷公司鉛印本 五冊 存五卷(二至六)

330000－1703－0003980 M31815 子部/術數類

**漢鏡齋秘書四種** (清)程芝雲輯 民國十年(1921)泰華圖書館石印本 二冊 存二種

330000－1703－0003992 M31773 子部/天文曆算類

**周天閏月淵源甲子二十四節分刻不分卷** 民國抄本 一冊

330000－1703－0003994 M31771 子部/天文曆算類/曆法之屬

**新刻增補時憲臺曆袖裏璇璣星命須知一卷附星命萬年曆一卷** 民國十八年(1929)石印本 一冊

330000－1703－0003995 M31813 子部/術數類/相宅相墓之屬

**騎龍經三十六法不分卷** 民國抄本 一冊

330000－1703－0003998 M31720 子部/天文曆算類/曆法之屬

**新鐫增補時憲臺曆袖裏璇璣星命須知一卷欽定萬年書一卷** 民國刻本 二冊

330000－1703－0003999 M31721 子部/天文曆算類/曆法之屬

**新鐫增補時憲臺曆袖裏璇璣星命須知一卷欽定萬年書一卷** 民國刻本 一冊

330000－1703－0004004 M31722 子部/天文曆算類/曆法之屬

**新鐫增補時憲臺曆袖裏璇璣星命須知一卷三元甲子年孜一卷三元甲子萬年書三卷續三元甲子萬年書一卷家庭適用新帖式全書一卷中西對照百二十年國曆全書二卷氣候表一卷** 鍾之模編輯 民國十三年(1924)香港統一圖書局石印本 六冊

330000－1703－0004012 M31830 子部/術數類/陰陽五行之屬

**五行男女命合婚不分卷** 民國抄本 一冊

330000－1703－0004019 M30251 子部/墨家類

**墨子十五卷目一卷篇目考一卷** (清)畢沅校注並撰 民國五年(1916)上海掃葉山房石印本 四冊

330000－1703－0004020 M31824 子部/術數類/命書相書之屬

**增補萬年歷二卷** 民國十一年(1922)天寶書局石印本 二冊

330000－1703－0004046 M33247 子部/叢編

**六子全書**　(明)顧春輯　民國三年(1914)右文社據明嘉靖十二年(1533)吳郡顧氏世德堂刻本影印本　五冊　存二種

330000－1703－0004084　M31464　子部/雜著類/雜考之屬
**古書疑義舉例七卷**　(清)俞樾撰　民國上海古書流通處影印本　三冊

330000－1703－0004090　M31461　子部/雜著類/雜考之屬
**煙嶼樓讀書志十六卷筆記八卷**　(清)徐時棟撰　民國十七年(1928)鄞縣徐方來蘧學齋鉛印本　八冊

330000－1703－0004094　M31462　子部/雜著類/雜考之屬
**煙嶼樓讀書志十六卷筆記八卷**　(清)徐時棟撰　民國十七年(1928)鄞縣徐方來蘧學齋鉛印本　八冊

330000－1703－0004095　M31463　子部/雜著類/雜考之屬
**煙嶼樓讀書志十六卷筆記八卷**　(清)徐時棟撰　民國十七年(1928)鄞縣徐方來蘧學齋鉛印本　二冊　存八卷(筆記一至八)

330000－1703－0004107　M31477　子部/雜著類/雜說之屬
**石林避暑錄話四卷**　(宋)葉夢得撰　民國十八年(1929)上海商務印書館鉛印本　二冊

330000－1703－0004115　M31476　子部/雜著類/雜說之屬
**捫燭脞存十二卷首一卷**　(清)陳僅撰　民國三年(1914)鄞縣陳氏繼雅堂木活字印本　許甚題記　六冊

330000－1703－0004121　M31535　子部/雜著類/雜考之屬
**任兆麟述記三卷**　(清)任兆麟撰　(清)尤興讓等編　民國石印本　二冊

330000－1703－0004135　M40941　集部/別集類
**仙溪雜俎初集十卷**　林廷玉撰　民國十七年(1928)鉛印本　二冊

330000－1703－0004144　M31478　子部/雜著類/雜說之屬
**偕隱廡漫筆二卷**　金濤撰　民國二十年至二十一年(1931－1932)浙江省立圖書館鉛印本　一冊　存一卷(一)

330000－1703－0004146　M31473　子部/雜著類/雜說之屬
**老學庵筆記二卷**　(宋)陸游撰　民國十四年(1925)上海掃葉山房石印本　一冊

330000－1703－0004147　M31527　子部/儒家類/儒學之屬/性理
**聞見隨錄八卷**　王守愚撰　民國鉛印本　一冊　存四卷(五至八)

330000－1703－0004148　M32538　類叢部/類書類/專類之屬
**潛龍讀書表十二卷**　陳電飛編　民國十六年(1927)中華書局石印本　四冊

330000－1703－0004150　M32539　類叢部/類書類/專類之屬
**潛龍讀書表十二卷**　陳電飛編　民國二十二年(1933)中華書局石印本　四冊

330000－1703－0004167　M32774　新學/理學/理學
**哲學叢書**　民國上海商務印書館鉛印本　一冊　存一種

330000－1703－0004172　M32296　子部/宗教類/其他宗教之屬/基督教
**辯學遺牘一卷**　(意大利)利瑪竇撰　**大西利先生行蹟一卷**　(意大利)艾儒略述　**明浙西李之藻傳一卷**　陳垣撰　民國八年(1919)鉛印本　一冊

330000－1703－0004174　M32297　子部/宗教類/其他宗教之屬/基督教
**靈言蠡勺二卷**　(意大利)畢方濟口授　(明)徐光啓筆錄　民國八年(1919)鉛印本　一冊

330000－1703－0004176　M50546　類叢部/

叢書類/郡邑之屬

**義烏先哲遺書五種**　黄侗編　民國二十二年至二十四年(1933－1935)義烏黄氏鉛印本　二冊　存二種

330000－1703－0004184　M30101　子部/儒家類/儒學之屬/禮教

**評註篤素堂雜著四卷**　(清)張英撰　王有宗評點　周承煦音注　民國十八年(1929)上海鴻章書局石印本　二冊

330000－1703－0004186　M31523　子部/雜著類/雜纂之屬

**子書隽語精華錄不分卷**　王藝　施崇恩編　民國上海新新書局石印本　二冊

330000－1703－0004187　M31525　子部/儒家類/儒學之屬

**古今格言四卷**　江畬經編纂　民國七年(1918)上海商務印書館鉛印本　二冊　存二卷(一、四)

330000－1703－0004188　M50255　類叢部/叢書類/彙編之屬

**復性書院叢刊二十七種**　馬浮編　民國二十九年至三十七年(1940－1948)復性書院刻本暨鉛印本　一冊　存一種

330000－1703－0004191　M31524　類叢部/類書類/通類之屬

**雲林别墅新輯酬世錦囊初集八卷二集七卷三集二卷四集二卷**　(清)鄒景揚輯　民國石印本　二冊　存六卷(二集四至七、四集一至二)

330000－1703－0004194　M31508　子部/雜著類/雜説之屬

**定武學記二卷**　賈恩紱口義　米逢吉錄　民國十七年(1928)中華報社鉛印本　一冊

330000－1703－0004195　M31564　子部/雜著類

**雜鈔不分卷**　民國抄本　一冊

330000－1703－0004198　M31566　子部/雜著類

**救時十要不分卷**　民國油印本　一冊

330000－1703－0004199　M31567　子部/雜著類

**救時十要不分卷**　民國油印本　一冊

330000－1703－0004200　M31568　子部/雜著類

**救時十要不分卷**　民國油印本　一冊

330000－1703－0004223　M31639　子部/小説家類/諧謔之屬

**一見引人笑□□卷**　民國石印本　一冊　存一卷(二)

330000－1703－0004229　M31641　子部/小説家類/異聞之屬

**繪圖情史二十四卷**　(清)詹詹外史評輯　民國元年(1912)上海書局石印本　一冊

330000－1703－0004232　M31526　子部/雜著類/雜纂之屬

**醉古堂劍掃十二卷**　(明)陸紹珩選　民國影印本　一冊　存八卷(五至十二)

330000－1703－0004240　M31605　子部/小説家類/雜事之屬

**世説新語三卷**　(南朝宋)劉義慶撰　(南朝梁)劉孝標注　**世説新語補四卷**　(明)何良俊撰　民國六年(1917)北洋印刷局鉛印本　張美翊題記　十二冊

330000－1703－0004243　M31506　子部/雜著類/雜説之屬

**桐陰清話八卷**　(清)倪鴻撰　民國三年(1914)上海掃葉山房石印本　四冊

330000－1703－0004245　M50274　類叢部/叢書類/彙編之屬

**涵芬樓叢書五種**　涵芬樓編　民國上海商務印書館鉛印本　馮貞胥題記　六冊　存一種

330000－1703－0004247　M50275　類叢部/叢書類/彙編之屬

**涵芬樓叢書五種**　涵芬樓編　民國上海商務印書館鉛印本　五冊　存一種

330000－1703－0004250　M50276　類叢部/叢書類/彙編之屬

**涵芬樓叢書五種**　涵芬樓編　民國上海商務印書館鉛印本　一冊　存一種

330000－1703－0004254　M31603　子部/小說家類/雜事之屬

**世說新語六卷**　(南朝宋)劉義慶撰　(南朝梁)劉孝標注　民國上海廣益書局石印本　六冊

330000－1703－0004258　M10962　經部/小學類/訓詁之屬/方言

**鄉諺證古四卷**　(清)陳康祺撰　張壽鏞編　民國三十三年(1944)鉛印本　一冊

330000－1703－0004260　M10961　經部/小學類/訓詁之屬/方言

**鄉諺證古四卷**　(清)陳康祺撰　張壽鏞編　民國三十三年(1944)鉛印本　一冊

330000－1703－0004262　M31618　子部/小說家類/異聞之屬

**歷代神仙史八卷**　(清)王建章纂輯　民國十三年(1924)東陸書局石印本　四冊

330000－1703－0004263　M31620　子部/小說家類/雜事之屬

**庸閒齋筆記十二卷**　(清)陳其元撰　民國六年(1917)上海掃葉山房石印本　四冊

330000－1703－0004267　M31562　子部/小說家類/異聞之屬

**勸戒錄類編不分卷附錄一卷**　(清)梁恭辰撰　丁福保編　民國十一年(1922)上海中華書局鉛印本　四冊

330000－1703－0004274　M10970　經部/小學類/訓詁之屬/方言

**鄉諺證古四卷**　(清)陳康祺撰　張壽鏞編　民國三十三年(1944)鉛印本　一冊

330000－1703－0004281　M31628　集部/小說類/長篇之屬

**上下古今談四卷二十回**　吳敬恒撰　民國十四年(1925)上海文明書局鉛印本　三冊　存三卷(一至二、四)

330000－1703－0004283　M50245　子部/小說家類

**筆記小說大觀二百二十二種**　進步書局輯　民國上海進步書局石印本　二百八十一冊　存一百二十三種

330000－1703－0004285　M42054　集部/小說類/長篇之屬

**西遊原旨二十四卷一百回首一卷**　(清)劉一明撰　民國十三年(1924)上海大成書局石印本　五冊　存八卷(首,四至八、十一至十二)

330000－1703－0004286　M31505　子部/雜著類/雜說之屬

**梵天廬叢錄三十七卷**　柴萼撰　民國十五年(1926)上海中華書局石印本　九冊　存十九卷(十九至三十七)

330000－1703－0004287　M10964　經部/小學類/訓詁之屬/方言

**鄉諺證古四卷**　(清)陳康祺撰　張壽鏞編　民國三十三年(1944)鉛印本　一冊

330000－1703－0004292　M42115　集部/小說類/長篇之屬

**繪圖增像第五才子書水滸全傳七十回引首一回**　(明)施耐庵撰　(清)金人瑞評釋　民國七年(1918)廣百宋齋鉛印本　穆漱芳觀款　一冊　存二回(一至二)

330000－1703－0004294　M42121　集部/小說類/短篇之屬

**繪圖藍公奇案二卷**　(清)藍鼎元撰　民國三年(1914)上海錦章書局石印本　二冊

330000－1703－0004295　M33251　子部/小說家類

**顧氏文房小說四十種五十八卷**　(明)顧元慶輯　民國十四年(1925)上海商務印書館據明刻本影印本　八冊　存三種

330000－1703－0004300　M31633　子部/小說家類/異聞之屬

**情天寶鑑二十四卷首一卷圖一卷**　(明)馮夢

龍輯　民國元年(1912)上海章福記石印本　二冊

330000－1703－0004301　M31634　子部/小說家類/異聞之屬

**遯窟讕言十二卷**　(清)王韜撰　民國二年(1913)惜陰書屋石印本　六冊

330000－1703－0004303　M31635　子部/小說家類/異聞之屬

**江湖異聞四卷**　謝晙喜編　民國六年(1917)上海會文堂書局石印本　四冊

330000－1703－0004311　M42117　集部/小說類/長篇之屬

**新輯海公小紅袍全傳四卷四十二回**　民國石印本　一冊

330000－1703－0004313　M50244　子部/小說家類

**筆記小說大觀二百二十二種**　進步書局輯　民國上海進步書局石印本　十二冊　存四種

330000－1703－0004316　M50242　子部/小說家類

**筆記小說大觀二百二十二種**　進步書局輯　民國上海進步書局石印本　三十冊　存七種

330000－1703－0004323　M42070　集部/小說類/長篇之屬

**繡像繪圖廿四史通俗衍義六卷四十四回**　(清)呂撫輯　民國上海會文堂新記書局石印本　五冊　缺一卷(五)

330000－1703－0004324　M50243　子部/小說家類

**筆記小說大觀二百二十二種**　進步書局輯　民國上海進步書局石印本　十四冊　存七種

330000－1703－0004325　M50282　集部/小說類/長篇之屬

**繪圖歷朝通俗演義十一種**　蔡東帆輯　民國上海會文堂新記書局石印本　四冊　存一種

330000－1703－0004328　M42071　集部/小說類/長篇之屬

**繡像神州光復志演義十五卷一百二十回**　王雪菴編　民國七年(1918)上海民強書局石印本　十六冊

330000－1703－0004329　M42053　集部/小說類/長篇之屬

**歷代春艷秘史三集十三卷圖一卷**　芸蘭女史撰　民國九年(1920)上海美術圖書社石印本　一冊　存七卷(一至七)

330000－1703－0004330　M42074　集部/小說類/短篇之屬

**清平山堂話本十五種**　(明)洪楩輯　民國十八年(1929)古今小品書籍印行會據明嘉靖洪楩刻本影印本　馬廉題記　三冊

330000－1703－0004331　M42072　集部/小說類/長篇之屬

**繪像結水滸全傳八卷七十回**　(清)俞萬春撰　(清)范辛來　(清)邵祖恩參評　民國石印本　一冊　存一卷(七)

330000－1703－0004334　M50281　集部/小說類/長篇之屬

**繪圖歷朝通俗演義十一種**　蔡東帆輯　民國上海會文堂新記書局石印本　十冊　存一種

330000－1703－0004335　M42077　集部/小說類/長篇之屬

**歷史小說吳三桂演義四卷四十回**　民國上洋海左書局石印本　四冊

330000－1703－0004336　M42078　集部/小說類/長篇之屬

**繪圖義和團演義二卷十六回**　吳公雄編　民國上海世界書局石印本　一冊

330000－1703－0004338　M42083　集部/小說類/長篇之屬

**金屋夢六十回**　夢筆生撰　民國五年(1916)鶯花雜誌社鉛印本　十二冊

330000－1703－0004341　M42084　集部/小說類/長篇之屬

**繪圖快心編全傳初集三卷十回二集三卷十回三集四卷十二回**　(清)天花才子編輯　民國

十七年(1928)上海中一書局石印本　十册

330000－1703－0004342　M31560　子部/小說家類/瑣語之屬
**改良繪圖日記故事不分卷**　民國上海元昌印書館石印本　一册

330000－1703－0004343　M31638　子部/小說家類/異聞之屬
**勸戒近錄六卷**　(清)梁恭辰撰　民國九年(1920)桐鄉周積萱鉛印本　一册

330000－1703－0004345　M42080　集部/小說類/長篇之屬
**繡像蘭花夢奇傳八卷六十八回**　(清)吟梅山人撰　民國三年(1914)上海廣益書局石印本　八册

330000－1703－0004346　M42081　集部/小說類/長篇之屬
**繡像繪圖繪芳園全錄八卷八十回**　(清)西泠野樵撰　民國上海進步書局石印本　八册

330000－1703－0004348　M30131　子部/儒家類/儒學之屬/蒙學
**中華故事不分卷**　潘武　屠元禮編　民國十三年(1924)上海中華書局石印本　十册

330000－1703－0004349　M30132　子部/儒家類/儒學之屬/蒙學
**中華故事不分卷**　潘武　屠元禮編　民國上海中華書局石印本　一册　存第七册

330000－1703－0004350　M42087　集部/小說類/長篇之屬
**繪圖增像西遊記八卷首一卷一百回**　(明)吳承恩撰　(清)陳士斌詮解　民國上海江左書林石印本　三册　存四卷(首,一、三、六)

330000－1703－0004362　M42100　集部/小說類/長篇之屬
**繡像綠牡丹全傳六卷六十四回**　民國二年(1913)上海海左書局石印本　二册

330000－1703－0004366　M42096　集部/小說類/長篇之屬
**增異說唐羅通掃北全傳四卷十五回**　民國石印本　一册

330000－1703－0004368　M42099　集部/小說類/長篇之屬
**繡像說唐征西全傳六卷九十回**　民國石印本　二册

330000－1703－0004369　M42103　集部/小說類/長篇之屬
**足本大字白牡丹傳八卷四十六回**　(清)石琮編　民國上海廣益書局石印本　趙德霖題記　一册

330000－1703－0004370　M42093　集部/小說類/短篇之屬
**第九才子書捉鬼傳四卷十回**　(清)劉璋編　民國上海文華山房石印本　一册

330000－1703－0004371　M42097　集部/小說類/長篇之屬
**繡像說唐征西全傳六卷九十回**　民國石印本　一册

330000－1703－0004372　M42104　集部/小說類/長篇之屬
**繡像大漢三合明珠寶劍全傳四卷四十二回**　民國石印本　一册

330000－1703－0004373　M42098　集部/小說類/長篇之屬
**繡像說唐征西全傳六卷九十回**　民國石印本　一册

330000－1703－0004375　M42105　集部/小說類/長篇之屬
**繪圖大鬧四門橋四卷三十二回**　民國三年(1914)上海文元書局石印本　一册

330000－1703－0004376　M42106　集部/小說類/長篇之屬
**民國演義四卷二十回**　樂天生撰　民國六年(1917)上海江東書局石印本　一册

330000－1703－0004377　M31619　子部/小說家類/雜事之屬

新刊宣和遺事前集一卷後集一卷　民國三年(1914)掃葉山房石印本　二冊

330000－1703－0004378　M41951　集部/曲類

**繡像全圖荆襄快談錄八卷一百回**　民國石印本　四冊

330000－1703－0004381　M42094　集部/戲劇類/雜劇之屬

**繡像改正鴛鴦夢四卷十六回**　民國十二年(1923)鑄記書局石印本　四冊

330000－1703－0004384　M10963　經部/小學類/訓詁之屬/方言

**鄉諺證古四卷**　(清)陳康祺撰　張壽鏞編　民國三十三年(1944)鉛印本　一冊

330000－1703－0004385　M42109　集部/小說類/長篇之屬

**十里鶯花夢二十回**　拂雲生撰　民國二十年(1931)三益書局鉛印本　一冊　存十回(一至十)

330000－1703－0004387　M42112　集部/小說類/長篇之屬

**增圖像足本金瓶梅十六卷一百回**　(清)張竹坡批　民國香港舊小說社石印本　四冊

330000－1703－0004388　M42113　集部/小說類/長篇之屬

**增圖像足本金瓶梅十六卷一百回**　(清)張竹坡批　民國香港舊小說社石印本　四冊

330000－1703－0004390　M42111　集部/小說類/長篇之屬

**紅樓復夢十六卷一百回**　(清)陳少海撰　民國十二年(1923)上海啟新書局石印本　七冊　存七卷(九至十五)

330000－1703－0004396　M32719　新學/理學/理學

**西洋倫理學史四卷**　(日本)吉田靜致撰　楊昌濟譯　民國七年至八年(1918－1919)北京大學出版部鉛印本　三冊

330000－1703－0004397　M32720　新學/理學/理學

**倫理學之根本問題不分卷**　(德國)利勃斯撰　楊昌濟譯　民國七年至八年(1918－1919)北京大學出版部鉛印本　二冊

330000－1703－0004413　M32710　新學/理學

**哲學叢書初集四種五卷**　(日本)桑木嚴翼　(日本)元良勇次郎　(日本)岸本能武太撰　王國維　樊炳清譯　民國教育世界社石印本　八冊

330000－1703－0004414　M32732　新學/雜著

**新文庫十四卷**　陸翔輯選　民國九年(1920)上海廣文書局石印本　十二冊　存十卷(一、六至十四)

330000－1703－0004422　M32730　新學/雜著

**新舊詞料精華錄不分卷**　民國新新書局石印本　二冊

330000－1703－0004431　M32741　新學/動植物學/動物學

**動物學一卷地質鑛物學一卷**　民國抄本　一冊

330000－1703－0004432　M32402　類叢部/類書類/通類之屬

**初學記三十卷**　(唐)徐堅等撰　民國七年(1918)江左書林石印本　八冊

330000－1703－0004433　M32775　新學/理學/理學

**哲學叢書**　民國上海商務印書館鉛印本　一冊　存一種

330000－1703－0004434　M32742　新學/動植物學

**隱花植物一卷動物學一卷**　民國抄本　一冊

330000－1703－0004435　M32104　新學/工藝

**工藝實業製造新書八卷**　(日本)中村蘆舟纂

民國五年(1916)上海才記石印局石印本 二冊

330000－1703－0004444 M32743 集部/詩文評類/文法之屬/文法

**作文譜一卷驗幣講義一卷商品學一卷** 民國油印本 一冊

330000－1703－0004451 M10968 經部/小學類/訓詁之屬/方言

**鄉諺證古四卷** (清)陳康祺撰 張壽鏞編 民國三十三年(1944)鉛印本 一冊

330000－1703－0004464 M32201 子部/宗教類/佛教之屬

**金剛般若波羅蜜經一卷** (後秦)釋鳩摩羅什譯 民國抄本 一冊

330000－1703－0004469 M22043 史部/地理類/方志之屬/郡縣志

**[民國]鄞縣通志預約樣本不分卷** 民國二十五年(1936)鄞縣通志館鉛印本 一冊

330000－1703－0004470 M32203 子部/宗教類/佛教之屬

**金剛般若波羅蜜經一卷** (後秦)釋鳩摩羅什譯 **金剛呪一卷** **般若波羅蜜多心經一卷** (唐)釋玄奘譯 **金剛證驗賦一卷** (宋)釋智覺撰 民國十九年(1930)潮陽郭氏雙百鹿齋刻本 一冊

330000－1703－0004471 M22044 史部/地理類/方志之屬/郡縣志

**[民國]鄞縣通志預約樣本不分卷** 民國二十五年(1936)鄞縣通志館鉛印本 一冊

330000－1703－0004472 M32204 子部/宗教類/佛教之屬

**金剛般若波羅蜜經二卷** (清)俞樾注 **般若波羅蜜多心經一卷** (唐)釋玄奘譯 民國四年(1915)奉化孫鏘鉛印本 一冊

330000－1703－0004473 M32205 子部/宗教類/佛教之屬

**金剛般若波羅蜜經一卷** (後秦)釋鳩摩羅什譯 **校勘記一卷** 釋勝觀校正 民國二十七年(1938)鉛印本 一冊

330000－1703－0004475 M32206 子部/宗教類/佛教之屬

**金剛般若波羅蜜經一卷** (後秦)釋鳩摩羅什譯 (明)成祖朱棣集註 民國鉛印本 一冊

330000－1703－0004479 M32207 子部/宗教類/佛教之屬

**金剛般若波羅蜜經一卷** (後秦)釋鳩摩羅什譯 **般若波羅蜜多心經一卷** (唐)釋玄奘譯 民國十年(1921)上海商務印書館鉛印本 一冊

330000－1703－0004481 M32208 子部/宗教類/佛教之屬

**金剛般若波羅密經分段貫釋一卷** (後秦)釋鳩摩羅什譯 王驤陸釋 **般若波羅密多心經分段貫釋一卷** (唐)釋玄奘譯 王驤陸釋 民國二十七年(1938)天津印心精舍鉛印本 一冊

330000－1703－0004493 M32233 子部/宗教類/佛教之屬/經疏

**維摩詰所說經無我疏十二卷** (明)釋傳燈撰 民國十七年(1928)刻本 六冊

330000－1703－0004494 M32213 子部/宗教類/佛教之屬/諸宗

**大乘止觀述記二十卷** 釋諦閑說 釋聖性 釋聖心筆記 江妙煦演述 民國十九年(1930)上海功德林佛經流通處刻本 六冊

330000－1703－0004495 M32214 子部/宗教類/佛教之屬/經疏

**金光明經疏十二卷** (唐)釋灌頂錄 民國七年(1918)金陵刻經處刻本 四冊

330000－1703－0004501 M22045 史部/地理類/方志之屬/郡縣志

**[民國]鄞縣通志預約樣本不分卷** 民國二十五年(1936)鄞縣通志館鉛印本 一冊

330000－1703－0004502 M22046 史部/地理類/方志之屬/郡縣志

**[民國]鄞縣通志預約樣本不分卷** 民國二十

五年(1936)鄞縣通志館鉛印本　一冊

330000－1703－0004503　M22047　史部/地理類/方志之屬/郡縣志

**[民國]鄞縣通志預約樣本不分卷**　民國二十五年(1936)鄞縣通志館鉛印本　一冊

330000－1703－0004504　M22048　史部/地理類/方志之屬/郡縣志

**[民國]鄞縣通志預約樣本不分卷**　民國二十五年(1936)鄞縣通志館鉛印本　一冊

330000－1703－0004505　M22049　史部/地理類/方志之屬/郡縣志

**[民國]鄞縣通志預約樣本不分卷**　民國二十五年(1936)鄞縣通志館鉛印本　一冊

330000－1703－0004507　M22050　史部/地理類/方志之屬/郡縣志

**[民國]鄞縣通志預約樣本不分卷**　民國二十五年(1936)鄞縣通志館鉛印本　一冊

330000－1703－0004508　M22051　史部/地理類/方志之屬/郡縣志

**[民國]鄞縣通志預約樣本不分卷**　民國二十五年(1936)鄞縣通志館鉛印本　一冊

330000－1703－0004509　M22052　史部/地理類/方志之屬/郡縣志

**[民國]鄞縣通志預約樣本不分卷**　民國二十五年(1936)鄞縣通志館鉛印本　一冊

330000－1703－0004515　M32220　子部/宗教類/佛教之屬/諸宗

**淨土津要續編五種**　民國鉛印本　二冊

330000－1703－0004519　M32221　子部/宗教類/佛教之屬/諸宗

**淨土五經附編一卷**　郭泰棣輯　民國二十四年(1935)雙百鹿齋刻本　一冊

330000－1703－0004520　M32222　子部/宗教類/佛教之屬/諸宗

**天樂鳴空集三卷**　(明)鮑宗肇撰　民國二十年(1931)潮陽郭氏雙百鹿齋刻本　二冊

330000－1703－0004524　M31501　子部/雜著類/雜說之屬

**正信錄二卷**　(清)羅聘撰　民國二十年(1931)潮陽郭氏雙百鹿齋刻本　一冊

330000－1703－0004526　M32223　子部/宗教類/佛教之屬/經疏

**阿彌陀經白話解釋二卷附修行方法一卷**　釋印光鑒定　黃智海演述　**蓮池大師西方發願文簡註一卷**　釋印光鑒定　李圓淨編述　民國十七年(1928)鉛印本　一冊

330000－1703－0004534　M32225　子部/宗教類/佛教之屬/經疏

**大方廣圓覺脩多羅了義經講義二卷**　釋諦閑講演　民國鉛印本　一冊　存一卷(一)

330000－1703－0004538　M32226　子部/宗教類/佛教之屬/經疏

**大方廣圓覺修多羅了義經抉隱一卷**　(唐)佛陀多羅譯　王驤陸撰　民國二十五年(1936)天津印心精舍鉛印本　一冊

330000－1703－0004540　M32227　子部/宗教類/佛教之屬/經疏

**大方廣圓覺修多羅了義經略疏二卷**　(唐)釋宗密述　民國華嚴大學院鉛印本　一冊

330000－1703－0004545　M10965　經部/小學類/訓詁之屬/方言

**鄉諺證古四卷**　(清)陳康祺撰　張壽鏞編　民國三十三年(1944)鉛印本　一冊

330000－1703－0004552　M32234　子部/宗教類/佛教之屬/經疏

**大佛頂首楞嚴經攝論二卷**　釋太虛造　民國七年(1918)覺社鉛印本　一冊

330000－1703－0004554　M32235　子部/宗教類/佛教之屬/經疏

**大佛頂首楞嚴經講義一卷**　釋圓瑛述　釋智信錄　民國鉛印本　一冊

330000－1703－0004561　M32238　子部/宗教類/佛教之屬/經

**妙法蓮華經妙德玄義疏二十八卷**　(後秦)釋鳩摩羅什譯　釋根慧記　民國三十八年

(1949)油印本　八冊

330000－1703－0004564　M10893　類叢部/類書類/專類之屬

**詩韻合璧五卷**　(清)湯祥瑟輯　**虛字韻藪一卷**　(清)潘維城輯　民國十五年(1926)上海掃葉山房鉛印本　五冊

330000－1703－0004565　M10892　類叢部/類書類/專類之屬

**詩韻合璧五卷**　(清)許時庚輯　**虛字韻藪一卷**　(清)潘維城輯　民國十八年(1929)上海百新公司鉛印本　五冊

330000－1703－0004570　M20840　史部/傳記類/總傳之屬/釋道

**國清高僧傳一卷附寒山子詩一卷**　釋蘊光編　民國二十五年(1936)鉛印本　一冊

330000－1703－0004571　M32241　子部/宗教類/佛教之屬

**佛學叢書□□種**　民國上海商務印書館鉛印本　一冊　存一種

330000－1703－0004573　M30129　子部/儒家類/儒學之屬/禮教/家訓

**治家格言一卷**　(清)朱用純撰　民國上海求古齋書帖社石印本　一冊

330000－1703－0004578　M30351　子部/法家類

**管子二十四卷**　(唐)房玄齡注　民國五年(1916)上海掃葉山房石印本　六冊

330000－1703－0004579　M32244　子部/宗教類/佛教之屬/論

**正源略集十六卷首一卷補遺一卷**　(清)釋際源　(清)釋了貞輯　(清)釋達珍編　民國二十年(1931)鉛印本　四冊

330000－1703－0004580　M30076　子部/儒家類/儒學之屬/性理

**胡子衡齊八卷**　(明)胡直撰　民國上海古書流通處影印本　三冊

330000－1703－0004583　M10890　類叢部/類書類/專類之屬

**詩韻合璧五卷**　(清)許時庚輯　**虛字韻藪一卷**　(清)潘維城輯　民國鉛印本　五冊

330000－1703－0004585　M30073　子部/儒家類/儒學之屬/蒙學

**新增繪圖幼學故事瓊林四卷首一卷**　(清)程登吉撰　(清)鄒聖脈增補　民國八年(1919)上海鴻寶齋書局石印本　五冊

330000－1703－0004587　M30352　子部/法家類

**商君書五卷附攷一卷**　(戰國)商鞅撰　民國四年(1915)上海掃葉山房石印本　一冊

330000－1703－0004588　M32245　子部/宗教類/其他宗教之屬/其他

**了道祕錄一卷**　唐光先述　民國鉛印本　一冊

330000－1703－0004590　M30353　子部/法家類

**韓非子二十卷**　(秦)韓非撰　**識誤三卷**　(清)顧廣圻撰　民國三年(1914)上海掃葉山房石印本　六冊

330000－1703－0004591　M30354　子部/法家類

**韓非子二十卷**　(秦)韓非撰　**識誤三卷**　(清)顧廣圻撰　民國三年(1914)上海掃葉山房石印本　六冊

330000－1703－0004626　M32257　子部/宗教類/佛教之屬/諸宗

**寄禪安禪師語錄一卷**　釋敬安撰　民國四年(1915)寧波文鈺齋刻本　一冊

330000－1703－0004628　M32258　子部/宗教類/佛教之屬/諸宗

**寄禪安禪師語錄一卷**　釋敬安撰　民國四年(1915)寧波文鈺齋刻本　一冊

330000－1703－0004630　M32259　子部/宗教類/佛教之屬/諸宗

**寄禪安禪師語錄一卷**　釋敬安撰　民國四年(1915)寧波文鈺齋刻本　一冊

330000－1703－0004631　M32260　子部/宗教類/佛教之屬/諸宗

**華嚴原人論合解二卷**　（唐）釋宗密論　（元）釋圓覺解　（明）楊嘉祚刪合　民國上海有正書局鉛印本　一册

330000－1703－0004632　M32261　子部/宗教類/佛教之屬

**佛法要領三卷**　劉洙源撰　**劉洙源先生書札一卷**　金弘恕錄　民國三十六年(1947)上海大法輪書局鉛印本　三五學人題記　一册

330000－1703－0004633　M32262　子部/宗教類/佛教之屬

**金剛經句解僦不分卷**　（清）臧志仁述　民國十二年(1923)刻本　一册

330000－1703－0004635　M32263　子部/宗教類/佛教之屬

**般若波羅蜜多心經一卷**　（唐）釋玄奘譯　**觀音靈感錄一卷**　民國上海佛學書局鉛印本　一册

330000－1703－0004637　M30053　子部/儒家類/儒學之屬/禮教/女範

**女學六卷**　（清）藍鼎元編　民國石印本　朱復戡題簽並記　二册

330000－1703－0004639　M32265　子部/宗教類/佛教之屬/諸宗

**淨土詩一卷**　（元）釋明本撰　民國九年(1920)上海聚珍倣宋印書局鉛印本　一册

330000－1703－0004640　M32266　子部/宗教類/佛教之屬/經疏

**正法三十三祖東土六祖大鑑禪師法寶壇經述旨一卷**　（唐）釋法海錄　王驤陸述旨　民國印心精舍鉛印本　一册

330000－1703－0004641　M30202　子部/道家類

**道德經講義三卷**　（清）黄裳撰　民國上海新學會社鉛印本　三册

330000－1703－0004643　M30210　子部/宗教類/道教之屬

**易行錄不分卷**　因覺生編輯　民國元年(1912)鉛印本　二册

330000－1703－0004651　M30207　子部/道家類

**莊子集解八卷**　王先謙撰　民國上海涵芬樓影印本　一册　存三卷(一至三)

330000－1703－0004656　M32267　子部/宗教類/佛教之屬/經咒

**日誦經咒簡易科儀不分卷**　求濟度室編　民國上海佛教居士林鉛印本　一册

330000－1703－0004657　M32268　子部/宗教類/佛教之屬/諸宗

**菩提達磨大師略辨大乘入道四行觀一卷附達磨大師碑頌　達磨大師血脉論一卷達磨大師悟性論一卷達磨大師破相論一卷**　釋宗鏡校　**最上乘論一卷**　（唐）釋弘忍撰　**黄檗山斷際禪師傳心法要二卷**　（唐）裴休輯　民國二十九年(1940)華巖佛學院刻本　一册

330000－1703－0004663　M32270　子部/宗教類/佛教之屬/諸宗

**壇經一卷附六祖大師事略一卷**　（唐）釋慧能說　（唐）釋法海錄　民國三十年(1941)重慶華巖刻經處刻本　一册

330000－1703－0004664　M32271　子部/宗教類/佛教之屬/經

**藥師瑠璃光如來本願功德經一卷**　（唐）釋玄奘譯　**大方廣圓覺修多羅了義經二卷**　（唐）釋佛陀多羅譯　民國三十年(1941)重慶華巖寺華巖佛學院刻本　一册

330000－1703－0004666　M32242　子部/宗教類/佛教之屬

**佛學叢書□□種**　丁福保輯　民國上海醫學書局鉛印本暨影印本　二册　存一種

330000－1703－0004669　M30201　子部/道家類

**老子道德經二卷**　（三國魏）王弼注　**音義一卷**　（唐）陸德明撰　民國四年(1915)中華圖書館石印本　一册

330000－1703－0004673　M30377　子部/農家農學類/總論之屬
**重訂致富全書四卷**　民國七年(1918)鉛印本　二冊

330000－1703－0004676　M30066　子部/儒家類/儒學之屬/蒙學
**重訂三字經一卷**　章炳麟重訂　民國二十四年(1935)上海漢文正楷印書局鉛印本　一冊

330000－1703－0004679　M32272　子部/宗教類/佛教之屬
**金剛經解義二卷附心經解義一卷**　(清)徐槐廷撰　民國三十二年(1943)上海道德書局鉛印本　一冊

330000－1703－0004682　M30375　子部/農家農學類/蠶桑之屬
**新法蠶桑淺說不分卷**　張宏周輯　民國十一年(1922)鉛印本　一冊

330000－1703－0004683　M32273　子部/宗教類/佛教之屬
**讀經錄不分卷**　民國抄本　一冊

330000－1703－0004686　M32467　類叢部/類書類/專類之屬
**古今楹聯類纂十二卷附慶弔雜件備覽二卷**　雲后編輯　民國十五年(1926)上海會文堂書局石印本　九冊　缺一卷(慶弔雜件備覽一)

330000－1703－0004690　M32047　子部/藝術類/遊藝之屬/聯語
**巧對續錄二卷**　(清)梁恭辰輯　民國十八年(1929)上海商務印書館鉛印本　二冊

330000－1703－0004692　M32275　子部/宗教類/佛教之屬
**五公末劫經一卷**　民國元年(1912)刻本　一冊

330000－1703－0004696　M31530　子部/雜著類/雜纂之屬
**益智編四十一卷**　(明)孫能傳纂輯　民國據清光緒十七年(1891)杭州刻本影印本　孫振麒題記　十二冊

330000－1703－0004711　M10967　經部/小學類/訓詁之屬/方言
**鄉諺證古四卷**　(清)陳康祺撰　張壽鏞編　民國三十三年(1944)鉛印本　一冊

330000－1703－0004728　M32287　子部/宗教類/道教之屬/戒律
**陰隲文圖證不分卷**　(清)費丹旭繪圖　(清)許光清集證　民國十八年(1929)石印本　一冊

330000－1703－0004729　M50313　類叢部/叢書類/彙編之屬
**少年叢書**　民國十年(1921)上海中華書局鉛印本　一冊　存一種

330000－1703－0004730　M31529　子部/雜著類/雜纂之屬
**萬松野人言善錄一卷**　英華撰　民國八年(1919)京師鉛印本　一冊

330000－1703－0004738　M30225　子部/宗教類/道教之屬/經文
**玉樞經籥二十四卷首一卷末一卷**　(清)姚燮撰　民國十一年(1922)上海新學會社鉛印本　四冊

330000－1703－0004744　M30223　子部/宗教類/道教之屬
**玉真白雲談玄録一卷**　陽明山人編　民國十四年(1925)鉛印本　一冊

330000－1703－0004755　M30231　子部/宗教類
**三教一貫九卷辯正一卷**　(清)汪啟濩撰　鍾至誠評點　民國四年(1915)寧波吳至和、蔡復陽石印本　二冊

330000－1703－0004762　M30230　子部/宗教類/道教之屬/神符
**祝由科治病奇書一卷**　(明)徐景輝撰　民國中西書局石印本　一冊

330000－1703－0004763　M30401　子部/醫家類/醫經之屬/内經
**黃帝内經太素三十卷遺文一卷**　(隋)楊上善

撰注　民國十三年(1924)蘭陵堂仿宋刻本(卷一、四、七、十六、十八、二十至二十一原缺)　四冊

330000－1703－0004764　M30008　子部/儒家類/儒學之屬/經濟

**說苑二十卷**　(漢)劉向撰　民國鉛印本　四冊

330000－1703－0004766　M31178　子部/醫家類/傷寒金匱之屬/綜合

**軒轅碑記醫學祝由十三科二卷**　民國八年(1919)上海文益書局石印本　一冊

330000－1703－0004772　M32293　子部/宗教類/其他宗教之屬/伊斯蘭教

**白話譯解古蘭天經三十卷**　王文清譯　民國三十一年(1942)石印本　二十五冊　存二十五卷(一至五、七至九、十二至十三、十五、十七至三十)

330000－1703－0004785　M30229　子部/道家類

**南華真經解四卷**　(清)宣穎撰　民國三年(1914)尚古山房石印本　四冊

330000－1703－0004786　M33241　子部/叢編

**評註諸子菁華錄十八種十八卷**　張之純編纂　民國五年至七年(1916－1918)上海商務印書館鉛印本　二十一冊

330000－1703－0004788　M30227　子部/道家類

**乩沙真理論一卷**　南屏稽疑處編　民國三十四年(1945)鉛印本　一冊

330000－1703－0004791　M30228　子部/宗教類/道教之屬

**大道修渡真諦八卷**　謝冠能編輯　民國二十六年(1937)鉛印本　八冊

330000－1703－0004797　M21063　史部/傳記類/總傳之屬/忠孝

**增訂繪像日記故事不分卷**　民國汲綆齋刻本　一冊

330000－1703－0004801　M21064　史部/傳記類/總傳之屬/忠孝

**增訂繪像日記故事不分卷**　民國汲綆齋刻本　一冊

330000－1703－0004806　M50871　類叢部/叢書類/自著之屬

**約園演講集**　張壽鏞撰　民國鉛印本　一冊　存一種

330000－1703－0004808　M50872　類叢部/叢書類/自著之屬

**約園演講集**　張壽鏞撰　民國鉛印本　一冊　存一種

330000－1703－0004810　M50873　類叢部/叢書類/自著之屬

**約園演講集**　張壽鏞撰　民國鉛印本　一冊　存一種

330000－1703－0004823　M10966　經部/小學類/訓詁之屬/方言

**鄉諺證古四卷**　(清)陳康祺撰　張壽鏞編　民國三十三年(1944)鉛印本　一冊

330000－1703－0004824　M32281　子部/宗教類/道教之屬

**太上感應篇直講一卷首一卷附錄一卷**　釋印光鑒定　民國十七年(1928)鉛印本　一冊

330000－1703－0004839　M30548　子部/醫家類/方書之屬/單方驗方

**串雅內編四卷外編四卷**　(清)趙學敏纂　民國三年(1914)上海掃葉山房石印本　四冊

330000－1703－0004850　M21061　史部/傳記類/別傳之屬/事狀

**關聖帝君聖蹟圖誌全集五卷**　(清)盧湛彙輯　民國十二年(1923)影印本　六冊

330000－1703－0004860　M32510　類叢部/類書類/專類之屬

**分類駢句精華錄不分卷**　王藝　施崇恩撰　民國新新書局石印本　一冊

330000－1703－0004867　M41807　集部/詞

類/别集之屬

**海綃詞一卷**　陳洵撰　民國十二年(1923)鉛印本　木居士題記　一册

330000－1703－0004869　M50776　類叢部/叢書類/自著之屬

**彊邨遺書六種外編二種附一種**　朱祖謀撰　民國二十二年(1933)刻本　一册　存一種

330000－1703－0004871　M41808　集部/詞類/類編之屬

**四印齋所刻詞**　(清)王鵬運輯　民國中國書店據清光緒王氏刻本影印本　一册　存一種

330000－1703－0004876　M50117　類叢部/類書類/通類之屬

**琱玉集殘二卷**　民國三十八年(1949)卓葆亭據古逸叢書本抄本　卓葆亭題記　一册

330000－1703－0004893　M41815　集部/詞類/總集之屬

**歷朝名人詞選十三卷**　(清)夏秉衡輯　民國十七年(1928)上海掃葉山房石印本　六册

330000－1703－0004899　M50874　類叢部/叢書類/自著之屬

**約園演講集**　張壽鏞撰　民國鉛印本　一册　存一種

330000－1703－0004920　M41905　集部/曲類/彈詞之屬

**繡像雙珠鳳全傳六卷八十回**　(清)一葉主人撰　民國上海文益書局石印本　六册

330000－1703－0004926　M41907　集部/曲類/彈詞之屬

**繡像繪圖雙珠球六卷四十九回**　民國簡青齋石印本　三册

330000－1703－0004927　M10971　經部/小學類/訓詁之屬/方言

**鄉諺證古四卷**　(清)陳康祺撰　張壽鏞編　民國三十三年(1944)鉛印本　一册

330000－1703－0004929　M41908　集部/曲類/彈詞之屬

**新編繡像雙連筆全傳四卷三十二回**　民國上海文元書莊石印本　一册

330000－1703－0004936　M41706　集部/詩文評類/文評之屬

**文心雕龍十卷**　(南朝梁)劉勰撰　(清)黄叔琳注　(清)紀昀評　民國上海文瑞樓石印本　四册

330000－1703－0004941　M41950　集部/曲類/散曲之屬

**續曲雅一卷**　盧前輯　民國二十二年(1933)上海開明書店鉛印本　一册

330000－1703－0004950　M40108　集部/别集類/唐五代别集

**李義山詩話二卷補録一卷**　(唐)李商隱撰　民國中華圖書館石印本　緑蕪題記　二册

330000－1703－0004955　M41943　集部/曲類/寶卷之屬

**魚籃觀音二次臨凡度金沙灘勸世修行不分卷**　民國八年(1919)上海翼化堂書坊刻本　一册

330000－1703－0004957　M33244　子部/叢編

**娱萱室小品六十種**　雷瑨輯　民國六年(1917)上海掃葉山房石印本　七册　存五十二種

330000－1703－0004961　M41948　集部/曲類/曲選之屬

**繪圖綴白裘十二集四十八卷**　(清)玩花主人輯　(清)錢德蒼增輯　民國十二年(1923)上海啟新書局石印本　十二册

330000－1703－0004963　M41712　集部/詩文評類/詩評之屬

**五代詩話八卷**　(清)王士禛撰　民國上海朝記書莊石印本　四册

330000－1703－0004968　M41945　集部/曲類/寶卷之屬

**育王寶卷不分卷**　民國六年(1917)鉛印本　一册

330000－1703－0004974　M42013　集部/戲劇類/總集之屬/雜劇

**元曲選一百種一百卷**　(明)臧懋循編　**論曲一卷**　(元)陶宗儀等撰　**元曲論一卷**　民國七年(1918)上海商務印書館據明博古堂本影印本　三十六册　存七十七種

330000－1703－0004984　M41825　集部/詞類/總集之屬

**唐宋諸賢絶妙詞選三卷**　(宋)黄昇輯　民國十一年(1922)羅振常據羅莊影宋抄本影印本　一册

330000－1703－0004985　M41824　集部/詞類/總集之屬

**唐宋諸賢絶妙詞選三卷**　(宋)黄昇輯　民國十一年(1922)羅振常據羅莊影宋抄本影印本　三册

330000－1703－0004994　M42008　集部/戲劇類/傳奇之屬

**繡像第七才子琵琶記六卷**　(元)高明撰　民國八年(1919)上海鴻文書局石印本　四册

330000－1703－0004995　M41715　集部/詩文評類/詩評之屬

**詩學淵源八卷**　丁儀撰　民國十九年(1930)鉛印本　一册　存五卷(一至五)

330000－1703－0004998　M41716　集部/詩文評類/詩評之屬

**詩學淵源八卷**　丁儀撰　民國十九年(1930)鉛印本　三册

330000－1703－0005001　M41718　集部/別集類/清別集

**鴻雪樓詩選初集四卷外集一卷名媛詩話八卷**　(清)沈善寶撰　民國十二年(1923)沈敏元鉛印本　二册　存八卷(名媛詩話一至八)

330000－1703－0005002　M41826　集部/詞類/別集之屬

**稼軒長短句十二卷補遺一卷**　(宋)辛棄疾撰　**校記一卷**　林大椿撰　民國上海商務印書館鉛印本　二册

330000－1703－0005004　M41719　集部/別集類/清別集

**鴻雪樓詩選初集四卷外集一卷名媛詩話八卷**　(清)沈善寶撰　民國十二年(1923)沈敏元鉛印本　二册　存八卷(名媛詩話一至八)

330000－1703－0005005　M41720　集部/詩文評類/詩評之屬

**隨園詩法叢話八卷**　(清)袁枚輯　民國上海碧梧山莊石印本　四册

330000－1703－0005006　M40717　集部/別集類

**徵聲集一卷**　羅振常撰　**初日樓稿一卷**　羅莊撰　民國十年(1921)上虞羅氏蟫隱廬鉛印本　一册

330000－1703－0005016　M41949　集部/曲類/曲韻曲譜曲律之屬

**牡丹亭曲譜二卷**　(清)殷溎深撰　民國十年(1921)上海朝記書莊石印本　一册　存一卷(一)

330000－1703－0005019　M41831　集部/詞類/總集之屬

**宋詞三百首二卷**　朱祖謀編　民國三十三年(1944)成都薛志澤崇禮堂刻本　二册

330000－1703－0005023　M41828　集部/詞類/別集之屬

**彊邨語業二卷**　朱祖謀撰　民國十三年(1924)歸安朱氏託鵑樓刻本　秦履平題簽　一册

330000－1703－0005025　M41106　集部/總集類/選集之屬/斷代

**唐四家詩集**　(清)胡鳳丹輯　民國十一年(1922)上海掃葉山房石印本　五册　存四種

330000－1703－0005026　M41170　集部/總集類/選集之屬/通代

**玉臺新詠十卷**　(南朝陳)徐陵編　(清)吳兆宜注　(清)程琰删補　民國四年(1915)上海掃葉山房石印本　六册

330000－1703－0005032　M42010　集部/戲

劇類/總集之屬/傳奇

**十二家評點李笠翁十種曲**　(清)李漁編　民國七年(1918)上海朝記書莊石印本　十冊

330000－1703－0005036　M42012　集部/戲劇類/總集之屬/傳奇

**繭室新書**　繭室主人撰　民國影印本　二冊　存一種

330000－1703－0005041　M41724　集部/詩文評類/文評之屬

**文學研究法四卷**　姚永樸撰　民國八年(1919)上海商務印書館鉛印本　四冊

330000－1703－0005042　M41176　集部/總集類

**文苑雜選不分卷**　民國抄本　一冊

330000－1703－0005046　M41725　集部/詩文評類/文評之屬

**韓文研究法一卷柳文研究法一卷**　林紓撰　民國九年(1920)上海商務印書館鉛印本　一冊

330000－1703－0005051　M32068　子部/藝術類/遊藝之屬/聯語

**楹聯叢話十二卷續話四卷三話二卷四話六卷**　(清)梁章鉅輯　民國十三年至十五年(1924－1926)上海商務印書館鉛印本　十冊

330000－1703－0005053　M41832　集部/詞類/詞譜之屬

**攷正白香詞譜三卷附錄一卷**　陳小蝶編　**增訂晚翠軒詞韻一卷**　陳祖耀校正　民國七年(1918)春草軒鉛印本暨石印本　四冊

330000－1703－0005061　M50001　類叢部/叢書類/彙編之屬

**說郛一百卷**　(元)陶宗儀編　張宗祥重校　民國十六年(1927)上海商務印書館鉛印本　四十冊

330000－1703－0005072　M10969　經部/小學類/訓詁之屬/方言

**鄉諺證古四卷**　(清)陳康祺撰　張壽鏞編　民國三十三年(1944)鉛印本　一冊

330000－1703－0005081　M41915　集部/曲類/彈詞之屬

**繪圖麒麟豹珍珠塔後傳六卷六十回**　民國上海文元書局石印本　二冊

330000－1703－0005087　M50338　集部/詞類/總集之屬

**惜陰堂叢書**　趙尊嶽輯　民國十三年至十五年(1924－1926)武進趙氏刻本　一冊　存一種

330000－1703－0005090　M41839　集部/詞類/詞話之屬

**花間寱夢詞記一卷**　謝重開撰　民國二十三年(1934)上海喜怒用功社鉛印本　一冊

330000－1703－0005091　M41910　集部/曲類/彈詞之屬

**新增繡像玉連環四卷四十回**　(清)朱素仙撰　民國上海書局石印本　一冊

330000－1703－0005092　M50542　類叢部/叢書類/郡邑之屬

**吳興叢書六十六種**　劉承幹編　民國吳興劉氏嘉業堂刻本　三冊　存二種

330000－1703－0005093　M50541　類叢部/叢書類/郡邑之屬

**吳興叢書六十六種**　劉承幹編　民國吳興劉氏嘉業堂刻本　八冊　存四種

330000－1703－0005094　M41731　集部/詩文評類

**薿薿室詩話一卷詩稿一卷雙鉤一卷**　(清)童遜組撰　民國十一年(1922)慈谿嚴子均石印本　一冊　存一卷(詩話)

330000－1703－0005106　M41920　集部/曲類/彈詞之屬

**大字足本繡像六月雪全傳二十卷**　民國上海廣益書局石印本　六冊

330000－1703－0005111　M41921　集部/曲類/彈詞之屬

**繪圖續穿金扇龍燈圖四卷二十八回**　周緝莽編　民國上海燮記書局石印本　四冊

330000－1703－0005112　M41338　集部/總集類/選集之屬

**榆蔭書屋選錄名人詩集四卷**　民國古吳盤溪白端山樵抄本　三冊　缺一卷(一)

330000－1703－0005115　M41918　集部/小説類/長篇之屬

**繪圖呼延慶征南全傳四卷**　民國上海錦章書局石印本　四冊

330000－1703－0005116　M41735　集部/詩文評類/文法之屬/公文程式

**公文書程式分類詳解不分卷公文書程式令一卷司法公文書程式一卷**　杜洌泉編輯　民國二年(1913)上海會文堂書局石印本　八冊

330000－1703－0005117　M41925　集部/曲類/彈詞之屬

**繪圖十八圖説唱鼓詞四卷二十六回**　民國石印本　一冊

330000－1703－0005118　M41924　集部/曲類/彈詞之屬

**繡像貫串呼延慶打擂雙編記四卷**　民國上海錦章書局石印本　四冊

330000－1703－0005120　M41923　集部/曲類/曲藝之屬

**繡像瓦崗寨鼓詞四卷**　民國上海錦章圖書局石印本　四冊

330000－1703－0005133　M41935　集部/曲類/寶卷之屬

**太華山紫金鎮兩世修行劉香寶卷全集二卷**　民國十年(1921)刻本　二冊

330000－1703－0005134　M40244　集部/別集類/明別集

**宮詞二卷**　(清)錢位坤注　民國三十四年(1945)秀水金氏梅花草堂影印本　秦履平批、題簽並記　一冊

330000－1703－0005151　M41836　集部/詞類/詞譜之屬

**白香詞譜箋四卷**　(清)舒夢蘭輯　(清)謝朝徵箋　**學宋齋詞韻一卷**　(清)吳烺等輯　民國八年(1919)上海文明書局石印本　四冊

330000－1703－0005154　M41727　集部/詩文評類

**文學津梁十二種**　周鍾游編　民國五年(1916)上海有正書局石印本　一冊　存一種

330000－1703－0005165　M30555　子部/醫家類/方書之屬/單方驗方

**歸安凌氏飼鶴亭集方一卷**　(清)凌奂纂　民國十七年(1928)鉛印本　一冊

330000－1703－0005166　M41728　新學/學校

**小學作文入門二集四卷**　胡君復評選　民國鉛印本　亞農題簽　一冊

330000－1703－0005173　M41125　集部/總集類/選集之屬/通代

**言文對照古文筆法百篇不分卷**　世界書局編輯所編輯　民國十二年(1923)上海世界書局石印本　一冊

330000－1703－0005176　M20962　史部/傳記類/別傳之屬/事狀

**方貞惠公[克勤]六百歲紀念贈言錄不分卷**　方崇義編　民國十四年(1925)明州緤城方裔鉛印本　一冊

330000－1703－0005178　M21066　集部/總集類/題詠之屬

**陳詠橋先生壽詩壽聯一卷**　陳賚官輯　稿本　陳賚官題記　一冊

330000－1703－0005181　M41403　集部/總集類/酬唱之屬

**蕉園三十徵詩彙刊一卷**　張汝釗輯　民國二十二年(1933)張汝釗鉛印本　一冊

330000－1703－0005184　M40938　集部/別集類

**祝蘐廬吟草一卷**　湯銘篆撰　民國十一年(1922)鉛印本　一冊

330000－1703－0005190　M41802　集部/詞類/別集之屬

**珠玉詞一卷補遺一卷**　(宋)晏殊撰　林大椿編校　**珠玉詞校記一卷**　林大椿撰　民國二十三年(1934)上海商務印書館鉛印本　一册

330000－1703－0005194　M41803　集部/詞類/别集之屬
**小山詞一卷**　(宋)晏幾道撰　**小山詞校記一卷**　林大椿撰　民國二十四年(1935)上海商務印書館鉛印本　一册

330000－1703－0005210　M41111　集部/總集類/郡邑之屬
**永嘉詩人祠堂叢刻十四種**　冒廣生輯　民國四年(1915)如皋冒氏刻本　三册　存四種

330000－1703－0005213　M41805　集部/詞類/别集之屬
**吳夢窗詞正集箋釋四卷補箋一卷事蹟攷一卷**　(宋)吳文英撰　楊鐵夫箋釋　民國二十五年(1936)抱香室鉛印本　楊鐵夫題記　二册

330000－1703－0005215　M41115　集部/總集類/郡邑之屬
**永嘉詩人祠堂叢刻十四種**　冒廣生輯　民國四年(1915)如皋冒氏刻本　二册　存一種

330000－1703－0005216　M21068　史部/傳記類/别傳之屬/事狀
**家慈邱太君壽言錄七卷**　楊國靖編　民國十二年(1923)鉛印本　四册

330000－1703－0005218　M41112　集部/總集類/郡邑之屬
**永嘉詩人祠堂叢刻十四種**　冒廣生輯　民國四年(1915)如皋冒氏刻本　一册　存三種

330000－1703－0005219　M41113　集部/總集類/郡邑之屬
**永嘉詩人祠堂叢刻十四種**　冒廣生輯　民國四年(1915)如皋冒氏刻本　一册　存三種

330000－1703－0005220　M21067　史部/傳記類/别傳之屬/事狀
**錫嘏堂壽言不分卷**　謝天錫輯　民國七年(1918)西泠印社木活字印本　一册

330000－1703－0005221　M41114　集部/總集類/郡邑之屬
**永嘉詩人祠堂叢刻十四種**　冒廣生輯　民國四年(1915)如皋冒氏刻本　一册　存二種

330000－1703－0005234　M41159　集部/總集類/選集之屬/通代
**評註昭明文選十五卷首一卷葉星衛附註一卷**　(清)于光華輯　民國八年(1919)上海掃葉山房石印本　十六册

330000－1703－0005241　M50666　類叢部/叢書類/自著之屬
**船山遺書六十六種附一種**　(清)王夫之撰　民國二十二年(1933)上海太平洋書店鉛印本　二十册　存八種

330000－1703－0005243　M40729　集部/别集類
**蕭心劍氣樓詩存辛未集一卷聯語一卷**　孫肇圻撰　民國二十一年(1932)鉛印本　一册　存一卷(聯語)

330000－1703－0005269　M41250　集部/總集類/選集之屬/通代
**古文辭類纂七十五卷**　(清)姚鼐纂輯　**續古文辭類纂三十四卷**　王先謙輯　民國七年(1918)上海會文堂書局石印本　二十册

330000－1703－0005290　M41520　集部/總集類/郡邑之屬
**潯溪詩徵四十卷補遺一卷詞徵二卷**　周慶雲輯　民國六年(1917)夢坡室刻本　十六册　存三十五卷(二至八、十一至十四、十八至二十三、二十六至四十,補遺;詞徵一至二)

330000－1703－0005291　M41255　集部/總集類/選集之屬/通代
**評校音注古文辭類纂七十四卷**　(清)姚鼐輯　王文濡校注　民國十五年(1926)上海文明書局鉛印本　十六册

330000－1703－0005292　M41523　集部/總集類/氏族之屬
**食舊德堂家集七種**　(清)錢寶琛輯　民國五

年(1916)聽邠館刻本　一册

330000－1703－0005294　M41256　集部/總集類/選集之屬/通代
**評校音注古文辭類纂七十四卷**　(清)姚鼐輯　王文濡校注　民國二十一年(1932)上海文明書局鉛印本　十五册　存六十八卷(一至四十七、五十四至七十四)

330000－1703－0005296　M41257　集部/總集類/選集之屬/通代
**評校音注古文辭類纂七十四卷**　(清)姚鼐輯　王文濡校注　民國十九年(1930)上海文明書局鉛印本　十六册

330000－1703－0005302　M41260　集部/總集類/選集之屬/通代
**古文辭類纂評註七十四卷**　(清)姚鼐纂輯　沈伯經等評注　民國十五年(1926)上海文明書局鉛印本　十六册

330000－1703－0005306　M20963　史部/傳記類/別傳之屬/年譜
**夐叟[李思敬]七十年譜一卷**　李思敬訂　民國商務印書館鉛印本　一册

330000－1703－0005308　M41261　集部/總集類/選集之屬/通代
**古文辭類纂評註七十四卷**　(清)姚鼐纂輯　沈伯經等評注　民國七年(1918)上海文明書局鉛印本　十六册

330000－1703－0005311　M41262　集部/總集類/選集之屬/通代
**教科適用古文辭類纂精華不分卷**　中華書局編　民國三年(1914)上海中華書局鉛印本　四册

330000－1703－0005327　M30087　子部/儒家類/儒學之屬/禮教/家訓
**方氏家言二卷**　方氏餘慶堂編　民國二十二年(1933)鎮海方氏餘慶堂木活字印本　一册

330000－1703－0005328　M20831　集部/總集類/郡邑之屬
**甬上屠氏家集八卷**　屠彝輯　屠志恆補傳
**屠氏先世見聞錄二卷**　(清)屠宗伊輯　民國八年(1919)既勤堂木活字印本　四册

330000－1703－0005330　M20971　史部/傳記類/別傳之屬/事狀
**壽言彙輯三卷**　陳翰輯　民國十六年(1927)鉛印本　一册

330000－1703－0005332　M20967　史部/傳記類/別傳之屬/事狀
**伯嫂洪孺人[臨諦]家傳一卷**　馮貞胥撰　民國三十年(1941)石印本　一册

330000－1703－0005334　M20706　史部/傳記類/總傳之屬/列女
**清代閨閣詩人徵略十卷補遺一卷**　施淑儀撰　民國十一年(1922)崇明女子師範講習所鉛印本　四册

330000－1703－0005335　M20968　史部/傳記類/別傳之屬/事狀
**伯嫂洪孺人[臨諦]家傳一卷**　馮貞胥撰　民國三十年(1941)石印本　一册

330000－1703－0005336　M20970　史部/傳記類/別傳之屬/事狀
**世德堂楊氏六秩雙慶壽言彙編二卷**　民國七年(1918)鉛印本　二册

330000－1703－0005337　M20705　史部/傳記類/總傳之屬/家乘
**[浙江奉化]武嶺蔣氏先系考一卷附錄一卷**　吴敬恆修　陳布雷　沙文若纂　民國三十七年(1948)上海中華書局鉛印本　一册

330000－1703－0005340　M22327　史部/地理類/專志之屬/祠墓
**建修萬季野先生祠墓紀念刊一卷徵信錄一卷**　建修萬季野先生祠墓事務所輯　民國二十六年(1937)寧波建修萬季野先生祠墓事務所鉛印本　一册

330000－1703－0005342　M20961　史部/傳記類/別傳之屬/事狀
**方貞惠公[克勤]六百歲紀念贈言錄不分卷**　方崇義編　民國十四年(1925)明州緱城方裔

鉛印本　一冊

330000－1703－0005343　M41266　集部/總集類/選集之屬/通代

**評校音註續古文辭類纂三十四卷**　王先謙輯　王文濡校注　民國十七年(1928)上海文明書局鉛印本　八冊

330000－1703－0005345　M21078　史部/傳記類/别傳之屬/事狀

**陶廬伉儷五十壽言不分卷**　朱榮溥等輯　民國八年(1919)上海聚珍倣宋印書局鉛印本　二冊

330000－1703－0005347　M41405　集部/總集類/題詠之屬

**梅鶴幻影圖題咏一卷**　馮度輯　民國二十二年(1933)影印本　一冊

330000－1703－0005349　M41406　集部/總集類/題詠之屬

**梅鶴幻影圖題咏一卷**　馮度輯　民國二十二年(1933)影印本　一冊

330000－1703－0005350　M40738　集部/别集類/清别集

**比湖贈答詩鈔一卷拾遺一卷**　王裕承撰　民國十五年(1926)聚珍倣宋印書局鉛印本　一冊

330000－1703－0005358　M20965　史部/傳記類/别傳之屬

**林母史夫人家傳不分卷**　唐文治撰　趙時棡書　民國石印本　一冊

330000－1703－0005359　M20964　史部/傳記類/别傳之屬/事狀

**簡太夫人哀思録不分卷**　簡照南輯　**金剛般若波羅蜜經一卷**　(後秦)釋鳩摩羅什譯　**金剛般若波羅蜜經淺説一卷**　(清)陳術柱撰　民國九年(1920)上海聚珍倣宋印書局石印本暨鉛印本　六冊

330000－1703－0005363　M20972　集部/總集類/題詠之屬

**陳母楊太夫人八旬晉二壽言録八卷**　陳調元輯　民國十九年(1930)鉛印本　一冊　存四卷(五至八)

330000－1703－0005365　M20969　史部/傳記類/别傳之屬/事狀

**誥授榮禄大夫二品頂戴署浙江布政使寧紹台兵備道先考府君[喻兆蕃]行述一卷**　喻崧喻磐述　民國影印本　一冊

330000－1703－0005366　M20973　史部/傳記類/别傳之屬/事狀

**蔡鳴山先生[鶴皋]訃告一卷**　蔡毓麒等撰　**蔡君行述一卷**　魏友棐撰　民國二十二年(1933)鉛印本暨石印本　一冊

330000－1703－0005367　M50295　集部/總集類/選集之屬/通代

**歷代詩文評註讀本**　王文濡編　民國上海文明書局鉛印本　十二冊　存五種

330000－1703－0005370　M41121　集部/總集類

**林嚴文鈔四卷**　嚴復撰　民國六年(1917)中國圖書公司和記鉛印本　四冊

330000－1703－0005373　M41281　集部/總集類/尺牘之屬

**古今尺牘大觀中編不分卷**　姚漢章　何實睿纂輯　民國十四年(1925)上海中華書局鉛印本　十二冊

330000－1703－0005375　M41841　集部/詞類/類編之屬

**彊村叢書一百七十八種**　朱祖謀輯並撰校記　民國六年(1917)歸安朱氏刻十一年(1922)校補印本　三十九冊　存一百七十七種

330000－1703－0005380　M41286　集部/詩文評類/文法之屬

**普通應酬尺牘大觀不分卷**　穗園主人撰　民國元年(1912)仁壽書堂石印本　十二冊

330000－1703－0005384　M41287　集部/詩文評類/文法之屬

**新撰廣註分類文辭尺牘大觀二十四卷分類中西治家格言尺牘附增四卷**　嚴啟先撰　民國

十七年(1928)上海掃葉山房石印本　八冊　存十二卷(分類文辭尺牘大觀十七至二十四、分類中西治家格言尺牘附增一至四)

330000－1703－0005394　M41274　史部/傳記類/總傳之屬/通代

**涵芬樓古今文鈔小傳四卷首一卷附録一卷**　商務印書館編譯所編纂　民國三年(1914)上海商務印書館鉛印本　一冊

330000－1703－0005396　M41384　集部/總集類/郡邑之屬

**續甬上耆舊詩一百二十卷首一卷**　(清)全祖望輯選　民國七年(1918)四明文獻社鉛印本　二十四冊

330000－1703－0005397　M41271　集部/總集類/選集之屬/通代

**涵芬樓古今文鈔一百卷**　吳曾祺輯　民國九年(1920)上海商務印書館鉛印本　一百冊

330000－1703－0005398　M41385　集部/總集類/郡邑之屬

**續甬上耆舊詩一百二十卷首一卷**　(清)全祖望輯選　民國七年(1918)四明文獻社鉛印本　二十四冊

330000－1703－0005400　M41386　集部/總集類/郡邑之屬

**續甬上耆舊詩一百二十卷首一卷**　(清)全祖望輯選　民國七年(1918)四明文獻社鉛印本　十二冊　存四十七卷(首、一至四十六)

330000－1703－0005403　M50875　類叢部/叢書類/自著之屬

**約園演講集**　張壽鏞撰　民國鉛印本　一冊　存一種

330000－1703－0005404　M50876　類叢部/叢書類/自著之屬

**約園演講集**　張壽鏞撰　民國鉛印本　一冊　存一種

330000－1703－0005405　M50877　類叢部/叢書類/自著之屬

**約園演講集**　張壽鏞撰　民國鉛印本　一冊　存一種

330000－1703－0005406　M50878　類叢部/叢書類/自著之屬

**約園演講集**　張壽鏞撰　民國鉛印本　一冊　存一種

330000－1703－0005407　M50879　類叢部/叢書類/自著之屬

**約園演講集**　張壽鏞撰　民國鉛印本　一冊　存一種

330000－1703－0005408　M50880　類叢部/叢書類/自著之屬

**約園演講集**　張壽鏞撰　民國鉛印本　一冊　存一種

330000－1703－0005409　M50881　類叢部/叢書類/自著之屬

**約園演講集**　張壽鏞撰　民國鉛印本　一冊　存一種

330000－1703－0005410　M41272　集部/總集類/選集之屬/通代

**涵芬樓古今文鈔簡編四十卷首一卷**　吳曾祺輯　民國五年(1916)上海商務印書館鉛印本　三十九冊　缺二卷(十三至十四)

330000－1703－0005411　M41275　史部/目録類/版本之屬

**涵芬樓古今文鈔簡編樣本一卷**　商務印書館編　民國五年(1916)上海商務印書館鉛印本　一冊

330000－1703－0005412　M50033　類叢部/叢書類/彙編之屬

**四庫全書珍本初集二百三十種**　中央圖書館籌備處輯　民國二十三年至二十四年(1934－1935)上海商務印書館據文淵閣本影印本　一千八百二十六冊　存二百二十種

330000－1703－0005414　M41277　集部/總集類/尺牘之屬

**歷代名人書札二卷**　吳曾祺輯　民國九年(1920)上海商務印書館鉛印本　二冊

330000－1703－0005416　M41279　集部/總集類/尺牘之屬

**歷代名人書札續編二卷**　吳曾祺輯　民國九年(1920)上海商務印書館鉛印本　四册

330000－1703－0005417　M41387　集部/總集類/郡邑之屬

**四明清詩略三十二卷首三卷**　(清)董沛輯　**續稿八卷**　忻江明輯　**姓氏韻編一卷**　民國十九年(1930)中華書局鉛印本　二十册

330000－1703－0005418　M41388　集部/總集類/郡邑之屬

**四明清詩略三十二卷首三卷**　(清)董沛輯　**續稿八卷**　忻江明輯　**姓氏韻編一卷**　民國十九年(1930)中華書局鉛印本　二十册

330000－1703－0005420　M41389　集部/總集類/郡邑之屬

**四明清詩略三十二卷首三卷**　(清)董沛輯　**續稿八卷**　忻江明輯　**姓氏韻編一卷**　民國十九年(1930)中華書局鉛印本　二十册

330000－1703－0005421　M41390　集部/總集類/郡邑之屬

**四明清詩略三十二卷首三卷**　(清)董沛輯　**續稿八卷**　忻江明輯　**姓氏韻編一卷**　民國十九年(1930)中華書局鉛印本　二十册

330000－1703－0005422　M41391　集部/總集類/郡邑之屬

**四明清詩略三十二卷首三卷**　(清)董沛輯　**續稿八卷**　忻江明輯　**姓氏韻編一卷**　民國十九年(1930)中華書局鉛印本　十五册　缺十卷(首一至三、四明清詩略一至七)

330000－1703－0005424　M41392　集部/總集類/郡邑之屬

**四明清詩略三十二卷首三卷**　(清)董沛輯　**續稿八卷**　忻江明輯　**姓氏韻編一卷**　民國十九年(1930)中華書局鉛印本　二十册

330000－1703－0005425　M41393　集部/總集類/郡邑之屬

**四明清詩略三十二卷首三卷**　(清)董沛輯　**續稿八卷**　忻江明輯　**姓氏韻編一卷**　民國十九年(1930)中華書局鉛印本　十九册　缺二卷(二至三)

330000－1703－0005426　M20974　史部/傳記類/別傳之屬/事狀

**蔣母遺象不分卷**　民國石印本　一册

330000－1703－0005427　M41394　集部/總集類/郡邑之屬

**四明清詩略三十二卷首三卷**　(清)董沛輯　**續稿八卷**　忻江明輯　**姓氏韻編一卷**　民國十九年(1930)中華書局鉛印本　六册　存十二卷(首三,一至七、十至十一、十六至十七)

330000－1703－0005428　M41395　集部/總集類/郡邑之屬

**四明清詩略三十二卷首三卷**　(清)董沛輯　**續稿八卷**　忻江明輯　**姓氏韻編一卷**　民國十九年(1930)中華書局鉛印本　一册　存二卷(首一至二)

330000－1703－0005430　M20975　史部/傳記類/別傳之屬/事狀

**羅芹伯先生[國華]訃告一卷**　羅瑞祉等撰　**羅君芹伯述一卷**　秦祖澤撰　民國鉛印本　一册

330000－1703－0005431　M20707　史部/傳記類/總傳之屬

**浙江高等學校同學錄不分卷**　民國石印本　一册

330000－1703－0005438　M41439　集部/總集類/選集之屬/通代

**歷代詩文評註讀本**　王文濡編　民國上海文明書局鉛印本　一册　存一種

330000－1703－0005452　M41451　集部/總集類/選集之屬/通代

**古唐詩合解十二卷古詩四卷**　(清)王堯衢注　(清)李模　(清)李桓校　民國石印本　七册　缺二卷(古唐詩合解一至二)

330000－1703－0005464　M50882　類叢部/叢書類/自著之屬

**約園演講集**　張壽鏞撰　民國鉛印本　一冊　存一種

330000－1703－0005465　M50883　類叢部/叢書類/自著之屬

**約園演講集**　張壽鏞撰　民國鉛印本　一冊　存一種

330000－1703－0005466　M50884　類叢部/叢書類/自著之屬

**約園演講集**　張壽鏞撰　民國鉛印本　一冊　存一種

330000－1703－0005467　M50885　類叢部/叢書類/自著之屬

**約園演講集**　張壽鏞撰　民國鉛印本　一冊　存一種

330000－1703－0005468　M50886　類叢部/叢書類/自著之屬

**約園演講集**　張壽鏞撰　民國鉛印本　一冊　存一種

330000－1703－0005470　M50182　類叢部/叢書類/彙編之屬

**四部備要**　中華書局編　民國二十五年(1936)上海中華書局鉛印本　二千二百一冊　存三百四十六種

330000－1703－0005481　M50887　類叢部/叢書類/自著之屬

**約園演講集**　張壽鏞撰　民國鉛印本　一冊　存一種

330000－1703－0005482　M50888　類叢部/叢書類/自著之屬

**約園演講集**　張壽鏞撰　民國鉛印本　一冊　存一種

330000－1703－0005483　M50889　類叢部/叢書類/自著之屬

**約園演講集**　張壽鏞撰　民國鉛印本　一冊　存一種

330000－1703－0005484　M50890　類叢部/叢書類/自著之屬

**約園演講集**　張壽鏞撰　民國鉛印本　一冊　存一種

330000－1703－0005485　M50891　類叢部/叢書類/自著之屬

**約園演講集**　張壽鏞撰　民國鉛印本　一冊　存一種

330000－1703－0005486　M41415　集部/總集類/氏族之屬

**三江李氏文編三十二卷首一卷**　李粹輯　**自適齋詩鈔二卷**　(清)李震撰　**顏渠詩鈔二卷**　(清)李黄琮撰　民國九年(1920)借園李氏木活字印本　一冊　存三十三卷(首、一至三十二)

330000－1703－0005488　M41528　集部/總集類

**躍龍山雜詩一卷**　汪煥章輯　民國三十三年(1944)油印本　一冊

330000－1703－0005489　M41529　集部/總集類

**親友贈和集不分卷**　張鉞等撰　民國抄本　一冊

330000－1703－0005495　M41416　集部/總集類/郡邑之屬

**瀘州高氏兄弟詩鈔四卷**　高鉞輯　民國十三年(1924)鉛印本　二冊

330000－1703－0005499　M41418　集部/總集類/郡邑之屬

**蓬山兩寓賢詩鈔**　湯濬輯　民國十一年(1922)鉛印本　一冊

330000－1703－0005500　M20977　史部/傳記類/别傳之屬/事狀

**上海資政第姚氏金婚不分卷**　世界女子協會古學部輯　民國鉛印本　一冊

330000－1703－0005503　M20978　史部/傳記類/總傳之屬/家乘

**鄞屠氏譜稿不分卷**　屠氏修譜事務所編　民國抄本　一冊

330000－1703－0005504　M20976　史部/傳記類/別傳之屬/事狀

**項母吳太夫人訃告一卷**　項世澄等撰　**項外姑吳太夫人[心泉]行述一卷**　陳鼐撰　民國石印本　一冊

330000－1703－0005509　M41453　集部/總集類/選集之屬/斷代

**註釋唐詩三百首六卷**　(清)孫洙編　民國商務印書館鉛印本　二冊

330000－1703－0005513　M40939　集部/別集類

**晚香室唱和詩二卷**　張敬效編次　民國九年(1920)晚香室鉛印本　一冊

330000－1703－0005514　M40940　集部/別集類

**晚香室唱和詩二卷**　張敬效編次　民國九年(1920)晚香室鉛印本　一冊

330000－1703－0005515　M30127　子部/儒家類/儒學之屬

**原壽三卷**　屠磊撰　民國二十四年(1935)鉛印本　一冊

330000－1703－0005516　M41457　集部/總集類/選集之屬/斷代

**宋詩鈔初集**　(清)呂留良　(清)吳之振　(清)吳爾堯輯　民國三年(1914)上海商務印書館據清康熙吳氏刻本影印本　四十冊

330000－1703－0005517　M21081　史部/傳記類/別傳之屬/事狀

**夢坡五十壽言一卷**　周延礽編　**夢坡四十初度贈答詩存一卷**　周慶雲撰　**百齡合壽贈言一卷**　邱曾撰　民國二年(1913)鉛印本　一冊

330000－1703－0005518　M41531　集部/總集類/題詠之屬

**西湖紀游詩一卷**　馮煦等撰　陳曾壽輯　民國石印本　一冊

330000－1703－0005519　M50357　類叢部/叢書類/彙編之屬

**春暉叢書二種**　張天錫輯　民國鉛印本　一冊　存一種

330000－1703－0005520　M21083　集部/總集類/酬唱之屬

**詩螟六旬唱和集二卷**　魏象書等撰　民國鉛印本　一冊

330000－1703－0005522　M21082　史部/傳記類/別傳之屬/事狀

**胡稑薌先生哀輓錄不分卷**　胡慶衍編　民國九年(1920)鉛印本　一冊

330000－1703－0005523　M21084　史部/傳記類/別傳之屬

**龢聲同慶集□□卷**　民國鉛印本　一冊　存一卷(二)

330000－1703－0005527　M41458　集部/總集類/選集之屬/斷代

**宋詩鈔初集**　(清)呂留良　(清)吳之振　(清)吳爾堯輯　民國三年(1914)上海商務印書館據清康熙吳氏刻本影印本　十冊　存二十三種

330000－1703－0005529　M41530　史部/傳記類/別傳之屬/事狀

**洛陽去思錄一卷**　民國鉛印本　一冊

330000－1703－0005536　M41537　新學/學校

**南洋公學新國文四卷**　唐文治鑒定　民國四年(1915)蘇州振新書社鉛印本　二冊　存二卷(一、四)

330000－1703－0005542　M41467　集部/總集類/選集之屬/斷代

**近代詩鈔不分卷**　陳衍輯　民國十二年(1923)上海商務印書館鉛印本　二十三冊

330000－1703－0005543　M20900　史部/傳記類/別傳之屬

**錢母陳太夫人七十壽辭彙刊不分卷**　李光業等編　民國二十四年(1935)鉛印本　一冊

330000－1703－0005548　M41333　集部/總

集類/選集之屬/通代
**增補重訂千家詩註解二卷** (宋)謝枋得選 (清)汪相注 **新鐫五言千家詩箋註二卷** (清)王相選注 **附笠翁對韻二卷詩品詳註一卷** 民國四年(1915)上海會文堂書局石印本 一册

330000－1703－0005564 M41552 集部/曲類/彈詞之屬
**效實國文講義不分卷** 民國油印本 一册

330000－1703－0005572 M41535 集部/總集類/酬唱之屬
**九秋菊讌記三卷** 高振霄等撰 民國鉛印本 一册

330000－1703－0005574 M41534 集部/總集類/題詠之屬
**承慶堂壽言并錄不分卷** 楊魯曾等撰 民國三十六年(1947)抄本 秦履平題記 一册

330000－1703－0005597 M41420 集部/總集類/題詠之屬
**松聲琴韻集不分卷** 方濟川輯 民國三十八年(1949)鉛印本 一册

330000－1703－0005599 M21570 集部/總集類/選集之屬/斷代
**太平天國文鈔一卷詩鈔一卷聯語鈔一卷附錄三卷** 羅邕 沈祖基輯 民國二十三年(1934)上海商務印書館鉛印本 一册 存一卷(文鈔)

330000－1703－0005600 M41421 集部/總集類/題詠之屬
**松聲琴韻集不分卷** 方濟川輯 民國三十八年(1949)鉛印本 一册

330000－1703－0005601 M41422 集部/總集類/題詠之屬
**松聲琴韻集不分卷** 方濟川輯 民國三十八年(1949)鉛印本 一册

330000－1703－0005603 M50355 類叢部/叢書類/彙編之屬
**春暉叢書二種** 張天錫輯 民國鉛印本 一册 存一種

330000－1703－0005604 M21086 史部/傳記類/別傳之屬/事狀
**張公約園[壽鏞]逝世周年紀念册不分卷** 民國三十五年(1946)鉛印本 一册

330000－1703－0005605 M41560 子部/雜著類/雜纂之屬
**左孟莊騷精華錄二卷** 林紓評註 民國三年(1914)上海商務印書館鉛印本 二册

330000－1703－0005606 M50356 類叢部/叢書類/彙編之屬
**春暉叢書二種** 張天錫輯 民國鉛印本 一册 存一種

330000－1703－0005607 M41423 集部/總集類
**盤龍遊詠彙鈔不分卷** 方樹梅編 民國十三年(1924)鉛印本 一册

330000－1703－0005617 M41424 集部/總集類/郡邑之屬
**四明春風詩社詩草不分卷** 張咀英編 民國十六年(1927)鉛印本 一册

330000－1703－0005621 M50892 類叢部/叢書類/自著之屬
**約園演講集** 張壽鏞撰 民國鉛印本 一册 存一種

330000－1703－0005623 M50893 類叢部/叢書類/自著之屬
**約園演講集** 張壽鏞撰 民國鉛印本 一册 存一種

330000－1703－0005625 M50894 類叢部/叢書類/自著之屬
**約園演講集** 張壽鏞撰 民國鉛印本 一册 存一種

330000－1703－0005628 M41425 集部/總集類/酬唱之屬
**海角潮音集不分卷** 王善欽等撰 民國二十四年(1935)上海商務印書館鉛印本 一册

330000－1703－0005631　M41426　集部/總集類/酬唱之屬

**海角潮音集不分卷**　王善欽等撰　民國二十四年(1935)上海商務印書館鉛印本　一册

330000－1703－0005637　M41319　集部/總集類/選集之屬/通代

**評註駢文筆法百篇不分卷**　王仁溥評選　民國十一年(1922)上海進化書局鉛印本　四册

330000－1703－0005646　M41545　集部/總集類/郡邑之屬

**梁溪文鈔四十卷**　(清)周有壬編　**梁溪文續鈔六卷**　民國三年(1914)遊藝齋木活字印本　十六册

330000－1703－0005650　M41322　集部/總集類/選集之屬/通代

**六朝唐賦讀本四卷**　(清)馬傳庚選註　民國七年(1918)掃葉山房石印本　四册

330000－1703－0005652　M41544　集部/總集類/郡邑之屬

**梁溪文鈔四十卷**　(清)周有壬編　**梁溪文續鈔六卷**　民國三年(1914)遊藝齋木活字印本　十六册

330000－1703－0005653　M21085　史部/傳記類/别傳之屬/事狀

**陳謙夫先生[夏常]紀念册不分卷**　胡繩繫編　民國三十六年(1947)鉛印本　一册

330000－1703－0005654　M41169　集部/總集類/氏族之屬

**三蘇全集**　(清)弓翊清等編　民國上海掃葉山房石印本　一册　存三卷(東坡集五十九至六十一)

330000－1703－0005669　M41431　集部/總集類/選集之屬/通代

**八代詩選二十卷**　王闓運輯　民國上海埽葉山房石印本　八册

330000－1703－0005672　M50540　類叢部/叢書類/郡邑之屬

**揚州叢刻二十四種**　陳恆和編　民國十九年至二十三年(1930－1934)揚州陳恆和書林刻本　十六册

330000－1703－0005679　M20979　史部/傳記類/别傳之屬/事狀

**楊氏重闈紀念二集不分卷**　楊祖賢輯　民國鉛印本　一册

330000－1703－0005684　M50537　類叢部/叢書類/郡邑之屬

**台州叢書後集十七種**　楊晨輯　民國四年(1915)黄巖楊氏刻本　十四册

330000－1703－0005693　M41504　集部/總集類/選集之屬/通代

**歷代詩文評註讀本**　王文濡編　民國上海文明書局鉛印本　一册　存一種

330000－1703－0005699　M22574　史部/金石類/石之屬/文字

**騰衝烈婦李金煥墓表一卷**　趙藩撰　黄葆鉞書　民國十三年(1924)泰東圖書局影印本　一册

330000－1703－0005700　M20987　史部/傳記類/别傳之屬/事狀

**蔡芳卿[和鏘]訃告不分卷**　蔡同滋等撰　民國二十四年(1935)鉛印本　一册

330000－1703－0005702　M20986　史部/傳記類/别傳之屬/事狀

**宋侍郎胡忠佑公[則]事跡錄一卷**　程鳳山輯　民國十八年(1929)上海新華書局鉛印本　一册

330000－1703－0005716　M50073　類叢部/叢書類/彙編之屬

**士禮居黄氏叢書二十四種**　(清)黄丕烈輯　民國四年(1915)上海石竹山房據清黄氏刻本影印本　十七册　存十二種

330000－1703－0005732　M50856　類叢部/叢書類/自著之屬

**寓園叢書七種**　張其淦撰　民國十九年(1930)鉛印本　四册　存一種

330000－1703－0005736　M41579　集部/總集類/選集之屬/通代
**文選錦句精華錄不分卷**　王藝　施崇恩編　民國新新書局石印本　二冊

330000－1703－0005737　M20992　史部/傳記類/別傳之屬
**周母王運新先生傳一卷**　周輝述　民國六年(1917)鉛印本　一冊

330000－1703－0005739　M20990　史部/傳記類/別傳之屬
**伯姊李母夫人家傳一卷**　張壽鏞撰　民國鉛印本　一冊

330000－1703－0005741　M20991　史部/傳記類/別傳之屬
**潛菊洪先生[善倬]行述不分卷**　楊敏曾撰　民國鉛印本　一冊

330000－1703－0005745　M41514　集部/總集類/選集之屬/斷代
**國朝二十四家文鈔二十四卷**　(清)徐斐然輯評　民國十二年(1923)上海掃葉山房石印本　八冊

330000－1703－0005746　M20989　史部/傳記類/別傳之屬/事狀
**陳節母江太君訃不分卷**　陳聖佐撰　民國石印本　一冊

330000－1703－0005753　M41361　集部/總集類/選集之屬
**李杜韓蘇四家七古約鈔不分卷**　民國抄本　一冊

330000－1703－0005754　M41516　集部/總集類/選集之屬/通代
**六朝文絜四卷**　(清)許槤輯並評　民國十四年(1925)上海會文堂書局據清道光五年(1825)海昌許氏享金寶石齋刻本影印本　一冊　存二卷(一至二)

330000－1703－0005755　M20708　史部/傳記類/總傳之屬
**嚴氏生化冊不分卷**　民國奉思堂抄本　一冊

330000－1703－0005757　M41362　集部/總集類/選集之屬/斷代
**名家選定音注詩文讀本**　上海文明書局編　民國十四年(1925)上海文明書局鉛印本　四冊　存五種

330000－1703－0005760　M41365　集部/總集類/選集之屬/斷代
**汪羅彭薛四家合鈔**　國學扶輪社輯　民國四年(1915)中國圖書公司鉛印本　六冊

330000－1703－0005767　M20996　史部/傳記類/別傳之屬/年譜
**淄川蒲明經[松齡]年徵一卷**　唐風撰　民國二十二年(1933)鉛印本　一冊

330000－1703－0005769　M41366　集部/總集類/郡邑之屬
**濮川詩鈔三十四種四十四卷**　(清)陳光裕(清)沈堯咨輯　民國二十一年(1932)石印本　一冊　存二種

330000－1703－0005770　M20994　史部/傳記類/別傳之屬/事狀
**上海姚氏資政第壽母濮太夫人挽言一卷**　學古社編　民國十年(1921)鉛印本　一冊

330000－1703－0005771　M20993　史部/傳記類/總傳之屬/家乘
**蔡君雨潮[和霄]家傳一卷**　張壽鏞撰　民國鉛印本　一冊

330000－1703－0005772　M11158　經部/叢編
**五經白文**　民國商務印書館鉛印本　何其樞題記　六冊　存四種

330000－1703－0005774　M20709　史部/傳記類/總傳之屬/郡邑
**龍山詩巢志略四卷**　錢繩武輯　民國二十二年(1933)鉛印本　一冊

330000－1703－0005775　M20995　史部/傳記類/別傳之屬/事狀
**葉侍講公哀輓彙錄一卷**　曹元弼等撰　民國鉛印本　一冊

330000－1703－0005776　M20997　史部/傳記類/日記之屬

**勵世芮周記不分卷**　勵世芮撰　稿本　一冊

330000－1703－0005777　M11157　經部/叢編

**五經白文**　民國商務印書館鉛印本　二冊　存二種

330000－1703－0005782　M10972　經部/小學類/訓詁之屬/方言

**鄉諺證古四卷**　（清）陳康祺撰　張壽鏞編　民國三十三年（1944）鉛印本　一冊

330000－1703－0005786　M22610　史部/目録類/總録之屬/官修

**寧波市立圖書館目錄不分卷**　楊鐵夫編　民國二十年（1931）寧波市立圖書館鉛印本　一冊

330000－1703－0005788　M50531　類叢部/叢書類/郡邑之屬

**四明叢書一百六十七種**　張壽鏞編　民國四明張氏約園刻本　一冊　存一種

330000－1703－0005790　M21000　史部/傳記類/别傳之屬/事狀

**嚴府君[義彬]赴告不分卷**　嚴智多等撰　民國十九年（1930）鉛印本　一冊

330000－1703－0005808　M20711　史部/傳記類/總傳之屬/家乘

**小溪裏畚洪氏宗譜不分卷**　民國追遠堂木活字印本　一冊

330000－1703－0005812　M50456　類叢部/叢書類/郡邑之屬

**四明叢書一百六十七種**　張壽鏞編　民國四明張氏約園刻本（安晚堂詩集卷一至五原缺）　二百二十六冊　存五十八種

330000－1703－0005814　M21004　史部/傳記類/别傳之屬/事狀

**李母戴太夫人行狀一卷**　李振斑等述　民國二十年（1931）石印本　一冊

330000－1703－0005815　M21003　史部/傳記類/别傳之屬/事狀

**李母戴太夫人行狀一卷**　李振斑等述　民國二十年（1931）石印本　一冊

330000－1703－0005816　M21001　史部/傳記類/别傳之屬/事狀

**胡君叔田[翔青]行述一卷**　孫振麟述　民國石印本　一冊

330000－1703－0005819　M21008　史部/傳記類/别傳之屬/事狀

**蔣介卿[錫侯]行狀一卷**　蔣國柄述　民國二十六年（1937）鉛印本　一冊

330000－1703－0005821　M21009　史部/傳記類/别傳之屬/事狀

**孫玉叟先生[鏘]六秩徵詩啟一卷**　熊希齡等撰　民國石印本　一冊

330000－1703－0005823　M30667　子部/醫家類/傷寒金匱之屬/傷寒論

**傷寒論新元編四卷首一卷**　（漢）張仲景撰　王正樞編　民國十一年（1922）湖南省教育會鉛印本　二冊

330000－1703－0005825　M21010　史部/傳記類/别傳之屬/事狀

**彭母王夫人訃告一卷**　彭清鵬撰　民國二十年（1931）鉛印本　一冊

330000－1703－0005828　M21005　史部/傳記類/别傳之屬/事狀

**先妣王太夫人[采玉]事略一卷**　蔣中正撰　于右任書　民國十年（1921）影印本　一冊

330000－1703－0005836　M10974　經部/小學類/訓詁之屬/方言

**鄉諺證古四卷**　（清）陳康祺撰　張壽鏞編　民國三十三年（1944）鉛印本　一冊

330000－1703－0005837　M50457　類叢部/叢書類/郡邑之屬

**四明叢書一百六十七種**　張壽鏞編　民國四明張氏約園刻本　三十九冊　存十二種

330000－1703－0005839　M21016　史部/傳記類/别傳之屬/事狀

**紹興王卧山先生百齡追紀徵言啟不分卷**　王福珅　王家襄輯　民國影印本　一册

330000－1703－0005841　M21013　史部/傳記類/别傳之屬/事狀

**金母錢太夫人七旬晉九壽辰徵詩文啟一卷**　周馥等啟　民國九年(1920)鉛印朱印本　一册

330000－1703－0005842　M30777　子部/醫家類/婦科之屬/通論

**濟陰綱目十四卷**　(明)武之望　(明)金德生撰　(清)汪淇箋釋　民國十七年(1928)江陰寶文堂刻本　八册

330000－1703－0005843　M50458　類叢部/叢書類/郡邑之屬

**四明叢書一百六十七種**　張壽鏞編　民國四明張氏約園刻本(安晚堂詩集卷一至五原缺)　九十七册　存二十四種

330000－1703－0005844　M21015　史部/傳記類/别傳之屬/事狀

**梁保三年伯八袠徵詩文啟一卷**　梁志文　梁啓超撰　民國鉛印朱印本　一册

330000－1703－0005846　M21011　史部/傳記類/别傳之屬/事狀

**家嚴七十生日乞言啟一卷**　歐陽威等述　民國鉛印朱印本　一册

330000－1703－0005847　M21012　史部/傳記類/别傳之屬/事狀

**三水梁太公重游泮水徵詩文啟一卷**　梁啓超　梁志文撰　民國鉛印朱印本　一册

330000－1703－0005848　M21014　史部/傳記類/别傳之屬/事狀

**屠母謝太宜人六秩徵詩文略一卷**　張美翊等啟　民國石印本　一册

330000－1703－0005849　M21017　史部/傳記類/别傳之屬/事狀

**沈母夏淑人行述一卷**　陳訓正撰　**沈母夏淑人傳一卷**　張原煒撰　**沈母夏淑人誄一卷**　馮幵撰　**沈母夏淑人墓誌銘一卷**　袁思亮撰　民國石印本　一册

330000－1703－0005854　M21529　史部/政書類

**上海京直奉義賑會報告書不分卷**　蔡堯輯　民國七年(1918)上海中華書局鉛印本　一册

330000－1703－0005857　M50459　類叢部/叢書類/郡邑之屬

**四明叢書一百六十七種**　張壽鏞編　民國四明張氏約園刻藍印本　十七册　存九種

330000－1703－0005860　M50460　類叢部/叢書類/郡邑之屬

**四明叢書一百六十七種**　張壽鏞編　民國四明張氏約園刻本　二册　存一種

330000－1703－0005862　M50532　類叢部/叢書類/郡邑之屬

**四明叢書一百六十七種**　張壽鏞編　民國四明張氏約園刻本　三册　存一種

330000－1703－0005865　M50461　類叢部/叢書類/郡邑之屬

**四明叢書一百六十七種**　張壽鏞編　民國四明張氏約園刻本　十七册　存九種

330000－1703－0005866　M21025　史部/傳記類/别傳之屬/事狀

**家嚴慈六十雙壽徵言事略一卷**　吴秉濰等啟　民國鉛印朱印本　一册

330000－1703－0005868　M21023　子部/藝術類/書畫之屬/法帖

**魏故懷令李君墓誌銘一卷**　民國影印本　一册

330000－1703－0005869　M50462　類叢部/叢書類/郡邑之屬

**四明叢書一百六十七種**　張壽鏞編　民國四明張氏約園刻本　十七册　存九種

330000－1703－0005870　M21022　史部/傳記類/别傳之屬/事狀

**河北□□劉公禹臣[宗浚]行述一卷** 劉杶 劉楫輯 民國石印本 一冊

330000－1703－0005871 M50463 類叢部/叢書類/郡邑之屬

**四明叢書一百六十七種** 張壽鏞編 民國四明張氏約園刻藍印本 十八冊 存八種

330000－1703－0005874 M30681 子部/醫家類/傷寒金匱之屬/傷寒論

**傷寒雜病論十六卷** (漢)張機撰 民國抄本 四冊

330000－1703－0005876 M50522 類叢部/叢書類/郡邑之屬

**四明叢書一百六十七種** 張壽鏞編 民國四明張氏約園刻本 一冊 存一種

330000－1703－0005878 M21019 史部/傳記類/别傳之屬/事狀

**戴季石先生[鴻祺]訃告一卷** 戴熊等撰 民國十九年(1930)鉛印本 一冊

330000－1703－0005879 M30678 子部/醫家類/傷寒金匱之屬/傷寒論

**傷寒雜病論不分卷** (漢)張機撰 民國抄本 四冊

330000－1703－0005881 M21020 史部/傳記類/别傳之屬/事狀

**李母張太夫人訃一卷** 李雲書等撰 民國八年(1919)石印本 一冊

330000－1703－0005882 M50535 類叢部/叢書類/郡邑之屬

**四明叢書一百六十七種** 張壽鏞編 民國四明張氏約園刻本 一冊 存第二集序跋

330000－1703－0005884 M30679 子部/醫家類/傷寒金匱之屬/傷寒論

**傷寒雜病論十六卷** (漢)張機撰 民國二十二年(1933)史美璵抄本 史美璵題簽並批 四冊

330000－1703－0005885 M50533 類叢部/叢書類/郡邑之屬

**四明叢書一百六十七種** 張壽鏞編 民國四明張氏約園刻藍印本 一冊 存一種

330000－1703－0005886 M21021 史部/傳記類/别傳之屬/事狀

**高母張太夫人八秩徵壽言啓一卷** 賈恩紱撰 喬曾劬書 傅增湘啟 民國石印本 一冊

330000－1703－0005887 M30680 子部/醫家類/傷寒金匱之屬/傷寒論

**傷寒雜病論十六卷** (漢)張機撰 民國二十二年至二十三年(1933－1934)范賡治抄本 四冊

330000－1703－0005889 M30788 子部/醫家類/婦科之屬/産科

**胎産心法三卷** (清)閻純璽撰 民國抄本 二冊 存二卷(一、三)

330000－1703－0005893 M50895 類叢部/叢書類/自著之屬

**約園演講集** 張壽鏞撰 民國鉛印本 一冊 存一種

330000－1703－0005895 M50896 類叢部/叢書類/自著之屬

**約園演講集** 張壽鏞撰 民國鉛印本 一冊 存一種

330000－1703－0005901 M10990 經部/小學類/訓詁之屬/方言

**鄉諺證古四卷** (清)陳康祺撰 張壽鏞編 民國三十三年(1944)鉛印本 一冊

330000－1703－0005904 M21031 史部/傳記類/别傳之屬/事狀

**吳佩孚全傳一卷** 中外新聞社編輯 民國十一年(1922)上海世界書局石印本 一冊

330000－1703－0005905 M30792 子部/醫家類/婦科之屬/通論

**竹林寺女科一卷秘方録遺一卷胎産奇方一卷** (清)竹林寺僧撰 民國抄本 一冊

330000－1703－0005906 M20988 史部/傳記類/别傳之屬/事狀

**蔡芳卿[和鏘]訃告不分卷** 蔡同滋等撰 民國二十四年(1935)鉛印本 一册

330000－1703－0005908 M21029 史部/傳記類/別傳之屬/事狀

**家嚴慈六十徵文事略一卷** 沈成鵠等啟 民國鉛印本 一册

330000－1703－0005909 M30793 子部/醫家類/婦科之屬/通論

**竹林寺女科秘傳一卷** (清)竹林寺僧撰 民國抄本 二册

330000－1703－0005910 M30682 子部/醫家類/傷寒金匱之屬/傷寒論

**傷寒雜病論十六卷** (漢)張機撰 民國二十八年(1939)張舫刻本 四册

330000－1703－0005913 M30683 子部/醫家類/傷寒金匱之屬/傷寒論

**傷寒雜病論十六卷** (漢)張機撰 民國二十一年(1932)長沙石印本 三册 缺三卷(一至三)

330000－1703－0005914 M30684 子部/醫家類/傷寒金匱之屬/傷寒論

**傷寒雜病論五卷** (漢)張機撰 民國二十三年(1934)抄本 一册

330000－1703－0005917 M21027 史部/傳記類/別傳之屬/事狀

**俞母周太夫人七旬大慶徵文啟一卷** 陳肇英等啟 **家慈七旬徵文事略一卷** 俞佐廷 俞佐宸述 民國鉛印朱印本 一册

330000－1703－0005918 M21026 史部/傳記類/別傳之屬/事狀

**光夫陳老先生暨德配王太夫人七秩雙壽徵詩文啓一卷** 楊杰等啟 民國鉛印朱印本 一册

330000－1703－0005920 M21028 史部/傳記類/別傳之屬/事狀

**王母莊太夫人八十大壽徵言略一卷** 蔣中正等啟 民國十九年(1930)鉛印本 一册

330000－1703－0005921 M21030 史部/傳記類/別傳之屬/事狀

**嘉應黄鈞選先生七十暨德配羅夫人六十有六雙壽兼重逢花燭徵言啟一卷** 黄福康 黄福賜啟 民國鉛印朱印本 一册

330000－1703－0005928 M30752 子部/醫家類/類編之屬

**四明周氏醫學三書** 周利川輯 民國四明怡怡書屋鉛印本 三册 存二種

330000－1703－0005933 M30753 子部/醫家類/類編之屬

**四明周氏醫學三書** 周利川輯 民國四明怡怡書屋鉛印本 三册 存二種

330000－1703－0005936 M30754 子部/醫家類/類編之屬

**四明周氏醫學三書** 周利川輯 民國四明怡怡書屋鉛印本 三册 存二種

330000－1703－0005939 M30755 子部/醫家類/類編之屬

**四明周氏醫學三書** 周利川輯 民國四明怡怡書屋鉛印本 三册 存二種

330000－1703－0005940 M30756 子部/醫家類/類編之屬

**四明周氏醫學三書** 周利川輯 民國四明怡怡書屋鉛印本 一册 存一種

330000－1703－0005941 M41572 集部/總集類/選集之屬/通代

**古文四象四卷** (清)曾國藩輯 民國六年(1917)上海有正書局鉛印本 張美翊題記 四册

330000－1703－0005944 M30757 子部/醫家類/類編之屬

**四明周氏醫學三書** 周利川輯 民國四明怡怡書屋鉛印本 一册 存一種

330000－1703－0005946 M30758 子部/醫家類/類編之屬

**四明周氏醫學三書** 周利川輯 民國四明怡怡書屋鉛印本 一册 存一種

330000－1703－0005949　M30759　子部/醫家類/類編之屬

**四明周氏醫學三書**　周利川輯　民國四明怡怡書屋鉛印本　一册　存一種

330000－1703－0005951　M20718　史部/傳記類/總傳之屬

**浙江興業銀行同人錄不分卷**　民國六年(1917)鉛印本　一册

330000－1703－0005953　M21032　史部/傳記類/總傳之屬/忠孝

**浙江孝節錄初集二卷**　張大庚　王昌杰編　民國上海明善書局鉛印本　一册　存一卷(一)

330000－1703－0005956　M41583　子部/藝術類/書畫之屬/法帖

**明代名人尺牘墨蹟不分卷**　費氏輯　民國石印本　一册

330000－1703－0005957　M50770　子部/醫家類/類編之屬

**黄氏醫學叢書**　黄維翰輯　民國鉛印本　四册　存一種

330000－1703－0005964　M30817　子部/醫家類/婦科之屬

**女科全書□□卷**　民國抄本　一册　存一卷(一)

330000－1703－0005970　M50180　類叢部/叢書類/彙編之屬

**玄覽堂叢書三十三種**　鄭振鐸輯　民國三十年(1941)上海影印本　一册　存三種

330000－1703－0005971　M30688　子部/醫家類/傷寒金匱之屬/傷寒論

**醫效秘傳三卷**　(清)葉桂撰　**溫熱贅言一卷**　(清)寄瓢子撰　民國上海商務印書館石印本　一册

330000－1703－0005973　M50167　類叢部/叢書類/家集之屬

**天蘇閣叢刊十五種**　徐新六輯　民國三年(1914)、十二年(1923)杭縣徐氏鉛印本　六册　存十種

330000－1703－0005976　M30820　子部/醫家類/兒科之屬/通論

**小兒衛生總微論方二十卷**　民國十三年(1924)蘭陵堂刻本　八册

330000－1703－0005985　M50179　類叢部/叢書類/彙編之屬

**四部精華一百二十五種**　陸翔選輯　民國上海世界書局石印本　二十五册　存一百十一種

330000－1703－0006005　M41595　集部/總集類/酬唱之屬

**滄海贈言集一卷**　袁之球輯　民國鉛印本　一册

330000－1703－0006010　M30694　子部/醫家類/類編之屬

**上海國醫學院醫學叢書**　民國上海國醫學院鉛印本　八册　存一種

330000－1703－0006020　M30708　子部/醫家類/類編之屬

**潛齋醫書五種**　(清)王士雄撰　民國十五年(1926)上海萃英書局石印本　史席珍題簽　四册　存一種

330000－1703－0006038　M30695　子部/醫家類/傷寒金匱之屬/金匱要略

**金匱傷寒方畧及藥性分類四卷**　民國抄本　一册

330000－1703－0006054　M30716　子部/醫家類/溫病之屬/瘟疫

**加批時病論八卷**　(清)雷豐撰　陳秉鈞批　民國十二年(1923)上海廣益書局石印本　四册

330000－1703－0006057　M30830　子部/醫家類/兒科之屬/通論

**幼科十三訣不分卷**　民國抄本　一册

330000－1703－0006058　M31141　子部/醫家類/兒科之屬/通論

**葉天士幼科醫案一卷**　(清)葉桂撰　陸士諤編輯　民國十年(1921)上海廣文書局石印本　一冊

330000－1703－0006073　M41334　集部/總集類/選集之屬/通代
**增補重訂千家詩註解一卷**　(宋)謝枋得選　(清)汪相注　民國上海昌文書局石印本　一冊

330000－1703－0006084　M30835　子部/醫家類/類編之屬
**國醫小叢書三十七種**　上海國醫書局輯　民國上海國醫書局鉛印本　一冊　存一種

330000－1703－0006101　M30840　子部/醫家類/兒科之屬/痘疹
**痘疹仁端錄六卷首一卷**　(明)徐謙輯　民國抄本　六冊　存三卷(首、一至二)

330000－1703－0006103　M30640　子部/醫家類/傷寒金匱之屬/傷寒論
**傷寒大白四卷總論一卷**　(清)秦之楨撰　民國十一年(1922)吳門殷氏寧瑞堂石印本　四冊

330000－1703－0006107　M30583　子部/醫家類/方書之屬/成方藥目
**秘本丹方大全一卷**　世界書局編　民國十四年(1925)上海世界書局石印本　一冊

330000－1703－0006131　M30652　子部/醫家類/傷寒金匱之屬/傷寒論
**傷寒來蘇集三種八卷**　(清)柯琴撰　民國上海千頃堂書局石印本　六冊

330000－1703－0006132　M30751　子部/醫家類/傷寒金匱之屬/金匱要略
**金匱翼八卷**　(清)尤怡撰　民國上海文瑞樓石印本　四冊

330000－1703－0006134　M30654　子部/醫家類/傷寒金匱之屬/傷寒論
**傷寒論摘要不分卷**　史美瑱撰　民國二十四年(1935)稿本　一冊

330000－1703－0006135　M30456　子部/醫家類/類編之屬
**嘉定張氏體仁堂醫藥叢刊五種**　張壽頤撰　民國十二年至二十二年(1923－1933)浙江蘭谿中醫專門學校石印本暨鉛印本　二冊　存一種

330000－1703－0006147　M30854　子部/醫家類/兒科之屬/痘疹
**痘疹辨惑二卷撮正宗痘疹一卷六氣司天在泉圖一卷**　民國抄本　一冊

330000－1703－0006148　M30931　子部/醫家類/眼科之屬
**銀海指南四卷**　(清)顧錫撰　民國上海錦章書局石印本　二冊

330000－1703－0006151　M30916　子部/醫家類/眼科之屬
**眼科易簡補編一卷**　聶日培參訂　民國二十三年(1934)韭菘別墅鉛印本　一冊

330000－1703－0006153　M30918　子部/醫家類/眼科之屬
**眼科易簡補編一卷**　聶日培參訂　民國二十五年(1936)韭菘別墅鉛印本　一冊

330000－1703－0006154　M30919　子部/醫家類/眼科之屬
**眼科易簡補編一卷**　聶日培參訂　民國二十三年(1934)韭菘別墅鉛印本　一冊

330000－1703－0006155　M30920　子部/醫家類/眼科之屬
**眼科易簡補編一卷**　聶日培參訂　民國二十五年(1936)韭菘別墅鉛印本　一冊

330000－1703－0006158　M30921　子部/醫家類/眼科之屬
**眼科易簡補編一卷**　聶日培參訂　民國二十三年(1934)韭菘別墅鉛印本　一冊

330000－1703－0006159　M30922　子部/醫家類/眼科之屬
**眼科易簡補編一卷**　聶日培參訂　民國二十三年(1934)韭菘別墅鉛印本　一冊

330000－1703－0006160　M30923　子部/醫家類/眼科之屬

**眼科易簡補編一卷**　聶日培參訂　民國二十五年(1936)韭菘別墅鉛印本　一冊

330000－1703－0006161　M30924　子部/醫家類/眼科之屬

**眼科易簡補編一卷**　聶日培參訂　民國二十五年(1936)韭菘別墅鉛印本　一冊

330000－1703－0006162　M30925　子部/醫家類/眼科之屬

**眼科易簡補編一卷**　聶日培參訂　民國二十三年(1934)韭菘別墅鉛印本　一冊

330000－1703－0006163　M30917　子部/醫家類/眼科之屬

**眼科易簡補編一卷**　聶日培參訂　民國二十三年(1934)韭菘別墅鉛印本　一冊

330000－1703－0006164　M30762　子部/醫家類/内科之屬/其他内科病證

**肺病論三卷**　葛蔭春撰　民國十七年(1928)山西中醫研究會石印本　三冊

330000－1703－0006172　M30913　子部/醫家類/方書之屬/單方驗方

**唐王燾外臺秘要眼科方不分卷**　(唐)王燾撰　民國抄本　一冊

330000－1703－0006229　M30904　子部/醫家類/外科之屬/通論

**外證醫案彙編四卷**　(清)余景和輯　民國上海文瑞樓石印本　四冊

330000－1703－0006230　M50168　類叢部/叢書類/彙編之屬

**志古堂叢書**　民國刻本　四十冊　存十三種

330000－1703－0006233　M30927　子部/醫家類/眼科之屬

**眼科論不分卷**　(清)葉桂撰　民國抄本　一冊

330000－1703－0006236　M30928　子部/醫家類/眼科之屬

**眼科不分卷**　民國抄本　一冊

330000－1703－0006237　M30930　子部/醫家類/眼科之屬

**祕傳眼科不分卷**　民國抄本　一冊

330000－1703－0006238　M30908　子部/醫家類/傷科之屬

**傷科不分卷**　(清)陸士逵撰　民國董亦香抄本　一冊

330000－1703－0006239　M30858　子部/醫家類/兒科之屬/痘疹

**痳症集成四卷**　(清)朱載揚撰　民國二十年(1931)鄞縣周羡江、屠時遜鉛印本　一冊

330000－1703－0006240　M30909　子部/醫家類/傷科之屬

**跌打損傷諸疔治法**　民國抄本　一冊

330000－1703－0006241　M30907　子部/醫家類/傷科之屬

**傷科補要六卷**　(清)錢秀昌撰　民國抄本　二冊

330000－1703－0006255　M30861　子部/醫家類/兒科之屬/痘疹

**舟仙瘖述三卷**　(清)劉舟仙錄　民國鉛印本　一冊

330000－1703－0006263　M30836　子部/醫家類/類編之屬

**國醫小叢書三十七種**　上海國醫書局輯　民國上海國醫書局鉛印本　一冊　存一種

330000－1703－0006274　M50002　類叢部/叢書類/彙編之屬

**漢魏叢書三十八種**　(明)程榮輯　民國十四年(1925)上海商務印書館據明萬曆程氏刻本影印本　四十冊

330000－1703－0006298　M30867　子部/醫家類/兒科之屬

**幼科三種十卷**　民國三年(1914)上海會文堂書局石印本　六冊

330000－1703－0006299　M30992　子部/醫

家類/綜合之屬/通論

**辨證奇聞十卷**　（清）錢松撰　民國十年(1921)元昌印書館石印本　五冊　缺二卷（三至四）

330000－1703－0006302　M30991　子部/醫家類/綜合之屬/通論

**辨證奇聞十卷**　（清）錢松撰　民國十年(1921)元昌印書館石印本　六冊

330000－1703－0006309　M30881　子部/醫家類/外科之屬

**解圍元藪四卷**　（明）沈之問輯　民國抄本　一冊

330000－1703－0006320　M31101　子部/醫家類/綜合之屬/通論

**東醫寶鑑二十三卷目錄二卷**　（朝鮮）許浚輯　民國抄本　二十四冊

330000－1703－0006336　M30626　子部/醫家類/傷寒金匱之屬/傷寒論

**傷寒論十卷**　（漢）張仲景撰　（晉）王叔和輯　民國十二年(1923)惲鐵樵據明萬曆趙開美刻本影印本　六冊

330000－1703－0006344　M31165　子部/醫家類/類編之屬

**包氏醫宗十一種**　包桃初　包識生撰　民國十九年至二十五年(1930－1936)包氏醫宗出版部鉛印本　六冊　存五種

330000－1703－0006345　M30882　子部/醫家類/外科之屬

**解圍元藪四卷**　（明）沈之問輯　民國抄本　三冊　存一卷（三）

330000－1703－0006356　M31085　子部/醫家類/類編之屬

**竹齋醫學叢刊二卷**　黃竹齋撰　民國鉛印本　一冊

330000－1703－0006363　M31082　子部/醫家類/類編之屬

**世補齋醫書**　（清）陸懋修撰　民國二十年(1931)、二十三年(1934)上海中醫書局鉛印本　九冊　存十一種

330000－1703－0006398　M30892　子部/醫家類/外科之屬/外科方

**外科方不分卷**　民國抄本　一冊

330000－1703－0006400　M30915　子部/醫家類/眼科之屬

**有明眼科不分卷**　民國抄本　一冊

330000－1703－0006407　M31001　子部/醫家類/綜合之屬/通論

**醫學心悟六卷**　（清）程國彭撰　民國上海錦章圖書局石印本　四冊

330000－1703－0006414　M30899　子部/醫家類/外科之屬/癰疽、疔瘡

**重刊刺疔捷法一卷**　（清）張鏡撰　民國十五年(1926)石印本　一冊

330000－1703－0006416　M30900　子部/醫家類/外科之屬/癰疽、疔瘡

**疔瘡緊要秘方二卷**　民國十二年(1923)寧波華陞印局鉛印本暨石印本　一冊

330000－1703－0006428　M30749　子部/醫家類/溫病之屬/瘧痢

**痢疾論四卷末一卷**　（清）孔毓禮著輯　民國上海千頃堂書局石印本　二冊

330000－1703－0006438　M30974　子部/醫家類/綜合之屬/通論

**三因極一病源論粹十八卷**　（宋）陳言編　吳錫璜評註　民國九年(1920)上海文瑞樓石印本　八冊

330000－1703－0006443　M30975　子部/醫家類/類編之屬

**儒門事親十五卷**　（金）張子和撰　民國上海千頃堂書局石印本　六冊

330000－1703－0006445　M30976　子部/醫家類/類編之屬

**儒門事親十五卷**　（金）張子和撰　民國上海千頃堂書局石印本　六冊

330000－1703－0006454　M30983　子部/醫

家類/綜合之屬
**楊氏提綱四卷** (清)楊旦昇輯 民國抄本 四册

330000－1703－0006456 M30951 子部/醫家類/針灸之屬
**鈔錄鍼灸遺書□□卷** 民國抄本 二册 存二卷(四至五)

330000－1703－0006463 M50897 類叢部/叢書類/自著之屬
**約園演講集** 張壽鏞撰 民國鉛印本 一册 存一種

330000－1703－0006464 M50302 類叢部/叢書類/彙編之屬
**平津館叢書** (清)孫星衍編 民國抄本 一册

330000－1703－0006482 M31010 子部/醫家類/綜合之屬
**病證辨治常識三卷** 孔繼華編 民國二十七年(1938)寧海源來書局鉛印本 一册

330000－1703－0006486 M31011 子部/醫家類/綜合之屬
**病證辨治常識三卷** 孔繼華編 民國二十七年(1938)寧海源來書局鉛印本 一册

330000－1703－0006487 M31012 子部/醫家類/綜合之屬
**病證辨治常識三卷** 孔繼華編 民國二十七年(1938)寧海源來書局鉛印本 一册

330000－1703－0006488 M31013 子部/醫家類/綜合之屬
**病證辨治常識三卷** 孔繼華編 民國二十七年(1938)寧海源來書局鉛印本 一册

330000－1703－0006489 M31014 子部/醫家類/綜合之屬
**病證辨治常識三卷** 孔繼華編 民國二十七年(1938)寧海源來書局鉛印本 一册

330000－1703－0006493 M31016 子部/醫家類/綜合之屬
**醫襍俎摘不分卷** 民國抄本 陳頤壽跋 一册

330000－1703－0006509 M50898 類叢部/叢書類/自著之屬
**約園演講集** 張壽鏞撰 民國鉛印本 一册 存一種

330000－1703－0006510 M50899 類叢部/叢書類/自著之屬
**約園演講集** 張壽鏞撰 民國鉛印本 一册 存一種

330000－1703－0006511 M31825 子部/術數類/命書相書之屬
**新刊合併官板音義評註淵海子平五卷** (宋)徐升編 民國上海天寶書局石印本 二册 存三卷(一、四至五)

330000－1703－0006512 M31177 子部/醫家類/喉科口齒之屬/白喉
**洞主仙師白喉治法忌表抉微一卷** (清)耐修子錄並注 民國七年(1918)鉛印本 一册

330000－1703－0006513 M31826 子部/術數類/命書相書之屬
**星學摘要不分卷** 民國抄本 一册

330000－1703－0006523 M20982 史部/傳記類/別傳之屬/事狀
**王志尚先生哀思錄一卷** 沈世揆等撰 民國抄本 一册

330000－1703－0006525 M31828 子部/術數類/雜術之屬
**射覆不分卷** 民國抄本 一册

330000－1703－0006526 M10991 經部/小學類/訓詁之屬/方言
**鄉諺證古四卷** (清)陳康祺撰 張壽鏞編 民國三十三年(1944)鉛印本 一册

330000－1703－0006528 M31829 子部/術數類/陰陽五行之屬
**甲己年修方吉凶神不分卷** 民國抄本 二册

330000－1703－0006555 M31029 子部/醫

家類/類編之屬

**范氏醫籍叢抄不分卷**　范賡治輯　民國蔡紀澤等抄本　十五册

330000－1703－0006559　M31124　子部/醫家類/綜合之屬

**余氏醫述六卷**　余巖撰　民國十七年(1928)上海社會醫報館鉛印本　二册

330000－1703－0006560　M31125　子部/醫家類/綜合之屬

**余氏醫述六卷**　余巖撰　民國十七年(1928)上海社會醫報館鉛印本　二册

330000－1703－0006566　M31150　子部/醫家類/醫案之屬

**松心醫案一卷**　(清)繆遵義撰　民國四年(1915)張存存齋石印本　一册

330000－1703－0006568　M31151　子部/醫家類/醫案之屬

**御醫曹滄洲醫案秘本二卷**　曹元恒撰　屠錫淇彙編　奚續黄選錄　民國十三年(1924)江左書林石印本　二册

330000－1703－0006571　M31152　子部/醫家類/醫案之屬

**臨證醫案筆記六卷**　(清)吳篪撰　民國八年(1919)上海集古閣石印本　六册

330000－1703－0006579　M31157　子部/醫家類/醫案之屬

**叢桂草堂醫草四卷**　袁焯撰　民國四年(1915)江都袁焯刻本　二册

330000－1703－0006581　M31114　子部/醫家類/醫話醫論之屬

**醫源不分卷**　民國抄本　二册

330000－1703－0006583　M31158　子部/醫家類/醫案之屬

**丁氏醫案十五卷**　丁澤周撰　丁濟萬編輯　民國十六年(1927)鉛印本　二册

330000－1703－0006595　M31156　子部/醫家類/醫案之屬

**醫案不分卷**　稿本　陳頤壽題記　一册

330000－1703－0006607　M50051　類叢部/叢書類/彙編之屬

**知不足齋叢書一百九十五種**　(清)鮑廷博輯　(清)鮑士恭續輯　民國十年(1921)上海古書流通處據清鮑氏刻本影印本　二百四十册

330000－1703－0006609　M31175　子部/醫家類/溫病之屬/痧症

**吊腳痧方論一卷**　(清)徐子默手定　民國抄本　鄭征祥題簽並記　一册

330000－1703－0006612　M21069　史部/傳記類/別傳之屬/事狀

**寸草廬贈言十卷**　(清)張嘉祿輯　民國十二年(1923)四明張氏刻本　二册

330000－1703－0006613　M31172　子部/醫家類

**御纂金鑑(御纂醫宗金鑑心法要訣)十六卷**　民國抄本　一册

330000－1703－0006614　M21070　史部/傳記類/別傳之屬/事狀

**寸草廬贈言十卷**　(清)張嘉祿輯　民國十二年(1923)四明張氏刻本　二册

330000－1703－0006616　M21071　史部/傳記類/別傳之屬/事狀

**寸草廬贈言十卷**　(清)張嘉祿輯　民國十二年(1923)四明張氏刻本　二册

330000－1703－0006617　M21072　史部/傳記類/別傳之屬/事狀

**寸草廬贈言十卷**　(清)張嘉祿輯　民國十二年(1923)四明張氏刻本　二册

330000－1703－0006618　M21073　史部/傳記類/別傳之屬/事狀

**寸草廬贈言十卷**　(清)張嘉祿輯　民國十二年(1923)四明張氏刻本　二册

330000－1703－0006619　M21074　史部/傳記類/別傳之屬/事狀

**寸草廬贈言十卷**　(清)張嘉祿輯　民國十二

年(1923)四明張氏刻本　二册

330000－1703－0006620　M31173　子部/醫家類/婦科之屬/產科

**產育奇書一卷　崑邑平橋薛古愚產科書一卷**　(宋)薛古愚撰　民國抄本　一册

330000－1703－0006621　M21075　史部/傳記類/别傳之屬/事狀

**寸草廬贈言十卷**　(清)張嘉禄輯　民國十二年(1923)四明張氏刻本　二册

330000－1703－0006623　M21076　史部/傳記類/别傳之屬/事狀

**寸草廬贈言十卷**　(清)張嘉禄輯　民國十二年(1923)四明張氏刻本　二册

330000－1703－0006624　M21077　史部/傳記類/别傳之屬/事狀

**寸草廬贈言十卷**　(清)張嘉禄輯　民國十二年(1923)四明張氏刻本　二册

330000－1703－0006626　M31163　子部/醫家類/綜合之屬/通論

**醫學津梁六卷**　(明)王肯堂撰　(清)岳昌源删補　(清)陳洙重訂　民國八年(1919)上海千頃堂書局石印本　四册

330000－1703－0006627　M31166　子部/醫家類/類編之屬

**包氏醫宗十一種**　包桃初　包識生撰　民國十九年至二十五年(1930－1936)包氏醫宗出版部鉛印本　一册　存一種

330000－1703－0006631　M30609　子部/醫家類/方書之屬

**時方歌括二卷**　(清)陳念祖撰　民國二十三年(1934)史美璵抄本　一册

330000－1703－0006638　M31169　子部/醫家類/溫病之屬/痧症

**沙麻明辨不分卷**　(清)華壎編　民國十年(1921)上海千頃堂書局石印本　一册

330000－1703－0006653　M31164　子部/醫家類/類編之屬

**東垣十書附二種**　民國三年(1914)上海鴻文書局石印本　六册

330000－1703－0006660　M31039　子部/醫家類/方書之屬/單方驗方

**丹溪心法附餘二十四卷首一卷**　(明)方廣輯　民國十三年(1924)上洋海左書局石印本　十二册

330000－1703－0006663　M32772　新學/醫學/方書

**萬國藥方八卷**　(美國)洪士提反譯　民國四年(1915)美華書館石印本　八册

330000－1703－0006664　M32773　新學/醫學/方書

**萬國藥方八卷**　(美國)洪士提反譯　民國六年(1917)美華書館石印本　八册

330000－1703－0006666　M32771　新學/醫學/方書

**萬國藥方八卷**　(美國)洪士提反譯　民國十一年(1922)美華書館石印本　八册

330000－1703－0006678　M31123　子部/醫家類/綜合之屬/通論

**古吴童氏重校醫宗必讀十卷**　(清)李中梓撰　民國三年(1914)上海錦章圖書局石印本　一册

330000－1703－0006679　M30591　子部/醫家類/方書之屬/單方驗方

**丹方集異四卷**　黄楚九編　民國七年(1918)鉛印本　一册

330000－1703－0006680　M30590　子部/醫家類/方書之屬/單方驗方

**經驗奇方一卷**　徐筱農撰　民國十六年(1927)鉛印本　一册

330000－1703－0006681　M31073　子部/醫家類/類編之屬

**大字精校陳脩園醫書全集□□種**　(清)陳念祖撰　民國石印本　十一册　存二十九種

330000－1703－0006687　M30593　子部/醫

家類/方書之屬/單方驗方

**急治彙編初集一卷二集一卷**　張龢棻輯　民國四年(1915)石印本　陳頤壽題記　二册

330000－1703－0006688　M31069　子部/醫家類/類編之屬

**南雅堂醫書全集(陳修園醫書)四十八種**　(清)陳念祖等撰　民國十八年(1929)上海三星書店石印本　二十四册

330000－1703－0006689　M30589　子部/醫家類/方書之屬/單方驗方

**驗方類編不分卷**　趙文通輯　民國十二年(1923)趙翰香居石印本　二册

330000－1703－0006691　M31570　子部/雜著類

**先賢名言摘要不分卷**　秦祖澤輯　民國三十三年(1944)稿本　一册

330000－1703－0006694　M31070　子部/醫家類/類編之屬

**南雅堂醫書全集(陳修園醫書)四十八種**　(清)陳念祖等撰　民國十八年(1929)上海三星書店石印本　十六册　存四十四種

330000－1703－0006695　M30594　子部/醫家類/方書之屬/歷代方書

**集驗方不分卷**　民國抄本　一册

330000－1703－0006697　M31068　子部/醫家類/類編之屬

**南雅堂醫書全集(陳修園醫書)七十二種**　(清)陳念祖等撰　民國上海錦章圖書局石印本　二十四册　存五十二種

330000－1703－0006710　M30617　子部/醫家類/方書之屬

**真傳萬應刀傷藥方不分卷**　民國抄本　一册

330000－1703－0006713　M30616　子部/醫家類/方書之屬

**少林寺存下班中跌打婦科萬應良方不分卷**　民國刻本　一册

330000－1703－0006727　M30613　子部/醫家類/方書之屬/歷代方書

**孫真人備急千金要方三十卷**　(唐)孫思邈撰　(清)張璐衍義　民國上海中原書局石印本　十二册

330000－1703－0006728　M20966　史部/傳記類/别傳之屬/事狀

**李少筠先生[脩鑾]家傳一卷**　伊立勳撰並書　民國二十七年(1938)申浦石印本　一册

330000－1703－0006741　M50451　類叢部/叢書類/郡邑之屬

**關中叢書五十三種**　宋聯奎輯　民國二十三年至二十五年(1934－1936)陝西通志館鉛印本　九十三册　存五十種

330000－1703－0006746　M50614　類叢部/叢書類/自著之屬

**綴學堂叢稿**　陳漢章撰　民國木活字印本　一册　存二種

330000－1703－0006748　M30208　子部/道家類

**莊子解故一卷**　章炳麟撰　民國鉛印本　一册

330000－1703－0006760　M10992　經部/小學類/訓詁之屬/方言

**鄉諺證古四卷**　(清)陳康祺撰　張壽鏞編　民國三十三年(1944)鉛印本　一册

330000－1703－0006762　M20901　史部/傳記類/别傳之屬/事狀

**清授光禄大夫建威將軍頭品頂戴陸軍部尚書都察院都御史兩廣總督予謚愨慎先考玉山府君[周馥]行狀一卷**　周學熙　周學淵　周學輝撰　民國鉛印本　一册

330000－1703－0006764　M50534　類叢部/叢書類/郡邑之屬

**四明叢書一百六十七種**　張壽鏞編　民國四明張氏約園刻藍印本　一册　存一種

330000－1703－0006769　M10975　經部/小學類/訓詁之屬/方言

**鄉諺證古四卷**　(清)陳康祺撰　張壽鏞編

民國三十三年(1944)鉛印本　一册

330000－1703－0006771　M50705　類叢部/叢書類/自著之屬
**徐氏全書三十七種**　徐昂撰　民國三十三年(1944)至一九五四年南通翰墨林書局鉛印本　十三册

330000－1703－0006773　M10976　經部/小學類/訓詁之屬/方言
**鄉諺證古四卷**　(清)陳康祺撰　張壽鏞編　民國三十三年(1944)鉛印本　一册

330000－1703－0006774　M10977　經部/小學類/訓詁之屬/方言
**鄉諺證古四卷**　(清)陳康祺撰　張壽鏞編　民國三十三年(1944)鉛印本　一册

330000－1703－0006775　M10978　經部/小學類/訓詁之屬/方言
**鄉諺證古四卷**　(清)陳康祺撰　張壽鏞編　民國三十三年(1944)鉛印本　一册

330000－1703－0006776　M10979　經部/小學類/訓詁之屬/方言
**鄉諺證古四卷**　(清)陳康祺撰　張壽鏞編　民國三十三年(1944)鉛印本　一册

330000－1703－0006777　M10980　經部/小學類/訓詁之屬/方言
**鄉諺證古四卷**　(清)陳康祺撰　張壽鏞編　民國三十三年(1944)鉛印本　一册

330000－1703－0006779　M10981　經部/小學類/訓詁之屬/方言
**鄉諺證古四卷**　(清)陳康祺撰　張壽鏞編　民國三十三年(1944)鉛印本　一册

330000－1703－0006780　M10982　經部/小學類/訓詁之屬/方言
**鄉諺證古四卷**　(清)陳康祺撰　張壽鏞編　民國三十三年(1944)鉛印本　一册

330000－1703－0006781　M10983　經部/小學類/訓詁之屬/方言
**鄉諺證古四卷**　(清)陳康祺撰　張壽鏞編　民國三十三年(1944)鉛印本　一册

330000－1703－0006783　M10984　經部/小學類/訓詁之屬/方言
**鄉諺證古四卷**　(清)陳康祺撰　張壽鏞編　民國三十三年(1944)鉛印本　一册

330000－1703－0006784　M10985　經部/小學類/訓詁之屬/方言
**鄉諺證古四卷**　(清)陳康祺撰　張壽鏞編　民國三十三年(1944)鉛印本　一册

330000－1703－0006785　M10986　經部/小學類/訓詁之屬/方言
**鄉諺證古四卷**　(清)陳康祺撰　張壽鏞編　民國三十三年(1944)鉛印本　一册

330000－1703－0006786　M10987　經部/小學類/訓詁之屬/方言
**鄉諺證古四卷**　(清)陳康祺撰　張壽鏞編　民國三十三年(1944)鉛印本　一册

330000－1703－0006787　M50687　類叢部/叢書類/自著之屬
**蘇齋叢書十八種**　(清)翁方綱撰　民國十三年(1924)上海博古齋影印本　四十册　存七種

330000－1703－0006788　M10988　經部/小學類/訓詁之屬/方言
**鄉諺證古四卷**　(清)陳康祺撰　張壽鏞編　民國三十三年(1944)鉛印本　一册

330000－1703－0006789　M10989　經部/小學類/訓詁之屬/方言
**鄉諺證古四卷**　(清)陳康祺撰　張壽鏞編　民國三十三年(1944)鉛印本　一册

330000－1703－0006793　M50858　類叢部/叢書類/自著之屬
**章氏遺書七種外編十種**　(清)章學誠撰　民國十一年(1922)吳興劉氏嘉業堂刻本　一册　存一種

330000－1703－0006794　M50149　類叢部/叢書類/彙編之屬

**嘉業堂叢書五十七種**　劉承幹輯　民國吳興劉氏嘉業堂刻本　張美翊題記　七冊　存四種

330000－1703－0006795　M22053　史部/地理類/方志之屬/郡縣志

**[民國]鄞縣通志預約樣本不分卷**　民國二十五年(1936)鄞縣通志館鉛印本　一冊

330000－1703－0006800　M22054　史部/地理類/方志之屬/郡縣志

**[民國]鄞縣通志預約樣本不分卷**　民國二十五年(1936)鄞縣通志館鉛印本　一冊

330000－1703－0006802　M22055　史部/地理類/方志之屬/郡縣志

**[民國]鄞縣通志預約樣本不分卷**　民國二十五年(1936)鄞縣通志館鉛印本　一冊

330000－1703－0006806　M50150　類叢部/叢書類/彙編之屬

**嘉業堂叢書五十七種**　劉承幹輯　民國吳興劉氏嘉業堂刻本　六冊　存一種

330000－1703－0006807　M22056　史部/地理類/方志之屬/郡縣志

**[民國]鄞縣通志預約樣本不分卷**　民國二十五年(1936)鄞縣通志館鉛印本　一冊

330000－1703－0006809　M22057　史部/地理類/方志之屬/郡縣志

**[民國]鄞縣通志預約樣本不分卷**　民國二十五年(1936)鄞縣通志館鉛印本　一冊

330000－1703－0006810　M22058　史部/地理類/方志之屬/郡縣志

**[民國]鄞縣通志預約樣本不分卷**　民國二十五年(1936)鄞縣通志館鉛印本　一冊

330000－1703－0006811　M22059　史部/地理類/方志之屬/郡縣志

**[民國]鄞縣通志預約樣本不分卷**　民國二十五年(1936)鄞縣通志館鉛印本　一冊

330000－1703－0006812　M22060　史部/地理類/方志之屬/郡縣志

**[民國]鄞縣通志預約樣本不分卷**　民國二十五年(1936)鄞縣通志館鉛印本　一冊

330000－1703－0006813　M22061　史部/地理類/方志之屬/郡縣志

**[民國]鄞縣通志預約樣本不分卷**　民國二十五年(1936)鄞縣通志館鉛印本　一冊

330000－1703－0006814　M22062　史部/地理類/方志之屬/郡縣志

**[民國]鄞縣通志預約樣本不分卷**　民國二十五年(1936)鄞縣通志館鉛印本　一冊

330000－1703－0006819　M40824　集部/別集類

**游蜀草三卷**　張壽鏞撰　民國二十七年(1938)鉛印本　一冊

330000－1703－0006821　M40825　集部/別集類

**游蜀草三卷**　張壽鏞撰　民國二十七年(1938)鉛印本　一冊

330000－1703－0006823　M40826　集部/別集類

**游蜀草三卷**　張壽鏞撰　民國二十七年(1938)鉛印本　一冊

330000－1703－0006827　M40827　集部/別集類

**游蜀草三卷**　張壽鏞撰　民國二十七年(1938)鉛印本　一冊

330000－1703－0006835　M31557　子部/宗教類/佛教之屬

**歷史感應統紀四卷首一卷**　許止淨編纂　民國十八年(1929)鉛印本　一冊　存一卷(三)

330000－1703－0006837　M50611　經部/易類/傳說之屬

**易通十卷釋例一卷**　劉次源撰　民國三十八年(1949)劉昌景鉛印屯園叢書本　劉昌景題記　三冊

330000－1703－0006842　M30597　子部/醫家類/方書之屬/單方驗方

**便易經驗集一卷續刻經驗集一卷濟世養生集一卷養生經驗補遺一卷** (清)毛世洪輯 **續刊經驗集痧疹選要一卷** (清)孫復初輯 **救急類一卷** (清)周莘農輯 **經驗良方一卷** 朱煜輯 民國六年(1917)鉛印本 一冊

330000－1703－0006846 M10017 經部/易類/傳說之屬
**周易易解十卷周易示兒錄三卷周易說餘一卷** (清)沈紹勳撰 民國二十年(1931)鉛印本 一冊 存二卷(五至六)

330000－1703－0006849 M41459 集部/總集類/選集之屬/斷代
**宋詩鈔初集** (清)呂留良 (清)吳之振 (清)吳爾堯輯 民國三年(1914)上海商務印書館據清康熙吳氏刻本影印本 一冊 存四種

330000－1703－0006855 M50304 子部/叢編
**清代筆記叢刊四十一種** 文明書局編 民國上海文明書局石印本 一冊 存一種

330000－1703－0006862 M50335 類叢部/叢書類/彙編之屬
**宋人小說二十八種** 涵芬樓編 民國上海商務印書館鉛印本 一冊 存一種

330000－1703－0006863 M10999 經部/小學類/訓詁之屬/字詁
**助字辨略五卷** (清)劉淇撰 民國金粟齋石印本 四冊 缺一卷(五)

330000－1703－0006870 M50298 類叢部/叢書類/彙編之屬
**留餘草堂叢書十二種** 劉承幹編 民國吳興劉氏嘉業堂刻本 四冊 存一種

330000－1703－0006874 M50464 類叢部/叢書類/郡邑之屬
**四明叢書一百六十七種** 張壽鏞編 民國四明張氏約園刻藍印本 十八冊 存八種

330000－1703－0006876 M50465 類叢部/叢書類/郡邑之屬
**四明叢書一百六十七種** 張壽鏞編 民國四明張氏約園刻藍印本 十八冊 存八種

330000－1703－0006877 M50466 類叢部/叢書類/郡邑之屬
**四明叢書一百六十七種** 張壽鏞編 民國四明張氏約園刻藍印本 十八冊 存八種

330000－1703－0006878 M50467 類叢部/叢書類/郡邑之屬
**四明叢書一百六十七種** 張壽鏞編 民國四明張氏約園刻藍印本 十八冊 存八種

330000－1703－0006882 M50765 類叢部/叢書類/自著之屬
**海寧王靜安先生遺書四十三種一百四卷** 王國維撰 民國二十九年(1940)商務印書館長沙石印本 一冊 存二種

330000－1703－0006893 M50471 類叢部/叢書類/郡邑之屬
**四明叢書一百六十七種** 張壽鏞編 民國四明張氏約園刻本 一冊 存一種

330000－1703－0006895 M50468 類叢部/叢書類/郡邑之屬
**四明叢書一百六十七種** 張壽鏞編 民國四明張氏約園刻藍印本 十八冊 存八種

330000－1703－0006898 M50256 類叢部/叢書類/彙編之屬
**古今說部叢書二百七十二種** 國學扶輪社輯 民國四年(1915)中國圖書公司和記鉛印本 四冊 存八種

330000－1703－0006903 M50469 類叢部/叢書類/郡邑之屬
**四明叢書一百六十七種** 張壽鏞編 民國四明張氏約園刻藍印本 十八冊 存八種

330000－1703－0006904 M50470 類叢部/叢書類/郡邑之屬
**四明叢書一百六十七種** 張壽鏞編 民國四明張氏約園刻藍印本 一冊 存一種

330000－1703－0006907 M50257 類叢部/

叢書類/彙編之屬
**古書叢刊十六種** 陳琰輯 民國十一年(1922)古書流通處影印本 二冊 存一種

330000－1703－0006910 M10845 經部/小學類/音韻之屬/韻書
**廣韻五卷** (宋)陳彭年等修 **宋本廣韻校札一卷** (清)黎庶昌撰 民國上海涵芬樓影印本 五冊

330000－1703－0006913 M10846 經部/小學類/音韻之屬/韻書
**廣韻五卷** (宋)陳彭年等修 **宋本廣韻校札一卷** (清)黎庶昌撰 民國上海涵芬樓影印本 五冊

330000－1703－0006915 M10847 經部/小學類/音韻之屬/韻書
**廣韻五卷** (宋)陳彭年等修 **宋本廣韻校札一卷** (清)黎庶昌撰 民國上海涵芬樓影印本 三冊

330000－1703－0006917 M50555 類叢部/叢書類/郡邑之屬
**敬鄉樓叢書三十八種** 黄羣編 民國十七年至二十四年(1928－1935)永嘉黄氏鉛印本 一冊 存第一輯一種

330000－1703－0006920 M10848 經部/小學類/音韻之屬/韻書
**廣韻五卷** (宋)陳彭年等修 **宋本廣韻校札一卷** (清)黎庶昌撰 民國上海涵芬樓影印本 二冊 存二卷(二至三)

330000－1703－0006925 M11219 經部/叢編
**中庸注一卷禮運注一卷** 康有爲撰 民國鉛印演孔叢書本 何其樞題記 二冊

330000－1703－0006926 M50346 類叢部/叢書類/彙編之屬
**選印宛委別藏四十種** 故宫博物院編 民國二十四年(1935)上海商務印書館影印本 十二冊 存三種

330000－1703－0006928 M50118 子部/兵家類
**武經七書二十五卷** (宋)何去非輯 民國二十四年(1935)上海商務印書館影印續古逸叢書本 羅家倫題記 三冊

330000－1703－0006933 M50119 類叢部/叢書類/彙編之屬
**續古逸叢書四十七種** 張元濟等編 民國十一年(1922)至一九五七年上海商務印書館影印本 三冊 存一種

330000－1703－0006934 M10704 經部/小學類/文字之屬/說文
**說文解字十五卷標目一卷** (漢)許慎撰 (宋)徐鉉等校定 民國三年(1914)上海商務印書館影印藤花榭刻本 曼佳題簽 二冊

330000－1703－0006936 M50841 類叢部/叢書類/自著之屬
**玄嬰什箸** 陳訓正撰 民國三十年(1941)鉛印本 一冊 存一種

330000－1703－0006938 M50153 類叢部/叢書類/彙編之屬
**四部叢刊** 張元濟等編 民國八年(1919)上海商務印書館影印本 二百二十三冊 存三十八種

330000－1703－0006940 M50203 類叢部/叢書類/彙編之屬
**四部叢刊續編七十七種** 張元濟等編 民國二十五年(1936)上海中華書局鉛印本 二百十冊 存一種

330000－1703－0006941 M50201 類叢部/叢書類/彙編之屬
**四部叢刊續編七十七種** 張元濟等編 民國二十三年(1934)上海商務印書館影印本 一百六十二冊 存十八種

330000－1703－0006946 M50154 類叢部/叢書類/彙編之屬
**四部叢刊** 張元濟等編 民國八年(1919)上海商務印書館影印本 五百三十冊 存八十七種

330000－1703－0006957　M30005　子部/儒家類/儒家之屬
**荀子集解二十卷首一卷**　(唐)楊倞注　王先謙集解　民國上海商務印書館據清光緒十七年(1891)長沙王氏刻本影印本　二冊　存八卷(一至三、八至十二)

330000－1703－0006958　M50202　類叢部/叢書類/彙編之屬
**四部叢刊續編七十七種**　張元濟等編　民國二十三年(1934)上海商務印書館影印本　十八冊　存十一種

330000－1703－0006960　M50164　類叢部/叢書類/彙編之屬
**四部叢刊**　張元濟等編　民國上海商務印書館影印本　秦履平題記　二冊　存一種

330000－1703－0006961　M50165　類叢部/叢書類/彙編之屬
**四部叢刊**　張元濟等編　民國上海商務印書館影印本　四冊　存一種

330000－1703－0006962　M50158　類叢部/叢書類/彙編之屬
**四部叢刊**　張元濟等編　民國上海商務印書館影印本　六冊　存三種

330000－1703－0006963　M50159　類叢部/叢書類/彙編之屬
**四部叢刊**　張元濟等編　民國上海商務印書館影印本　六冊　存三種

330000－1703－0006965　M50161　類叢部/叢書類/彙編之屬
**四部叢刊**　張元濟等編　民國上海商務印書館影印本　六冊　存一種

330000－1703－0006967　M50160　類叢部/叢書類/彙編之屬
**四部叢刊**　張元濟等編　民國八年(1919)上海商務印書館影印本　十二冊　存一種

330000－1703－0006969　M50155　類叢部/叢書類/彙編之屬
**四部叢刊**　張元濟等編　民國上海商務印書館影印本　三十三冊　存五種

330000－1703－0006971　M50157　類叢部/叢書類/彙編之屬
**四部叢刊**　張元濟等編　民國八年(1919)上海商務印書館影印本　二十冊　存二種

330000－1703－0006977　M50163　類叢部/叢書類/彙編之屬
**四部叢刊**　張元濟等編　民國上海商務印書館影印本　三冊　存一種

330000－1703－0006978　M50156　類叢部/叢書類/彙編之屬
**四部叢刊**　張元濟等編　民國十八年(1929)上海商務印書館影印本　九冊　存二種

330000－1703－0006979　M50162　類叢部/叢書類/彙編之屬
**四部叢刊**　張元濟等編　民國上海商務印書館影印本　四冊　存一種

330000－1703－0006983　M50185　類叢部/叢書類/彙編之屬
**四部備要**　中華書局編　民國二十五年(1936)上海中華書局鉛印本　九冊　存一種

330000－1703－0006985　M50190　類叢部/叢書類/彙編之屬
**四部備要**　中華書局編　民國二十五年(1936)上海中華書局鉛印本　四冊　存一種

330000－1703－0006986　M50186　集部/別集類/宋別集
**片玉集十卷附校記一卷**　(宋)周邦彥撰　民國二十五年(1936)上海中華書局鉛印四部備要本　秦履平題記　一冊

330000－1703－0006988　M41638　集部/總集類
**名人詩賦不分卷**　民國抄本　季英氏題記　一冊

330000－1703－0006989　M50183　類叢部/叢書類/彙編之屬
**四部備要**　中華書局編　民國二十五年

(1936)上海中華書局鉛印本　一百四十七册　存三十六種

330000－1703－0006990　M50191　史部/目録類/總録之屬/彙刻

**四部備要樣本一卷**　中華書局編　民國上海中華書局鉛印本　一册

330000－1703－0006991　M50514　類叢部/叢書類/郡邑之屬

**四明叢書一百六十七種**　張壽鏞編　民國四明張氏約園刻本　二册　存一種

330000－1703－0006992　M50188　類叢部/叢書類/彙編之屬

**四部備要**　中華書局編　民國二十五年(1936)上海中華書局鉛印本　四册　存一種

330000－1703－0006993　M50152　類叢部/叢書類/彙編之屬

**四部叢刊**　張元濟等編　民國十八年(1929)上海商務印書館影印本　九百六十八册　存一百八十六種

330000－1703－0006994　M50515　類叢部/叢書類/郡邑之屬

**四明叢書一百六十七種**　張壽鏞編　民國四明張氏約園刻本　三册　存一種

330000－1703－0006995　M50189　類叢部/叢書類/彙編之屬

**四部備要**　中華書局編　民國二十五年(1936)上海中華書局鉛印本　三册　存一種

330000－1703－0006996　M50516　類叢部/叢書類/郡邑之屬

**四明叢書一百六十七種**　張壽鏞編　民國四明張氏約園刻本　三册　存一種

330000－1703－0006999　M50517　類叢部/叢書類/郡邑之屬

**四明叢書一百六十七種**　張壽鏞編　民國四明張氏約園刻本　一册　存一種

330000－1703－0007008　M50487　類叢部/叢書類/郡邑之屬

**四明叢書一百六十七種**　張壽鏞編　民國四明張氏約園刻藍印本　一册　存一種

330000－1703－0007009　M50496　類叢部/叢書類/郡邑之屬

**四明叢書一百六十七種**　張壽鏞編　民國四明張氏約園刻藍印本　一册　存一種

330000－1703－0007011　M50488　類叢部/叢書類/郡邑之屬

**四明叢書一百六十七種**　張壽鏞編　民國四明張氏約園刻藍印本　一册　存一種

330000－1703－0007012　M50489　類叢部/叢書類/郡邑之屬

**四明叢書一百六十七種**　張壽鏞編　民國四明張氏約園刻藍印本　一册　存一種

330000－1703－0007013　M50497　類叢部/叢書類/郡邑之屬

**四明叢書一百六十七種**　張壽鏞編　民國四明張氏約園刻藍印本　一册　存一種

330000－1703－0007014　M50490　類叢部/叢書類/郡邑之屬

**四明叢書一百六十七種**　張壽鏞編　民國四明張氏約園刻藍印本　一册　存一種

330000－1703－0007015　M50498　類叢部/叢書類/郡邑之屬

**四明叢書一百六十七種**　張壽鏞編　民國四明張氏約園刻藍印本　一册　存一種

330000－1703－0007016　M50491　類叢部/叢書類/郡邑之屬

**四明叢書一百六十七種**　張壽鏞編　民國四明張氏約園刻藍印本　一册　存一種

330000－1703－0007017　M50499　類叢部/叢書類/郡邑之屬

**四明叢書一百六十七種**　張壽鏞編　民國四明張氏約園刻藍印本　一册　存一種

330000－1703－0007018　M50500　類叢部/叢書類/郡邑之屬

**四明叢書一百六十七種**　張壽鏞編　民國四

明張氏約園刻藍印本　一冊　存一種

330000－1703－0007019　M50184　類叢部/叢書類/彙編之屬
**四部備要**　中華書局編　民國二十五年(1936)上海中華書局鉛印本　二十七冊　存一種

330000－1703－0007030　M50523　類叢部/叢書類/郡邑之屬
**四明叢書**　張壽鏞編　民國四明張氏約園寫樣本　一冊　存一種

330000－1703－0007031　M50524　類叢部/叢書類/郡邑之屬
**四明叢書**　張壽鏞編　民國四明張氏約園寫樣本　二冊　存一種

330000－1703－0007032　M50525　類叢部/叢書類/郡邑之屬
**四明叢書**　張壽鏞編　民國四明張氏約園寫樣本　一冊　存一種

330000－1703－0007033　M50526　類叢部/叢書類/郡邑之屬
**四明叢書**　張壽鏞編　民國四明張氏約園寫樣本　一冊　存一種

330000－1703－0007035　M50151　類叢部/叢書類/彙編之屬
**四部叢刊**　張元濟等編　民國八年(1919)上海商務印書館影印本　一千四百三十四冊　存二百三十八種

330000－1703－0007036　M50507　類叢部/叢書類/郡邑之屬
**四明叢書一百六十七種**　張壽鏞編　民國四明張氏約園刻本　一冊　存一種

330000－1703－0007038　M50166　類叢部/叢書類/彙編之屬
**四部叢刊**　張元濟等編　民國上海商務印書館影印本　二冊　存一種

330000－1703－0007039　M50501　類叢部/叢書類/郡邑之屬
**四明叢書一百六十七種**　張壽鏞編　民國四明張氏約園刻本　一冊　存一種

330000－1703－0007040　M50502　類叢部/叢書類/郡邑之屬
**四明叢書一百六十七種**　張壽鏞編　民國四明張氏約園刻藍印本　一冊　存一種

330000－1703－0007041　M50503　類叢部/叢書類/郡邑之屬
**四明叢書一百六十七種**　張壽鏞編　民國四明張氏約園刻藍印本　一冊　存一種

330000－1703－0007042　M50504　類叢部/叢書類/郡邑之屬
**四明叢書一百六十七種**　張壽鏞編　民國四明張氏約園刻藍印本　一冊　存一種

330000－1703－0007043　M50505　類叢部/叢書類/郡邑之屬
**四明叢書一百六十七種**　張壽鏞編　民國四明張氏約園刻藍印本　一冊　存一種

330000－1703－0007045　M50528　類叢部/叢書類/郡邑之屬
**四明叢書**　張壽鏞編　民國四明張氏約園寫樣本　二冊　存一種

330000－1703－0007046　M50506　類叢部/叢書類/郡邑之屬
**四明叢書一百六十七種**　張壽鏞編　民國四明張氏約園刻本　一冊　存一種

330000－1703－0007047　M50527　類叢部/叢書類/郡邑之屬
**四明叢書**　張壽鏞編　民國四明張氏約園寫樣本　王遹校　南京姜氏刻書處題簽　六冊　存一種

330000－1703－0007048　M50508　類叢部/叢書類/郡邑之屬
**四明叢書一百六十七種**　張壽鏞編　民國四明張氏約園刻本　一冊　存一種

330000－1703－0007049　M50509　類叢部/叢書類/郡邑之屬

**四明叢書一百六十七種**　張壽鏞編　民國四明張氏約園刻本　一冊　存一種

330000－1703－0007051　M50529　類叢部/叢書類/郡邑之屬

**四明叢書**　張壽鏞編　民國四明張氏約園寫樣本　王遹校　謝渭泉題記　四冊　存一種

330000－1703－0007054　M50510　類叢部/叢書類/郡邑之屬

**四明叢書一百六十七種**　張壽鏞編　民國四明張氏約園刻本　一冊　存一種

330000－1703－0007055　M50511　類叢部/叢書類/郡邑之屬

**四明叢書一百六十七種**　張壽鏞編　民國四明張氏約園刻本　一冊　存一種

330000－1703－0007056　M50512　類叢部/叢書類/郡邑之屬

**四明叢書一百六十七種**　張壽鏞編　民國四明張氏約園刻本　一冊　存一種

330000－1703－0007057　M50513　類叢部/叢書類/郡邑之屬

**四明叢書一百六十七種**　張壽鏞編　民國四明張氏約園刻本　一冊　存一種

330000－1703－0007058　M50518　類叢部/叢書類/郡邑之屬

**四明叢書一百六十七種**　張壽鏞編　民國四明張氏約園刻本　一冊　存一種

330000－1703－0007059　M50519　類叢部/叢書類/郡邑之屬

**四明叢書一百六十七種**　張壽鏞編　民國四明張氏約園刻本　一冊　存一種

330000－1703－0007060　M50520　類叢部/叢書類/郡邑之屬

**四明叢書一百六十七種**　張壽鏞編　民國四明張氏約園刻本　一冊　存一種

330000－1703－0007062　M50521　類叢部/叢書類/郡邑之屬

**四明叢書一百六十七種**　張壽鏞編　民國四明張氏約園刻本　一冊　存一種

330000－1703－0007063　M31908　子部/藝術類/書畫之屬

**内院翰墨不分卷**　李仲斐等書　稿本　一冊

330000－1703－0007069　M50472　類叢部/叢書類/郡邑之屬

**四明叢書一百六十七種**　張壽鏞編　民國四明張氏約園刻藍印本　一冊　存一種

330000－1703－0007071　M10024　經部/易類/傳說之屬

**易經一卷**　民國抄本　一冊

330000－1703－0007072　M50479　類叢部/叢書類/郡邑之屬

**四明叢書一百六十七種**　張壽鏞編　民國四明張氏約園刻本　二冊　存一種

330000－1703－0007073　M50480　類叢部/叢書類/郡邑之屬

**四明叢書一百六十七種**　張壽鏞編　民國四明張氏約園刻本　二冊　存一種

330000－1703－0007074　M50481　類叢部/叢書類/郡邑之屬

**四明叢書一百六十七種**　張壽鏞編　民國四明張氏約園刻本　三冊　存一種

330000－1703－0007075　M50482　類叢部/叢書類/郡邑之屬

**四明叢書一百六十七種**　張壽鏞編　民國四明張氏約園刻本　三冊　存一種

330000－1703－0007076　M50483　類叢部/叢書類/郡邑之屬

**四明叢書一百六十七種**　張壽鏞編　民國四明張氏約園刻本　三冊　存一種

330000－1703－0007077　M50484　類叢部/叢書類/郡邑之屬

**四明叢書一百六十七種**　張壽鏞編　民國四明張氏約園刻本　三冊　存一種

330000－1703－0007078　M10240　經部/禮記類/正文之屬

**禮記不分卷**　民國商務印書館鉛印本　一册

330000－1703－0007079　M50492　類叢部/叢書類/郡邑之屬
**四明叢書一百六十七種**　張壽鏞編　民國四明張氏約園刻藍印本　一册　存一種

330000－1703－0007080　M50485　類叢部/叢書類/郡邑之屬
**四明叢書一百六十七種**　張壽鏞編　民國四明張氏約園刻本　三册　存一種

330000－1703－0007081　M50486　類叢部/叢書類/郡邑之屬
**四明叢書一百六十七種**　張壽鏞編　民國四明張氏約園刻本　二册　存一種

330000－1703－0007082　M50493　類叢部/叢書類/郡邑之屬
**四明叢書一百六十七種**　張壽鏞編　民國四明張氏約園刻藍印本　一册　存一種

330000－1703－0007083　M50494　類叢部/叢書類/郡邑之屬
**四明叢書一百六十七種**　張壽鏞編　民國四明張氏約園刻藍印本　一册　存一種

330000－1703－0007084　M50495　類叢部/叢書類/郡邑之屬
**四明叢書一百六十七種**　張壽鏞編　民國四明張氏約園刻藍印本　一册　存一種

330000－1703－0007085　M50473　類叢部/叢書類/郡邑之屬
**四明叢書一百六十七種**　張壽鏞編　民國四明張氏約園刻藍印本　一册　存一種

330000－1703－0007086　M50474　類叢部/叢書類/郡邑之屬
**四明叢書一百六十七種**　張壽鏞編　民國四明張氏約園刻藍印本　一册　存一種

330000－1703－0007087　M50475　類叢部/叢書類/郡邑之屬
**四明叢書一百六十七種**　張壽鏞編　民國四明張氏約園刻藍印本　一册　存一種

330000－1703－0007088　M50476　類叢部/叢書類/郡邑之屬
**四明叢書一百六十七種**　張壽鏞編　民國四明張氏約園刻藍印本　一册　存一種

330000－1703－0007089　M50477　類叢部/叢書類/郡邑之屬
**四明叢書一百六十七種**　張壽鏞編　民國四明張氏約園刻藍印本　一册　存一種

330000－1703－0007090　M50478　類叢部/叢書類/郡邑之屬
**四明叢書一百六十七種**　張壽鏞編　民國四明張氏約園刻藍印本　一册　存一種

330000－1703－0007099　M40828　集部/別集類
**游蜀草三卷**　張壽鏞撰　民國二十七年(1938)鉛印本　一册

330000－1703－0007100　M40829　集部/別集類
**游蜀草三卷**　張壽鏞撰　民國二十七年(1938)鉛印本　一册

330000－1703－0007101　M40830　集部/別集類
**游蜀草三卷**　張壽鏞撰　民國二十七年(1938)鉛印本　一册

330000－1703－0007102　M40831　集部/別集類
**游蜀草三卷**　張壽鏞撰　民國二十七年(1938)鉛印本　一册

330000－1703－0007119　M40832　集部/別集類
**游蜀草三卷**　張壽鏞撰　民國二十七年(1938)鉛印本　一册

330000－1703－0007120　M40837　集部/別集類
**游蜀草三卷**　張壽鏞撰　民國二十七年(1938)鉛印本　一册

330000－1703－0007121　M40833　集部/別

集類

游蜀草三卷　張壽鏞撰　民國二十七年(1938)鉛印本　一冊

330000－1703－0007122　M40834　集部/別集類

游蜀草三卷　張壽鏞撰　民國二十七年(1938)鉛印本　一冊

330000－1703－0007123　M40838　集部/別集類

游蜀草三卷　張壽鏞撰　民國二十七年(1938)鉛印本　一冊

330000－1703－0007124　M40839　集部/別集類

游蜀草三卷　張壽鏞撰　民國二十七年(1938)鉛印本　一冊

330000－1703－0007125　M40840　集部/別集類

游蜀草三卷　張壽鏞撰　民國二十七年(1938)鉛印本　一冊

330000－1703－0007126　M40835　集部/別集類

游蜀草三卷　張壽鏞撰　民國二十七年(1938)鉛印本　一冊

330000－1703－0007127　M40836　集部/別集類

游蜀草三卷　張壽鏞撰　民國二十七年(1938)鉛印本　一冊

330000－1703－0007128　M40841　集部/別集類

游蜀草三卷　張壽鏞撰　民國二十七年(1938)鉛印本　一冊

330000－1703－0007129　M40842　集部/別集類

游蜀草三卷　張壽鏞撰　民國二十七年(1938)鉛印本　一冊

330000－1703－0007130　M20753　史部/傳記類/總傳之屬

歷代名宦儒行偶鈔一卷　民國抄本　一冊

330000－1703－0007133　M10993　經部/小學類/訓詁之屬/方言

鄉諺證古四卷　(清)陳康祺撰　張壽鏞編　民國三十三年(1944)鉛印本　一冊

330000－1703－0007134　M10994　經部/小學類/訓詁之屬/方言

鄉諺證古四卷　(清)陳康祺撰　張壽鏞編　民國三十三年(1944)鉛印本　一冊

330000－1703－0007135　M10995　經部/小學類/訓詁之屬/方言

鄉諺證古四卷　(清)陳康祺撰　張壽鏞編　民國三十三年(1944)鉛印本　一冊

330000－1703－0007136　M10996　經部/小學類/訓詁之屬/方言

鄉諺證古四卷　(清)陳康祺撰　張壽鏞編　民國三十三年(1944)鉛印本　一冊

330000－1703－0007137　M10997　經部/小學類/訓詁之屬/方言

鄉諺證古四卷　(清)陳康祺撰　張壽鏞編　民國三十三年(1944)鉛印本　一冊

330000－1703－0007151　M40747　子部/藝術類/書畫之屬/法帖

姜西溟手寫葦間詩藁不分卷　(清)姜宸英書　民國五年(1916)影印本　一冊

330000－1703－0007190　M31871　子部/藝術類/書畫之屬/法帖

宋游丞相藏蘭亭百種　民國影印本　一冊　存一種

330000－1703－0007193　M31874　子部/藝術類/書畫之屬/法帖

蘇東坡書昆陽城賦墨蹟一卷　(宋)蘇軾書　民國影印本　一冊

330000－1703－0007204　M10998　經部/小學類/訓詁之屬/方言

鄉諺證古四卷　(清)陳康祺撰　張壽鏞編　民國三十三年(1944)鉛印本　一冊

330000－1703－0007205　M10026　經部/易類/傳説之屬

**周易正言三卷讀易須知一卷**　李郁撰　民國二十五年(1936)上海中國易學社鉛印本　一册　存一卷(二)

330000－1703－0007207　M50530　類叢部/叢書類/郡邑之屬

**四明叢書一百六十七種**　張壽鏞編　民國四明張氏約園刻本　一册　存一種

330000－1703－0007208　M20747　史部/傳記類/總傳之屬/家乘

**[浙江奉化]武嶺蔣氏宗譜三十二卷首一卷**　吳敬恆修　陳布雷等纂　民國三十七年(1948)上海中華書局鉛印本　二册　存十一卷(首,一至六、十七至二十)

330000－1703－0007209　M50187　類叢部/叢書類/彙編之屬

**四部備要**　中華書局編　民國二十五年(1936)上海中華書局鉛印本　八册　存一種

# 寧波市檔案館

# 民國時期傳統裝幀書籍普查登記目錄

浙江省民國時期傳統裝幀書籍普查登記目錄 · 寧波

國家圖書館出版社
National Library of China Publishing House

# 《寧波市檔案館民國時期傳統裝幀書籍普查登記目録》

**編纂人員：**林　愛

# 《寧波市檔案館民國時期傳統裝幀書籍普查登記目録》

## 前　言

寧波市檔案館民國時期傳統裝幀書籍來自歷年館藏，包括購買及單位、個人捐贈。我館根據其反映的内容將它們編入館藏數據各子目録。此次民國時期傳統裝幀書籍普查登記工作時間緊迫，專業技術要求頗高，爲此我館指定專人從事該項工作，以確保上報數據的統一性，還多次向已著録單位學習取經、校核數據。

我館上報浙江省古籍保護中心民國時期傳統裝幀書籍目録數據總計19部91册。其中有15部爲史部傳記類、1部爲子部藝術類、1部爲子部儒家類、1部爲子部雜著類、1部爲集部總集類。其中傳記類藏品比較有特色，品質上乘，數量集中。

經過此次民國時期傳統裝幀書籍普查登記工作，讓我們發現了本館在古籍保護工作方面的不足。如經年豎放，部分破損、蟲蛀等問題。我館現已着手對館藏數據的全面清對、搶救工作，邊清點、校對，邊重新排放（古籍由豎放改爲横列），同時進行必要的搶救性修復工作。

由於此次工作時間緊、要求高，相關數據可能會存在差誤，還請方家不吝指正。

寧波市檔案館

2018年2月

330000－4791－0000006　T6.9.27.1～16　子部/藝術類/篆刻之屬/印譜
**飛鴻堂印譜初集八卷二集八卷三集八卷四集八卷五集八卷**　（清）汪啟淑鑒藏　民國影印本　十六册　缺八卷（三集一至八）

330000－4791－0000016　W5.1～3　史部/傳記類/總傳之屬/家乘
**［浙江鄞縣］鄞竹莊蘇氏宗譜三卷**　蘇國茂修　俞廷蘭　胡德坊纂　民國八年（1919）繼緒堂木活字印本　三册

330000－4791－0000017　W6.1～2　史部/傳記類/總傳之屬/家乘
**［浙江鄞縣］鄞東鍾氏宗譜二卷首一卷末一卷**　鍾授煌修　蔡和鏗纂　民國二十三年（1934）世德堂木活字印本　二册

330000－4791－0000018　W3.1～4　史部/傳記類/總傳之屬/家乘
**［浙江鄞縣］石碶楊氏宗譜四卷**　楊習森修　詹熊冠纂　民國十五年（1926）親親堂木活字印本　四册

330000－4791－0000019　W4.3－1　史部/傳記類/總傳之屬/家乘
**［浙江鄞縣］鄞東徐氏宗譜不分卷**　胡德坊纂修　民國三十六年（1947）東海堂木活字印本　一册

330000－4791－0000020　W4.3－2　史部/傳記類/總傳之屬/家乘
**［浙江鄞縣］鄞東徐氏宗譜不分卷**　胡德坊纂修　民國三十六年（1947）東海堂木活字印本　一册

330000－4791－0000022　W4.2　史部/傳記類/總傳之屬/家乘
**［浙江鄞縣］徐氏中堂二房譜不分卷**　徐允詩　徐允樑　徐允求修　史悠水纂　民國三年（1914）永春堂木活字印本　一册

330000－4791－0000023　W4.2－2　史部/傳記類/總傳之屬/家乘
**［浙江鄞縣］徐氏中堂二房譜不分卷**　徐允詩　徐允樑　徐允求修　史悠水纂　民國三年（1914）永春堂木活字印本　一册

330000－4791－0000024　W11.1～4　史部/傳記類/總傳之屬/家乘
**［浙江寧波］鄞城施氏家乘十卷首一卷末一卷**　戴廷祐纂修　民國二十四年（1935）培遠堂木活字印本　四册

330000－4791－0000026　W8.1～4　史部/傳記類/總傳之屬/家乘
**［浙江鎮海］蛟川王氏宗譜八卷**　王祖翼纂修　民國五年（1916）餘慶堂木活字印本　四册

330000－4791－0000027　W9.1～7　史部/傳記類/總傳之屬/家乘
**［浙江寧波］甬上張氏宗譜四十卷首一卷**　張存祿修　張壽鏞　張壽鎬纂　民國十五年（1926）敦本堂木活字印本　七册

330000－4791－0000028　W12.1～10　史部/傳記類/總傳之屬/家乘
**［浙江寧波］鄞邑城南袁氏三修宗譜二十二卷首一卷**　袁朝金修　蔡和鏗纂　民國二十五年（1936）進修堂木活字印本　十册

330000－4791－0000029　W16.1～6　史部/傳記類/總傳之屬/家乘
**［安徽廣德］錢氏家乘不分卷**　錢文選輯　民國十三年（1924）鉛印本　六册

330000－4791－0000030　W13.1～4　史部/傳記類/總傳之屬/家乘
**［浙江鄞縣］甬北孫氏宗譜三卷首一卷**　孫柳馨纂修　民國二十三年（1934）裕彥堂木活字印本　四册

330000－4791－0000031　W19.1～2　史部/傳記類/總傳之屬/家乘
**［浙江寧波］月湖陳氏家乘草本不分卷**　陳祖樸纂修　民國二十七年（1938）抄本　二册

330000－4791－0000037　T2.22.13～15　子部/儒家類/儒學之屬/性理
**王陽明先生傳習錄三卷**　（明）王守仁撰　（明）徐愛錄　民國十六年（1927）上海掃葉山

房石印本　三冊

330000－4791－0000038　T2.22.9～12　集部/總集類/選集之屬/通代

**東萊先生古文關鍵四卷**　(宋)呂祖謙評　(宋)蔡文子註　(清)徐樹屏考異　民國七年(1918)上海會文堂書局、碧梧山莊書局影印本　四冊

330000－4791－0000041　T2.22.20～22　史部/傳記類/總傳之屬/釋道

**高僧傳初集節要二卷二集節要二卷三集節要二卷**　梅光羲編　民國二十三年(1934)上海商務印書館鉛印本　三冊

330000－4791－0000042　T2.23.1～15　子部/雜著類/雜考之屬

**日知録集釋三十二卷栞誤二卷續栞誤二卷**　(清)黄汝成撰　民國元年(1912)鄂官書處刻本　十五冊　缺三卷(十九至二十一)

# 寧波市北侖區圖書館
# 民國時期傳統裝幀書籍普查登記目錄

## 浙江省民國時期傳統裝幀書籍普查登記目錄·寧波

國家圖書館出版社
National Library of China Publishing House

# 《寧波市北侖區圖書館民國時期傳統裝幀書籍普查登記目録》

**主　編：** 段忠花

**副主編：** 樂春燕

# 《寧波市北侖區圖書館民國時期傳統裝幀書籍普查登記目録》

## 前　言

寧波市北侖區圖書館於 1985 年 10 月由鎮海縣撤縣設鎮海、北侖兩個區時成立，1986 年 8 月 1 日正式開放。北侖圖書館新館於 2014 年 2 月對外開放，由北侖區圖書館和寧波職業技術學院圖書館組成，采用一體兩館、一館兩制、資源共建共用共管的新型管理模式。我館古籍主要來自於歷史館藏，之前根據《中國圖書館圖書分類法》進行分類，并按《中國文獻編目規則》進行編目著録。

隨着全國古籍保護工作的全面實施，根據《浙江省文化廳關於開展全省古籍普查項目申報的通知》（浙文社〔2011〕77 號）、《浙江省古籍普查項目管理辦法》（浙古保〔2012〕1 號）的文件精神，我館於 2014 年 11 月完成古籍普查工作，本館古籍普查收藏數量得到了最終的核實，爲 52 册。由於核實結果和 2009 年調查數據（160 册）上報數量有出入，其産生原因向浙江圖書館提交了書面説明情况報告。本次共普查館藏民國古籍 8 部 52 册，其中包括《鎮海縣舊志詩文删餘録存》2 部 2 册、《鎮海縣志》2 部 44 册、《鎮海縣新志備稿》2 部 4 册、《鎮海縣地圖》2 部 2 册。由於此前本館客觀條件的限制，本館古籍有不同程度的破損，主要的破損類型爲蟲蛀、脱頁及老化。

古籍保護任重道遠。由於之前客觀原因的限制，出現館藏古籍不同程度的破損。搬入新館後，保存條件得到大大提升。設置特藏室，室内采用恒温、恒濕技術，以紅木、花梨木和樟木爲主的書櫃古色古香。防蟲、防蛀的環境，爲古籍圖書提供了最理想的貯藏空間。爲了更好地保存古籍文獻，我館於 2015 年 9 月邀請專業技術人員，對此批古籍進行數字化加工掃描，充分利用現代化技術做到古籍的利用和保護兩不誤。

此次普查工作瑣碎繁雜，本館普查人員兢兢業業，認真負責，圓滿完成數據著録，在此對在古籍普查著録中努力工作的人員表示衷心感謝。

由於此次工作時間緊、要求高，專業人員著録水準有限，雖經反復校對覆核，相關數據仍難免有錯誤之處，請專家批評指正。

北侖區圖書館

2018 年 2 月

330000－1732－0000001　18100247776　史部/地理類/輿圖之屬/郡縣

**鎮海縣地圖不分卷**　民國二十一年(1932)石印本　一冊

330000－1732－0000002　18100247777　史部/地理類/輿圖之屬/郡縣

**鎮海縣地圖不分卷**　民國二十一年(1932)石印本　一冊

330000－1732－0000003　18100247778－18100247779　史部/地理類/方志之屬/郡縣志

**[民國]鎮海縣新志備稿二卷**　董祖羲纂　民國二十年(1931)上海蔚文印刷局鉛印本　二冊

330000－1732－0000004　18100247780－18100247781　史部/地理類/方志之屬/郡縣志

**[民國]鎮海縣新志備稿二卷**　董祖羲纂　民國二十年(1931)上海蔚文印刷局鉛印本　二冊

330000－1732－0000005　18100247783　集部/總集類/彙編之屬

**鎮海縣舊志詩文刪餘錄存二卷**　陳脩榆編　民國二十五年(1936)蔚文書局鉛印本　一冊

330000－1732－0000006　18100247782　集部/總集類/彙編之屬

**鎮海縣舊志詩文刪餘錄存二卷**　陳脩榆編　民國二十五年(1936)蔚文書局鉛印本　一冊

330000－1732－0000007　18100247784－18100247805　史部/地理類/方志之屬/郡縣志

**[民國]鎮海縣志四十五卷首一卷**　洪錫範　盛鴻燾修　王榮商　楊敏曾纂　民國二十年(1931)上海蔚文印刷局鉛印本　二十二冊

330000－1732－0000008　18100247806－18100247827　史部/地理類/方志之屬/郡縣志

**[民國]鎮海縣志四十五卷首一卷**　洪錫範　盛鴻燾修　王榮商　楊敏曾纂　民國二十年(1931)上海蔚文印刷局鉛印本　二十二冊

# 寧波市鎮海區文物保護管理所
# 民國時期傳統裝幀書籍普查登記目録

浙江省民國時期傳統裝幀書籍普查登記目録 · 寧波

國家圖書館出版社
National Library of China Publishing House

# 《寧波市鎮海區文物保護管理所民國時期傳統裝幀書籍普查登記目録》

## 編委會

**主　編：** 吴　波

**副主編：** 吴鋒鋼

**編纂人員：** 王艷波　曲　江　李根員　張敏輝　虞永杰

# 《寧波市鎮海區文物保護管理所民國時期傳統裝幀書籍普查登記目録》

## 前　言

寧波市鎮海區文物保護管理所藏書主要爲歷史館藏。本所古籍普查項目於2014年2月正式啓動,結束於2015年9月,共普查古籍1398部8770册。其中漢文古籍1385部8627册;碑帖拓本13部143册。此次古籍普查雖然遇到了起步晚、時間緊、人員少等困難,但在浙江省古籍保護中心的指導、單位領導和全體隊員的努力下,通過整合資源、加强協作,最終於2015年9月底完成了全部古籍數據的録入和一審。

按此次出版的要求,本所共收録642條民國時期傳統裝幀書籍數據,包括經、史、子、集、類叢各部。

根據工作需要,我所於2015年年初專門成立了古籍保護利用工作室,負責本單位古籍的普查、保護、利用和管理,落實了專職人員;編製古籍目録并進一步完善管理制度,制訂《鎮海區文物保護管理所古籍查閱規定》并上墻;完善了古籍保存環境,設有專門的古籍書庫,具備除濕機、空調、除蟲藥,整個庫房有消防系統和監控系統,古籍保存狀况良好。

本書得以出版,首先感謝所有一綫編目人員默默的付出,同時也感謝各位領導對古籍工作的支持,最後要感謝浙江省古籍保護中心的關心與指導。

由於我們的水平有限加之時間倉促,錯訛之處敬請批評指正。

鎮海區文物保護管理所

2018年2月

330000－4789－0000020　22　類叢部/叢書類/彙編之屬

**四部備要**　中華書局編　民國二十五年(1936)上海中華書局鉛印本　三冊　存一種

330000－4789－0000046　47　經部/禮記類/傳說之屬

**禮記集說十卷**　(元)陳澔撰　民國上海千頃堂書局石印本　二冊

330000－4789－0000050　52　經部/小學類/文字之屬/說文/傳說

**說文解字注十五卷附六書音均表五卷**　(清)段玉裁撰　**說文部目分韵一卷**　(清)陳煥編　**說文通檢十四卷首一卷末一卷**　(清)黎永椿編　**說文提要一卷**　(清)陳建侯撰　**徐星伯說文段注札記一卷**　(清)徐松撰　(清)劉肇隅編　**龔定菴說文段注札記一卷**　(清)龔自珍撰　(清)劉肇隅編　**桂未谷說文段注鈔一卷補鈔一卷**　(清)桂馥撰　(清)劉肇隅編　民國十四年(1925)上海掃葉山房石印本　十三冊

330000－4789－0000052　53　經部/小學類/文字之屬/說文

**說文解字十五卷標目一卷**　(漢)許慎撰　(宋)徐鉉等校定　民國上海商務印書館據藤花榭刻本影印本　四冊

330000－4789－0000057　60－1　經部/四書類/論語之屬

**論語補註二卷**　石企嵋撰　民國近義軒鉛印本　一冊

330000－4789－0000058　60－2　經部/四書類/論語之屬

**論語補註二卷**　石企嵋撰　民國近義軒鉛印本　一冊

330000－4789－0000060　1034　史部/地理類/方志之屬/郡縣志

**[民國]鎮海縣志四十五卷首一卷**　洪錫範　盛鴻燾修　王榮商　楊敏曾纂　民國二十年(1931)上海蔚文印刷局鉛印本　二十二冊

330000－4789－0000061　1035　史部/地理類/方志之屬/郡縣志

**[民國]鎮海縣新志備稿二卷**　董祖義纂　民國二十年(1931)上海蔚文印刷局鉛印本　二冊

330000－4789－0000062　1036　集部/總集類/彙編之屬

**鎮海縣舊志詩文刪餘錄存二卷**　陳脩榆編　民國二十五年(1936)蔚文書局鉛印本　一冊

330000－4789－0000064　1037－1　史部/地理類/輿圖之屬/郡縣

**鎮海縣地圖不分卷**　民國二十一年(1932)石印本　一冊

330000－4789－0000079　1034－2　史部/地理類/方志之屬/郡縣志

**[民國]鎮海縣志四十五卷首一卷**　洪錫範　盛鴻燾修　王榮商　楊敏曾纂　民國二十年(1931)上海蔚文印刷局鉛印本　二十二冊

330000－4789－0000080　1034－4　史部/地理類/方志之屬/郡縣志

**[民國]鎮海縣志四十五卷首一卷**　洪錫範　盛鴻燾修　王榮商　楊敏曾纂　民國二十年(1931)上海蔚文印刷局鉛印本　二十二冊

330000－4789－0000081　1034－3　史部/地理類/方志之屬/郡縣志

**[民國]鎮海縣志四十五卷首一卷**　洪錫範　盛鴻燾修　王榮商　楊敏曾纂　民國二十年(1931)上海蔚文印刷局鉛印本　二十二冊

330000－4789－0000083　1034－6　史部/地理類/方志之屬/郡縣志

**[民國]鎮海縣志四十五卷首一卷**　洪錫範　盛鴻燾修　王榮商　楊敏曾纂　民國二十年(1931)上海蔚文印刷局鉛印本　二十二冊

330000－4789－0000084　1034－5　史部/地理類/方志之屬/郡縣志

**[民國]鎮海縣志四十五卷首一卷**　洪錫範　盛鴻燾修　王榮商　楊敏曾纂　民國二十年(1931)上海蔚文印刷局鉛印本　二十二冊

330000－4789－0000099　1034－7　史部/地理類/方志之屬/郡縣志

**[民國]鎮海縣志四十五卷首一卷**　洪錫範　盛鴻燾修　王榮商　楊敏曾纂　民國二十年(1931)上海蔚文印刷局鉛印本　二十二册

330000－4789－0000100　90　經部/四書類/總義之屬/傳説

**監本詳注四書**　(宋)朱熹撰　民國二十三年(1934)鉛印本　一册

330000－4789－0000103　1034－8　史部/地理類/方志之屬/郡縣志

**[民國]鎮海縣志四十五卷首一卷**　洪錫範　盛鴻燾修　王榮商　楊敏曾纂　民國二十年(1931)上海蔚文印刷局鉛印本　二十二册

330000－4789－0000105　1218　子部/儒家類/儒學之屬/蒙學

**新式標點言文對照幼學故事瓊林四卷首一卷**　(清)程登吉撰　(清)鄒聖脈增補　民國二十一年(1932)上海廣益書局石印本　二册　缺二卷(二至三)

330000－4789－0000106　1034－9　史部/地理類/方志之屬/郡縣志

**[民國]鎮海縣志四十五卷首一卷**　洪錫範　盛鴻燾修　王榮商　楊敏曾纂　民國二十年(1931)上海蔚文印刷局鉛印本　二十二册

330000－4789－0000107　91　經部/叢編

**十三經注疏附校勘記**　(清)阮元撰　民國二十四年(1935)上海世界書局石印本　二册

330000－4789－0000108　1034－10　史部/地理類/方志之屬/郡縣志

**[民國]鎮海縣志四十五卷首一卷**　洪錫範　盛鴻燾修　王榮商　楊敏曾纂　民國二十年(1931)上海蔚文印刷局鉛印本　二十二册

330000－4789－0000111　1034－11　史部/地理類/方志之屬/郡縣志

**[民國]鎮海縣志四十五卷首一卷**　洪錫範　盛鴻燾修　王榮商　楊敏曾纂　民國二十年(1931)上海蔚文印刷局鉛印本　二十二册

330000－4789－0000115　1034－12　史部/地理類/方志之屬/郡縣志

**[民國]鎮海縣志四十五卷首一卷**　洪錫範　盛鴻燾修　王榮商　楊敏曾纂　民國二十年(1931)上海蔚文印刷局鉛印本　二十二册

330000－4789－0000117　1034－13　史部/地理類/方志之屬/郡縣志

**[民國]鎮海縣志四十五卷首一卷**　洪錫範　盛鴻燾修　王榮商　楊敏曾纂　民國二十年(1931)上海蔚文印刷局鉛印本　二十二册

330000－4789－0000118　1034－14　史部/地理類/方志之屬/郡縣志

**[民國]鎮海縣志四十五卷首一卷**　洪錫範　盛鴻燾修　王榮商　楊敏曾纂　民國二十年(1931)上海蔚文印刷局鉛印本　二十二册

330000－4789－0000119　1034－15　史部/地理類/方志之屬/郡縣志

**[民國]鎮海縣志四十五卷首一卷**　洪錫範　盛鴻燾修　王榮商　楊敏曾纂　民國二十年(1931)上海蔚文印刷局鉛印本　二十二册

330000－4789－0000121　1034－16　史部/地理類/方志之屬/郡縣志

**[民國]鎮海縣志四十五卷首一卷**　洪錫範　盛鴻燾修　王榮商　楊敏曾纂　民國二十年(1931)上海蔚文印刷局鉛印本　二十二册

330000－4789－0000124　1034－17　史部/地理類/方志之屬/郡縣志

**[民國]鎮海縣志四十五卷首一卷**　洪錫範　盛鴻燾修　王榮商　楊敏曾纂　民國二十年(1931)上海蔚文印刷局鉛印本　二十二册

330000－4789－0000125　1034－18　史部/地理類/方志之屬/郡縣志

**[民國]鎮海縣志四十五卷首一卷**　洪錫範　盛鴻燾修　王榮商　楊敏曾纂　民國二十年(1931)上海蔚文印刷局鉛印本　二十二册

330000－4789－0000127　1034－25　史部/地理類/方志之屬/郡縣志

**[民國]鎮海縣志四十五卷首一卷**　洪錫範

盛鴻燾修　王榮商　楊敏曾纂　民國二十年(1931)上海蔚文印刷局鉛印本　二十二冊

330000－4789－0000128　1034－19　史部/地理類/方志之屬/郡縣志

**[民國]鎮海縣志四十五卷首一卷**　洪錫範　盛鴻燾修　王榮商　楊敏曾纂　民國二十年(1931)上海蔚文印刷局鉛印本　二十二冊

330000－4789－0000129　1034－20　史部/地理類/方志之屬/郡縣志

**[民國]鎮海縣志四十五卷首一卷**　洪錫範　盛鴻燾修　王榮商　楊敏曾纂　民國二十年(1931)上海蔚文印刷局鉛印本　二十二冊

330000－4789－0000130　1034－21　史部/地理類/方志之屬/郡縣志

**[民國]鎮海縣志四十五卷首一卷**　洪錫範　盛鴻燾修　王榮商　楊敏曾纂　民國二十年(1931)上海蔚文印刷局鉛印本　二十二冊

330000－4789－0000147　121　經部/四書類/孟子之屬/傳說

**孟子新讀本七卷**　唐文治撰　民國鉛印本　二冊　存五卷(一至五)

330000－4789－0000149　165　經部/小學類/文字之屬/字書/字典

**辭源續編十二集十二卷檢字一卷附錄一卷**　方毅　傅運森等編　民國二十年(1931)上海商務印書館石印本　一冊

330000－4789－0000156　129　經部/小學類/文字之屬/字書/字典

**鴻寶齋攷正字彙二卷**　(清)陳淏子撰　鴻寶齋主人輯　民國元年(1912)上海鴻寶齋石印本　一冊

330000－4789－0000157　127　經部/四書類/大學之屬/傳說

**大學古本質言一卷**　(清)劉沅撰　民國八年(1919)石印本　一冊

330000－4789－0000169　140　經部/小學類/文字之屬/說文/傳說

**說文釋例二十卷**　(清)王筠撰　民國十四年(1925)掃葉山房石印本　一冊　存三卷(一至三)

330000－4789－0000176　146－1　經部/孝經類/傳說之屬

**孝經白話解說一卷**　朱領中撰　民國二十一年(1932)上海明善書局石印本　一冊

330000－4789－0000177　146－2　經部/孝經類/傳說之屬

**孝經白話解說一卷**　朱領中撰　民國二十一年(1932)上海明善書局石印本　一冊

330000－4789－0000185　155　經部/小學類/文字之屬/字書/字典

**康熙字典十二集三十六卷總目一卷檢字一卷辨似一卷等韻一卷補遺一卷備考一卷**　(清)張玉書等纂修　民國十五年(1926)上海鴻章書局石印本　六冊

330000－4789－0000186　156　經部/小學類/文字之屬/字書/字典

**康熙字典十二集三十六卷總目一卷檢字一卷辨似一卷等韻一卷補遺一卷備考一卷**　(清)張玉書等纂修　民國上海新馬路五彩章福記石印本　六冊

330000－4789－0000194　161　經部/小學類/文字之屬/字書/字典

**康熙字典十二集三十六卷總目一卷檢字一卷辨似一卷等韻一卷補遺一卷備考一卷**　(清)張玉書等纂修　民國商務印館鉛印本　三冊

330000－4789－0000195　164　經部/小學類/文字之屬/字書/字典

**辭源十二卷檢字一卷勘誤一卷附錄五卷**　陸爾奎等編　民國四年(1915)上海商務印書館鉛印本　十二冊

330000－4789－0000196　162　經部/小學類/文字之屬/字書/字典

**康熙字典十二集三十六卷總目一卷檢字一卷辨似一卷等韻一卷補遺一卷備考一卷**　(清)張玉書等纂修　民國二年(1913)廣益書局石印本　一冊

330000－4789－0000235　197　史部/史評類/史論之屬
**讀通鑑論三十卷**　(清)王夫之撰　民國上海漢讀樓書莊石印本　六冊

330000－4789－0000243　205　史部/史抄類
**史記菁華錄六卷**　(清)姚祖恩輯評　民國上海商務印書館鉛印本　三冊

330000－4789－0000245　210　史部/傳記類/總傳之屬/釋道
**國清高僧傳一卷附寒山子詩一卷**　釋蘊光編　民國二十五年(1936)鉛印本　一冊

330000－4789－0000248　208　類叢部/叢書類/郡邑之屬
**續金華叢書六十種**　胡宗楙編　民國十三年(1924)永康胡氏夢選樓刻本　二冊　存一種

330000－4789－0000254　228　史部/雜史類/斷代之屬
**戰國策補註三十三卷**　吳曾祺撰　民國上海商務印書館鉛印本　四冊

330000－4789－0000257　213　史部/傳記類/別傳之屬/事狀
**魏文節公[杞]事略一卷**　魏頌唐輯　民國二十五年(1936)鉛印本　一冊

330000－4789－0000258　209　集部/別集類/明別集
**宋文憲公全集八十三卷**　(明)宋濂撰　(清)朱興悌　(清)戴殿江纂　(清)孫鏘增輯　民國五年(1916)刻本　一冊　存三卷(八十一至八十三)

330000－4789－0000268　244　史部/地理類/專志之屬/祠墓
**建修萬季野先生祠墓紀念刊一卷徵信錄一卷**　建修萬季野先生祠墓事務所輯　民國二十六年(1937)寧波建修萬季野先生祠墓事務所鉛印本　一冊

330000－4789－0000270　237－1　子部/藝術類/篆刻之屬/印論
**續三十五舉一卷**　(清)黄子高撰　民國六年(1917)上海商務印書館石印本　一冊

330000－4789－0000271　1045　集部/總集類/郡邑之屬
**竹洲文獻二卷**　楊貽誠編　民國二十五年(1936)鄞縣縣立女子中學校友會鉛印本　一冊

330000－4789－0000272　243　集部/總集類/郡邑之屬
**竹洲文獻二卷**　楊貽誠編　民國二十五年(1936)鄞縣縣立女子中學校友會鉛印本　一冊

330000－4789－0000273　232　史部/地理類/遊記之屬
**徐霞客遊記大觀十二卷**　(明)徐弘祖撰　(清)李寄輯　民國十三年(1924)上海掃葉山房石印本　十二冊

330000－4789－0000274　237－2　子部/藝術類/篆刻之屬/印論
**續三十五舉一卷**　(清)黄子高撰　民國六年(1917)上海商務印書館石印本　一冊

330000－4789－0000291　256　史部/紀傳類/正史之屬
**史記論文不分卷**　(清)吳見思評點　民國上海中華書局鉛印本　八冊

330000－4789－0000292　257　史部/金石類/總志之屬/圖像
**新鄭出土古器圖志初編一卷續編一卷附編一卷**　靳雲鶚編　民國十二年(1923)漢口新鄭出土古器圖志總發行所影印本暨鉛印本　三冊

330000－4789－0000294　251　子部/儒家類/儒學之屬/經濟
**歷代尊孔記一卷孔教外論一卷**　程淯輯　民國二十二年(1933)上海中國道德會鉛印本　一冊

330000－4789－0000299　263　史部/金石類/石之屬/題跋
**石墨鐫華八卷**　(明)趙崡撰　民國七年

(1918)學古齋刻本　四冊

330000－4789－0000315　284　史部/地理類
**鎮海縣修志局報告冊不分卷**　鎮海縣修志局編　民國鉛印本　一冊

330000－4789－0000316　283　史部/傳記類/科舉録之屬/總録
**海鹽士林錄六卷**　(清)朱俎莘編　朱廖元等續編　民國二十一年(1932)海鹽朱氏十三古印齋鉛印本　三冊

330000－4789－0000318　285　史部/目録類/專録之屬
**參加倫敦中國藝術國際展覽會出品目錄四卷**　倫敦中國藝術國際展覽會籌備委員會編　民國二十四年(1935)鉛印本　一冊

330000－4789－0000321　1046　史部/目録類/專録之屬
**參加倫敦中國藝術國際展覽會出品目錄四卷**　倫敦中國藝術國際展覽會籌備委員會編　民國二十四年(1935)鉛印本　一冊

330000－4789－0000324　740－1　集部/別集類
**寒莊文編二卷**　虞輝祖撰　民國十年(1921)上海聚珍倣宋印書局鉛印本　一冊

330000－4789－0000326　740－2　集部/別集類
**寒莊文編二卷**　虞輝祖撰　民國十年(1921)上海聚珍倣宋印書局鉛印本　一冊

330000－4789－0000327　270　史部/地理類/雜志之屬
**西域四種**　(清)徐松撰　(清)李光廷撰　民國上海鴻文書局石印本　八冊

330000－4789－0000328　838　集部/總集類/郡邑之屬
**蛟川詩繫三十一卷首一卷**　(清)姚燮輯　民國二年(1913)鉛印本　八冊

330000－4789－0000341　290　史部/編年類/通代之屬
**胡刻通鑑正文校宋記三十卷述略一卷**　章鈺撰　**附錄三卷**　(宋)胡三省注文　章鈺輯　民國二十年(1931)長洲章氏四當齋刻本　六冊

330000－4789－0000343　300　史部/史抄類
**史記菁華錄六卷**　(清)姚祖恩輯評　民國二十二年(1933)上海商務印書館鉛印本　一冊

330000－4789－0000344　301　集部/總集類/選集之屬/通代
**經史百家簡編二卷**　(清)曾國藩纂　民國四年(1915)上海商務印書館鉛印本　二冊

330000－4789－0000346　303、304　史部/雜史類/斷代之屬
**痛史二十一種附九種**　樂天居士輯　民國二年(1913)上海商務印書館鉛印本　二冊　存三種

330000－4789－0000359　329　史部/編年類/通代之屬
**綱鑑易知錄九十二卷明鑑易知錄十五卷**　(清)吳乘權　(清)周之炯　(清)周之燦輯　民國五年(1916)上海商務印書館鉛印本　十五冊　缺七卷(七十一至七十七)

330000－4789－0000373　316　集部/別集類/宋別集
**蘇東坡詩集注三十二卷**　(宋)蘇軾撰　(宋)呂祖謙編　(宋)王十朋集注　**東坡先生[蘇軾]年譜一卷**　(宋)王宗稷編　**失編一卷**　(清)朱從延補注　民國四年(1915)上海掃葉山房石印本　一冊　存一卷(年譜)

330000－4789－0000386　346　史部/編年類/通代之屬
**綱鑑易知錄九十二卷明鑑易知錄十五卷**　(清)吳乘權　(清)周之炯　(清)周之燦輯　民國五年(1916)上海商務印書館鉛印本　十六冊

330000－4789－0000402　360　史部/政書類/公牘檔冊之屬
**閻督軍政書四卷首一卷**　閻錫山撰　民國九

年(1920)上海尚友社石印本　一冊　存一卷(二)

330000－4789－0000407　367、370、372、379、380、381、382、383、388、389、390、391、392　類叢部/叢書類/彙編之屬
**四部備要**　中華書局編　民國二十五年(1936)上海中華書局鉛印本　三百七十六冊　存十三種

330000－4789－0000409　374　類叢部/叢書類/彙編之屬
**四部備要**　中華書局編　民國二十五年(1936)上海中華書局鉛印本　十六冊　存一種

330000－4789－0000414　373　類叢部/叢書類/彙編之屬
**四部備要**　中華書局編　民國二十五年(1936)上海中華書局鉛印本　六冊　存一種

330000－4789－0000415　368、369、371、375、378　類叢部/叢書類/彙編之屬
**四部備要**　中華書局編　民國二十五年(1936)上海中華書局鉛印本　六十八冊　存五種

330000－4789－0000416　376　史部/政書類/考工之屬
**天工開物三卷**　(明)宋應星撰　民國十九年(1930)上海華通書局據日本菅生堂刻本影印本　九冊

330000－4789－0000417　384、385、386、387　類叢部/叢書類/彙編之屬
**四部備要**　中華書局編　民國二十五年(1936)上海中華書局鉛印本　三十四冊　存四種

330000－4789－0000419　401　子部/叢編
**評註諸子菁華錄十八種十八卷**　張之純編纂　民國上海商務印書館鉛印本　二冊　存一卷(八)

330000－4789－0000430　420　子部/雜著類/雜說之屬
**淮南鴻烈集解二十一卷**　(漢)劉安撰　(漢)高誘注　民國十二年(1923)上海掃葉山房石印本　四冊

330000－4789－0000435　413　類叢部/叢書類/彙編之屬
**四部備要**　中華書局編　民國二十五年(1936)上海中華書局鉛印本　四冊　存一種

330000－4789－0000440　406　子部/法家類
**韓非子二十卷**　(秦)韓非撰　**識誤三卷**　(清)顧廣圻撰　民國十四年(1925)上海掃葉山房石印本　六冊

330000－4789－0000449　432　子部/道家類
**老子道德經箋注一卷**　丁福保撰　**老子道德經書目攷一卷**　周雲青撰　民國十六年(1927)上海醫學書局鉛印本　一冊

330000－4789－0000450　409　子部/道家類
**南華真經解四卷**　(清)宣穎撰　民國三年(1914)尚古山房石印本　四冊

330000－4789－0000457　447　子部/墨家類
**墨子閒詁十五卷目録一卷附録一卷後語二卷**　(清)孫詒讓撰　民國上海商務印書館影印本　八冊

330000－4789－0000463　438、439、441、442、443　子部/叢編
**百子全書**　(清)崇文書局編　民國八年(1919)上海掃葉山房石印本　五冊　存八種

330000－4789－0000466　462　類叢部/叢書類/彙編之屬
**宋人小說二十八種**　涵芬樓編　民國上海商務印書館鉛印本　一冊　存一種

330000－4789－0000474　469　子部/小說家類
**筆記小說大觀二百二十二種**　進步書局輯　民國上海進步書局石印本　十九冊　存五種

330000－4789－0000479　467　子部/雜著類/雜說之屬
**齊東野語二十卷**　(宋)周密撰　民國上海商

務印書館鉛印本　三冊

330000－4789－0000481　468　類叢部/叢書類/彙編之屬

**涵芬樓祕笈五十一種**　孫毓修等輯　民國五年至十五年(1916－1926)上海商務印書館影印本暨鉛印本　一冊　存一種

330000－4789－0000505　501　經部/小學類/音韻之屬/韻書

**增廣詩韻全璧五卷**　鴻寶齋主人增編　**虛字韻藪一卷**　(清)潘維城輯　**初學檢韻袖珍一卷**　(清)錢大昕鑒定　(清)姚文登輯　民國九年(1920)上海鴻寶齋書局石印本　二冊

330000－4789－0000519　516　子部/藝術類/書畫之屬/畫譜

**花鳥畫譜不分卷**　民國石印本　一冊

330000－4789－0000525　520　子部/醫家類/養生之屬/導引、氣功

**易筋經外經圖說一卷附八段錦圖一卷**　民國上海同文書局石印本　一冊

330000－4789－0000526　533　子部/藝術類/書畫之屬

**攝印名人書畫不分卷**　(清)汪洵撰　民國鉛印本　一冊

330000－4789－0000529　534　子部/藝術類/書畫之屬/法帖

**翁松禪相國尺牘真蹟不分卷**　(清)翁同龢書　民國上海中華書局影印本　十二冊

330000－4789－0000530　524　子部/藝術類/書畫之屬/畫譜

**芥子園畫傳初集六卷**　(清)王槩　(清)王蓍　(清)王臬輯　民國二十二年(1933)上海天寶書局石印本　一冊

330000－4789－0000531　532　子部/藝術類/書畫之屬

**宋夢仙遺畫不分卷**　(清)宋貞繪　民國四年(1915)石印本　一冊

330000－4789－0000534　525　子部/藝術類/書畫之屬/書法畫品

**山水畫訣二卷**　馬駘繪　民國十五年(1926)世界書局石印本　一冊　存一卷(上)

330000－4789－0000536　539　集部/曲類/曲韻曲譜曲律之屬

**崑曲掇錦不分卷**　楊蔭瀏編輯　民國十五年(1926)無錫五大印務局石印本　一冊

330000－4789－0000538　538　集部/戲劇類/傳奇之屬

**牡丹亭還魂記四卷五十五齣**　(明)湯顯祖撰　民國十七年(1928)上海掃葉山房石印本　四冊

330000－4789－0000541　526　子部/藝術類/書畫之屬/畫譜

**分類畫範自習畫譜大全三集二十四卷**　馬駘繪　民國十七年(1928)石印本　一冊　存二卷(人物畫範一至二)

330000－4789－0000542　540　集部/曲類/曲選之屬

**繪圖綴白裘十二集四十八卷**　(清)玩花主人輯　(清)錢德蒼增輯　民國四年(1915)上海富華圖書館石印本　十四冊　缺四卷(少士集一至四)

330000－4789－0000544　527　集部/總集類/題詠之屬

**深山讀書圖題詠二集不分卷**　錢季寅編　民國二十年(1931)四明錢氏問菊軒鉛印本　二冊

330000－4789－0000545　528－1　子部/藝術類/書畫之屬/畫譜

**怡雲軒畫譜不分卷**　(清)怡雲軒主人輯　民國二十五年(1936)鉛印本　一冊

330000－4789－0000548　548　子部/宗教類/佛教之屬

**佛學小辭典不分卷**　孫祖烈編纂　民國上海醫學書局鉛印本　一冊

330000－4789－0000550　529　集部/總集類/題詠之屬

**羽山聽松圖題詠集一卷** 蔡心齋等撰 民國二十四年(1935)鉛印本 一册

330000－4789－0000551 553 子部/宗教類/佛教之屬
**佛學小辭典不分卷** 孫祖烈編纂 民國上海醫學書局鉛印本 二册

330000－4789－0000554 552 子部/藝術類/書畫之屬/畫法畫品
**畫法要錄十七卷首一卷** 余紹宋撰 民國上海中華書局鉛印本 一册 存四卷(七至十)

330000－4789－0000556 550 子部/藝術類/遊藝之屬/雜藝
**益智圖二卷燕几圖一卷副本一卷** (清)童叶庚撰 **益智續圖一卷** (清)童昂 (清)童昶 (清)童晏撰 (清)童叶庚編 **益智字圖一卷附一卷** (清)祝梅君撰 民國八年(1919)上海商務印書館石印本 一册 存一卷(副本)

330000－4789－0000568 565 類叢部/叢書類/彙編之屬
**四部備要** 中華書局編 民國二十五年(1936)上海中華書局鉛印本 一册 存一種

330000－4789－0000572 560 子部/宗教類/佛教之屬
**佛學叢書□□種** 丁福保輯 民國上海醫學書局鉛印本暨影印本 一册 存一種

330000－4789－0000575 569 史部/傳記類/總傳之屬/釋道
**八十八祖傳贊五卷** (明)釋德清述 (明)高乘埏補 民國二年(1913)常州天寧寺刻本 一册 存三卷(三至五)

330000－4789－0000576 564 新學/圖學/圖算
**新式集對七巧圖三卷續編二卷補遺一卷** 裴良白輯 民國十年(1921)上海尚文書店鉛印本 六册

330000－4789－0000580 580 新學/醫學
**類證鑑別皇漢醫學要訣不分卷** (日本)大塚敬節纂 陳景岐譯 民國鉛印本 一册

330000－4789－0000584 587 子部/醫家類/傷寒金匱之屬/傷寒論
**最新傷寒問答一卷** (清)蕭屏撰 民國十二年(1923)無錫錫成公司鉛印本 一册

330000－4789－0000588 585 子部/醫家類/傷寒金匱之屬/傷寒論
**傷寒三字經不分卷** 刘椕勲編 民國十一年(1922)上海千頃堂書局石印本 一册

330000－4789－0000591 584 新學/醫學
**脈學復古不分卷** 姚心源編 民國上海佛化醫院石印本 一册

330000－4789－0000593 582 子部/醫家類/溫病之屬
**溫病三字經不分卷** 周松僊輯 民國二十一年(1932)萬有書局鉛印本 一册

330000－4789－0000595 583 子部/醫家類/外科之屬
**外科三字經不分卷** 周松僊輯 民國二十一年(1932)萬有書局鉛印本 一册

330000－4789－0000596 581 子部/醫家類/内科之屬
**近世内科全書二卷** 丁福保譯述 民國十六年(1927)鉛印本 一册 缺一卷(一)

330000－4789－0000605 603 子部/醫家類/方書之屬/單方驗方
**本草萬方鍼線八卷** (清)蔡烈先輯 民國上海錦章圖書局石印本 一册 存五卷(一至五)

330000－4789－0000607 593 子部/醫家類/綜合之屬/通論
**御纂醫宗金鑑九十卷首一卷** (清)吳謙等撰 民國八年(1919)上海鴻寶齋石印本 一册 存十六卷(編輯外科心法要訣一至十六)

330000－4789－0000608 601 子部/醫家類/本草之屬/歷代綜合本草
**本草從新十八卷** (清)吳儀洛輯 民國二年

(1913)上海廣益書局石印本　四冊

330000－4789－0000611　609　子部/醫家類/溫病之屬

**溫病條辨六卷首一卷**　(清)吳瑭撰　民國二十六年(1937)上海千頃堂書局石印本　四冊

330000－4789－0000614　606－2　子部/醫家類/本草之屬/本草藥性

**增補本草備要八卷**　(清)汪昂著輯　民國三年(1914)上海共和書局石印本　一冊　存一卷(一)

330000－4789－0000615　615　子部/醫家類

**湯頭錢數抉微四卷**　(清)章納川撰　民國十二年(1923)刻本　一冊　存一卷(一)

330000－4789－0000617　607　子部/醫家類/溫病之屬/其他溫疫病證

**皇漢醫學叢書**　(清)陳存仁校編　民國二十五年(1936)世界書局鉛印本　一冊　存七種

330000－4789－0000623　621　子部/醫家類/婦科之屬/通論

**新編女科指掌五卷**　(清)葉其蓁編輯　民國石印本　一冊

330000－4789－0000632　611　子部/醫家類/方書之屬/成方藥目

**達仁堂藥目不分卷**　樂達仁撰　民國二年(1913)京都達仁堂刻本　一冊

330000－4789－0000644　639　子部/醫家類/診法之屬/歷代脈學

**脈法易知九卷**　中華書局輯　民國中華書局鉛印本　一冊

330000－4789－0000648　646　子部/醫家類/外科之屬/通論

**瘍科綱要二卷**　張壽頤撰　民國十六年(1927)浙江蘭谿中醫專校石印本　一冊　存一卷(下)

330000－4789－0000649　648　子部/醫家類/兒科之屬/痘疹

**痳症集成四卷**　(清)朱載揚撰　民國二十年(1931)鄞縣周羡江、屠時遜鉛印本　一冊

330000－4789－0000652　651　子部/醫家類/醫經之屬/難經

**校正圖註八十一難經四卷**　(明)張世賢註　民國上海大文書局石印本　一冊

330000－4789－0000653　649　子部/醫家類/方書之屬/單方驗方

**經方實驗錄第一集三卷首一卷附錄一卷**　曹家達撰　姜佐景編按　民國二十六年(1937)瑞安姜佐景鉛印本　一冊　存二卷(三、附錄)

330000－4789－0000654　667、668　類叢部/叢書類/彙編之屬

**四部叢刊**　張元濟等編　民國八年(1919)上海商務印書館影印本　四十四冊　存二種

330000－4789－0000657　652　子部/醫家類/診法之屬

**初等診斷學二卷**　(清)錢斗保撰　劉景素增輯　民國奉天同大印書館鉛印本　一冊　存一卷(上)

330000－4789－0000659　637　子部/醫家類/診法之屬/歷代脈學

**崔真人脉訣詳解十二卷附方十二卷**　(宋)崔嘉彥撰　(清)潘楫註　民國十七年(1928)上海中華新教育鉛印本　二冊

330000－4789－0000660　658　子部/醫家類/方書之屬/單方驗方

**增輯濟生驗方不分卷**　上海半濟醫局編輯　民國二十三年(1934)鉛印本　一冊

330000－4789－0000664　653　子部/醫家類/醫案之屬

**臨證指南醫案八卷**　(清)葉桂撰　民國八年(1919)上海文益書局石印本　一冊　存二卷(一至二)

330000－4789－0000665　654　子部/醫家類/方書之屬/單方驗方

**海上效方一卷**　姚心源撰　民國十八年(1929)鉛印本　一冊

330000－4789－0000670　669　集部/總集類/郡邑之屬

**續甬上耆舊詩一百二十卷首一卷**　(清)全祖望輯選　民國七年(1918)四明文獻社鉛印本　二十四册

330000－4789－0000671　676、950　集部/別集類/唐五代別集

**玉溪生詩意八卷**　(唐)李商隱撰　(清)朱鶴齡注　(清)屈復意　民國石印本　六册

330000－4789－0000673　661　子部/醫家類/綜合之屬/雜著

**中醫與科學七卷**　譚次仲撰　民國鉛印本　一册

330000－4789－0000674　678　類叢部/叢書類/彙編之屬

**四部備要**　中華書局編　民國二十五年(1936)上海中華書局鉛印本　四册　存一種

330000－4789－0000678　662　子部/醫家類/醫經之屬/内經

**素問靈樞類纂約註三卷**　(清)汪昂輯註　民國千頃堂書局石印本　一册

330000－4789－0000680　677　集部/詞類/總集之屬

**絕妙好詞箋七卷**　(宋)周密輯　(清)查為仁　(清)厲鶚箋　**續鈔二卷**　(清)余集輯　(清)徐楙補錄　民國十二年(1923)上海啟新圖書局石印本　四册

330000－4789－0000682　679　集部/總集類/選集之屬/通代

**玉臺新詠十卷**　(南朝陳)徐陵編　(清)吳兆宜注　(清)程琰刪補　民國埽葉山房石印本　五册

330000－4789－0000692　697　集部/總集類/郡邑之屬

**蛟川耆舊詩補十二卷**　王榮商編　張寅煇參訂　民國七年(1918)刻本　六册

330000－4789－0000694　689　集部/別集類/清別集

**靈芬館詩初集四卷二集十卷三集四卷**　(清)郭麐撰　民國二年(1913)上海掃葉山房石印本　八册

330000－4789－0000695　698　集部/詞類/詞譜之屬

**霜厓詞錄一卷**　吳梅撰　民國鉛印本　一册

330000－4789－0000696　690　集部/總集類/郡邑之屬

**永嘉詩人祠堂叢刻十四種**　冒廣生輯　民國四年(1915)如皋冒氏刻本　八册　存十種

330000－4789－0000698　699　集部/詩文評類/詩評之屬

**學詩初步三卷**　張廷華　吳玉編　民國四年(1915)上海文明書局鉛印本　一册

330000－4789－0000699　688　集部/別集類/明別集

**青邱高季迪先生詩集十八卷首一卷遺詩一卷扣舷集一卷鳧藻集五卷附錄一卷**　(明)高啓撰　(清)金檀輯注　民國三年(1914)東吳浦氏石印本　十一册　缺二卷(遺詩、扣舷集)

330000－4789－0000702　701　集部/別集類

**雪野堂文稿三卷**　袁惠常撰　民國三十八年(1949)鉛印本　一册

330000－4789－0000704　711、712、713　集部/別集類

**八指頭陀詩集十卷續集八卷襍文一卷**　釋敬安撰　民國八年(1919)北京法源寺刻本　五册

330000－4789－0000705　709　集部/總集類/郡邑之屬

**剡川詩鈔十二卷**　(清)彭祖訓選　(清)舒順方編　(清)董彥琦輯　**剡川詩鈔補編二卷續編十二卷**　江五民輯　民國四年至五年(1915－1916)四明孫氏七千卷樓鉛印本　五册

330000－4789－0000706　695　集部/總集類/郡邑之屬

**剡川詩鈔十二卷**　(清)彭祖訓選　(清)舒順

方編　(清)董彥琦輯　民國四年(1915)四明孫氏七千卷樓鉛印本　二冊

330000－4789－0000709　1050　集部/總集類/郡邑之屬
**剡川詩鈔補編二卷補遺一卷**　江五民輯　民國五年(1916)四明孫氏七千卷樓鉛印本　一冊

330000－4789－0000711　1049　集部/總集類/郡邑之屬
**剡川詩鈔續編十二卷首一卷末一卷**　江五民輯　民國五年(1916)四明孫氏七千卷樓鉛印本　二冊

330000－4789－0000713　704　集部/別集類
**花消英氣集一卷**　陳星煒撰　民國三十六年(1947)鉛印本　一冊

330000－4789－0000715　714　子部/術數類/相宅相墓之屬
**地理天機會元三十五卷**　(唐)卜應天撰　(明)顧乃德輯　(明)徐之鏌重編　民國上海校經山房石印本　十冊　存十六卷(二十至三十五)

330000－4789－0000718　715　集部/總集類/選集之屬/斷代
**唐詩鼓吹評註十卷**　(清)錢謙益　(清)何焯評註　民國八年(1919)上海文明書局石印本　三冊　存六卷(一至六)

330000－4789－0000720　703　類叢部/叢書類/彙編之屬
**宋人小說二十八種**　涵芬樓編　民國上海商務印書館鉛印本　一冊　存一種

330000－4789－0000722　721－1　集部/別集類
**大休上人遺著一卷**　周冠九輯　民國鉛印本　一冊

330000－4789－0000723　721－2　集部/別集類
**大休上人遺著一卷**　周冠九輯　民國鉛印本　一冊

330000－4789－0000725　716　類叢部/叢書類/彙編之屬
**涵芬樓祕笈五十一種**　孫毓修等輯　民國五年至十五年(1916－1926)上海商務印書館影印本暨鉛印本　三冊　存一種

330000－4789－0000726　728　集部/別集類
**世載堂詩待刪稿二卷**　劉成禺撰　民國三十四年(1945)京華印書館鉛印本　一冊

330000－4789－0000727　724　集部/總集類/選集之屬/通代
**歷代五言詩評選十六卷**　楊鍾羲輯　民國二十八年(1939)長沙商務印書館鉛印本　三冊

330000－4789－0000729　717　集部/總集類/選集之屬/通代
**六朝文絜四卷**　(清)許槤輯並評　民國七年(1918)上海中華書局據清道光五年(1825)海昌許氏享金寶石齋刻本影印本　二冊

330000－4789－0000730　729　集部/別集類/清別集
**人境廬詩草箋注十一卷補遺一卷**　(清)黃遵憲撰　錢萼孫箋注　**嘉應黃先生[遵憲]墓誌銘一卷**　梁啓超撰　**黃公度先生[遵憲]年譜一卷**　錢萼孫撰　**詩話二卷**　錢萼孫輯　民國二十五年(1936)上海商務印書館鉛印本　二冊

330000－4789－0000733　731　類叢部/叢書類/彙編之屬
**四部叢刊**　張元濟等編　民國上海商務印書館影印本　一冊　存一種

330000－4789－0000734　732　集部/詩文評類/詩評之屬
**唐音統籤一千三十三卷**　(明)胡震亨輯　民國上海涵芬樓鉛印本　一冊　存五卷(七百四至七百八)

330000－4789－0000735　733　集部/別集類
**悲華經舍詩存五卷**　洪允祥撰　民國二十二年(1933)慈谿洪氏慎思軒鉛印本　一冊

330000－4789－0000736　734　集部/別集類

**珠巖齋文初編九卷** 王宇高撰 民國二十五年(1936)鉛印本 一冊 存五卷(一至五)

330000－4789－0000738 739 集部/别集類/宋别集

**黄太史精華録六卷** (宋)黄庭堅撰 任淵選 民國十九年(1930)上海商務印書館鉛印本 一冊

330000－4789－0000739 748 集部/總集類/選集之屬/通代

**詳訂古文評註全集八卷** (清)過珙 (清)黄越評選 民國元年(1912)南洋圖書滬局石印本 一冊 存四卷(一至四)

330000－4789－0000740 727 集部/總集類/郡邑之屬

**四明清詩略三十二卷首三卷** (清)董沛輯 **續稿八卷** 忻江明輯 **姓氏韻編一卷** 民國十九年(1930)中華書局鉛印本 四冊 存九卷(首下,四明清詩略一、六至七、二十至二十一;續稿六至八)

330000－4789－0000741 747 集部/别集類

**瓶梅齋遺詩一卷** 孫詒撰 **附百辛賸墨一卷** 周湜輯 民國鉛印本 一冊

330000－4789－0000742 736 集部/總集類/酬唱之屬

**徐虞于喁集三卷** 徐翻 虞和欽撰 民國鉛印本 一冊

330000－4789－0000744 746 子部/雜著類/雜説之屬

**捫蝨新話十五卷補遺一卷** (宋)陳善撰 民國十八年(1929)上海商務印書館鉛印本 一冊

330000－4789－0000745 745 集部/别集類

**秋水集一卷附悼亡妻香祖詩二十首一卷** 吳虞撰 **朝華詞一卷** 陳碧秀録 民國二年至五年(1913－1916)吳氏愛智廬刻本 一冊

330000－4789－0000746 744 集部/别集類

**悔復堂詩一卷外録一卷** 應啟墀撰 **寥陽館詩草一卷附録一卷** 姚壽祁撰 民國三十一年(1942)鉛印本 一冊

330000－4789－0000747 737 類叢部/叢書類/彙編之屬

**四部叢刊** 張元濟等編 民國上海商務印書館影印本 一冊 存一種

330000－4789－0000748 743 集部/别集類

**艮園詩集四卷首一卷後集四卷末一卷** 江五民撰 民國五年(1916)上海鉛印本 一冊 存五卷(後集一至四、末)

330000－4789－0000749 742 集部/别集類

**翠樓吟草六卷附文稿一卷** 陳琛撰 民國十八年(1929)鉛印本 一冊

330000－4789－0000750 741 集部/别集類

**醉靈軒詩存十卷** 陳蘧撰 民國十七年(1928)上海聚珍倣宋印書局鉛印本 一冊 存五卷(一至五)

330000－4789－0000751 756、757 類叢部/叢書類/自著之屬

**和欽全集三種** 虞銘新撰 民國二十五年至二十七年(1936－1938)鉛印本 二冊 存二種

330000－4789－0000773 788 子部/雜著類/雜説之屬

**梵天廬叢録三十七卷** 柴萼撰 民國十五年(1926)上海中華書局石印本 十八冊

330000－4789－0000775 789 集部/别集類/清别集

**横山文集十六卷詩集六卷** (清)裘璉撰 **横山先生[裘璉]年譜一卷** (清)裘姚崇原編 (清)王家振節鈔 民國三年(1914)甬上旅遯軒鉛印本 四冊

330000－4789－0000777 786 集部/總集類/郡邑之屬

**續甬上耆舊詩一百二十卷首一卷** (清)全祖望輯選 民國七年(1918)四明文獻社鉛印本 二十四冊

330000－4789－0000778 774 集部/總集

類/郡邑之屬

**蛟川耆舊詩補十二卷** 王榮商編 張寅煇參訂 民國七年(1918)刻本 四册 缺四卷(一至四)

330000－4789－0000780 798 集部/别集類

**九一子三卷** 民國鉛印本 一册

330000－4789－0000781 794 集部/别集類

**適廬詩存一卷附三國宫詞一卷** 陳翰撰 民國十九年(1930)鉛印本 一册

330000－4789－0000784 799 集部/總集類/郡邑之屬

**草舍利舍詩文佚稿不分卷** (清)陳仲瑩輯 民國七年(1918)油印本 一册

330000－4789－0000785 796 子部/儒家類/儒學之屬/禮教/家訓

**治家格言繹義二卷首一卷** (清)戴翊清撰 民國五年(1916)朱錦堂鉛印本 一册

330000－4789－0000787 800 集部/總集類/酬唱之屬

**芝圃唱和集不分卷** 蔡心齋等撰 民國二十年(1931)石印本 一册

330000－4789－0000789 806 集部/别集類

**道園詩稿六卷** 許葆翰撰 民國二十二年(1933)鉛印本 二册

330000－4789－0000791 804 集部/詞類/别集之屬

**霜紅詞一卷** 胡士瑩撰 民國二十年(1931)揚州刻本 一册

330000－4789－0000792 805 集部/别集類

**止廬詩存一卷附文一卷** 吴昌祺撰 民國二十二年(1933)鉛印本 一册

330000－4789－0000794 824 集部/别集類/清别集

**語石居詩鈔二卷** (清)林植三撰 李鑫 陳宗勄編次 民國二十二年(1933)石印本 二册

330000－4789－0000796 802 集部/别集類/清别集

**朱衎廬先生遺稿續編二卷補遺一卷附拜竹龕楹聯偶存一卷** (清)朱昌燕撰 張兆鏞輯 民國二十三年(1934)孫氏望雲廬鉛印本 一册

330000－4789－0000798 819 子部/雜著類/雜考之屬

**任兆麟述記三卷** (清)任兆麟撰 (清)尤興讓等編 民國石印本 二册

330000－4789－0000799 803 集部/别集類

**介龕駢體文賸一卷** 許淮祥撰 民國二十一年(1932)鉛印本 一册

330000－4789－0000801 831 子部/雜著類/雜說之屬

**老學庵筆記二卷** (宋)陸游撰 民國六年(1917)上海掃葉山房石印本 二册

330000－4789－0000802 826 集部/總集類/氏族之屬

**詳註校正三蘇文集** (宋)蘇洵 (宋)蘇軾 (宋)蘇轍撰 民國十四年(1925)會文堂書局鉛印本 十四册

330000－4789－0000803 832 集部/别集類/清别集

**朱衎廬先生遺稿八卷補編一卷朱衎廬舊藏鈔本書目一卷** (清)朱昌燕撰 張宗祥編 民國鉛印本 二册

330000－4789－0000804 820 集部/總集類/郡邑之屬

**四明清詩略三十二卷首三卷** (清)董沛輯 **續稿八卷** 忻江明輯 **姓氏韻編一卷** 民國十九年(1930)中華書局鉛印本 二十册

330000－4789－0000805 836 集部/别集類/清别集

**王氏漁洋詩鈔十二卷** (清)王士禛撰 (清)邵長蘅選 民國五年(1916)上海尚文書店影印本 六册

330000－4789－0000809 837 集部/總集類/郡邑之屬

**蛟川耆舊詩補十二卷**　王榮商編　張寅煇參訂　民國七年(1918)刻本　六冊

330000－4789－0000812　830　子部/儒家類/儒學之屬/俗訓

**格言聯璧不分卷**　(清)金纓輯　民國上海鴻寶齋石印本　一冊

330000－4789－0000815　833　類叢部/叢書類/彙編之屬

**四部叢刊**　張元濟等編　民國上海商務印書館影印本　十二冊　存一種

330000－4789－0000821　842　集部/别集類

**蘧廬吟草六卷燕臺鴻雪草一卷補遺一卷**　莊絅錦撰　民國二十年(1931)鉛印本　一冊

330000－4789－0000828　1219　子部/儒家類/儒學之屬/蒙學

**新式標點白話解説幼學瓊林四卷**　吴斌忠編　民國十三年(1924)上海馬啟新書局石印本　三冊　缺一卷(三)

330000－4789－0000832　852　集部/别集類/清别集

**結感百詠不分卷**　(清)傅家銓撰　民國石印本　一冊

330000－4789－0000840　867　集部/别集類

**晚緑居詩藁四卷首一卷詩餘一卷**　周茂榕撰　方積鈺　江五民編次　民國五年(1916)寧波鈞和公司鉛印本　二冊

330000－4789－0000842　869　集部/别集類

**壺隱詩鈔二卷詞鈔一卷**　崔宗武撰　民國八年(1919)上海聚珍倣宋印書局鉛印本　一冊

330000－4789－0000843　872　集部/總集類/酬唱之屬

**江上題襟集一卷**　嚴廷楨輯　民國八年(1919)石印本　一冊

330000－4789－0000845　870　集部/别集類

**民園詩集四卷首一卷後集四卷末一卷**　江五民撰　民國五年(1916)上海鉛印本　二冊

330000－4789－0000846　871　集部/别集類

**延秋室詩稿一卷**　嚴廷楨撰　民國八年(1919)西泠印社影印本　一冊

330000－4789－0000848　881　集部/總集類/選集之屬/通代

**唐宋八家文讀本三十卷**　(清)沈德潛評點　民國上海著易堂鉛印本　六冊

330000－4789－0000849　868　集部/總集類/郡邑之屬

**草舍利舍詩文佚稿不分卷**　(清)陳仲瑩輯　民國七年(1918)油印本　一冊

330000－4789－0000850　882　類叢部/叢書類/彙編之屬

**四部叢刊**　張元濟等編　民國十八年(1929)上海商務印書館影印本　一冊　存一種

330000－4789－0000852　880　子部/雜著類/雜纂之屬

**兩般秋雨盦隨筆八卷**　(清)梁紹壬撰　民國十一年(1922)上海掃葉山房石印本　四冊

330000－4789－0000855　887　類叢部/叢書類/彙編之屬

**四部叢刊**　張元濟等編　民國上海商務印書館影印本　五冊　存一種

330000－4789－0000860　892　子部/叢編

**清代筆記叢刊四十一種**　文明書局編　民國上海文明書局石印本　三冊　存一種

330000－4789－0000861　890　子部/叢編

**清代筆記叢刊四十一種**　文明書局編　民國上海文明書局石印本　三冊　存一種

330000－4789－0000862　891　子部/雜著類/雜纂之屬

**庸盦筆記六卷**　(清)薛福成撰　民國十二年(1923)上海文明書局石印本　四冊

330000－4789－0000864　893　子部/叢編

**清代筆記叢刊四十一種**　文明書局編　民國上海文明書局石印本　六冊　存一種

330000－4789－0000866　894　子部/叢編

**清代筆記叢刊四十一種**　文明書局編　民國

上海文明書局石印本　三册　存一種

330000－4789－0000867　896　集部/别集類

**晚緑居詩藁四卷首一卷詩餘一卷**　周茂榕撰　方積鈺　江五民編次　民國五年(1916)寧波鈞和公司鉛印本　二册

330000－4789－0000875　908　類叢部/叢書類/自著之屬

**隨園全集三十八種**　(清)袁枚撰　民國七年(1918)上海文明書局石印本　四十七册　存三十種

330000－4789－0000880　912　集部/别集類

**秋螢集二卷**　葉秉成撰　民國十九年(1930)王文翰等鉛印本　一册

330000－4789－0000882　914　集部/别集類

**悲華經舍文存二卷附聯語一卷**　洪允祥撰　民國二十五年(1936)鉛印本　一册

330000－4789－0000883　900　集部/别集類

**艮園文集十二卷**　江五民撰　民國十九年(1930)寧波鉛印本　四册

330000－4789－0000884　915　集部/别集類

**恕醉廬初稿一卷**　張應皓撰　民國二十四年(1935)甬上華陞印局鉛印本　一册

330000－4789－0000886　916　集部/詞類/詞譜之屬

**白香詞譜箋四卷**　(清)舒夢蘭輯　(清)謝朝徵箋　民國四年(1915)上海掃葉山房石印本　三册　缺一卷(四)

330000－4789－0000890　935　集部/别集類/宋别集

**吕東萊書牘一卷**　(宋)吕祖謙撰　民國二十五年(1936)上海商務印書館鉛印本　一册

330000－4789－0000891　934　類叢部/叢書類/自著之屬

**惜抱軒全集七種**　(清)姚鼐撰　民國三年(1914)上海會文堂書局石印本　五册　存二種

330000－4789－0000892　920　集部/總集類/選集之屬/通代

**經史百家簡編評註二卷**　(清)曾國藩編纂　(清)湯在浩評註　民國上海文明書局鉛印本　一册

330000－4789－0000893　931　集部/詩文評類/詩評之屬

**杜工部詩話一卷**　(清)劉鳳誥撰　民國十七年(1928)上海掃葉山房石印本　一册

330000－4789－0000897　922　集部/别集類

**和欽詩稿十六卷**　虞銘新撰　民國二十四年(1935)蒔熏精舍鉛印本　二册　存七卷(十至十六)

330000－4789－0000900　923　子部/雜著類/雜説之屬

**印雪軒隨筆四卷**　(清)俞鴻漸撰　民國元年(1912)上海掃葉山房石印本　二册

330000－4789－0000902　924　集部/總集類/選集之屬/通代

**六朝文絜四卷**　(清)許槤輯並評　民國三年(1914)上海掃葉山房石印本　二册

330000－4789－0000904　929　集部/詩文評類/文評之屬

**全唐詩話六卷**　(宋)尤袤撰　民國石印本　一册　存一卷(六)

330000－4789－0000910　926　集部/總集類/選集之屬/斷代

**註釋唐詩三百首六卷**　(清)孫洙編　民國三十六年(1947)上海商務印書館鉛印本　一册

330000－4789－0000911　945　集部/别集類/唐五代别集

**李太白文集三十卷**　(唐)李白撰　民國十三年(1924)上海掃葉山房石印本　八册

330000－4789－0000913　937　集部/總集類/選集之屬/通代

**評校音註續古文辭類纂三十四卷**　王先謙輯　王文濡校注　民國上海文明書局鉛印本　八册

330000－4789－0000915　938－2　類叢部/叢書類/自著之屬

**詳註曾文正公八種**　(清)曾國藩撰　章琢其編註　民國上海會文堂書局石印本　一册　存一種

330000－4789－0000916　938－1　類叢部/叢書類/自著之屬

**詳註曾文正公八種**　(清)曾國藩撰　章琢其編註　民國十五年(1926)上海會文堂書局石印本　八册　存六種

330000－4789－0000917　936　集部/總集類/選集之屬/通代

**古文辭類纂評註七十四卷**　(清)姚鼐纂輯　沈伯經等評注　民國上海文明書局鉛印本　十五册　缺二卷(一至二)

330000－4789－0000919　1230　集部/小說類/長篇之屬

**新編繪圖十續五龍十八俠四卷三十二回**　(清)史長嘯編　民國上海鍊石齋書局石印本　一册

330000－4789－0000924　954　子部/小說家類

**筆記小說大觀二百二十二種**　進步書局輯　民國上海進步書局石印本　十三册　存十三種

330000－4789－0000926　959　集部/總集類/選集之屬/通代

**古文觀止十二卷**　(清)吳乘權　(清)吳大職輯　民國三年(1914)上海鴻寶齋書局石印本　三册　存七卷(一至四、六至八)

330000－4789－0000927　955　集部/別集類/唐五代別集

**香山詩選六卷**　(唐)白居易撰　(清)曹文埴選　民國七年(1918)上海掃葉山房石印本　一册　缺四卷(三至六)

330000－4789－0000928　960　集部/總集類/選集之屬/通代

**續古文觀止八卷**　王文濡選輯　姚文譔等評註　民國二十四年(1935)上海文明書局鉛印本　三册　缺二卷(一至二)

330000－4789－0000931　957　類叢部/叢書類/自著之屬

**梨洲遺著彙刊(梨洲遺箸彙刊)二十七種續補三種**　(清)黄宗羲撰　薛鳳昌編次　民國四年(1915)上海時中書局鉛印本(南雷文定三集卷三原缺)　一册　存一種

330000－4789－0000933　958　集部/別集類/宋別集

**后山詩十二卷**　(宋)陳師道撰　(宋)任淵注　民國十四年(1925)上海文明書局石印本　一册　存二卷(二至三)

330000－4789－0000936　974　集部/別集類

**湘綺樓書牘八卷**　王闓運撰　民國上海廣益書局鉛印本　一册　存六卷(三至八)

330000－4789－0000938　962　集部/總集類/尺牘之屬

**古今尺牘大觀上編不分卷**　姚漢章　張相纂輯　**古今尺牘大觀中編不分卷**　姚漢章　何實睿纂輯　**古今尺牘大觀下編不分卷**　鍾毓龍　朱用賓纂輯　民國三十年(1941)上海中華書局鉛印本　五册　存五册(中編一、十二,下編二、九、十五)

330000－4789－0000939　909　類叢部/叢書類/彙編之屬

**適園叢書七十四種**　張鈞衡編　民國二年至六年(1913－1917)烏程張氏刻本(唐大詔令集卷十四至二十四、八十七至九十八原缺)　一百九十二册

330000－4789－0000943　967　集部/別集類/宋別集

**陸象山尺牘四卷**　(宋)陸九淵撰　(清)李紱點次　民國六年(1917)上海商務印書館鉛印本　二册　存二卷(一、三)

330000－4789－0000945　966　集部/別集類/宋別集

**陳龍川書牘一卷**　(宋)陳亮撰　民國二十四

年(1935)上海商務印書館鉛印本　一册

330000－4789－0000950　971　類叢部/叢書類/自著之屬

**小瀛壺仙館叢刊十種**　蔡卓勳撰　民國十四年(1925)嶺東蔡氏鉛印本　二册　存二種

330000－4789－0000951　973　類叢部/叢書類/自著之屬

**張季子九錄附一種**　張謇撰　張怡祖編　民國二十年(1931)上海中華書局鉛印本　二十册　存七種

330000－4789－0000965　984　類叢部/叢書類/彙編之屬

**百川學海一百種一百七十九卷**　(宋)左圭編　民國十六年(1927)武進陶氏刻本　十二册　存十二種

330000－4789－0000968　1011　史部/地理類/山川之屬/山志

**普陀洛迦山志十二卷**　王亨彥輯　民國十七年(1928)鉛印本　四册

330000－4789－0000971　1006　史部/地理類/方志之屬/郡縣志

**[道光]象山縣志二十二卷首一卷**　(清)童立成　(清)吳錫疇修　(清)馮登府等總纂　(清)倪劼繪圖　**象山文類二卷**　(清)邑人編輯　民國四年(1915)張鵬霄木活字印本　八册

330000－4789－0000982　1007　史部/地理類/山川之屬/水志

**東錢湖志四卷**　王榮商纂　陸澍咸　戴彥編　民國五年(1916)刻本　五册

330000－4789－0000983　1013　史部/地理類/方志之屬/郡縣志

**[民國]定海縣志十六卷首一卷**　陳訓正　馬瀛纂修　施皋　顔聖介　張紀隆測繪　民國十三年(1924)旅滬同鄉會鉛印本　六册

330000－4789－0000984　1002　史部/地理類/方志之屬/通志

**[乾隆]信陽州志十二卷**　(清)張鉞修　(清)萬候纂　民國十四年(1925)漢口大新印刷公司鉛印本　四册

330000－4789－0000986　1004　史部/地理類/山川之屬/水志

**東錢湖志四卷**　王榮商纂　陸澍咸　戴彥編　民國五年(1916)刻本　五册

330000－4789－0000987　1003　史部/地理類/方志之屬/郡縣志

**[民國]定海縣志十六卷首一卷**　陳訓正　馬瀛纂修　施皋　顔聖介　張紀隆測繪　民國十三年(1924)旅滬同鄉會鉛印本　六册

330000－4789－0000990　1008　史部/地理類/方志之屬/郡縣志

**[民國]寶山縣續志十七卷首一卷末一卷**　張允高等修　錢淦　袁希濤纂　民國十年(1921)鉛印本　五册

330000－4789－0000993　1032　史部/地理類/山川之屬/山志

**招寶山志二卷**　(清)陳景沛撰　(清)周道遵修校　民國二十六年(1937)鉛印本　一册　存一卷(下)

330000－4789－0000994　1010　史部/地理類/專志之屬/寺觀

**天童寺續志二卷首一卷**　釋淨心修　釋蓮萍纂　民國九年(1920)天童寺刻本　二册

330000－4789－0000997　1052　史部/地理類/山川之屬/山志

**天台山方外志三十卷**　(明)釋傳燈撰　民國十一年(1922)上海集雲軒鉛印本　一册　存二卷(一至二)

330000－4789－0001000　1055　史部/地理類/方志之屬/郡縣志

**[民國]上海縣續志三十卷首一卷末一卷**　吳馨等修　姚文枬等纂　曾廷芳繪圖　民國七年(1918)上海文廟南園志局刻本　一册　存二卷(二十四至二十五)

330000－4789－0001005　1067　子部/藝術類/書畫之屬/法帖

**三希堂法帖精華五種**　民國十四年(1925)世界書局影印本　二册　存一種

330000－4789－0001006　1068　子部/藝術類/書畫之屬/法帖

**三希堂法帖精華五種**　民國十四年(1925)世界書局影印本　二册　存一種

330000－4789－0001007　1073　子部/藝術類/書畫之屬/法帖

**趙松雪六體千字文不分卷**　(元)趙孟頫書　民國有正書局影印本　一册

330000－4789－0001009　1061　子部/雜著類/雜纂之屬

**師道全書六十卷首一卷**　道德學社輯　民國三十三年(1944)道德學會總會鉛印本　六十册

330000－4789－0001011　1069　子部/藝術類/書畫之屬/法帖

**三希堂法帖精華五種**　民國十四年(1925)世界書局影印本　二册　存一種

330000－4789－0001013　1070　子部/藝術類/書畫之屬/法帖

**岳忠武書出師表真蹟一卷**　(宋)岳飛書　民國六年(1917)紹興馬傳燾石印本　一册

330000－4789－0001014　1076　子部/藝術類/書畫之屬/法帖

**最初拓禮器碑及碑陰不分卷**　民國七年(1918)有正書局石印本　一册　存碑陰

330000－4789－0001015　1071　子部/藝術類/書畫之屬/法帖

**宋拓同州本聖教序一卷**　(唐)褚遂良書　民國上海有正書局影印本　一册

330000－4789－0001016　1077　子部/藝術類/書畫之屬/法帖

**紅巗碑縮本不分卷**　民國十年(1921)石印本　一册

330000－4789－0001017　1093　子部/藝術類/書畫之屬/法帖

**翁覃溪手鈎化度寺碑一卷**　(唐)歐陽詢書　(清)翁方綱重摹　民國十年(1921)上海有正書局影印本　一册

330000－4789－0001018　1087　子部/藝術類/書畫之屬/法帖

**漢劉熊碑不分卷**　民國四年(1915)上海有正書局影印本　一册

330000－4789－0001021　1094　子部/藝術類/書畫之屬/法帖

**宋拓雲麾碑一卷**　(唐)李邕書　民國上海有正書局影印本　一册

330000－4789－0001023　1082　集部/總集類/郡邑之屬

**蛟川詩繫三十一卷首一卷**　(清)姚燮輯　**蛟川詩繫續編八卷首一卷**　范鑄編次　民國二年至三年(1913－1914)鉛印本　四册　缺九卷(續編首、一至八)

330000－4789－0001025　1091　子部/藝術類/書畫之屬/法帖

**敦煌石室唐拓柳書金剛經四卷**　(唐)柳公權書　民國八年(1919)上海有正書局影印本　二册

330000－4789－0001026　1092　子部/藝術類/書畫之屬/法帖

**借字文楷本一卷**　季邕庵等書　民國七年(1918)上海宏大紙號石印本　一册

330000－4789－0001027　1086　子部/藝術類/書畫之屬/法帖

**格言摘要一卷**　潘齡皋書　民國影印本　一册

330000－4789－0001028　1085　史部/金石類/金之屬/文字

**精拓毛公鼎放大本一卷附釋文一卷**　民國上海有正書局石印本　一册

330000－4789－0001030　1083　子部/藝術類/書畫之屬/法帖

**匋齋藏瘞鶴銘兩種合册**　(清)端方藏　民國上海有正書局影印本　一册

330000－4789－0001031　1126　子部/藝術類/書畫之屬/法帖

**漢東海廟碑殘字一卷**　民國上海有正書局影印本　一册

330000－4789－0001033　1125　子部/藝術類/書畫之屬/法帖

**明拓漢隸四種不分卷**　民國七年(1918)上海有正書局影印本　一册

330000－4789－0001034　1120　子部/藝術類/書畫之屬/法帖

**董其昌書金剛般若波羅蜜經帖不分卷**　(明)董其昌書　民國影印本　一册

330000－4789－0001035　1123　子部/藝術類/書畫之屬/法帖

**岳忠武王書後出師表不分卷**　(宋)岳飛書　民國影印本　二册

330000－4789－0001036　1112　史部/傳記類/别傳之屬/事狀

**哀思録初編七卷二編四卷三編四卷**　孫中山先生葬事籌備處編　民國孫中山先生葬事籌備處鉛印本　一册　存四卷(三編一至四)

330000－4789－0001037　1138　子部/藝術類/書畫之屬/法帖

**御題三希堂續刻法帖不分卷**　(清)梁詩正編次　民國中華圖書館影印本　四十二册

330000－4789－0001038　1116　子部/藝術類/書畫之屬

**圖畫新聞諷刺畫不分卷**　民國鉛印本　一册

330000－4789－0001040　1137　子部/藝術類/書畫之屬/畫譜

**吴友如真蹟畫集六集**　(清)吴友如繪　上海頤廬編　民國十九年(1930)上海大東書局影印本　二十四册

330000－4789－0001042　1122　子部/藝術類/書畫之屬/法帖

**天香樓藏帖八卷天香樓續刻二卷**　(清)王望霖輯　民國影印本　十册

330000－4789－0001044　1059－1　史部/地理類/方志之屬/郡縣志

**[民國]鎮海縣志四十五卷首一卷**　洪錫範盛鴻燾修　王榮商　楊敏曾纂　民國二十年(1931)上海蔚文印刷局鉛印本　十七册　缺十二卷(十八至二十、三十一至三十七、四十一至四十二)

330000－4789－0001045　1103　子部/藝術類/書畫之屬/法帖

**鄧完白隸書墨蹟不分卷**　(清)鄧石如書　民國八年(1919)上海有正書局石印本　一册

330000－4789－0001047　1059－2　史部/地理類/方志之屬/郡縣志

**[民國]鎮海縣志四十五卷首一卷**　洪錫範盛鴻燾修　王榮商　楊敏曾纂　民國二十年(1931)上海蔚文印刷局鉛印本　七册　存十四卷(首,一至四、十三至十四、二十四至二十七、三十八至四十)

330000－4789－0001048　1150　子部/藝術類/書畫之屬/法帖

**顔魯公詩品不分卷**　(唐)顔真卿書　民國求古齋石印本　一册

330000－4789－0001049　1152　子部/藝術類/書畫之屬/法帖

**化度寺碑不分卷**　(唐)歐陽詢書　民國求古齋石印本　一册

330000－4789－0001050　1059－3　史部/地理類/方志之屬/郡縣志

**[民國]鎮海縣志四十五卷首一卷**　洪錫範盛鴻燾修　王榮商　楊敏曾纂　民國二十年(1931)上海蔚文印刷局鉛印本　一册　存一卷(四)

330000－4789－0001051　1153　子部/藝術類/書畫之屬/法帖

**原道碑不分卷**　(唐)柳公權書　民國上海育古山房影印本　一册

330000－4789－0001052　1155　子部/藝術類/書畫之屬/畫譜

**芥子園畫傳初集六卷二集九卷三集六卷** (清)王槩 (清)王蓍 (清)王臬輯 民國石印本 四冊 存六卷(初集三,二集四至五、八至九,三集三)

330000－4789－0001053 1151 子部/藝術類/書畫之屬/法帖
**拓本唐代碑帖精華十二種** 世界書局編 民國十五年(1926)上海世界書局影印本 一冊 存一種

330000－4789－0001055 1059－4 史部/地理類/方志之屬/郡縣志
**[民國]鎮海縣新志備稿二卷** 董祖羲纂 民國二十年(1931)上海蔚文印刷局鉛印本 一冊 存一卷(下)

330000－4789－0001056 1059－5 史部/地理類/方志之屬/郡縣志
**[民國]鎮海縣新志備稿二卷** 董祖羲纂 民國二十年(1931)上海蔚文印刷局鉛印本 一冊 存一卷(下)

330000－4789－0001057 1170、1173 子部/藝術類/書畫之屬/畫譜
**芥子園畫傳初集六卷二集九卷三集六卷** (清)王槩 (清)王蓍 (清)王臬輯 民國石印本 四冊 存四卷(初集三至四,三集三、六)

330000－4789－0001059 1184 子部/藝術類/書畫之屬/法帖
**王羲之樂毅論一卷** (晉)王羲之書 民國二十一年(1932)上海大東書局影印本 一冊

330000－4789－0001060 1183 子部/宗教類/佛教之屬
**金剛般若波羅蜜經一卷** (後秦)釋鳩摩羅什譯 民國育古山房影印本 一冊

330000－4789－0001061 1185 子部/藝術類/書畫之屬/法帖
**宋拓褚河南哀冊一卷** (唐)褚遂良書 民國上海有正書局影印本 一冊

330000－4789－0001062 1171 子部/藝術類/書畫之屬/畫譜
**百丈樓叢畫八卷** (清)汪耀如繪 民國上海大通書局影印本 一冊 存一卷(八)

330000－4789－0001063 1167、1174 子部/藝術類/書畫之屬/畫譜
**當代名畫大觀正集六卷續集六卷** 王屺編 民國上海碧梧山莊影印本 二冊 存二卷(正集三、續集四)

330000－4789－0001064 1169 子部/藝術類/書畫之屬/畫譜
**芥子園畫傳三集六卷** (清)王槩 (清)王蓍 (清)王臬輯 民國石印本 四冊

330000－4789－0001065 1178 子部/藝術類/書畫之屬/畫譜
**蘭譜不分卷** 民國影印本 一冊

330000－4789－0001067 1181 子部/藝術類/書畫之屬/法帖
**聯搨大觀** 秦文錦編集 民國上海藝苑真賞社影印本 一冊 存一種

330000－4789－0001069 1159 集部/總集類/選集之屬/斷代
**曹母李太夫人六旬壽詞并序不分卷** (清)馬衡署檢 民國影印本 一冊

330000－4789－0001071 1132 子部/藝術類/書畫之屬/法帖
**最初拓禮器碑不分卷** 民國上海有正書局石印本 一冊

330000－4789－0001072 1134 子部/藝術類/書畫之屬/法帖
**顏魯公書元君表墓碑不分卷** (唐)顏真卿撰並書 民國影印本 一冊

330000－4789－0001073 1136 子部/藝術類/書畫之屬/法帖
**蘇東坡大楷習字範本一卷** (宋)蘇軾書 民國有正書局影印本 一冊

330000－4789－0001074 1232 集部/詩文評類/文法之屬/函牘格式

**交際大全九章**　世界書局編輯所編輯　民國二十年(1931)上海世界書局石印本　一冊

330000－4789－0001075　1131　子部/藝術類/書畫之屬/法帖

**真馬寶實驗錄不分卷**　三友實業社撰　**朱子家訓一卷**　(清)朱柏廬撰　民國三友實業社石印本　一冊

330000－4789－0001077　1190　子部/藝術類/書畫之屬/畫譜

**王小梅百美畫譜二卷**　(清)王素繪　民國十五年(1926)上海世界書局石印本　一冊　存一卷(下)

330000－4789－0001078　1145　子部/藝術類/書畫之屬/畫譜

**馬駘畫寶十五種二十四卷**　馬駘繪　民國石印本　一冊　存一種

330000－4789－0001079　1144　子部/藝術類/書畫之屬/畫譜

**錢吉生人物畫譜一卷**　(清)錢慧安繪　民國十八年(1929)上海大東書局影印本　一冊

330000－4789－0001080　1158　子部/藝術類/書畫之屬/畫譜

**古今扇集大觀二卷**　民國十四年(1925)上海香雪樓刻本　二冊

330000－4789－0001081　1191　子部/藝術類/書畫之屬/畫譜

**馬駘畫寶十五種二十四卷**　馬駘繪　民國石印本　六冊　存五種

330000－4789－0001082　1095　子部/藝術類/書畫之屬/法帖

**千字文不分卷**　(明)王履吉書　民國上海科學儀器館影印本　一冊

330000－4789－0001083　1090　子部/藝術類/書畫之屬/法帖

**真草千文不分卷**　(隋)釋智永書　民國上海科學儀器館影印本　一冊

330000－4789－0001085　1100　子部/宗教類/佛教之屬

**金剛般若波羅蜜經一卷**　(後秦)釋鳩摩羅什譯　民國二十一年(1932)上海世界書局影印本　一冊

330000－4789－0001086　1128　子部/藝術類/書畫之屬/畫譜

**清於女史惲冰仿宋花果真蹟不分卷**　(清)惲冰繪　民國三十六年(1947)影印本　一冊

330000－4789－0001088　1162　子部/藝術類/書畫之屬/畫譜

**蘇太夫人遺畫不分卷**　民國影印本　一冊

330000－4789－0001089　1141　史部/傳記類

**中國歷代帝后像不分卷**　高山澤輯　民國上海有正書局影印本　一冊

330000－4789－0001090　1161－1　子部/藝術類/書畫之屬/畫譜

**青蘿盦真賞集不分卷**　倬章藏　民國十二年(1923)影印本　一冊

330000－4789－0001092　1161－2　子部/藝術類/書畫之屬/畫譜

**青蘿盦臧畫**　民國影印本　一冊　存一種

330000－4789－0001093　1130　子部/藝術類/書畫之屬/法帖

**紅巙碑縮本不分卷**　民國十年(1921)石印本　一冊

330000－4789－0001094　1165　子部/藝術類/書畫之屬/畫譜

**青蘿盦臧畫**　民國影印本　一冊　存一種

330000－4789－0001095　1164　子部/藝術類/書畫之屬/畫譜

**焦山風景圖一卷**　陸龍繪　民國十九年(1930)上海文華美術圖書印刷有限公司影印本　一冊

330000－4789－0001096　1133　史部/金石類/金之屬/文字

**鐘鼎款識原器拓片第一一卷**　民國有正書局

石印本　一册

330000－4789－0001099　1166　子部/藝術類/書畫之屬/畫譜
**山水畫册不分卷**　民國影印本　一册

330000－4789－0001100　1101－1　子部/藝術類/書畫之屬/法帖
**星彔書詞一卷**　童式規書　民國影印本　一册

330000－4789－0001101　1101－2　子部/藝術類/書畫之屬/法帖
**鍾可大小楷靈飛經帖一卷**　（唐）鍾紹京書　民國六年（1917）上海文明書局影印本　一册

330000－4789－0001105　767　子部/藝術類/書畫之屬
**清代名人手札甲集六卷附小傳**　吴長瑛輯　民國十五年（1926）華南印書社影印本　五册　缺一卷（二）

330000－4789－0001106　1034－22　史部/地理類/方志之屬/郡縣志
**［民國］鎮海縣志四十五卷首一卷**　洪錫範　盛鴻燾修　王榮商　楊敏曾纂　民國二十年（1931）上海蔚文印刷局鉛印本　二十二册

330000－4789－0001107　1034－23　史部/地理類/方志之屬/郡縣志
**［民國］鎮海縣志四十五卷首一卷**　洪錫範　盛鴻燾修　王榮商　楊敏曾纂　民國二十年（1931）上海蔚文印刷局鉛印本　二十二册

330000－4789－0001108　1034－24　史部/地理類/方志之屬/郡縣志
**［民國］鎮海縣志四十五卷首一卷**　洪錫範　盛鴻燾修　王榮商　楊敏曾纂　民國二十年（1931）上海蔚文印刷局鉛印本　二十二册

330000－4789－0001109　1034－28　史部/地理類/方志之屬/郡縣志
**［民國］鎮海縣志四十五卷首一卷**　洪錫範　盛鴻燾修　王榮商　楊敏曾纂　民國二十年（1931）上海蔚文印刷局鉛印本　二十二册

330000－4789－0001110　1034－27　史部/地理類/方志之屬/郡縣志
**［民國］鎮海縣志四十五卷首一卷**　洪錫範　盛鴻燾修　王榮商　楊敏曾纂　民國二十年（1931）上海蔚文印刷局鉛印本　二十二册

330000－4789－0001111　1034－26　史部/地理類/方志之屬/郡縣志
**［民國］鎮海縣志四十五卷首一卷**　洪錫範　盛鴻燾修　王榮商　楊敏曾纂　民國二十年（1931）上海蔚文印刷局鉛印本　二十二册

330000－4789－0001112　1034－29　史部/地理類/方志之屬/郡縣志
**［民國］鎮海縣志四十五卷首一卷**　洪錫範　盛鴻燾修　王榮商　楊敏曾纂　民國二十年（1931）上海蔚文印刷局鉛印本　二十二册

330000－4789－0001113　1034－30　史部/地理類/方志之屬/郡縣志
**［民國］鎮海縣志四十五卷首一卷**　洪錫範　盛鴻燾修　王榮商　楊敏曾纂　民國二十年（1931）上海蔚文印刷局鉛印本　二十二册

330000－4789－0001114　1034－31　史部/地理類/方志之屬/郡縣志
**［民國］鎮海縣志四十五卷首一卷**　洪錫範　盛鴻燾修　王榮商　楊敏曾纂　民國二十年（1931）上海蔚文印刷局鉛印本　二十二册

330000－4789－0001115　1034－32　史部/地理類/方志之屬/郡縣志
**［民國］鎮海縣志四十五卷首一卷**　洪錫範　盛鴻燾修　王榮商　楊敏曾纂　民國二十年（1931）上海蔚文印刷局鉛印本　二十二册

330000－4789－0001116　1034－33　史部/地理類/方志之屬/郡縣志
**［民國］鎮海縣志四十五卷首一卷**　洪錫範　盛鴻燾修　王榮商　楊敏曾纂　民國二十年（1931）上海蔚文印刷局鉛印本　二十二册

330000－4789－0001117　1034－34　史部/地理類/方志之屬/郡縣志
**［民國］鎮海縣志四十五卷首一卷**　洪錫範

盛鴻燾修　王榮商　楊敏曾纂　民國二十年(1931)上海蔚文印刷局鉛印本　二十二冊

330000－4789－0001118　1034－35　史部/地理類/方志之屬/郡縣志
**[民國]鎮海縣志四十五卷首一卷**　洪錫範盛鴻燾修　王榮商　楊敏曾纂　民國二十年(1931)上海蔚文印刷局鉛印本　二十二冊

330000－4789－0001119　1034－36　史部/地理類/方志之屬/郡縣志
**[民國]鎮海縣志四十五卷首一卷**　洪錫範盛鴻燾修　王榮商　楊敏曾纂　民國二十年(1931)上海蔚文印刷局鉛印本　二十二冊

330000－4789－0001120　1034－37　史部/地理類/方志之屬/郡縣志
**[民國]鎮海縣志四十五卷首一卷**　洪錫範盛鴻燾修　王榮商　楊敏曾纂　民國二十年(1931)上海蔚文印刷局鉛印本　二十二冊

330000－4789－0001121　1034－41　史部/地理類/方志之屬/郡縣志
**[民國]鎮海縣志四十五卷首一卷**　洪錫範盛鴻燾修　王榮商　楊敏曾纂　民國二十年(1931)上海蔚文印刷局鉛印本　二十二冊

330000－4789－0001122　1034－38　史部/地理類/方志之屬/郡縣志
**[民國]鎮海縣志四十五卷首一卷**　洪錫範盛鴻燾修　王榮商　楊敏曾纂　民國二十年(1931)上海蔚文印刷局鉛印本　二十二冊

330000－4789－0001123　1034－39　史部/地理類/方志之屬/郡縣志
**[民國]鎮海縣志四十五卷首一卷**　洪錫範盛鴻燾修　王榮商　楊敏曾纂　民國二十年(1931)上海蔚文印刷局鉛印本　二十二冊

330000－4789－0001124　1034－40　史部/地理類/方志之屬/郡縣志
**[民國]鎮海縣志四十五卷首一卷**　洪錫範盛鴻燾修　王榮商　楊敏曾纂　民國二十年(1931)上海蔚文印刷局鉛印本　二十二冊

330000－4789－0001125　1034－42　史部/地理類/方志之屬/郡縣志
**[民國]鎮海縣志四十五卷首一卷**　洪錫範盛鴻燾修　王榮商　楊敏曾纂　民國二十年(1931)上海蔚文印刷局鉛印本　二十二冊

330000－4789－0001126　1034－43　史部/地理類/方志之屬/郡縣志
**[民國]鎮海縣志四十五卷首一卷**　洪錫範盛鴻燾修　王榮商　楊敏曾纂　民國二十年(1931)上海蔚文印刷局鉛印本　二十二冊

330000－4789－0001127　1034－44　史部/地理類/方志之屬/郡縣志
**[民國]鎮海縣志四十五卷首一卷**　洪錫範盛鴻燾修　王榮商　楊敏曾纂　民國二十年(1931)上海蔚文印刷局鉛印本　二十二冊

330000－4789－0001128　1034－46　史部/地理類/方志之屬/郡縣志
**[民國]鎮海縣志四十五卷首一卷**　洪錫範盛鴻燾修　王榮商　楊敏曾纂　民國二十年(1931)上海蔚文印刷局鉛印本　二十二冊

330000－4789－0001129　1034－45　史部/地理類/方志之屬/郡縣志
**[民國]鎮海縣志四十五卷首一卷**　洪錫範盛鴻燾修　王榮商　楊敏曾纂　民國二十年(1931)上海蔚文印刷局鉛印本　二十二冊

330000－4789－0001130　1034－48　史部/地理類/方志之屬/郡縣志
**[民國]鎮海縣志四十五卷首一卷**　洪錫範盛鴻燾修　王榮商　楊敏曾纂　民國二十年(1931)上海蔚文印刷局鉛印本　二十二冊

330000－4789－0001131　1034－49　史部/地理類/方志之屬/郡縣志
**[民國]鎮海縣志四十五卷首一卷**　洪錫範盛鴻燾修　王榮商　楊敏曾纂　民國二十年(1931)上海蔚文印刷局鉛印本　二十二冊

330000－4789－0001132　1034－47　史部/地理類/方志之屬/郡縣志
**[民國]鎮海縣志四十五卷首一卷**　洪錫範盛鴻燾修　王榮商　楊敏曾纂　民國二十年

(1931)上海蔚文印刷局鉛印本　二十二册

330000－4789－0001133　1034－50　史部/地理類/方志之屬/郡縣志

**[民國]鎮海縣志四十五卷首一卷**　洪錫範　盛鴻燾修　王榮商　楊敏曾纂　民國二十年(1931)上海蔚文印刷局鉛印本　二十二册

330000－4789－0001134　1034－51　史部/地理類/方志之屬/郡縣志

**[民國]鎮海縣志四十五卷首一卷**　洪錫範　盛鴻燾修　王榮商　楊敏曾纂　民國二十年(1931)上海蔚文印刷局鉛印本　二十二册

330000－4789－0001135　1034－52　史部/地理類/方志之屬/郡縣志

**[民國]鎮海縣志四十五卷首一卷**　洪錫範　盛鴻燾修　王榮商　楊敏曾纂　民國二十年(1931)上海蔚文印刷局鉛印本　二十二册

330000－4789－0001136　1187－2　子部/藝術類/書畫之屬/法帖

**斷碑帖不分卷**　(晉)王羲之書　民國上海進步書局影印本　一册

330000－4789－0001139　1187－1　子部/藝術類/書畫之屬/法帖

**靈飛經帖不分卷**　民國大觀書局影印本　一册

330000－4789－0001140　1175　子部/藝術類/書畫之屬/畫譜

**硃祀先生梅譜一卷**　洪亮繪　民國十五年(1926)石印本　一册

330000－4789－0001141　1064　子部/藝術類/書畫之屬/法帖

**顔魯公書元君表墓碑不分卷**　(唐)顔真卿撰並書　民國上海有正書局影印本　一册

330000－4789－0001142　1088－1　子部/藝術類/書畫之屬/法帖

**周君星北生壙記不分卷**　金賢寀撰　王禹襄書　民國影印本　一册

330000－4789－0001144　1088－2　子部/藝術類/書畫之屬/法帖

**刁惠公墓誌銘一卷**　民國有正書局影印本　一册

330000－4789－0001145　1088－3　子部/藝術類/書畫之屬/法帖

**潘齡臯墨蹟一卷**　潘齡皋書　民國石印本　一册

330000－4789－0001146　1088－4　子部/藝術類/書畫之屬/法帖

**潘齡臯墨蹟一卷**　潘齡皋書　民國石印本　一册

330000－4789－0001147　1035－2　史部/地理類/方志之屬/郡縣志

**[民國]鎮海縣新志備稿二卷**　董祖羲纂　民國二十年(1931)上海蔚文印刷局鉛印本　二册

330000－4789－0001148　1035－3　史部/地理類/方志之屬/郡縣志

**[民國]鎮海縣新志備稿二卷**　董祖羲纂　民國二十年(1931)上海蔚文印刷局鉛印本　二册

330000－4789－0001149　1035－4　史部/地理類/方志之屬/郡縣志

**[民國]鎮海縣新志備稿二卷**　董祖羲纂　民國二十年(1931)上海蔚文印刷局鉛印本　二册

330000－4789－0001150　1035－5　史部/地理類/方志之屬/郡縣志

**[民國]鎮海縣新志備稿二卷**　董祖羲纂　民國二十年(1931)上海蔚文印刷局鉛印本　二册

330000－4789－0001151　1035－6　史部/地理類/方志之屬/郡縣志

**[民國]鎮海縣新志備稿二卷**　董祖羲纂　民國二十年(1931)上海蔚文印刷局鉛印本　二册

330000－4789－0001152　1035－7　史部/地理類/方志之屬/郡縣志

[民國]鎮海縣新志備稿二卷　董祖羲纂　民國二十年(1931)上海蔚文印刷局鉛印本　二冊

330000－4789－0001153　1035－8　史部/地理類/方志之屬/郡縣志
[民國]鎮海縣新志備稿二卷　董祖羲纂　民國二十年(1931)上海蔚文印刷局鉛印本　二冊

330000－4789－0001154　1035－9　史部/地理類/方志之屬/郡縣志
[民國]鎮海縣新志備稿二卷　董祖羲纂　民國二十年(1931)上海蔚文印刷局鉛印本　二冊

330000－4789－0001155　1035－10　史部/地理類/方志之屬/郡縣志
[民國]鎮海縣新志備稿二卷　董祖羲纂　民國二十年(1931)上海蔚文印刷局鉛印本　二冊

330000－4789－0001156　1035－11　史部/地理類/方志之屬/郡縣志
[民國]鎮海縣新志備稿二卷　董祖羲纂　民國二十年(1931)上海蔚文印刷局鉛印本　二冊

330000－4789－0001157　1035－12　史部/地理類/方志之屬/郡縣志
[民國]鎮海縣新志備稿二卷　董祖羲纂　民國二十年(1931)上海蔚文印刷局鉛印本　二冊

330000－4789－0001158　1035－13　史部/地理類/方志之屬/郡縣志
[民國]鎮海縣新志備稿二卷　董祖羲纂　民國二十年(1931)上海蔚文印刷局鉛印本　二冊

330000－4789－0001159　1035－14　史部/地理類/方志之屬/郡縣志
[民國]鎮海縣新志備稿二卷　董祖羲纂　民國二十年(1931)上海蔚文印刷局鉛印本　二冊

330000－4789－0001160　1035－15　史部/地理類/方志之屬/郡縣志
[民國]鎮海縣新志備稿二卷　董祖羲纂　民國二十年(1931)上海蔚文印刷局鉛印本　二冊

330000－4789－0001161　1035－16　史部/地理類/方志之屬/郡縣志
[民國]鎮海縣新志備稿二卷　董祖羲纂　民國二十年(1931)上海蔚文印刷局鉛印本　二冊

330000－4789－0001162　1035－17　史部/地理類/方志之屬/郡縣志
[民國]鎮海縣新志備稿二卷　董祖羲纂　民國二十年(1931)上海蔚文印刷局鉛印本　二冊

330000－4789－0001163　1108－1　史部/地理類/方志之屬/郡縣志
[民國]鎮海縣志四十五卷首一卷　洪錫範　盛鴻燾修　王榮商　楊敏曾纂　民國二十年(1931)上海蔚文印刷局鉛印本　二十二冊

330000－4789－0001164　1108－2　史部/地理類/方志之屬/郡縣志
[民國]鎮海縣新志備稿二卷　董祖羲纂　民國二十年(1931)上海蔚文印刷局鉛印本　二冊

330000－4789－0001165　1108－3　集部/總集類/彙編之屬
鎮海縣舊志詩文刪餘錄存二卷　陳脩榆編　民國二十五年(1936)蔚文書局鉛印本　一冊

330000－4789－0001166　1035－18　史部/地理類/方志之屬/郡縣志
[民國]鎮海縣新志備稿二卷　董祖羲纂　民國二十年(1931)上海蔚文印刷局鉛印本　二冊

330000－4789－0001167　1035－19　史部/地理類/方志之屬/郡縣志
[民國]鎮海縣新志備稿二卷　董祖羲纂　民國二十年(1931)上海蔚文印刷局鉛印本

二冊

330000－4789－0001168　1035－20　史部/地理類/方志之屬/郡縣志

**[民國]鎮海縣新志備稿二卷**　董祖羲纂　民國二十年(1931)上海蔚文印刷局鉛印本　二冊

330000－4789－0001169　1035－21　史部/地理類/方志之屬/郡縣志

**[民國]鎮海縣新志備稿二卷**　董祖羲纂　民國二十年(1931)上海蔚文印刷局鉛印本　二冊

330000－4789－0001170　1035－23　史部/地理類/方志之屬/郡縣志

**[民國]鎮海縣新志備稿二卷**　董祖羲纂　民國二十年(1931)上海蔚文印刷局鉛印本　二冊

330000－4789－0001171　1035－24　史部/地理類/方志之屬/郡縣志

**[民國]鎮海縣新志備稿二卷**　董祖羲纂　民國二十年(1931)上海蔚文印刷局鉛印本　二冊

330000－4789－0001172　1035－22　史部/地理類/方志之屬/郡縣志

**[民國]鎮海縣新志備稿二卷**　董祖羲纂　民國二十年(1931)上海蔚文印刷局鉛印本　二冊

330000－4789－0001173　1035－25　史部/地理類/方志之屬/郡縣志

**[民國]鎮海縣新志備稿二卷**　董祖羲纂　民國二十年(1931)上海蔚文印刷局鉛印本　二冊

330000－4789－0001174　1035－26　史部/地理類/方志之屬/郡縣志

**[民國]鎮海縣新志備稿二卷**　董祖羲纂　民國二十年(1931)上海蔚文印刷局鉛印本　二冊

330000－4789－0001175　1035－27　史部/地理類/方志之屬/郡縣志

**[民國]鎮海縣新志備稿二卷**　董祖羲纂　民國二十年(1931)上海蔚文印刷局鉛印本　二冊

330000－4789－0001176　1035－28　史部/地理類/方志之屬/郡縣志

**[民國]鎮海縣新志備稿二卷**　董祖羲纂　民國二十年(1931)上海蔚文印刷局鉛印本　二冊

330000－4789－0001177　1035－29　史部/地理類/方志之屬/郡縣志

**[民國]鎮海縣新志備稿二卷**　董祖羲纂　民國二十年(1931)上海蔚文印刷局鉛印本　二冊

330000－4789－0001178　1035－30　史部/地理類/方志之屬/郡縣志

**[民國]鎮海縣新志備稿二卷**　董祖羲纂　民國二十年(1931)上海蔚文印刷局鉛印本　二冊

330000－4789－0001179　1035－31　史部/地理類/方志之屬/郡縣志

**[民國]鎮海縣新志備稿二卷**　董祖羲纂　民國二十年(1931)上海蔚文印刷局鉛印本　二冊

330000－4789－0001180　1035－32　史部/地理類/方志之屬/郡縣志

**[民國]鎮海縣新志備稿二卷**　董祖羲纂　民國二十年(1931)上海蔚文印刷局鉛印本　二冊

330000－4789－0001181　1035－33　史部/地理類/方志之屬/郡縣志

**[民國]鎮海縣新志備稿二卷**　董祖羲纂　民國二十年(1931)上海蔚文印刷局鉛印本　二冊

330000－4789－0001182　1035－34　史部/地理類/方志之屬/郡縣志

**[民國]鎮海縣新志備稿二卷**　董祖羲纂　民國二十年(1931)上海蔚文印刷局鉛印本　二冊

330000－4789－0001183　1035－35　史部/地理類/方志之屬/郡縣志

**[民國]鎮海縣新志備稿二卷**　董祖羲纂　民國二十年(1931)上海蔚文印刷局鉛印本　二册

330000－4789－0001184　1035－36　史部/地理類/方志之屬/郡縣志

**[民國]鎮海縣新志備稿二卷**　董祖羲纂　民國二十年(1931)上海蔚文印刷局鉛印本　二册

330000－4789－0001185　1035－37　史部/地理類/方志之屬/郡縣志

**[民國]鎮海縣新志備稿二卷**　董祖羲纂　民國二十年(1931)上海蔚文印刷局鉛印本　二册

330000－4789－0001186　1035－38　史部/地理類/方志之屬/郡縣志

**[民國]鎮海縣新志備稿二卷**　董祖羲纂　民國二十年(1931)上海蔚文印刷局鉛印本　二册

330000－4789－0001187　1035－39　史部/地理類/方志之屬/郡縣志

**[民國]鎮海縣新志備稿二卷**　董祖羲纂　民國二十年(1931)上海蔚文印刷局鉛印本　二册

330000－4789－0001188　1035－40　史部/地理類/方志之屬/郡縣志

**[民國]鎮海縣新志備稿二卷**　董祖羲纂　民國二十年(1931)上海蔚文印刷局鉛印本　二册

330000－4789－0001189　1035－41　史部/地理類/方志之屬/郡縣志

**[民國]鎮海縣新志備稿二卷**　董祖羲纂　民國二十年(1931)上海蔚文印刷局鉛印本　二册

330000－4789－0001190　1035－42　史部/地理類/方志之屬/郡縣志

**[民國]鎮海縣新志備稿二卷**　董祖羲纂　民國二十年(1931)上海蔚文印刷局鉛印本　二册

330000－4789－0001191　1035－43　史部/地理類/方志之屬/郡縣志

**[民國]鎮海縣新志備稿二卷**　董祖羲纂　民國二十年(1931)上海蔚文印刷局鉛印本　二册

330000－4789－0001192　1035－44　史部/地理類/方志之屬/郡縣志

**[民國]鎮海縣新志備稿二卷**　董祖羲纂　民國二十年(1931)上海蔚文印刷局鉛印本　二册

330000－4789－0001193　1035－45　史部/地理類/方志之屬/郡縣志

**[民國]鎮海縣新志備稿二卷**　董祖羲纂　民國二十年(1931)上海蔚文印刷局鉛印本　二册

330000－4789－0001194　1035－46　史部/地理類/方志之屬/郡縣志

**[民國]鎮海縣新志備稿二卷**　董祖羲纂　民國二十年(1931)上海蔚文印刷局鉛印本　二册

330000－4789－0001195　1035－47　史部/地理類/方志之屬/郡縣志

**[民國]鎮海縣新志備稿二卷**　董祖羲纂　民國二十年(1931)上海蔚文印刷局鉛印本　二册

330000－4789－0001196　1035－48　史部/地理類/方志之屬/郡縣志

**[民國]鎮海縣新志備稿二卷**　董祖羲纂　民國二十年(1931)上海蔚文印刷局鉛印本　二册

330000－4789－0001197　1035－49　史部/地理類/方志之屬/郡縣志

**[民國]鎮海縣新志備稿二卷**　董祖羲纂　民國二十年(1931)上海蔚文印刷局鉛印本　二册

330000－4789－0001198　1035－50　史部/

地理類/方志之屬/郡縣志

**[民國]鎮海縣新志備稿二卷** 董祖羲纂 民國二十年(1931)上海蔚文印刷局鉛印本 二冊

330000－4789－0001199 1035－51 史部/地理類/方志之屬/郡縣志

**[民國]鎮海縣新志備稿二卷** 董祖羲纂 民國二十年(1931)上海蔚文印刷局鉛印本 二冊

330000－4789－0001200 1035－52 史部/地理類/方志之屬/郡縣志

**[民國]鎮海縣新志備稿二卷** 董祖羲纂 民國二十年(1931)上海蔚文印刷局鉛印本 二冊

330000－4789－0001201 1036－2 集部/總集類/彙編之屬

**鎮海縣舊志詩文刪餘錄存二卷** 陳脩榆編 民國二十五年(1936)蔚文書局鉛印本 一冊

330000－4789－0001202 1036－3 集部/總集類/彙編之屬

**鎮海縣舊志詩文刪餘錄存二卷** 陳脩榆編 民國二十五年(1936)蔚文書局鉛印本 一冊

330000－4789－0001203 1036－4 集部/總集類/彙編之屬

**鎮海縣舊志詩文刪餘錄存二卷** 陳脩榆編 民國二十五年(1936)蔚文書局鉛印本 一冊

330000－4789－0001204 1036－5 集部/總集類/彙編之屬

**鎮海縣舊志詩文刪餘錄存二卷** 陳脩榆編 民國二十五年(1936)蔚文書局鉛印本 一冊

330000－4789－0001205 1036－6 集部/總集類/彙編之屬

**鎮海縣舊志詩文刪餘錄存二卷** 陳脩榆編 民國二十五年(1936)蔚文書局鉛印本 一冊

330000－4789－0001206 1036－7 集部/總集類/彙編之屬

**鎮海縣舊志詩文刪餘錄存二卷** 陳脩榆編 民國二十五年(1936)蔚文書局鉛印本 一冊

330000－4789－0001207 1036－8 集部/總集類/彙編之屬

**鎮海縣舊志詩文刪餘錄存二卷** 陳脩榆編 民國二十五年(1936)蔚文書局鉛印本 一冊

330000－4789－0001208 1036－9 集部/總集類/彙編之屬

**鎮海縣舊志詩文刪餘錄存二卷** 陳脩榆編 民國二十五年(1936)蔚文書局鉛印本 一冊

330000－4789－0001209 1036－10 集部/總集類/彙編之屬

**鎮海縣舊志詩文刪餘錄存二卷** 陳脩榆編 民國二十五年(1936)蔚文書局鉛印本 一冊

330000－4789－0001210 1036－11 集部/總集類/彙編之屬

**鎮海縣舊志詩文刪餘錄存二卷** 陳脩榆編 民國二十五年(1936)蔚文書局鉛印本 一冊

330000－4789－0001211 1036－12 集部/總集類/彙編之屬

**鎮海縣舊志詩文刪餘錄存二卷** 陳脩榆編 民國二十五年(1936)蔚文書局鉛印本 一冊

330000－4789－0001212 1036－13 集部/總集類/彙編之屬

**鎮海縣舊志詩文刪餘錄存二卷** 陳脩榆編 民國二十五年(1936)蔚文書局鉛印本 一冊

330000－4789－0001213 1036－15 集部/總集類/彙編之屬

**鎮海縣舊志詩文刪餘錄存二卷** 陳脩榆編 民國二十五年(1936)蔚文書局鉛印本 一冊

330000－4789－0001214 1036－16 集部/總集類/彙編之屬

**鎮海縣舊志詩文刪餘錄存二卷** 陳脩榆編 民國二十五年(1936)蔚文書局鉛印本 一冊

330000－4789－0001215 1036－17 集部/總集類/彙編之屬

**鎮海縣舊志詩文刪餘錄存二卷** 陳脩榆編 民國二十五年(1936)蔚文書局鉛印本 一冊

330000－4789－0001216 1036－14 集部/

總集類/彙編之屬

**鎮海縣舊志詩文刪餘錄存二卷**　陳脩榆編

民國二十五年(1936)蔚文書局鉛印本　一冊

330000－4789－0001217　1036－18　集部/總集類/彙編之屬

**鎮海縣舊志詩文刪餘錄存二卷**　陳脩榆編

民國二十五年(1936)蔚文書局鉛印本　一冊

330000－4789－0001218　1036－19　集部/總集類/彙編之屬

**鎮海縣舊志詩文刪餘錄存二卷**　陳脩榆編

民國二十五年(1936)蔚文書局鉛印本　一冊

330000－4789－0001219　1036－20　集部/總集類/彙編之屬

**鎮海縣舊志詩文刪餘錄存二卷**　陳脩榆編

民國二十五年(1936)蔚文書局鉛印本　一冊

330000－4789－0001220　1036－22　集部/總集類/彙編之屬

**鎮海縣舊志詩文刪餘錄存二卷**　陳脩榆編

民國二十五年(1936)蔚文書局鉛印本　一冊

330000－4789－0001221　1036－21　集部/總集類/彙編之屬

**鎮海縣舊志詩文刪餘錄存二卷**　陳脩榆編

民國二十五年(1936)蔚文書局鉛印本　一冊

330000－4789－0001222　1036－23　集部/總集類/彙編之屬

**鎮海縣舊志詩文刪餘錄存二卷**　陳脩榆編

民國二十五年(1936)蔚文書局鉛印本　一冊

330000－4789－0001223　1036－24　集部/總集類/彙編之屬

**鎮海縣舊志詩文刪餘錄存二卷**　陳脩榆編

民國二十五年(1936)蔚文書局鉛印本　一冊

330000－4789－0001224　1036－25　集部/總集類/彙編之屬

**鎮海縣舊志詩文刪餘錄存二卷**　陳脩榆編

民國二十五年(1936)蔚文書局鉛印本　一冊

330000－4789－0001225　1036－26　集部/總集類/彙編之屬

**鎮海縣舊志詩文刪餘錄存二卷**　陳脩榆編

民國二十五年(1936)蔚文書局鉛印本　一冊

330000－4789－0001226　1036－27　集部/總集類/彙編之屬

**鎮海縣舊志詩文刪餘錄存二卷**　陳脩榆編

民國二十五年(1936)蔚文書局鉛印本　一冊

330000－4789－0001227　1036－28　集部/總集類/彙編之屬

**鎮海縣舊志詩文刪餘錄存二卷**　陳脩榆編

民國二十五年(1936)蔚文書局鉛印本　一冊

330000－4789－0001228　1036－29　集部/總集類/彙編之屬

**鎮海縣舊志詩文刪餘錄存二卷**　陳脩榆編

民國二十五年(1936)蔚文書局鉛印本　一冊

330000－4789－0001229　1036－30　集部/總集類/彙編之屬

**鎮海縣舊志詩文刪餘錄存二卷**　陳脩榆編

民國二十五年(1936)蔚文書局鉛印本　一冊

330000－4789－0001230　1036－31　集部/總集類/彙編之屬

**鎮海縣舊志詩文刪餘錄存二卷**　陳脩榆編

民國二十五年(1936)蔚文書局鉛印本　一冊

330000－4789－0001231　1036－32　集部/總集類/彙編之屬

**鎮海縣舊志詩文刪餘錄存二卷**　陳脩榆編

民國二十五年(1936)蔚文書局鉛印本　一冊

330000－4789－0001232　1036－33　集部/總集類/彙編之屬

**鎮海縣舊志詩文刪餘錄存二卷**　陳脩榆編

民國二十五年(1936)蔚文書局鉛印本　一冊

330000－4789－0001233　1036－34　集部/總集類/彙編之屬

**鎮海縣舊志詩文刪餘錄存二卷**　陳脩榆編

民國二十五年(1936)蔚文書局鉛印本　一冊

330000－4789－0001234　1036－35　集部/總集類/彙編之屬

**鎮海縣舊志詩文刪餘錄存二卷**　陳脩榆編

民國二十五年(1936)蔚文書局鉛印本　一冊

330000－4789－0001235　1036－36　集部/總集類/彙編之屬
**鎮海縣舊志詩文刪餘錄存二卷**　陳脩榆編
民國二十五年(1936)蔚文書局鉛印本　一冊

330000－4789－0001236　1036－37　集部/總集類/彙編之屬
**鎮海縣舊志詩文刪餘錄存二卷**　陳脩榆編
民國二十五年(1936)蔚文書局鉛印本　一冊

330000－4789－0001237　1036－38　集部/總集類/彙編之屬
**鎮海縣舊志詩文刪餘錄存二卷**　陳脩榆編
民國二十五年(1936)蔚文書局鉛印本　一冊

330000－4789－0001238　1036－39　集部/總集類/彙編之屬
**鎮海縣舊志詩文刪餘錄存二卷**　陳脩榆編
民國二十五年(1936)蔚文書局鉛印本　一冊

330000－4789－0001239　1036－40　集部/總集類/彙編之屬
**鎮海縣舊志詩文刪餘錄存二卷**　陳脩榆編
民國二十五年(1936)蔚文書局鉛印本　一冊

330000－4789－0001240　1036－41　集部/總集類/彙編之屬
**鎮海縣舊志詩文刪餘錄存二卷**　陳脩榆編
民國二十五年(1936)蔚文書局鉛印本　一冊

330000－4789－0001241　1036－42　集部/總集類/彙編之屬
**鎮海縣舊志詩文刪餘錄存二卷**　陳脩榆編
民國二十五年(1936)蔚文書局鉛印本　一冊

330000－4789－0001242　1036－43　集部/總集類/彙編之屬
**鎮海縣舊志詩文刪餘錄存二卷**　陳脩榆編
民國二十五年(1936)蔚文書局鉛印本　一冊

330000－4789－0001243　1036－44　集部/總集類/彙編之屬
**鎮海縣舊志詩文刪餘錄存二卷**　陳脩榆編
民國二十五年(1936)蔚文書局鉛印本　一冊

330000－4789－0001244　1036－46　集部/總集類/彙編之屬
**鎮海縣舊志詩文刪餘錄存二卷**　陳脩榆編
民國二十五年(1936)蔚文書局鉛印本　一冊

330000－4789－0001245　1036－45　集部/總集類/彙編之屬
**鎮海縣舊志詩文刪餘錄存二卷**　陳脩榆編
民國二十五年(1936)蔚文書局鉛印本　一冊

330000－4789－0001246　1036－48　集部/總集類/彙編之屬
**鎮海縣舊志詩文刪餘錄存二卷**　陳脩榆編
民國二十五年(1936)蔚文書局鉛印本　一冊

330000－4789－0001247　1036－47　集部/總集類/彙編之屬
**鎮海縣舊志詩文刪餘錄存二卷**　陳脩榆編
民國二十五年(1936)蔚文書局鉛印本　一冊

330000－4789－0001248　1036－49　集部/總集類/彙編之屬
**鎮海縣舊志詩文刪餘錄存二卷**　陳脩榆編
民國二十五年(1936)蔚文書局鉛印本　一冊

330000－4789－0001249　1036－50　集部/總集類/彙編之屬
**鎮海縣舊志詩文刪餘錄存二卷**　陳脩榆編
民國二十五年(1936)蔚文書局鉛印本　一冊

330000－4789－0001250　1036－51　集部/總集類/彙編之屬
**鎮海縣舊志詩文刪餘錄存二卷**　陳脩榆編
民國二十五年(1936)蔚文書局鉛印本　一冊

330000－4789－0001251　1036－52　集部/總集類/彙編之屬
**鎮海縣舊志詩文刪餘錄存二卷**　陳脩榆編
民國二十五年(1936)蔚文書局鉛印本　一冊

330000－4789－0001252　1037－2　史部/地理類/輿圖之屬/郡縣
**鎮海縣地圖不分卷**　民國二十一年(1932)石印本　一冊

330000－4789－0001253　1037－3　史部/地

理類/輿圖之屬/郡縣
**鎮海縣地圖不分卷** 民國二十一年(1932)石印本 一冊

330000－4789－0001254 1037－4 史部/地理類/輿圖之屬/郡縣
**鎮海縣地圖不分卷** 民國二十一年(1932)石印本 一冊

330000－4789－0001255 1037－5 史部/地理類/輿圖之屬/郡縣
**鎮海縣地圖不分卷** 民國二十一年(1932)石印本 一冊

330000－4789－0001256 1037－6 史部/地理類/輿圖之屬/郡縣
**鎮海縣地圖不分卷** 民國二十一年(1932)石印本 一冊

330000－4789－0001257 1037－7 史部/地理類/輿圖之屬/郡縣
**鎮海縣地圖不分卷** 民國二十一年(1932)石印本 一冊

330000－4789－0001258 1037－8 史部/地理類/輿圖之屬/郡縣
**鎮海縣地圖不分卷** 民國二十一年(1932)石印本 一冊

330000－4789－0001259 1037－9 史部/地理類/輿圖之屬/郡縣
**鎮海縣地圖不分卷** 民國二十一年(1932)石印本 一冊

330000－4789－0001260 1037－10 史部/地理類/輿圖之屬/郡縣
**鎮海縣地圖不分卷** 民國二十一年(1932)石印本 一冊

330000－4789－0001261 1037－11 史部/地理類/輿圖之屬/郡縣
**鎮海縣地圖不分卷** 民國二十一年(1932)石印本 一冊

330000－4789－0001262 1037－12 史部/地理類/輿圖之屬/郡縣
**鎮海縣地圖不分卷** 民國二十一年(1932)石印本 一冊

330000－4789－0001263 1037－13 史部/地理類/輿圖之屬/郡縣
**鎮海縣地圖不分卷** 民國二十一年(1932)石印本 一冊

330000－4789－0001264 1037－14 史部/地理類/輿圖之屬/郡縣
**鎮海縣地圖不分卷** 民國二十一年(1932)石印本 一冊

330000－4789－0001265 1037－15 史部/地理類/輿圖之屬/郡縣
**鎮海縣地圖不分卷** 民國二十一年(1932)石印本 一冊

330000－4789－0001266 1037－16 史部/地理類/輿圖之屬/郡縣
**鎮海縣地圖不分卷** 民國二十一年(1932)石印本 一冊

330000－4789－0001267 1037－17 史部/地理類/輿圖之屬/郡縣
**鎮海縣地圖不分卷** 民國二十一年(1932)石印本 一冊

330000－4789－0001268 1037－18 史部/地理類/輿圖之屬/郡縣
**鎮海縣地圖不分卷** 民國二十一年(1932)石印本 一冊

330000－4789－0001269 1037－19 史部/地理類/輿圖之屬/郡縣
**鎮海縣地圖不分卷** 民國二十一年(1932)石印本 一冊

330000－4789－0001270 1037－20 史部/地理類/輿圖之屬/郡縣
**鎮海縣地圖不分卷** 民國二十一年(1932)石印本 一冊

330000－4789－0001271 1037－21 史部/地理類/輿圖之屬/郡縣
**鎮海縣地圖不分卷** 民國二十一年(1932)石

印本　一册

330000－4789－0001272　1037－22　史部/地理類/輿圖之屬/郡縣

**鎮海縣地圖不分卷**　民國二十一年(1932)石印本　一册

330000－4789－0001273　1037－23　史部/地理類/輿圖之屬/郡縣

**鎮海縣地圖不分卷**　民國二十一年(1932)石印本　一册

330000－4789－0001274　1037－24　史部/地理類/輿圖之屬/郡縣

**鎮海縣地圖不分卷**　民國二十一年(1932)石印本　一册

330000－4789－0001275　1037－25　史部/地理類/輿圖之屬/郡縣

**鎮海縣地圖不分卷**　民國二十一年(1932)石印本　一册

330000－4789－0001276　1037－26　史部/地理類/輿圖之屬/郡縣

**鎮海縣地圖不分卷**　民國二十一年(1932)石印本　一册

330000－4789－0001277　1037－27　史部/地理類/輿圖之屬/郡縣

**鎮海縣地圖不分卷**　民國二十一年(1932)石印本　一册

330000－4789－0001278　1037－28　史部/地理類/輿圖之屬/郡縣

**鎮海縣地圖不分卷**　民國二十一年(1932)石印本　一册

330000－4789－0001279　1037－29　史部/地理類/輿圖之屬/郡縣

**鎮海縣地圖不分卷**　民國二十一年(1932)石印本　一册

330000－4789－0001280　1037－30　史部/地理類/輿圖之屬/郡縣

**鎮海縣地圖不分卷**　民國二十一年(1932)石印本　一册

330000－4789－0001281　1037－31　史部/地理類/輿圖之屬/郡縣

**鎮海縣地圖不分卷**　民國二十一年(1932)石印本　一册

330000－4789－0001282　1037－32　史部/地理類/輿圖之屬/郡縣

**鎮海縣地圖不分卷**　民國二十一年(1932)石印本　一册

330000－4789－0001283　1037－33　史部/地理類/輿圖之屬/郡縣

**鎮海縣地圖不分卷**　民國二十一年(1932)石印本　一册

330000－4789－0001284　1037－34　史部/地理類/輿圖之屬/郡縣

**鎮海縣地圖不分卷**　民國二十一年(1932)石印本　一册

330000－4789－0001285　1037－35　史部/地理類/輿圖之屬/郡縣

**鎮海縣地圖不分卷**　民國二十一年(1932)石印本　一册

330000－4789－0001286　1037－37　史部/地理類/輿圖之屬/郡縣

**鎮海縣地圖不分卷**　民國二十一年(1932)石印本　一册

330000－4789－0001287　1037－36　史部/地理類/輿圖之屬/郡縣

**鎮海縣地圖不分卷**　民國二十一年(1932)石印本　一册

330000－4789－0001288　1037－38　史部/地理類/輿圖之屬/郡縣

**鎮海縣地圖不分卷**　民國二十一年(1932)石印本　一册

330000－4789－0001289　1037－39　史部/地理類/輿圖之屬/郡縣

**鎮海縣地圖不分卷**　民國二十一年(1932)石印本　一册

330000－4789－0001290　1037－40　史部/

地理類/輿圖之屬/郡縣

**鎮海縣地圖不分卷**　民國二十一年(1932)石印本　一冊

330000－4789－0001291　1037－41　史部/地理類/輿圖之屬/郡縣

**鎮海縣地圖不分卷**　民國二十一年(1932)石印本　一冊

330000－4789－0001292　1037－43　史部/地理類/輿圖之屬/郡縣

**鎮海縣地圖不分卷**　民國二十一年(1932)石印本　一冊

330000－4789－0001293　1037－42　史部/地理類/輿圖之屬/郡縣

**鎮海縣地圖不分卷**　民國二十一年(1932)石印本　一冊

330000－4789－0001294　1037－44　史部/地理類/輿圖之屬/郡縣

**鎮海縣地圖不分卷**　民國二十一年(1932)石印本　一冊

330000－4789－0001295　1037－45　史部/地理類/輿圖之屬/郡縣

**鎮海縣地圖不分卷**　民國二十一年(1932)石印本　一冊

330000－4789－0001296　1037－46　史部/地理類/輿圖之屬/郡縣

**鎮海縣地圖不分卷**　民國二十一年(1932)石印本　一冊

330000－4789－0001297　1037－47　史部/地理類/輿圖之屬/郡縣

**鎮海縣地圖不分卷**　民國二十一年(1932)石印本　一冊

330000－4789－0001298　1037－48　史部/地理類/輿圖之屬/郡縣

**鎮海縣地圖不分卷**　民國二十一年(1932)石印本　一冊

330000－4789－0001299　1037－49　史部/地理類/輿圖之屬/郡縣

**鎮海縣地圖不分卷**　民國二十一年(1932)石印本　一冊

330000－4789－0001300　1037－50　史部/地理類/輿圖之屬/郡縣

**鎮海縣地圖不分卷**　民國二十一年(1932)石印本　一冊

330000－4789－0001301　1037－51　史部/地理類/輿圖之屬/郡縣

**鎮海縣地圖不分卷**　民國二十一年(1932)石印本　一冊

330000－4789－0001302　1037－52　史部/地理類/輿圖之屬/郡縣

**鎮海縣地圖不分卷**　民國二十一年(1932)石印本　一冊

330000－4789－0001303　1080　集部/小說類/長篇之屬

**增像全圖三國志演義第一才子書□□卷一百二十回**　(明)羅本撰　(清)毛宗崗評　民國石印本　四冊　存八卷(三至六、九至十二)

330000－4789－0001305　1111　集部/小說類/長篇之屬

**增像全圖三國演義十六卷一百二十回**　(明)羅本撰　(清)毛宗崗評　民國石印本　一冊　存二卷(三至四)

330000－4789－0001306　1114　集部/小說類/長篇之屬

**增像全圖三國志演義第一才子書□□卷一百二十回**　(明)羅本撰　民國石印本　一冊　存一卷(八)

330000－4789－0001308　1099　集部/小說類/長篇之屬

**第一才子書十六卷一百二十回**　(明)羅本撰　(清)毛宗崗　(清)金人瑞評　民國上海天寶書局石印本　三冊　存三卷(六、十四至十五)

330000－4789－0001309　1107　集部/總集類/選集之屬/通代

**言文一貫古文觀止十二卷**　文明書局編輯

民國上海文明書局石印本　二冊　存三卷（二至四）

330000－4789－0001310　1194　集部/總集類/選集之屬/通代

**言文一貫古文觀止十二卷**　文明書局編輯　民國上海文明書局石印本　一冊　存二卷（二至三）

330000－4789－0001312　1097　集部/小說類/長篇之屬

**第一才子書繡像三國志演義六十卷一百二十回**　（明）羅本撰　（清）毛宗崗　（清）金人瑞評　民國上海商務印書館鉛印本　八冊　存三十八卷（一至二、十五至四十、五十一至六十）

330000－4789－0001313　1096　集部/小說類/長篇之屬

**第一才子書繡像三國志演義六十卷一百二十回**　（明）羅本撰　（清）毛宗崗　（清）金人瑞評　民國上海商務印書館鉛印本　五冊　存二十八卷（九至十四、三十三至五十四）

330000－4789－0001314　1188－1　子部/儒家類/儒學之屬/俗訓

**格言合璧不分卷**　（清）金纓輯　民國八年（1919）上海宏大善書總發行所石印本　一冊

330000－4789－0001315　1188－2　子部/儒家類/儒學之屬/俗訓

**格言合璧不分卷**　（清）金纓輯　民國八年（1919）上海宏大善書總發行所石印本　一冊

330000－4789－0001316　1192　集部/總集類/選集之屬/通代

**增圖評註言文對照古文觀止十二卷**　（清）吳乘權　（清）吳大職輯　民國二十三年（1934）上海沈鶴記書局鉛印本　九冊　存九卷（一至七、十一至十二）

330000－4789－0001317　1180　集部/曲類/彈詞之屬

**繪圖筆生花十六卷三十二回**　（清）邱心如撰　民國石印本　十冊　存十四卷（一至二、四至六、八至十六）

330000－4789－0001318　1179　集部/小說類/長篇之屬

**增圖續小五義六卷一百二十四回**　（清）石玉崑撰　民國十三年（1924）上海錦章圖書局石印本　二冊　存二卷（一至二）

330000－4789－0001319　1177　集部/小說類/長篇之屬

**評註圖像水滸傳□□卷七十回**　（元）施耐庵撰　（清）金人瑞評　民國上海錦章圖書局石印本　六冊　存十七卷（一至十一、十四至十九）

330000－4789－0001320　1176　集部/小說類/長篇之屬

**繡像繪圖蕩寇志八卷末一卷**　（清）俞萬春撰　（清）范辛來　（清）邵祖恩評　民國上海進步書局石印本　五冊　存五卷（一至三、七至八）

330000－4789－0001322　1160　集部/小說類/長篇之屬

**紅樓復夢十六卷一百回**　（清）陳少海撰　民國石印本　二冊　存二卷（十二、十四）

330000－4789－0001323　1149　集部/小說類/長篇之屬

**繡像紅樓夢補四卷四十八回**　（清）歸鋤子撰　民國三年（1914）上海共和書局石印本　三冊　存三卷（一、三至四）

330000－4789－0001324　1148　集部/小說類/長篇之屬

**繪圖增像西遊記八卷一百回**　（明）吳承恩撰　（清）陳士斌詮解　民國上海錦章書局石印本　六冊　存六回（二、四至八）

330000－4789－0001325　1147　集部/小說類/長篇之屬

**繡像繪圖西遊記八卷一百回**　（明）吳承恩撰　（清）陳士斌詮解　民國上海進步書局石印本　五冊　存五卷（一至二、四至五、八）

330000－4789－0001327　1142　集部/小說

類/長篇之屬

**大字足本繡像全圖三國志演義十六卷一百二十回首一卷** （明）羅本撰 （清）毛宗崗評 民國十四年(1925)上海掃葉山房石印本 五冊 存十一卷(首,一至八、十一至十二)

330000－4789－0001328 1139 集部/小說類/長篇之屬

**歷史小說吳三桂演義四卷四十回** 民國元年(1912)上海書局石印本 三冊 存三卷(一至三)

330000－4789－0001329 1129 集部/小說類/長篇之屬

**第一才子書六十卷一百二十回** （明）羅本撰 （清）毛宗崗 （清）金人瑞評 民國鉛印本 五冊 存二十七卷(三十四至六十)

330000－4789－0001330 1189 子部/醫家類/養生之屬

**養生保命錄一卷** 民國八年(1919)上海宏大善書局石印本 一冊

330000－4789－0001333 1195 經部/小學類/文字之屬/字書/字典

**新字典補編十二集** 民國元年(1912)上海商務印書館鉛印本 一冊

330000－4789－0001335 1001 子部/天文曆算類/算書之屬

**無師自通書算大全不分卷** 洪子良 居映園編纂 民國二十年(1931)上海中原書局石印本 八冊

330000－4789－0001336 1023 經部/小學類/文字之屬/字書/字典

**康熙字典十二集三十六卷總目一卷檢字一卷辨似一卷等韻一卷補遺一卷備考一卷** （清）張玉書等纂修 民國石印本 三冊 存二十一卷(寅集上中下、卯集上中下、辰集上中下、未集上中下、申集上中下、酉集上中下、戌集上中下)

330000－4789－0001338 1029 集部/小說類/長篇之屬

**增評加批金玉緣圖說十六卷首一卷一百二十回** （清）曹霑 （清）高鶚撰 （清）蝶薌仙史評訂 民國石印本 十六冊

330000－4789－0001339 1027 集部/小說類/長篇之屬

**增評補像全圖金玉緣一百二十回** （清）曹霑 （清）高鶚撰 民國石印本 六冊 存五十二回(六十一至一百十二)

330000－4789－0001343 1197 集部/小說類/長篇之屬

**繡像繪圖花月痕十六卷五十二回** （清）魏秀仁編 （清）棲霞居士評 民國上海書局石印本 一冊

330000－4789－0001344 1205 集部/小說類/長篇之屬

**繡像七劍十三俠三集十二卷一百八十回** （清）唐芸洲撰 民國十七年(1928)石印本 二冊 存八卷(初集一至四、三集九至十二)

330000－4789－0001346 1203 子部/儒家類/儒學之屬/俗訓

**格言聯璧不分卷** （清）金纓輯 民國七年(1918)上海鴻寶齋書局石印本 一冊

330000－4789－0001348 1201 集部/小說類/長篇之屬

**繡像宋史奇書十二卷六十六回** 民國石印本 一冊

330000－4789－0001350 1199 集部/小說類/長篇之屬

**新式水滸演義四卷** （清）江陰香編 民國上海世界書局石印本 四冊

330000－4789－0001351 1198 集部/小說類/長篇之屬

**繪像結水滸全傳八卷七十回附結子一回** （清）俞萬春撰 （清）范辛來 （清）邵祖恩參評 民國十二年(1923)上海大成書局石印本 四冊

330000－4789－0001352 1207、1208 集部/總集類/郡邑之屬

**蛟川詩繫三十一卷首一卷**　(清)姚燮輯　**蛟川詩繫續編八卷首一卷**　范鑄編次　民國二年至三年(1913－1914)鉛印本　十冊

330000－4789－0001353　1209－1　史部/地理類/輿圖之屬/郡縣

**鎮海縣地圖不分卷**　民國二十一年(1932)石印本　一冊

330000－4789－0001354　1209－2　史部/地理類/輿圖之屬/郡縣

**鎮海縣地圖不分卷**　民國二十一年(1932)石印本　一冊

330000－4789－0001356　1209－3　史部/地理類/輿圖之屬/郡縣

**鎮海縣地圖不分卷**　民國二十一年(1932)石印本　一冊

330000－4789－0001357　1209－4　史部/地理類/輿圖之屬/郡縣

**鎮海縣地圖不分卷**　民國二十一年(1932)石印本　一冊

330000－4789－0001358　1209－5　史部/地理類/輿圖之屬/郡縣

**鎮海縣地圖不分卷**　民國二十一年(1932)石印本　一冊

330000－4789－0001359　1209－6　史部/地理類/輿圖之屬/郡縣

**鎮海縣地圖不分卷**　民國二十一年(1932)石印本　一冊

330000－4789－0001360　1209－8　史部/地理類/輿圖之屬/郡縣

**鎮海縣地圖不分卷**　民國二十一年(1932)石印本　一冊

330000－4789－0001361　1209－7　史部/地理類/輿圖之屬/郡縣

**鎮海縣地圖不分卷**　民國二十一年(1932)石印本　一冊

330000－4789－0001362　528－2　子部/藝術類/書畫之屬/畫譜

**怡雲軒畫譜不分卷**　(清)怡雲軒主人輯　民國二十五年(1936)鉛印本　一冊

330000－4789－0001363　1209－9　史部/地理類/輿圖之屬/郡縣

**鎮海縣地圖不分卷**　民國二十一年(1932)石印本　一冊

330000－4789－0001364　1209－10　史部/地理類/輿圖之屬/郡縣

**鎮海縣地圖不分卷**　民國二十一年(1932)石印本　一冊

330000－4789－0001365　1209－11　史部/地理類/輿圖之屬/郡縣

**鎮海縣地圖不分卷**　民國二十一年(1932)石印本　一冊

330000－4789－0001366　1209－12　史部/地理類/輿圖之屬/郡縣

**鎮海縣地圖不分卷**　民國二十一年(1932)石印本　一冊

330000－4789－0001367　1209－13　史部/地理類/輿圖之屬/郡縣

**鎮海縣地圖不分卷**　民國二十一年(1932)石印本　一冊

330000－4789－0001368　1209－14　史部/地理類/輿圖之屬/郡縣

**鎮海縣地圖不分卷**　民國二十一年(1932)石印本　一冊

330000－4789－0001369　1209－15　史部/地理類/輿圖之屬/郡縣

**鎮海縣地圖不分卷**　民國二十一年(1932)石印本　一冊

330000－4789－0001370　1209－16　史部/地理類/輿圖之屬/郡縣

**鎮海縣地圖不分卷**　民國二十一年(1932)石印本　一冊

330000－4789－0001371　1209－17　史部/地理類/輿圖之屬/郡縣

**鎮海縣地圖不分卷**　民國二十一年(1932)石

印本　一册

330000－4789－0001372　1209－18　史部/地理類/輿圖之屬/郡縣
**鎮海縣地圖不分卷**　民國二十一年(1932)石印本　一册

330000－4789－0001373　1209－19　史部/地理類/輿圖之屬/郡縣
**鎮海縣地圖不分卷**　民國二十一年(1932)石印本　一册

330000－4789－0001374　1209－20　史部/地理類/輿圖之屬/郡縣
**鎮海縣地圖不分卷**　民國二十一年(1932)石印本　一册

330000－4789－0001375　1209－21　史部/地理類/輿圖之屬/郡縣
**鎮海縣地圖不分卷**　民國二十一年(1932)石印本　一册

330000－4789－0001376　1209－22　史部/地理類/輿圖之屬/郡縣
**鎮海縣地圖不分卷**　民國二十一年(1932)石印本　一册

330000－4789－0001377　1209－23　史部/地理類/輿圖之屬/郡縣
**鎮海縣地圖不分卷**　民國二十一年(1932)石印本　一册

330000－4789－0001378　1209－24　史部/地理類/輿圖之屬/郡縣
**鎮海縣地圖不分卷**　民國二十一年(1932)石印本　一册

330000－4789－0001379　1209－25　史部/地理類/輿圖之屬/郡縣
**鎮海縣地圖不分卷**　民國二十一年(1932)石印本　一册

330000－4789－0001380　1209－26　史部/地理類/輿圖之屬/郡縣
**鎮海縣地圖不分卷**　民國二十一年(1932)石印本　一册

330000－4789－0001381　1209－27　史部/地理類/輿圖之屬/郡縣
**鎮海縣地圖不分卷**　民國二十一年(1932)石印本　一册

330000－4789－0001382　1209－28　史部/地理類/輿圖之屬/郡縣
**鎮海縣地圖不分卷**　民國二十一年(1932)石印本　一册

330000－4789－0001383　1209－29　史部/地理類/輿圖之屬/郡縣
**鎮海縣地圖不分卷**　民國二十一年(1932)石印本　一册

330000－4789－0001384　1209－30　史部/地理類/輿圖之屬/郡縣
**鎮海縣地圖不分卷**　民國二十一年(1932)石印本　一册

330000－4789－0001385　1209－31　史部/地理類/輿圖之屬/郡縣
**鎮海縣地圖不分卷**　民國二十一年(1932)石印本　一册

330000－4789－0001386　1209－32　史部/地理類/輿圖之屬/郡縣
**鎮海縣地圖不分卷**　民國二十一年(1932)石印本　一册

330000－4789－0001387　1209－33　史部/地理類/輿圖之屬/郡縣
**鎮海縣地圖不分卷**　民國二十一年(1932)石印本　一册

330000－4789－0001388　1209－34　史部/地理類/輿圖之屬/郡縣
**鎮海縣地圖不分卷**　民國二十一年(1932)石印本　一册

330000－4789－0001389　1209－35　史部/地理類/輿圖之屬/郡縣
**鎮海縣地圖不分卷**　民國二十一年(1932)石印本　一册

330000－4789－0001390　1209－36　史部/

地理類/輿圖之屬/郡縣
**鎮海縣地圖不分卷** 民國二十一年(1932)石印本 一冊

330000－4789－0001391 1211 史部/地理類/方志之屬/郡縣志
**[民國]鎮海縣新志備稿二卷** 董祖羲纂 民國二十年(1931)上海蔚文印刷局鉛印本 二冊

330000－4789－0001392 1213 史部/地理類/輿圖之屬/郡縣
**鎮海縣地圖不分卷** 民國二十一年(1932)石印本 一冊

330000－4789－0001393 1212 集部/總集類/彙編之屬
**鎮海縣舊志詩文刪餘錄存二卷** 陳脩榆編 民國二十五年(1936)蔚文書局鉛印本 一冊

330000－4789－0001394 1210 史部/地理類/方志之屬/郡縣志
**[民國]鎮海縣志四十五卷首一卷** 洪錫範 盛鴻燾修 王榮商 楊敏曾纂 民國二十年(1931)上海蔚文印刷局鉛印本 二十二冊

330000－4789－0001395 1214 史部/地理類/方志之屬/郡縣志
**[民國]鎮海縣志四十五卷首一卷** 洪錫範 盛鴻燾修 王榮商 楊敏曾纂 民國二十年(1931)上海蔚文印刷局鉛印本 二十二冊

330000－4789－0001396 1217 史部/地理類/輿圖之屬/郡縣
**鎮海縣地圖不分卷** 民國二十一年(1932)石印本 一冊

330000－4789－0001397 1215 史部/地理類/方志之屬/郡縣志
**[民國]鎮海縣新志備稿二卷** 董祖羲纂 民國二十年(1931)上海蔚文印刷局鉛印本 二冊

330000－4789－0001398 1216 集部/總集類/彙編之屬
**鎮海縣舊志詩文刪餘錄存二卷** 陳脩榆編 民國二十五年(1936)蔚文書局鉛印本 一冊

330000－4789－0001399 1222 集部/總集類/彙編之屬
**鎮海縣舊志詩文刪餘錄存二卷** 陳脩榆編 民國二十五年(1936)蔚文書局鉛印本 一冊

330000－4789－0001400 1223 史部/地理類/輿圖之屬/郡縣
**鎮海縣地圖不分卷** 民國二十一年(1932)石印本 一冊

330000－4789－0001401 1221 史部/地理類/方志之屬/郡縣志
**[民國]鎮海縣新志備稿二卷** 董祖羲纂 民國二十年(1931)上海蔚文印刷局鉛印本 二冊

330000－4789－0001402 1220 史部/地理類/方志之屬/郡縣志
**[民國]鎮海縣志四十五卷首一卷** 洪錫範 盛鴻燾修 王榮商 楊敏曾纂 民國二十年(1931)上海蔚文印刷局鉛印本 二十二冊

330000－4789－0001403 1224 史部/地理類/方志之屬/郡縣志
**[民國]鎮海縣志四十五卷首一卷** 洪錫範 盛鴻燾修 王榮商 楊敏曾纂 民國二十年(1931)上海蔚文印刷局鉛印本 二十二冊

330000－4789－0001404 1225 史部/地理類/方志之屬/郡縣志
**[民國]鎮海縣新志備稿二卷** 董祖羲纂 民國二十年(1931)上海蔚文印刷局鉛印本 二冊

330000－4789－0001405 1229 史部/地理類/方志之屬/郡縣志
**[民國]鎮海縣新志備稿二卷** 董祖羲纂 民國二十年(1931)上海蔚文印刷局鉛印本 一冊 存一卷(下)

330000－4789－0001406 1228 史部/地理類/方志之屬/郡縣志
**[民國]鎮海縣志四十五卷首一卷** 洪錫範 盛鴻燾修 王榮商 楊敏曾纂 民國二十年

(1931)上海蔚文印刷局鉛印本　二十冊　缺五卷(一至二、十至十二)

330000－4789－0001407　1226　集部/總集類/彙編之屬

**鎮海縣舊志詩文刪餘錄存二卷**　陳脩榆編　民國二十五年(1936)蔚文書局鉛印本　一冊

330000－4789－0001408　1227　史部/地理類/輿圖之屬/郡縣

**鎮海縣地圖不分卷**　民國二十一年(1932)石印本　一冊

# 寧波市鄞州區圖書館民國時期傳統裝幀書籍普查登記目録

浙江省民國時期傳統裝幀書籍普查登記目録・寧波

國家圖書館出版社
National Library of China Publishing House

# 《寧波市鄞州區圖書館民國時期傳統裝幀書籍普查登記目録》

## 編委會

**主　編：** 胡曉群

**副主編：** 陳　曄

**編纂人員：** 鍾圓圓

# 《寧波市鄞州區圖書館民國時期傳統裝幀書籍普查登記目録》

## 前　言

寧波市鄞州區圖書館於1989年3月單獨建制,2004年6月與寧波大學園區圖書館合并,實行"一套班子　兩塊牌子　統一管理"的模式。我館古籍來源於三方面:一是歷史館藏;二是通過購買;三是由單位和個人捐贈。我館古籍目録最早按照經、史、子、集四部分類法進行分類編排,20世紀90年代開始根據《中國圖書館圖書分類法》進行重新分類,并按《中國文獻編目規則》以目録卡片的形式,進行編目著録;1997年始把所有的文獻目録根據機讀目録格式輸入了電腦,開始實行自動化系統管理。

隨着全國古籍保護工作的全面實施,2013年3月23日我館提交了《浙江省古籍普查專案申報書》,因人員調整關係,2015年上半年纔真正開始古籍著録,通過普查工作人員的共同努力,於7月底完成全部古籍著録。本次共普查館藏古籍90部1087册,比較珍貴的有《東坡全集》一百十五卷、《明州阿育王山志》十卷等30部古籍,民国时期古籍50部,如《四明叢書》一百六十七種、《四部備要》及《康熙字典》十二集三十六卷《總目》一卷《檢字》一卷《辨似》一卷《等韻》一卷《補遺》一卷《備考》一卷等。由於之前重視度不够,本館古籍有不同程度的破損,一級破損47部509册,二級破損2部2册;未破損有41部576册。主要的破損類型爲蟲蛀、脱頁及老化。

古籍屬於不可再生的文化資源,一旦破壞,就不能再現。所以必須加强對現有古籍的保護。由於之前館舍比較簡陋,無恒温恒濕的設備和措施,同時缺乏古籍的保護意識,一直未設置防潮防蛀的專櫃進行保護,直到兩館合并以後纔進行獨立專櫃放置,并放置了中藥包采取防蟲防蛀措施,計劃後期能達到恒温恒濕的保存環境。

古籍破損,灰塵較多,比較脏亂,容易引起皮肤過敏,但我們的工作人員經受住各種考驗,順利完成古籍著録,在此非常感謝爲此次古籍普查著録努力工作的人員。

本目録是以館藏民國時期傳統裝幀書籍爲收録範圍,共計50條899册。因普查著録難度大,著録人員專業程度不高,有可能會出現各種不同的錯誤,敬請專家、讀者批評指正。

鄞州區圖書館

2018年2月

330000－1733－0000001　普 Z121.6/113/V1　類叢部/叢書類/彙編之屬

**四部叢刊**　張元濟等編　民國上海商務印書館影印本　三十七冊　存十五種

330000－1733－0000003　普 I214.92/673　集部/别集類/清别集

**呂晚村先生文集八卷附錄一卷**　(清)呂留良撰　民國十八年(1929)陽湖錢振鍠木活字印本　四冊

330000－1733－0000005　普 K234.2/437　史部/紀傳類/正史之屬

**謝氏後漢書補逸五卷**　(三國吳)謝承撰　(清)姚之駰輯　(清)孫志祖增訂　民國二十年(1931)國學圖書館影印本　一冊

330000－1733－0000009　普 Z122.553/156　子部/小說家類

**筆記小說大觀二百二十二種**　進步書局輯　民國上海進步書局石印本　十五冊　存三種

330000－1733－0000010　普 I207.22/881　集部/總集類/選集之屬/斷代

**貫華堂選批唐才子詩甲集七言律七卷聖歎尺牘一卷**　(清)金人瑞輯　(清)金雍注　民國上海有正書局鉛印本　六冊

330000－1733－0000013　普 K231.04/430　史部/雜史類/斷代之屬

**戰國策補註三十三卷**　吳曾祺撰　民國二十七年(1938)上海商務印書館鉛印本　四冊

330000－1733－0000014　普 I222/478　類叢部/叢書類/彙編之屬

**四部備要**　中華書局編　民國二十五年(1936)上海中華書局鉛印本(經義考卷二百八十六、二百九十九至三百,東塾讀書記卷十三至十四、十七至二十、二十二至二十五原缺)　六冊　存一種

330000－1733－0000016　普 I22/250　集部/總集類/酬唱之屬

**徐虞于喁集三卷**　徐翻　虞和欽撰　民國鉛印本　一冊

330000－1733－0000017　普 I222.744/402　集部/别集類/宋别集

**黃山谷内集二十卷外集十七卷别集二卷**　(宋)黃庭堅撰　民國四年(1915)石印本　十二冊

330000－1733－0000021　普 Z225/438　史部/金石類

**金石要例一卷**　(清)黃宗羲撰　民國鉛印本　一冊

330000－1733－0000022　普 H12/041　經部/春秋總義類/文字音義之屬

**春秋小學八卷**　(清)莊有可撰　民國石印本　四冊

330000－1733－0000024　普 I216.2/444　集部/别集類

**黃林集一卷傳港集一卷**　楊翰芳撰　**間雲樓遺稿一卷**　楊炅撰　**間雲樓唱酬一卷**　楊炅等撰　民國三十三年(1944)鉛印本　一冊

330000－1733－0000027　普 I217.2/432　集部/詩文評類

**勁風閣遺稿一卷**　梅冷生撰　民國油印本　一冊

330000－1733－0000028　普 G633/730　類叢部/叢書類/彙編之屬

**復性書院叢刊二十七種**　馬浮編　民國二十九年至三十七年(1940－1948)復性書院刻本暨鉛印本　一冊　存一種

330000－1733－0000032　普 H164/724　經部/小學類/文字之屬/字書/字典

**辭源十二卷檢字一卷附錄五卷**　陸爾奎等編　民國四年(1915)上海商務印書館鉛印本　二冊　存二卷(七、十)

330000－1733－0000033　普 B222.102/240　經部/叢編

**四書五經不分卷**　(宋)朱熹集傳　民國世界書局鉛印本　三冊

330000－1733－0000034　普 I217.2/416　集部/詩文評類

楊霽園先生詩文選集四卷　楊翰芳撰　民國影印本　二冊

330000－1733－0000035　普 I217.2/416　集部/詩文評類

楊霽園先生詩文選集四卷　楊翰芳撰　民國影印本　一冊　存二卷(一至二)

330000－1733－0000038　普 K207/087　史部/史評類

史通二十卷　(唐)劉知幾撰　民國中華書局據明張之象刻本影印本　四冊

330000－1733－0000039　I247.30/821　集部/别集類

西港漫藁一卷西林漫稿一卷囊齋文存一卷　朱驤撰　師箴十則一卷囊齋題語一卷囊齋燕集詞一卷　民國三十三年(1944)鉛印本　一冊

330000－1733－0000040　普 I216.2/271　集部/别集類

黄林集一卷傅港集一卷　楊翰芳撰　閒雲樓遺稿一卷　楊炅撰　閒雲樓唱酬一卷　楊炅等撰　民國三十三年(1944)鉛印本　一冊

330000－1733－0000041　普 I215.1/230　集部/别集類

海抱樓文初編一卷續編一卷　朱浩撰　民國鉛印本　一冊

330000－1733－0000042　普 I226/150　集部/别集類

天機樓詩一卷　張成撰　善藏樓詩一卷　胡尚焯撰　民國鉛印本　一冊

330000－1733－0000043　普 I207.2/633　集部/總集類/選集之屬/通代

玉臺新詠十卷　(南朝陳)徐陵編　(清)吳兆宜注　(清)程琰删補　民國七年(1918)上海掃葉山房石印本　六冊

330000－1733－0000046　普 I206.2/240　集部/别集類/唐五代别集

昌黎先生集考異十卷　(宋)朱熹撰　民國影印本　二冊

330000－1733－0000047　普 K247/330　史部/紀傳類/正史之屬

百衲本二十四史　張元濟輯　民國上海商務印書館影印本　三冊　存一種

330000－1733－0000053　普 Z122.553/158　類叢部/叢書類/郡邑之屬

四明叢書一百六十七種　張壽鏞編　民國四明張氏約園刻本　五十四冊　存二十種

330000－1733－0000055　普 B922/744　子部/小説家類/異聞之屬

正續酉陽雜俎二十卷酉陽雜俎續集十卷　(唐)段成式撰　民國石印本　五冊

330000－1733－0000056　普 K295.54/731　史部/地理類/方志之屬/郡縣志

[民國]定海縣志十六卷首一卷　陳訓正　馬瀛纂修　施臯　顔聖介　張紀隆測繪　民國十三年(1924)旅滬同鄉會鉛印本　六冊

330000－1733－0000057　普 K204.2/003　史部/紀傳類/正史之屬

史記一百三十卷　(漢)司馬遷撰　(明)歸有光等評點　方望溪平點史記四卷　(清)方苞撰　民國二十年(1931)上海掃葉山房石印本　十六冊

330000－1733－0000058　普 B212/433　子部/雜著類/雜纂之屬

諸子文粹六十二卷續編十卷　李寶洤纂　民國六年(1917)上海商務印書館鉛印本　二十冊

330000－1733－0000059　Z126.27/228　類叢部/叢書類/彙編之屬

四部備要　中華書局編　民國二十五年(1936)上海中華書局鉛印本　二冊　存二種

330000－1733－0000060　普 I26/140　集部/總集類/選集之屬/通代

古今文綜不分卷　張相輯　民國上海中華書局鉛印本　三十九冊

330000－1733－0000061　普 J292　子部/藝術類/書畫之屬/書法書品

**法書攷八卷**　（元）盛熙明撰　民國影印本　二冊

330000－1733－0000062　普 J205/123　子部/藝術類/書畫之屬
**聲畫集八卷**　（宋）孫紹遠輯　民國影印本　二冊　存四卷（五至八）

330000－1733－0000063　普 I226/443　類叢部/叢書類/自著之屬
**樊山全集六種**　樊增祥撰　民國石印本　二冊

330000－1733－0000065　普 Z121.6/113　類叢部/叢書類/彙編之屬
**四部叢刊**　張元濟等編　民國上海商務印書館影印本　二百五十九冊　存二百五十九種

330000－1733－0000066　普 J609.2/240　類叢部/叢書類/彙編之屬
**楝亭（楝亭藏書）十二種六十九卷**　（清）曹寅編　民國十年（1921）上海古書流通處據清康熙四十五年（1706）揚州詩局刻本影印本　二冊　存一種

330000－1733－0000069　普 I052/527　集部/詞類/詞韻之屬
**詞林正韻三卷發凡一卷**　（清）戈載輯　民國石印本　四冊

330000－1733－0000070　普 H163/115　經部/小學類/文字之屬/字書/字典
**康熙字典十二集三十六卷總目一卷檢字一卷辨似一卷等韻一卷補遺一卷備考一卷**　（清）張玉書等纂修　民國石印本　四冊

330000－1733－0000073　普 I207.22/883　集部/別集類/唐五代別集
**溫飛卿詩集七卷別集一卷集外詩一卷附錄諸家詩評一卷**　（唐）溫庭筠撰　（明）曾益注　（清）顧予咸補注　（清）顧嗣立續注　民國六年（1917）上海石竹山房石印本　四冊

330000－1733－0000074　普 I214.41/440　集部/別集類/清別集
**和陶合箋四卷**　（清）溫汝能撰　民國掃葉山房石印本　二冊

330000－1733－0000075　普 I207.2/170　集部/詩文評類/詩評之屬
**漁洋詩話二卷**　（清）王士禛撰　民國石印本　一冊

330000－1733－0000077　普 I222.752/440　集部/詩文評類/詩評之屬
**隨園詩話十六卷**　（清）袁枚撰　民國影印本　四冊

330000－1733－0000078　普 I222.752/440　集部/詩文評類/詩評之屬
**隨園詩話補遺十卷**　（清）袁枚撰　民國影印本　二冊

330000－1733－0000079　普 I222.752/310　集部/總集類/選集之屬/斷代
**增註隨園女弟子詩選六卷**　（清）席佩蘭等撰　謝璿增註　民國十五年（1926）上海會文堂書局石印本　二冊

330000－1733－0000081　普 I206/103　集部/總集類/選集之屬/通代
**古文辭類纂七十四卷**　（清）姚鼐纂輯　**續古文辭類纂三十四卷**　王先謙輯　民國二十五年（1936）上海文明書局鉛印本　二十四冊

330000－1733－0000087　普 Z838/445　史部/目錄類/總錄之屬/彙刻
**增輯書目答問不分卷**　（清）張之洞撰　民國石印本　二冊

330000－1733－0000089　普 Z122.553/158　類叢部/叢書類/郡邑之屬
**四明叢書一百六十七種**　張壽鏞編　民國四明張氏約園刻本　三百十七冊　存四十六種

330000－1733－0000090　I264.9/230　子部/小說家類/雜事之屬
**墨餘錄四卷**　（清）毛祥麟撰　民國十二年（1923）上海文明書局石印本　三冊

# 寧波市奉化區文物保護管理所
# 民國時期傳統裝幀書籍普查登記目録

浙江省民國時期傳統裝幀書籍普查登記目録 · 寧波

國家圖書館出版社
National Library of China Publishing House

# 《寧波市奉化區文物保護管理所民國時期傳統裝幀書籍普查登記目録》

## 編委會

**主　編：**李　偉

**副主編：**王　瑋　毛友定

**編纂人員：**林朝静　張牽牛　毛迪凱　鄔璐虹　周瑜佳
方　一

# 《寧波市奉化區文物保護管理所民國時期傳統裝幀書籍普查登記目録》

## 前　言

古籍，看似了無生命，却在無聲地訴説着歷史，讓人總是情不自禁地對它心生敬意。書中的這些民國數據，一直是館藏的一大特色。

而這一切都緣於民國時期身在他鄉的一批奉化人，他們在外發迹後感恩故土，回報桑梓，對家鄉的經濟、政治、文化及社會生活等各個領域發展做出了重要貢獻。中正圖書館就是他們遺留在奉化的公共文化事業載體之一。

中正圖書館，前身爲奉化縣立圖書館，1925 年由奉化地方士紳朱守梅等發起籌建，1928 年初落成，爲中西合璧的羅馬式建築，藏書 2535 册，是當時奉化縣第一個公共圖書館。1932 年，改名爲中正圖書館，藏書增至萬餘册，主要來源於蔣介石、俞飛鵬、朱孔陽、孫鶴皋等奉籍名人、達官、實業家的捐贈，其中蔣介石捐了百餘種圖書，以後又入藏了蕭王廟孫鶴皋的天孫閣藏書幾千册及其他各地捐贈，藏書量逐年增加。至 1949 年 5 月奉城解放，圖書館藏書量已達兩萬餘册。這些藏書，歷經 80 多年的風雨，大部分留存下來，構成了我們館藏古籍的主體，也是書中這些民國數據的主體。本書共收録民國時期傳統裝幀書籍 1607 種 9771 册。

本書的出版，可令讀者一目瞭然地瞭解到每一種書的重要信息和主要内容，這必將促進奉化地方歷史文化的深入整理、發掘與研究。

祇有更好地傳承，纔能有更好的未來！

奉化區文物保護管理所

2018 年 2 月

330000－1795－0000002　0001　經部/小學類/文字之屬/說文

**說文解字十五卷標目一卷**　(漢)許慎撰　(宋)徐鉉等校定　民國上海商務印書館據藤花榭刻本影印本　四冊

330000－1795－0000003　小學0002　經部/小學類/文字之屬/說文

**說文解字十五卷標目一卷**　(漢)許慎撰　(宋)徐鉉等校定　民國十八年(1929)上海商務印書館據藤花榭刻本影印本　四冊

330000－1795－0000006　0004　經部/小學類/文字之屬/說文

**說文解字十五卷標目一卷**　(漢)許慎撰　(宋)徐鉉等校定　民國上海商務印書館據藤花榭刻本影印本　三冊　存十二卷(一至十二)

330000－1795－0000008　子0399　子部/宗教類/佛教之屬/經疏

**首楞嚴義疏注經二十卷**　(宋)釋子璿撰　民國刻本　二冊　存九卷(七至十五)

330000－1795－0000022　0016　經部/小學類/文字之屬/說文/傳說

**說文解字注十五卷附六書音均表五卷**　(清)段玉裁撰　**說文部目分韵一卷**　(清)陳煥編　**說文通檢十四卷首一卷末一卷**　(清)黎永椿編　**說文提要一卷**　(清)陳建侯撰　**徐星伯說文段注札記一卷**　(清)徐松撰　(清)劉肇隅編　**龔定菴說文段注札記一卷**　(清)龔自珍撰　(清)劉肇隅編　**桂未谷說文段注鈔一卷補鈔一卷**　(清)桂馥撰　(清)劉肇隅編　民國十二年(1923)上海掃葉山房石印本　五冊　存十五卷(說文解字注十二至十五、六書音均表一至五,部目分韵,說文提要,徐星伯說文段注札記,龔定菴說文段注札記,桂未谷說文段注鈔、補鈔)

330000－1795－0000028　小學0028　經部/小學類/文字之屬/說文/傳說

**說文解字詁林提要一卷**　丁福保編　民國十七年(1928)上海醫學書局石印本　一冊

330000－1795－0000030　小學0027　經部/小學類/文字之屬/說文/專著

**說文鑰續集不分卷**　丁福保編　民國石印本　一冊

330000－1795－0000032　小學0022　經部/小學類/文字之屬/說文

**說文通檢十四卷首一卷末一卷**　(清)黎永椿編　民國十二年(1923)上海掃葉山房石印本　一冊

330000－1795－0000033　小學0023　經部/小學類/文字之屬/說文

**說文通檢十四卷首一卷末一卷**　(清)黎永椿編　民國商務印書館據番禺陳氏刻本影印本　二冊

330000－1795－0000048　小學0049　經部/小學類/文字之屬/字書/字典

**攷正字彙二卷**　(清)陳淏子撰　民國元年(1912)共和書局石印本　一冊

330000－1795－0000050　小學0050　經部/群經總義類/文字音義之屬

**經傳釋詞四卷**　(清)王引之撰　王時潤點勘　民國二十年(1931)上海掃葉山房石印本　三冊

330000－1795－0000057　子0400　子部/宗教類/佛教之屬/經疏

**大方廣佛華嚴經演義鈔□□卷**　(唐)釋澄觀撰　民國刻本　二冊　存十卷(十至十四、二十至二十四)

330000－1795－0000063　0051　經部/群經總義類/文字音義之屬

**經傳釋詞十卷**　(清)王引之撰　王時潤點勘　民國上海古書流通處影印本　四冊

330000－1795－0000068　0052　經部/小學類/文字之屬/說文/傳說

**說文解字句讀三十卷**　(清)王筠撰　民國上海涵芬樓據清王氏家刻本影印本　十四冊

330000－1795－0000070　0084　類叢部/叢書類/彙編之屬

**四部備要**　中華書局編　民國二十五年(1936)上海中華書局鉛印本(經義考卷二百八十六、二百九十九至三百,東塾讀書記卷十三至十四、十七至二十、二十二至二十五原缺)　一册　存一種

330000－1795－0000071　小學0079　經部/小學類/文字之屬/字書/通論
**文字學形義篇不分卷**　朱宗萊撰　民國九年(1920)北京大學出版部鉛印本　一册

330000－1795－0000077　小學0080　經部/小學類/文字之屬/字書/通論
**文字學二卷**　徐道政編　民國六年(1917)武林印書館石印本　一册

330000－1795－0000084　小學0057　經部/小學類/文字之屬/字書/字體
**字彙二卷**　民國鉛印本　一册

330000－1795－0000085　家0336　史部/傳記類/總傳之屬/家乘
**[浙江奉化]陸氏宗譜三卷**　陸培基纂　民國十年(1921)木活字印本　二册

330000－1795－0000094　小學0096　子部/藝術類/書畫之屬/書法書品
**書法津梁四卷**　(清)包世臣撰　民國上海三益書局石印本　四册

330000－1795－0000096　家0337　史部/傳記類/總傳之屬/家乘
**[浙江奉化]樓氏宗譜實録不分卷**　民國抄本　一册

330000－1795－0000097　小學0100　子部/雜著類
**應酬彙編□□卷**　民國寧波鈞和印刷所鉛印本　一册　存一卷(五)

330000－1795－0000098　小學0101　新學/學校
**漢譯日本新辭典一卷**　民國石印本　一册

330000－1795－0000099　小學0102　經部/小學類/訓詁之屬/方言
**鄉諺證古四卷**　(清)陳康祺撰　張壽鏞編　民國三十三年(1944)鉛印本　一册

330000－1795－0000100　家0338　史部/傳記類/總傳之屬/家乘
**[浙江奉化]墩山傅氏宗譜三卷**　傅正善纂修　民國三十八年(1949)木活字印本　一册

330000－1795－0000102　子0382　子部/宗教類/佛教之屬/經
**本事經一卷**　(唐)釋玄奘譯　民國刻本　一册

330000－1795－0000115　史0035　史部/地理類/方志之屬/郡縣志
**[民國]鄞縣通志六志五十一編附圖一函**　張傳保　汪焕章修　陳訓正　馬瀛纂　民國二十四年(1935)至一九五一年寧波鄞縣通志館鉛印本　六册　存十九編(輿地志甲、乙、丙、丁、戊、己、辛、壬、癸、子、丑、寅、卯、辰,食貨志甲、乙、丙、丁、戊)

330000－1795－0000116　小學0130　類叢部/類書類/專類之屬
**詩韻合璧五卷**　(清)湯祥瑟輯　**虚字韻藪一卷**　(清)潘維城輯　民國四年(1915)上海文盛書局石印本　二册

330000－1795－0000118　小學0133　類叢部/類書類/專類之屬
**詩韻合璧五卷**　(清)許時庚輯　**虚字韻藪一卷**　(清)潘維城輯　民國石印本　一册　存一卷(三)

330000－1795－0000121　史0036　史部/地理類/方志之屬/郡縣志
**[民國]鄞縣通志六志五十一編附圖一函**　張傳保　汪焕章修　陳訓正　馬瀛纂　民國二十四年(1935)至一九五一年寧波鄞縣通志館鉛印本　二册　存三編(政教志庚、辛、壬)

330000－1795－0000122　子0381　子部/宗教類/佛教之屬/論
**解脱道論十二卷**　(南朝梁)釋伽婆羅譯　民國刻本　一册　存六卷(七至十二)

330000－1795－0000125　小學 0135　類叢部/類書類/專類之屬

**詩韻合璧五卷**　(清)許時庚輯　**虛字韻藪一卷**　(清)潘維城輯　民國八年(1919)上海錦章圖書局石印本　五冊

330000－1795－0000126　小學 0136　經部/小學類/音韻之屬/韻書

**增廣詩韻全璧五卷**　(清)湯祥瑟輯　華鋸重編　民國九年(1920)上海章福記書局石印本　六冊

330000－1795－0000127　小學 0137　經部/小學類/音韻之屬/韻書

**新編詩韻全璧五卷初學檢韻一卷**　(清)湯祥瑟原輯　華鋸重編　民國煥文書局石印本　二冊　存二卷(四至五)

330000－1795－0000128　小學 0139　經部/小學類/音韻之屬/韻書

**新編詩韻全璧五卷初學檢韻一卷**　(清)湯祥瑟原輯　華鋸重編　民國煥文書局石印本　一冊　存一卷(三)

330000－1795－0000129　小學 0140　經部/小學類/音韻之屬/韻書

**集韻聲類表四卷**　黄侃撰　民國二十五年(1936)上海開明書店石印本　一冊

330000－1795－0000133　小學 0154　經部/小學類/音韻之屬/韻書

**廣韻五卷**　(宋)陳彭年等修　**宋本廣韻校札一卷**　(清)黎庶昌撰　民國上海涵芬樓影印本　五冊　缺一卷(宋本廣韻校札)

330000－1795－0000135　小學 0152　經部/小學類/音韻之屬/韻書

**廣韻五卷**　(宋)陳彭年等修　**宋本廣韻校札一卷**　(清)黎庶昌撰　民國上海涵芬樓影印本　五冊　缺一卷(宋本廣韻校札)

330000－1795－0000146　小學 0153　經部/小學類/音韻之屬/韻書

**廣韻五卷**　(宋)陳彭年等修　**宋本廣韻校札一卷**　(清)黎庶昌撰　民國上海涵芬樓影印本　一冊　缺一卷(宋本廣韻校札)

330000－1795－0000147　小學 0221　史部/金石類/金之屬/文字

**積古齋鐘鼎彝器款識十卷**　(清)阮元撰　民國上海中華圖書館影印本　二冊　存四卷(二至三、九至十)

330000－1795－0000149　小學 0168　經部/小學類/音韻之屬/古今韻說

**音韻學通論八卷**　馬宗霍撰　民國二十二年(1933)上海商務印書館鉛印本　二冊　存四卷(一至四)

330000－1795－0000150　小学 0220　史部/金石類/金之屬/文字

**積古齋鐘鼎彝器款識十卷**　(清)阮元撰　民國上海中華圖書館影印本　二冊

330000－1795－0000151　小學 0169　經部/小學類/音韻之屬/韻書

**中華新韻一卷**　教育部國語推行委員會編　民國三十六年(1947)正中書局鉛印本　一冊

330000－1795－0000152　家 0339　史部/傳記類/總傳之屬/家乘

**[浙江奉化]固海鮑氏宗譜不分卷**　王日升纂修　民國十三年(1924)木活字印本　一冊

330000－1795－0000167　小學 0175　經部/小學類/文字之屬/字書/字典

**康熙字典十二集三十六卷總目一卷檢字一卷辨似一卷等韻一卷補遺一卷備考一卷**　(清)張玉書等纂修　民國石印本　六冊

330000－1795－0000172　小學 0199　經部/小學類/文字之屬/字書/字典

**康熙字典十二集三十六卷檢字一卷辨似一卷等韻一卷補遺一卷備考一卷**　(清)張玉書等纂修　民國二年(1913)上海鴻文恆記書局石印本　二冊

330000－1795－0000173　小學 0201　經部/小學類/文字之屬/字書/字典

**康熙字典十二集三十六卷總目一卷檢字一卷辨似一卷等韻一卷補遺一卷備考一卷**　(清)

張玉書等纂修　民國石印本　十二冊

330000－1795－0000174　子 0384　子部/宗教類/佛教之屬/經

**大方廣佛華嚴經九卷**　(唐)釋實叉難陀譯　民國石印本　一冊

330000－1795－0000184　子 0385　子部/宗教類/佛教之屬/經疏

**大方廣佛華嚴經入不思議解脱境界普賢行願品不分卷**　(唐)賓果三藏譯　民國石印本　一冊

330000－1795－0000195　小學 0253　經部/小學類/文字之屬/字書/字典

**學生國語字典不分卷**　馬國英編輯　范詳善　陳和祥增訂　民國二十三年(1934)上海世界書局石印本　一冊

330000－1795－0000204　小學 0284　經部/群經總義類/文字音義之屬

**經籍籑詁一百六卷首一卷附新輯經籍籑詁檢韻一卷**　(清)阮元撰　民國上海文瑞樓石印本　四冊　存三十三卷(一至十五、二十三至四十)

330000－1795－0000218　易 0011　經部/易類/傳説之屬

**周易象理證二卷**　張承緒纂述　民國二十年(1931)新都大陸印書館鉛印本　二冊

330000－1795－0000219　易 0012　經部/易類/傳説之屬

**周易象理證二卷**　張承緒纂述　民國二十年(1931)新都大陸印書館鉛印本　二冊

330000－1795－0000239　易 0042　經部/易類

**易藏叢書六種**　杭辛齋撰　民國十一年(1922)上海研幾學社鉛印本　二冊　存一種

330000－1795－0000244　易 0043　經部/易類

**易藏叢書六種**　杭辛齋撰　民國十一年(1922)上海研幾學社鉛印本　一冊　存一種

330000－1795－0000245　易 0044　經部/易類

**易藏叢書六種**　杭辛齋撰　民國十一年(1922)上海研幾學社鉛印本　二冊　存一種

330000－1795－0000246　易 0045　經部/易類

**易藏叢書六種**　杭辛齋撰　民國十一年(1922)上海研幾學社鉛印本　一冊　存一種

330000－1795－0000247　易 0046　經部/易類

**愚一錄易説訂二卷**　杭辛齋初稿　**沈氏改正揲蓍法一卷**　沈善登述　杭辛齋輯　民國十一年(1922)研幾學社影印本　一冊

330000－1795－0000270　集 0310　集部/詞類/總集之屬

**甌社詞鈔二卷**　陳閎慧編　民國十年(1921)溫州同文印書館鉛印本　一冊

330000－1795－0000284　書 0026　經部/書類/傳説之屬

**書經集傳六卷**　(宋)蔡沈撰　民國上海大中國印書館影印本　一冊

330000－1795－0000285　集 310－1　集部/詞類/總集之屬

**甌社詞鈔二卷**　陳閎慧編　民國十年(1921)溫州同文印書館鉛印本　一冊

330000－1795－0000290　詩 0001　經部/詩類/專著之屬

**詩史初稿十六卷首一卷**　張壽鏞撰　民國三十一年(1942)鉛印本　二冊

330000－1795－0000327　詩 0021　經部/詩類/傳説之屬

**詩經白話註解八卷**　民國七年(1918)上海江東茂記書局石印本　四冊

330000－1795－0000332　詩 0016　經部/詩類/傳説之屬

**詩經集傳八卷**　(宋)朱熹撰　民國二十年(1931)埽葉山房石印本　四冊

330000－1795－0000333　子 0034　子部/農家農學類/總論之屬
**欽定授時通考七十八卷**　(清)鄂爾泰等撰　民國影印本　四冊　存五十四卷(十三至二十六、三十九至七十八)

330000－1795－0000334　詩 0043　經部/詩類/傳說之屬
**詩經旁訓辨體合訂四卷**　(清)徐立綱輯　民國寧郡汲綆齋鉛印本　四冊

330000－1795－0000343　詩 0037　經部/詩類/傳說之屬
**詩經集傳八卷**　(宋)朱熹撰　民國六年(1917)上海共和書局石印本　一冊

330000－1795－0000349　詩 0041　經部/詩類/傳說之屬
**詩經旁訓辨體合訂四卷**　(清)徐立綱輯　民國寧郡汲綆齋鉛印本　四冊

330000－1795－0000354　集 0446　集部/總集類/選集之屬/通代
**玉臺新詠十卷**　(南朝陳)徐陵編　(清)吳兆宜注　(清)程琰删補　民國十五年(1926)上海掃葉山房石印本　二冊　存四卷(一至二、七至八)

330000－1795－0000373　集 0208　集部/詩文評類/文法之屬/函牘格式
**白話學生尺牘二卷**　凌善清編　民國二十一年(1932)上海中華書局鉛印本　一冊

330000－1795－0000406　子 0152　子部/宗教類/佛教之屬
**看破世界一卷**　(清)周祖道輯　民國上海宏大善書局石印本　一冊

330000－1795－0000416　子 0118　子部/天文曆算類/曆法之屬
**繼成堂洪潮和通書不分卷**　民國二十一年(1932)福建泉州繼成堂刻本　一冊

330000－1795－0000448　春秋 0024　經部/春秋左傳類/傳說之屬
**春秋左傳句解六卷**　(清)韓菼重訂　民國鉛印本　六冊

330000－1795－0000461　春秋 0018　類叢部/叢書類/自著之屬
**章氏叢書十三種**　章炳麟撰　民國六年至八年(1917－1919)浙江圖書館刻本　一冊　存一種

330000－1795－0000463　子 0063　子部/天文曆算類/曆法之屬
**新鐫增補時憲臺曆袖裏璇璣星命須知一卷欽定萬年書一卷**　民國石印本　一冊

330000－1795－0000479　孝經 0002　經部/孝經類/傳說之屬
**孝經白話解說一卷**　朱領中撰　民國二十年(1931)上海明善書局石印本　一冊

330000－1795－0000484　春秋 0042　經部/春秋左傳類/傳說之屬
**春秋左傳句解六卷**　(清)韓菼重訂　民國三年(1914)上海商務印書館鉛印本　六冊

330000－1795－0000485　孝經 0003　經部/孝經類/傳說之屬
**新刻孝經標題備旨句解註論一卷**　(明)陳選註　(明)余懷德校訂　民國七年(1918)石印本　一冊

330000－1795－0000509　四書 0061　經部/四書類/總義之屬/傳說
**四書集註十九卷**　(宋)朱熹撰　民國上海廣益書局石印本　二冊

330000－1795－0000510　春秋 0058　經部/春秋左傳類/傳說之屬
**評點春秋綱目左傳句解彙雋六卷**　(清)韓菼重訂　民國上海文瑞樓石印本　六冊

330000－1795－0000519　四書 0055　經部/四書類/大學之屬/傳說
**大學述義一卷**　陳全三撰　民國二十二年(1933)大成印書社石印本　一冊

330000－1795－0000520　春秋 0047　經部/春秋左傳類/傳說之屬

**言文對照左傳評註讀本二卷** 秦同培選輯 民國十三年(1924)上海世界書局石印本 二冊

330000－1795－0000523 四書 0054 經部/四書類/總義之屬/傳說
**四書集註十九卷** (宋)朱熹撰 民國商務印書館石印本 一冊 存二卷(大學、中庸)

330000－1795－0000534 四書 0003 經部/四書類/大學之屬/傳說
**大學古本質言一卷** (清)劉沅撰 民國十一年(1922)上海集雲軒石印本 一冊

330000－1795－0000538 春秋 0068 經部/春秋左傳類/傳說之屬
**春秋左傳句解六卷** (清)韓菼重訂 民國鉛印本 一冊 存一卷(四)

330000－1795－0000554 四書 0106 經部/四書類
**四書便蒙正文七卷** 民國寧波汲綆齋石印本 一冊 存一卷(中庸)

330000－1795－0000562 四書 0140 經部/四書類/孟子之屬/傳說
**增補蘇批孟子二卷** (宋)蘇洵撰 (清)趙大浣增補 **孟子年譜一卷** 民國上海掃葉山房石印本 二冊

330000－1795－0000571 四書 0041 經部/四書類/總義之屬
**繪圖四書速成新體讀本□□卷** 王有宗撰 民國上海彪蒙書室石印本 七冊 存七卷(論語二至八)

330000－1795－0000575 四書 0042 經部/四書類/總義之屬/傳說
**四書恒解十四卷** (清)劉沅輯注 民國九年(1920)北京道德學社鉛印本 七冊 存十一卷(大學、中庸一至二、論語一至四、孟子四至七)

330000－1795－0000584 四書 0119 經部/四書類/總義之屬/傳說
**四書集註十九卷** (宋)朱熹撰 民國石印本 一冊 存二卷(論語一至二)

330000－1795－0000589 四書 0105 經部/四書類
**四書便蒙正文七卷** 民國寧波大酉山房石印本 一冊 存一卷(大學)

330000－1795－0000592 四書 0118 經部/四書類/總義之屬/傳說
**四書集註十九卷** (宋)朱熹撰 民國商務印書館石印本 一冊 存五卷(論語一至五)

330000－1795－0000593 四書 0122 經部/四書類/總義之屬/傳說
**酌雅齋四書遵註合講十九卷** (清)翁復編 民國上海鑄記書局石印本 一冊 存三卷(孟子一至三)

330000－1795－0000594 四書 0123 經部/四書類/孟子之屬/傳說
**孟子集註七卷** (宋)朱熹撰 民國上海錦章書局石印本 一冊 存二卷(四至五)

330000－1795－0000601 四書 0006 經部/儀禮類/傳說之屬
**檀氏儀禮韻言塾課藏本二卷** (清)檀萃撰 民國二十年(1931)刻本 二冊

330000－1795－0000611 四書 0091 經部/四書類/總義之屬/傳說
**四書集註十九卷** (宋)朱熹撰 民國石印本 一冊 存三卷(孟子三至五)

330000－1795－0000612 四書 0090 經部/四書類/總義之屬/傳說
**四書集註十九卷** (宋)朱熹撰 民國石印本 一冊 存三卷(孟子一至三)

330000－1795－0000653 經 0025 經部/叢編
**重刊宋本十三經注疏 附校勘記** (清)阮元撰 (清)盧宣旬摘錄 民國二十四年(1935)世界書局石印本 十冊

330000－1795－0000670 五經總義 0044 經部/群經總義類

**北東園筆錄四編六卷**　(清)梁恭辰撰　民國石印本　一冊　存四卷(三至六)

330000－1795－0000694　史 0007　史部/地理類/輿圖之屬/郡縣

**浙江水陸道里記不分卷**　(清)宗源翰等纂　民國四年(1915)石印本　一冊　存金華卷

330000－1795－0000695　史 0006　史部/地理類/方志之屬/通志

**[民國]重修浙江通志初稿不分卷**　浙江省通志館修　余紹宋　孫延釗等纂　民國三十七年(1948)鉛印本　一冊　存體例綱要及目錄

330000－1795－0000696　史 0005　史部/地理類/方志之屬/通志

**[民國]重修浙江通志初稿不分卷**　浙江省通志館修　余紹宋　孫延釗等纂　民國三十七年(1948)鉛印本　三冊　存田賦

330000－1795－0000700　史 0049　史部/地理類/方志之屬/郡縣志

**康熙會稽縣志二十八卷首一卷**　(清)王元臣修　(清)董欽德　(清)金炯纂　民國二十五年(1936)紹興縣修志委員會鉛印本　四冊

330000－1795－0000711　史 0050　史部/地理類/方志之屬/郡縣志

**道光會稽縣志稾二十五卷首一卷末一卷**　(清)王蓉坡　(清)沈墨莊纂　民國二十五年(1936)紹興縣修志委員會鉛印本(卷二至五、十至十三、二十至二十二原缺)　三冊

330000－1795－0000713　史 0051　史部/地理類/方志之屬/郡縣志

**[民國]紹興縣志資料第一輯不分卷**　紹興縣修志委員會纂　民國二十六年至二十八年(1937－1939)紹興縣修志委員會鉛印本　十六冊

330000－1795－0000715　史 0052　史部/地理類/方志之屬/郡縣志

**嘉慶山陰縣志三十卷首一卷**　(清)徐元梅修　(清)朱文翰編輯　民國二十五年(1936)紹興縣修志委員會鉛印本　六冊　缺五卷(二十三至二十七)

330000－1795－0000719　史 0031　史部/地理類/方志之屬/郡縣志

**[光緒]剡源鄉志二十四卷首一卷**　(清)趙霈濤纂　民國五年(1916)丹山赤水洞天剡曲草堂鉛印本　二冊　存十一卷(八至十八)

330000－1795－0000720　史 0059　史部/地理類/山川之屬/山志

**孤嶼志八卷首一卷**　(清)陳舜咨輯　民國二十四年(1935)刻本　二冊　缺三卷(六至八)

330000－1795－0000723　史 0061　史部/地理類/方志之屬/郡縣志

**[民國]壽昌縣志十卷首一卷**　陳煥　潘紹雋修　陳舉愷纂　方仰賢繪圖　民國十九年(1930)金華大同印務局鉛印本　八冊

330000－1795－0000727　史 0066　史部/地理類/山川之屬/山志

**新輯雁山便覽一卷**　(清)釋道融撰　民國十年(1921)溫州雲鮮石印局石印本　一冊

330000－1795－0000729　史 0067　史部/地理類/方志之屬/郡縣志

**[乾隆]烏青鎮志十二卷**　(清)董世寧纂　民國七年(1918)鉛印本　一冊　存六卷(七至十二)

330000－1795－0000731　史 0062　史部/地理類/方志之屬/郡縣志

**[民國]定海縣志十六卷首一卷**　陳訓正　馬瀛纂修　施臯　顏聖介　張紀隆測繪　民國十三年(1924)旅滬同鄉會鉛印本　六冊

330000－1795－0000734　史 0070　史部/地理類/方志之屬/郡縣志

**[民國]景寧縣續志十七卷首一卷**　吳呂熙修　柳景元纂　民國二十二年(1933)刻本　六冊

330000－1795－0000736　史 0068　類叢部/叢書類/自著之屬

**崇雅堂叢書十四種**　楊晨撰　民國二十五年(1936)楊紹翰鉛印本　一冊　存一種

330000－1795－0000741　史0056　史部/地理類/方志之屬/郡縣志
**[民國]南田縣志三十五卷首一卷**　呂耀鈐厲家禎修　呂芝延　施仁緯纂　民國十九年(1930)鉛印本　二冊

330000－1795－0000742　史0072　史部/地理類/方志之屬/郡縣志
**[萬曆]秀水縣志十卷**　(明)李培修　(明)黄洪憲等纂　金蓉鏡校補　民國十四年(1925)金蓉鏡鉛印本　四冊

330000－1795－0000747　史0075　史部/地理類
**横雲景物志一卷**　横雲居士撰　民國鉛印本　一冊

330000－1795－0000748　史0116　史部/地理類/雜志之屬
**秦州記一卷**　(南朝宋)郭仲產撰　馮國瑞輯　民國三十一年(1942)石印本　一冊

330000－1795－0000749　史0081　史部/地理類/專志之屬/寺觀
**維摩寺志二卷首一卷**　屈如榦輯　民國十一年(1922)鉛印本　一冊

330000－1795－0000752　史0083　史部/地理類/方志之屬/郡縣志
**[民國]上海縣續志三十卷首一卷末一卷**　吳馨等修　姚文枬等纂　曾廷芳繪圖　民國七年(1918)上海文廟南園志局刻本　十二冊

330000－1795－0000757　史0100　史部/政書類/軍政之屬/邊政
**朔方備乘六十八卷首十二卷**　(清)何秋濤撰　民國石印本　四冊　存三十四卷(三十五至六十八)

330000－1795－0000759　史0144　史部/地理類/遊記之屬
**徐霞客遊記大觀十二卷**　(明)徐弘祖撰　(清)李寄輯　民國十八年(1929)上海掃葉山房石印本　六冊　存六卷(一至六)

330000－1795－0000761　史0109　史部/地理類/方志之屬/郡縣志
**[民國]許昌縣志二十卷**　王秀文修　張庭馥纂　民國十二年(1923)寶蘭齋石印本　十二冊

330000－1795－0000767　史0115　史部/地理類/方志之屬/郡縣志
**[民國]萬全縣志十二卷首一卷附張家口概況一卷**　路聯逵修　任守恭纂　民國二十二年(1933)刻本　十冊

330000－1795－0000771　史0102　史部/地理類/方志之屬/通志
**[宣統]山東通志二百卷首九卷附録一卷補遺一卷**　(清)楊士驤等修　(清)孫葆田等纂　民國四年(1915)山東通志刊印局鉛印本　五十三冊　存八十九卷(六至二十七、四十七至六十一、一百二十三至一百三十九、一百五十一至一百五十五、一百五十九至一百七十七、一百九十一至二百,補遺)

330000－1795－0000778　史0089　史部/地理類/山川之屬/山志
**峨眉山志八卷首一卷**　(清)蔣超纂　釋印光增訂　民國二十三年(1934)蘇州弘化社鉛印本　二冊

330000－1795－0000782　史0093　史部/雜史類/通代之屬
**華陽國志十二卷**　(晉)常璩撰　**補三州郡縣目録一卷**　(清)廖寅撰　**校勘記十二卷**　(清)顧觀光撰　民國二十六年(1937)成都志古堂刻本　八冊　缺二卷(校勘記十一至十二)

330000－1795－0000784　史0094　史部/地理類/方志之屬/郡縣志
**[民國]夏口縣志二十二卷首一卷附補遺一卷**　侯祖畬修　呂寅東纂　馮翔繪　民國九年(1920)刻本　五冊　存十四卷(首、一至十三)

330000－1795－0000786　史0098　史部/地理類/方志之屬/郡縣志
**[民國]重修鎮安縣志十卷**　滕仲黄撰　民國

十八年(1929)石印本　二冊

330000－1795－0000787　史0099　史部/地理類/專志之屬/祠墓

**周陵志十卷首一卷**　吳廷錫等編　民國鉛印本　一冊　存五卷(六至十)

330000－1795－0000802　史0135　史部/地理類/遊記之屬/紀行

**鄉國補游記三卷**　林甄宇撰　民國六年(1917)永嘉林氏刻本　一冊

330000－1795－0000804　史0041　史部/地理類/專志之屬/寺觀

**七塔寺志八卷**　陳寥士纂　民國二十六年(1937)鉛印本　一冊

330000－1795－0000808　史0043　史部/地理類/專志之屬/寺觀

**七塔寺志八卷**　陳寥士纂　民國二十六年(1937)鉛印本　一冊

330000－1795－0000809　史0042　史部/地理類/專志之屬/寺觀

**七塔寺志八卷**　陳寥士纂　民國二十六年(1937)鉛印本　一冊

330000－1795－0000810　史0040　史部/地理類/專志之屬/寺觀

**三茅普安寺志二卷**　釋無住撰　民國二十四年(1935)三茅普安寺鉛印本　一冊

330000－1795－0000812　子0062　子部/術數類/陰陽五行之屬

**董公選要覽一卷附錄一卷**　(明)董潛撰　民國八年(1919)上海萃英書局石印本　一冊

330000－1795－0000825　史0008　史部/史評類/史論之屬

**讀通鑑論十六卷附宋論十五卷**　(清)王夫之撰　民國上海商務印書館鉛印本　八冊　存十六卷(讀通鑑論一至十六)

330000－1795－0000827　史0009　史部/史評類/史論之屬

**讀通鑑論十六卷**　(清)王夫之撰　民國石印本　一冊　存一卷(九)

330000－1795－0000829　史0015　史部/史評類/史論之屬

**橫山史論一卷**　(清)裘璉撰　(清)胡亦堂評選　民國三年(1914)鉛印本　一冊

330000－1795－0000830　史0016　史部/史評類/史論之屬

**橫山史論一卷**　(清)裘璉撰　(清)胡亦堂評選　民國三年(1914)鉛印本　一冊

330000－1795－0000831　史0017　史部/史評類/史論之屬

**橫山史論一卷**　(清)裘璉撰　(清)胡亦堂評選　民國三年(1914)鉛印本　一冊

330000－1795－0000832　史0018　史部/史評類/史論之屬

**橫山史論一卷**　(清)裘璉撰　(清)胡亦堂評選　民國三年(1914)鉛印本　一冊

330000－1795－0000835　史0020　史部/史評類/史論之屬

**讀史論畧二卷**　(清)杜詔撰　民國十二年(1923)掃葉山房石印本　一冊

330000－1795－0000838　經0092　經部/春秋左傳類/傳說之屬

**東萊博議四卷**　(宋)呂祖謙撰　**增補虛字註釋一卷**　(清)馮泰松點定　民國三年(1914)上海共和書局石印本　四冊

330000－1795－0000839　經0093　經部/春秋左傳類/傳說之屬

**東萊博議四卷**　(宋)呂祖謙撰　民國三年(1914)中華書局石印本　四冊

330000－1795－0000840　經0094　經部/春秋左傳類/傳說之屬

**東萊博議四卷**　(宋)呂祖謙撰　民國石印本　二冊　存二卷(三至四)

330000－1795－0000841　經0095　經部/春秋左傳類/傳說之屬

**新體廣註東萊博議四卷**　(宋)呂祖謙撰　世

界書局編輯所編輯　民國上海世界書局石印本　一册

330000－1795－0000842　經0096　經部/春秋左傳類/傳說之屬

**東萊博議四卷**　(宋)呂祖謙撰　民國石印本　一册　存二卷(三至四)

330000－1795－0000843　經0098　經部/春秋左傳類/傳說之屬

**東萊先生左氏博議二十五卷**　(宋)呂祖謙撰　民國多文館石印本　一册　存七卷(六至十二)

330000－1795－0000850　史0006　史部/紀傳類/正史之屬

**百大家評註史記十卷**　(明)朱子蕃輯　民國六年(1917)上海同文圖書館石印本　九册　缺一卷(七)

330000－1795－0000851　史0007　史部/紀傳類/正史之屬

**漢書評注一百卷**　(明)凌稚隆輯　民國十一年(1922)上海掃葉山房石印本　五册　存三十七卷(一至三十七)

330000－1795－0000878　四書0108　經部/四書類/總義之屬/傳說

**新註四書白話解說三十六卷**　江希張注　民國上海書業公所石印本　三册　存十二卷(新註論語白話解說五至八、十三至二十)

330000－1795－0000889　史0134　史部/政書類/通制之屬

**經理彙報表册程式二卷**　國民革命軍第一軍經理處會計科編輯　民國十四年(1925)廣州廣三商店鉛印本　一册

330000－1795－0000893　史0032　史部/政書類/通制之屬

**清鹽法志三百卷首一卷**　(清)財政部鹽務署輯　民國九年(1920)鹽務署鉛印本　五十八册　存二百六十九卷(首,一至一百四十四、一百七十七至三百)

330000－1795－0000902　史0145　新學/學校

**檢定小學教員章程彙刊不分卷**　浙江小學教員檢定委員會編　民國六年(1917)鉛印本　一册

330000－1795－0000905　史0188　史部/政書類/公牘檔册之屬

**監察院法規集覽不分卷**　民國二十三年(1934)監察院秘書處影印本　一册

330000－1795－0000906　史0190　史部/政書類/通制之屬

**經理須知不分卷**　陸海空軍總司令部經理處駐漢辦事處編訂　民國二十四年(1935)影印本　二册

330000－1795－0000911　史0169　子部/藝術類/書畫之屬/法帖

**總理遺墨第二輯不分卷**　孫文書　民國十九年(1930)影印本　一册

330000－1795－0000912　史0168　子部/藝術類/書畫之屬/法帖

**總理遺墨第二輯不分卷**　孫文書　民國十九年(1930)影印本　一册

330000－1795－0000913　史0167　子部/藝術類/書畫之屬/法帖

**總理遺墨第二輯不分卷**　孫文書　民國十九年(1930)影印本　一册

330000－1795－0000914　史0166　子部/藝術類/書畫之屬/法帖

**總理遺墨第二輯不分卷**　孫文書　民國十九年(1930)影印本　一册

330000－1795－0000915　史0165　子部/藝術類/書畫之屬/法帖

**總理遺墨第一輯不分卷**　孫文書　民國十七年(1928)影印本　一册

330000－1795－0000916　史0164　子部/藝術類/書畫之屬/法帖

**總理遺墨第一輯不分卷**　孫文書　民國十七年(1928)影印本　一册

330000－1795－0000917　史 0163　子部/藝術類/書畫之屬/法帖
**總理遺墨第一輯不分卷**　孫文書　民國十七年(1928)影印本　一冊

330000－1795－0000918　史 0162　子部/藝術類/書畫之屬/法帖
**總理遺墨第一輯不分卷**　孫文書　民國十七年(1928)影印本　一冊

330000－1795－0000919　史 0161　子部/藝術類/書畫之屬/法帖
**總理遺墨第一輯不分卷**　孫文書　民國十七年(1928)影印本　一冊

330000－1795－0000920　史 0111　史部/政書類/通制之屬
**縣政全書十二卷**　許天醉等撰　民國十四年(1925)鉛印本　十二冊

330000－1795－0000928　史 0031　史部/政書類/邦計之屬/鹽法
**鹽法通志一百卷首一卷**　周慶雲纂　民國鉛印本　一冊　存三卷(十三至十五)

330000－1795－0000939　史 0127　史部/政書類/邦計之屬/戶政
**浙江省戶口登記暫行條例及施行細則附程式一卷**　民國鉛印本　一冊

330000－1795－0000940　史 0067　史部/政書類/律令之屬/刑制
**中華民國新刑律二卷**　司法部刪定　民國鉛印本　一冊　存一卷(一)

330000－1795－0000946　史 0002　史部/編年類/通代之屬
**資治通鑑二百九十四卷**　(宋)司馬光撰　(元)胡三省音注　民國十五年(1926)上海大中書局石印本　四十四冊

330000－1795－0000967　史 0008　類叢部/叢書類/彙編之屬
**四部備要**　中華書局編　民國二十五年(1936)上海中華書局鉛印本(經義考卷二百八十六、二百九十九至三百,東塾讀書記卷十三至十四、十七至二十、二十二至二十五原缺)　六十四冊　存一種

330000－1795－0000975　史 0018　史部/編年類/通代之屬
**兩朝通鑑輯覽一百二十卷**　(清)傅恆等總裁　民國二年(1913)上海鑄記書局石印本　二十九冊　存一百十一卷(一至十三、二十至九十二、九十六至一百二十)

330000－1795－0000976　史 0194　史部/政書類/律令之屬
**中華民國憲法十三章**　國民大會制定　民國三十六年(1947)商務印書館影印本　一冊

330000－1795－0000981　史 0007　史部/編年類/通代之屬
**續資治通鑑二百二十卷**　(清)畢沅撰　民國十五年(1926)上海大中書局鉛印本　二十四冊　存一百六十八卷(一至一百十、一百六十三至二百二十)

330000－1795－0000984　史 0055　類叢部/叢書類/彙編之屬
**四部備要**　中華書局編　民國二十五年(1936)上海中華書局鉛印本(經義考卷二百八十六、二百九十九至三百,東塾讀書記卷十三至十四、十七至二十、二十二至二十五原缺)　二十四冊　存一種

330000－1795－0001012　史 0018　史部/傳記類/總傳之屬/通代
**校正尚友錄統編二十四卷**　(清)錢湖釣徒編　(清)張元聲輯　民國石印本　一冊　存二卷(五至六)

330000－1795－0001017　史 0082　史部/地理類/雜志之屬
**上海指南八卷附各省旅行須知一卷**　商務印書館編　民國上海商務印書館鉛印本　一冊

330000－1795－0001044　子 0071　子部/儒家類/儒學之屬/蒙學
**精校新增繪圖幼學故事瓊林四卷首一卷**　(清)程登吉撰　(清)鄒聖脈增補　民國上海

千頃堂石印本　三冊　存三卷(一、三至四)

330000－1795－0001046　史 0078　史部/雜史類/斷代之屬

**湘軍志十六卷**　王闓運撰　民國十八年(1929)成都志古堂刻本　四冊

330000－1795－0001048　子 0065　子部/儒家類/儒學之屬/蒙學

**精校重增繪圖幼學故事瓊林四卷首一卷**　(清)程登吉撰　(清)鄒聖脈增補　民國十七年(1928)上海會文堂書局石印本　一冊

330000－1795－0001049　子 0064　類叢部/類書類/專類之屬

**幼學故事瓊林四卷首一卷**　民國二十四年(1935)石印本　一冊　存二卷(三至四)

330000－1795－0001060　子 0060　子部/儒家類/儒學之屬/蒙學

**新增繪圖幼學故事瓊林四卷首一卷**　(清)程登吉撰　(清)鄒聖脈增補　民國石印本　二冊

330000－1795－0001062　子 0058　子部/儒家類/儒學之屬

**古鹽補留生精校新增繪圖幼學故事瓊林四卷首一卷**　(清)程允升撰　(清)鄒聖脈增補　民國元年(1912)上海天機書局石印本　一冊　存三卷(首、一至二)

330000－1795－0001068　子 0025　子部/道家類

**老子道德經二卷**　(三國魏)王弼注　**音義一卷**　(唐)陸德明撰　民國埽葉山房石印本　一冊

330000－1795－0001098　史 0029　史部/紀傳類/正史之屬

**後漢書一百二十卷**　(南朝宋)范曄撰　(唐)李賢注　民國上海掃葉山房石印本　六冊　存三十三卷(七至二十四、五十三至六十三、一百十七至一百二十)

330000－1795－0001110　史 0030　史部/紀傳類/正史之屬

**漢書點勘二卷附一卷**　(清)吳汝綸撰　民國八年(1919)深澤王氏鉛印本　三冊

330000－1795－0001119　小學 0246　子部/藝術類/遊藝之屬/聯語

**呂廬老人石鼓集聯不分卷**　(清)王同撰　民國二十五年(1936)上海墨緣堂石印本　二冊

330000－1795－0001120　類書 0013　類叢部/類書類/通類之屬

**淵鑑類函四百五十卷目錄四卷**　(清)張英　(清)王士禛等輯　民國十五年(1926)同文書局影印本　三十二冊

330000－1795－0001124　類書 0047　類叢部/類書類/通類之屬

**欽定古今圖書集成一萬卷目錄四十卷**　(清)蔣廷錫　(清)陳夢雷等輯　民國中華書局影印本　四十五冊

330000－1795－0001131　子 0008　類叢部/類書類/通類之屬

**子史精華一百六十卷**　(清)吳士玉　(清)吳襄等輯　民國石印本　一冊　存十八卷(十三至三十)

330000－1795－0001133　子 0059　子部/儒家類/儒學之屬/蒙學

**會文堂精校重增繪圖幼學故事瓊林四卷首一卷**　(清)程允升撰　(清)鄒聖脈增補　蔡郕續增　(清)謝梅林　(清)鄒可庭參訂　民國十四年(1925)上海會文堂書局石印本　四冊

330000－1795－0001139　史 0005　史部/目録類/總録之屬/史志

**漢書藝文志注解二卷**　姚明煇撰　民國上海大中書局鉛印本　一冊

330000－1795－0001140　史 0007　史部/目録類/總録之屬/私撰

**千頃堂書局圖書目錄不分卷**　千頃堂書局編　民國二十四年(1935)千頃堂書局石印本　一冊

330000－1795－0001141　史 0008　史部/目録類/總録之屬

**西泠印社書目三卷補遺一卷**　西泠印社編　民國上海西泠印社鉛印本　一冊

330000－1795－0001142　史0009　史部/目録類/總録之屬/私撰
**文學山房書目五卷補遺一卷**　民國石印本　一冊

330000－1795－0001143　史0012　史部/目録類/總録之屬/私撰
**東海藏書樓書目不分卷**　徐允中藏並編　民國十三年(1924)武林鉛印本　四冊

330000－1795－0001144　史0013　史部/目録類/總録之屬/官修
**國民政府文官處圖書館圖書目錄不分卷**　國民政府文官處圖書館編　民國二十三年(1934)國民政府文官處印鑄局鉛印本　一冊　存一冊(一)

330000－1795－0001145　史0014　史部/目録類/總録之屬
**簡要書目一卷**　民國十二年(1923)上海佛經流通處鉛印本　一冊

330000－1795－0001150　史0008　史部/紀傳類/正史之屬
**史記一百三十卷**　(漢)司馬遷撰　(南朝宋)裴駰集解　(唐)司馬貞索隱　(唐)張守節正義　民國中華書局鉛印本　二十一冊　存一百十六卷(三至八十四、九十三至一百二十六)

330000－1795－0001163　史0052　史部/史抄類
**教科適用漢書精華八卷**　中華書局編　民國上海中華書局鉛印本　四冊　存四卷(五至八)

330000－1795－0001170　史0015　史部/傳記類/總傳之屬/斷代
**清史列傳八十卷**　中華書局編　民國十七年(1928)上海中華書局鉛印本　七十一冊　存七十一卷(一至九、十一至四十八、五十七至八十)

330000－1795－0001182　史0016　史部/紀傳類/正史之屬
**史記紀年考三卷**　劉坦撰　民國二十六年(1937)上海商務印書館石印本　一冊

330000－1795－0001184　史0014　史部/史抄類
**史記菁華錄六卷**　(清)姚祖恩輯評　民國商務印書館鉛印本　三冊

330000－1795－0001185　史0013　史部/傳記類/總傳之屬/列女
**廣列女傳二十卷附錄一卷**　(清)劉開輯　(清)孫鏘校點　民國兩浙節孝總祠鉛印本　一冊　存五卷(十一至十五)

330000－1795－0001186　史0012　史部/傳記類/總傳之屬/列女
**廣列女傳二十卷附錄一卷**　(清)劉開輯　(清)孫鏘校點　民國兩浙節孝總祠鉛印本　三冊　缺五卷(十六至二十)

330000－1795－0001187　史0011　史部/傳記類/總傳之屬/列女
**廣列女傳二十卷附錄一卷**　(清)劉開輯　(清)孫鏘校點　民國兩浙節孝總祠鉛印本　四冊

330000－1795－0001188　史0010　史部/傳記類/總傳之屬/列女
**廣列女傳二十卷附錄一卷**　(清)劉開輯　(清)孫鏘校點　民國兩浙節孝總祠鉛印本　四冊

330000－1795－0001189　史0076　史部/傳記類/別傳之屬/事狀
**誥授榮祿大夫二品頂戴署浙江布政使寧紹台兵備道先考府君[喻兆蕃]行述一卷**　喻崧　喻磐述　民國影印本　一冊

330000－1795－0001190　史0075　史部/傳記類/別傳之屬/事狀
**葛燮生先生哀輓錄一卷**　民國十三年(1924)石印本　一冊

330000－1795－0001191　史0074　史部/傳

記類/别傳之屬/事狀
**張公約園[壽鏞]逝世周年紀念册不分卷** 民國三十五年(1946)鉛印本 一册

330000－1795－0001201 史0068 史部/傳記類/别傳之屬/事狀
**寶靜法師四十年中之過去幻痕塵影一卷** 香海蓮社錄 民國二十七年(1938)香海蓮社石印本 一册

330000－1795－0001205 史0088 史部/傳記類/别傳之屬/事狀
**哀思錄初編七卷二編四卷三編四卷** 孫中山先生葬事籌備處編 民國孫中山先生葬事籌備處鉛印本 三册

330000－1795－0001206 史0087 史部/傳記類
**杜月笙先生六秩壽言集一卷** 杜月笙六秩壽辰委員會編 民國影印本 一册

330000－1795－0001217 史0032 集部/别集類/明别集
**宋文憲公全集八十三卷** (明)宋濂撰 (清)朱興悌 (清)戴殿江纂 (清)孫鏘增輯 民國元年(1912)刻本 一册 存三卷(八十一至八十三)

330000－1795－0001223 史0062 史部/傳記類/總傳之屬/郡邑
**於越有明一代三不朽圖贊一卷** (明)張岱撰 民國鉛印本 一册

330000－1795－0001226 史0014 史部/傳記類/總傳之屬/斷代
**清史列傳八十卷** 中華書局編 民國中華書局鉛印本 四十册 存四十卷(二至四十一)

330000－1795－0001234 史0050 集部/小說類/長篇之屬
**繪圖曾公少卿全傳一卷** 民國石印本 一册

330000－1795－0001235 史0037 史部/傳記類/總傳之屬/列女
**列女傳八卷** (漢)劉向撰 (清)梁端校注 民國八年(1919)上海鑄記書局石印本 一册 存四卷(一至二、五至六)

330000－1795－0001236 史0036 史部/傳記類/總傳之屬/列女
**新刊古列女傳八卷** (漢)劉向撰 (明)仇英繪 民國上海廣雅書局石印本 一册 存六卷(一至六)

330000－1795－0001238 子0025 子部/儒家類/儒家之屬
**孔子家語十卷** (三國魏)王肅注 民國八年(1919)上海掃葉山房石印本 四册

330000－1795－0001253 子0041 子部/儒家類/儒學之屬/經濟
**說苑二十卷** (漢)劉向撰 民國上海涵芬樓鉛印本 四册

330000－1795－0001254 子0040 子部/儒家類/儒學之屬/經濟
**說苑二十卷** (漢)劉向撰 民國上海涵芬樓鉛印本 四册

330000－1795－0001255 子0039 子部/儒家類/儒學之屬/經濟
**說苑二十卷** (漢)劉向撰 民國鉛印本 三册 存十五卷(六至二十)

330000－1795－0001256 子0193 子部/宗教類/佛教之屬
**佛教各宗派源流不分卷** 釋太虛撰 民國十九年(1930)信記印書館鉛印本 一册

330000－1795－0001261 史0004 類叢部/叢書類/彙編之屬
**四部備要** 中華書局編 民國二十五年(1936)上海中華書局鉛印本(經義考卷二百八十六、二百九十九至三百,東塾讀書記卷十三至十四、十七至二十、二十二至二十五原缺) 六册 存一種

330000－1795－0001262 史0010 類叢部/叢書類/彙編之屬
**四部備要** 中華書局編 民國二十五年(1936)上海中華書局鉛印本(經義考卷二百八十六、二百九十九至三百,東塾讀書記卷十

三至十四、十七至二十、二十二至二十五原缺） 六冊 存一種

330000－1795－0001263 史0003 類叢部/叢書類/彙編之屬
**四部備要** 中華書局編 民國二十五年(1936)上海中華書局鉛印本(經義考卷二百八十六、二百九十九至三百,東塾讀書記卷十三至十四、十七至二十、二十二至二十五原缺） 六冊 存一種

330000－1795－0001281 史0015 史部/雜史類/斷代之屬
**戰國策三十三卷** （漢）高誘注 **重刻剡川姚氏本戰國策札記三卷** （清）黃丕烈撰 民國元年(1912)湖北崇文書局刻本 五冊

330000－1795－0001288 史0059 史部/雜史類/斷代之屬
**涑水記聞十六卷補遺一卷** （宋）司馬光撰 民國上海掃葉山房石印本 四冊

330000－1795－0001290 史0174 史部/政書類/公牘檔冊之屬
**北平故宮博物院文獻館一覽五卷** 故宮博物院編 民國二十一年(1932)鉛印本 一冊

330000－1795－0001295 史0012 史部/雜史類/斷代之屬
**戰國策三十三卷** （漢）高誘注 民國三年(1914)上海鴻寶齋石印本 四冊

330000－1795－0001298 史0006 史部/雜史類/斷代之屬
**國語二十一卷** （三國吳）韋昭解 **校刊明道本韋氏解國語札記一卷** （清）黃丕烈撰 民國三年(1914)上海鴻寶齋書局石印本 二冊 存十四卷(一至六、十五至二十一,札記)

330000－1795－0001299 史0013 史部/雜史類/斷代之屬
**戰國策補註三十三卷** 吳曾祺撰 民國上海商務印書館鉛印本 一冊

330000－1795－0001308 子0092 子部/藝術類/音樂之屬
**蒔薰精舍叢著** 虞和欽撰 民國十九年(1930)蒔薰精舍鉛印本 一冊 存二種

330000－1795－0001315 子0062 子部/墨家類
**墨子閒詁十五卷目錄一卷附錄一卷後語二卷** （清）孫詒讓撰 民國二十九年(1940)掃葉山房石印本 八冊

330000－1795－0001337 史0260 類叢部/叢書類/彙編之屬
**桐城吳先生羣書點勘** （清）吳汝綸撰 吳闓生輯 民國九年(1920)深澤王氏都門鉛印本 一冊 存一種

330000－1795－0001346 史0179 史部/史評類/詠史之屬
**全史宮詞二十卷** （清）史夢蘭撰 民國十年(1921)上海著易堂書局鉛印本 三冊 存八卷(五至十二)

330000－1795－0001347 史0132 史部/雜史類/通代之屬
**國民黨成立五十年紀念特刊一卷** 民國鉛印本 一冊

330000－1795－0001348 史0127 史部/雜史類/通代之屬
**中古文學史講義一卷** 劉師培編輯 民國九年(1920)北京大學出版部鉛印本 一冊

330000－1795－0001349 史0243 史部/傳記類/別傳之屬/事狀
**吳芝相先生訃告一卷** 民國二十二年(1933)影印本 一冊

330000－1795－0001350 史0247 史部/傳記類/別傳之屬/事狀
**劉母李太夫人訃告一卷** 劉瀚祖等撰 民國二十九年(1940)鉛印本 一冊

330000－1795－0001351 史0248 史部/傳記類/別傳之屬/事狀
**陳母鄭太夫人訃告一卷** 民國二十四年(1935)影印本 一冊

330000－1795－0001352　史 0246　史部/傳記類/别傳之屬/事狀

**虞母樂太夫人訃告一卷**　民國二十一年(1932)影印本　一册

330000－1795－0001353　史 0241　史部/傳記類/别傳之屬/事狀

**馬如年先生訃告一卷**　民國二十六年(1937)鉛印本　一册

330000－1795－0001354　史 0242　史部/傳記類/别傳之屬/事狀

**程秀堂先生訃告一卷**　民國二十二年(1933)影印本　一册

330000－1795－0001358　史 0080　史部/政書類/儀制之屬/專志/科舉校規

**浙江第四中學學則一卷**　民國七年(1918)石印本　一册

330000－1795－0001359　史 0079　史部/傳記類/總傳之屬

**浙江第四中學校同學錄一卷**　民國三年(1914)鉛印本　一册

330000－1795－0001360　史 0119　史部/雜史類

**掌故叢編六輯**　故宫博物院圖書館掌故部編　民國十七年(1928)鉛印本　四册　存四輯(二至五)

330000－1795－0001361　子 0120　子部/藝術類/書畫之屬/畫譜

**戴熙畫册不分卷**　(清)戴熙繪　民國十四年(1925)中華書局影印本　一册

330000－1795－0001362　子 0117　子部/藝術類/書畫之屬/畫譜

**秋庭晨課圖一卷**　方君璧繪　民國二十三年(1934)上海開明書店影印本　一册

330000－1795－0001363　子 0116　子部/藝術類/書畫之屬/畫譜

**石濤和尚花果册不分卷**　(清)釋道濟繪　民國十五年(1926)文明書局影印本　一册

330000－1795－0001364　子 0106　子部/藝術類/書畫之屬/畫譜

**古佛畫譜二卷**　黄語皋繪　民國十八年(1929)上海中華書局石印本　二册

330000－1795－0001365　子 0105　子部/藝術類/書畫之屬

**近代名人墨妙四集**　吴頤編　民國上海慎修書社影印本　一册　存一集(三)

330000－1795－0001366　子 0102　子部/藝術類/書畫之屬

**近代名人墨妙一卷**　(清)陸抑非等編　民國三十五年(1946)四達實業公司影印本　一册

330000－1795－0001367　子 0101　子部/藝術類/書畫之屬/總論

**禊堪藏扇初集**　顧燮光藏　民國十六年(1927)金佳石好樓影印本　一册

330000－1795－0001368　子 0129　集部/别集類/清别集

**李文忠公尺牘不分卷**　(清)李鴻章撰　民國五年(1916)合肥李氏石印本　三十二册

330000－1795－0001369　子 0058　子部/藝術類/書畫之屬/畫譜

**丁悚百美圖不分卷**　丁悚繪圖　民國六年(1917)影印本　二册

330000－1795－0001371　子 0159　子部/藝術類/遊藝之屬/棋弈

**兼山堂弈譜不分卷**　(清)徐星友評　民國二年(1913)上海文瑞樓石印本　一册

330000－1795－0001372　子 0156　子部/藝術類/遊藝之屬/棋弈

**桃花泉奕譜二卷**　(清)范世勳撰　民國上海千頃堂石印本　二册

330000－1795－0001373　子 0155　子部/藝術類/遊藝之屬/棋弈

**桃花泉奕譜二卷**　(清)范世勳撰　民國上海千頃堂石印本　二册

330000－1795－0001374　子 0154　子部/藝

術類/遊藝之屬/棋弈

**桃花泉奕譜二卷**　(清)范世勳撰　民國上海千頃堂石印本　二册

330000－1795－0001375　史0114　史部/傳記類/總傳之屬

**慈谿錦師校友録一卷**　民國二十七年(1938)鉛印本　一册

330000－1795－0001390　子0062　子部/藝術類/書畫之屬/畫譜

**百尺樓叢畫八卷**　汪鑅繪　民國上海校經山房石印本　七册　缺一卷(四)

330000－1795－0001391　子0015　子部/藝術類/書畫之屬/畫譜

**白龍山人畫選一卷**　王震繪　民國二十五年(1936)影印本　一册

330000－1795－0001392　子0013　子部/藝術類/書畫之屬/畫録

**大風堂臨摹敦煌壁畫二卷**　張大千撰　民國三十三年(1944)成都西南印書局石印本　二册

330000－1795－0001393　史0202　史部/傳記類/總傳之屬/技藝

**印人傳三卷**　(清)周亮工撰　民國上海國光印刷所鉛印本　一册

330000－1795－0001394　子0203　子部/工藝類/日用器物之屬/雕刻

**竹人録二卷**　(清)金元鈺撰　民國二十七年(1938)鄞縣秦彦沖睿識閣鉛印本　一册

330000－1795－0001395　子0171　子部/藝術類/書畫之屬/法帖

**隸書格言三十二種不分卷**　季守正書　民國十二年(1923)商務印書館石印本　一册

330000－1795－0001398　子0042　子部/藝術類/書畫之屬/畫譜

**芥子園畫傳三集六卷**　(清)王槩　(清)王蓍　(清)王臬輯　民國石印本　二册　存三卷(四至六)

330000－1795－0001399　子0041　子部/藝術類/書畫之屬/畫譜

**芥子園畫傳三集六卷**　(清)王槩　(清)王蓍　(清)王臬輯　民國元年(1912)上海章福記石印本　一册　存二卷(一至二)

330000－1795－0001400　子0040　子部/藝術類/書畫之屬/畫譜

**芥子園畫傳三集六卷**　(清)王槩　(清)王蓍　(清)王臬輯　民國上海千頃堂書局石印本　一册　存二卷(一至二)

330000－1795－0001401　子0037　子部/藝術類/書畫之屬/畫譜

**芥子園畫傳三集六卷**　(清)王槩　(清)王蓍　(清)王臬輯　民國石印本　二册　存四卷(一至四)

330000－1795－0001402　子0038　子部/藝術類/書畫之屬/畫譜

**芥子園畫傳二集九卷**　(清)王槩　(清)王蓍　(清)王臬輯　民國石印本　一册　存一卷(九)

330000－1795－0001403　子0036　子部/藝術類/書畫之屬/畫譜

**芥子園畫傳初集六卷**　(清)王槩　(清)王蓍　(清)王臬輯　民國石印本　一册　存一卷(一)

330000－1795－0001406　子0087　類叢部/叢書類/自著之屬

**聞雞軒叢書第一集八種**　王時潤撰　民國鉛印本　二册

330000－1795－0001410　子0268　子部/工藝類/日用器物之屬/陶瓷

**匋雅二卷**　陳瀏撰　民國石印本　一册　存一卷(下)

330000－1795－0001412　子0071　子部/道家類

**莊子集解八卷**　王先謙撰　民國上海掃葉山房石印本　三册　缺二卷(一至二)

330000－1795－0001413　子0201　新學/工

藝/雜藝

**手工教授法一卷**　民國油印本　一冊

330000－1795－0001414　子0031　子部/道家類

**道德真經註四卷**　（唐）李榮注　民國三十六年（1947）影印本　四冊

330000－1795－0001415　子0032　子部/道家類

**道德經六卷**　（唐）成玄英疏　民國三十五年（1946）影印本　六冊

330000－1795－0001416　子0035　子部/藝術類/書畫之屬/畫譜

**芥子園畫傳初集六卷二集九卷三集六卷**　（清）王槩　（清）王蓍　（清）王臬輯　民國石印本　三冊　存七卷（二集三至八、三集一）

330000－1795－0001418　子0033　子部/藝術類/書畫之屬/畫譜

**芥子園畫傳初集六卷二集九卷三集六卷**　（清）王槩　（清）王蓍　（清）王臬輯　民國上海千頃堂書局石印本　十二冊

330000－1795－0001419　子0044　子部/藝術類/書畫之屬/畫譜

**芥子園畫傳初集六卷二集九卷三集六卷**　（清）王槩　（清）王蓍　（清）王臬輯　民國三年（1914）上海章福記書局石印本　八冊　缺七卷（二集三至四、八至九，三集三至五）

330000－1795－0001424　子0111　子部/儒家類/儒家之屬

**荀子二十卷**　（唐）楊倞注　**荀子校勘補遺一卷**　（清）謝墉撰　民國九年（1920）掃葉山房石印本　四冊

330000－1795－0001426　子0067　子部/道家類

**教科適用莊子精華二卷**　中華書局編　民國上海中華書局鉛印本　一冊　存一卷（一）

330000－1795－0001430　子0079　子部/道家類

**莊子十卷附校勘記一卷**　（晉）郭象注　（唐）陸德明音義　民國九年（1920）浙江圖書館刻本　四冊

330000－1795－0001443　子0016　子部/雜家類

**公孫龍子注一卷校勘記一卷篇目攷一卷附錄一卷**　（清）陳澧撰　民國十四年（1925）番禺汪氏微尚齋刻本　一冊

330000－1795－0001444　子0015　類叢部/叢書類/自著之屬

**聞雞軒叢書**　王時潤撰　民國四年（1915）宏文圖書社鉛印本　一冊　存一種

330000－1795－0001447　子0048　類叢部/叢書類/彙編之屬

**四部備要**　中華書局編　民國二十五年（1936）上海中華書局鉛印本（經義考卷二百八十六、二百九十九至三百，東塾讀書記卷十三至十四、十七至二十、二十二至二十五原缺）　四冊　存一種

330000－1795－0001450　子0102　子部/法家類

**科教適用管子精華一卷**　中華書局編輯　民國三年（1914）中華書局鉛印本　一冊

330000－1795－0001455　子0051　子部/叢編

**評註諸子菁華錄十八種十八卷**　張之純編纂　民國上海商務印書館鉛印本　一冊　存一卷（十四）

330000－1795－0001456　子0061　子部/墨家類

**定本墨子間詁校補二卷附編一卷**　李笠撰　民國十四年（1925）上海商務印書館鉛印本　二冊

330000－1795－0001459　子0056　子部/墨家類

**墨子校注十五卷附錄四卷**　吳毓江校注　民國三十三年（1944）重慶獨立出版社鉛印本　十冊

330000－1795－0001460　子 0057　子部/墨家類

**墨子校注十五卷附錄四卷**　吳毓江校注　民國三十三年(1944)重慶獨立出版社鉛印本　十冊

330000－1795－0001478　新學 0316　子部/儒家類/儒學之屬/禮教

**青年修養錄十八編**　趙鉦鐸編纂　民國八年(1919)上海商務印書館鉛印本　二冊

330000－1795－0001484　子 0169　集部/詩文評類/文法之屬

**新增應酬彙選五卷**　(清)陸九如纂輯　民國上海廣雅書局鉛印本　一冊　存一卷(一)

330000－1795－0001486　子 0160　子部/雜著類/雜纂之屬

**尚賢堂壬子紀事不分卷**　王振民撰　民國元年(1912)美華書館鉛印本　一冊

330000－1795－0001491　新學 0157　新學/醫學

**蠶體解剖生理學三編**　戴禮澄編　民國二十四年(1935)影印本　一冊

330000－1795－0001493　新學 0147　新學/算學/數學

**統計學八卷**　盛在珦撰　民國影印本　一冊

330000－1795－0001494　新學 0150　新學/雜著/雜記

**鐵路的環境二十二章**　沈謌撰　民國十八年(1929)影印本　一冊

330000－1795－0001500　子 0150　新學/理學/文學

**社會研究不分卷**　民國抄本　一冊

330000－1795－0001503　新學 0370　子部/天文曆算類/曆法之屬

**日用寶鑑二卷**　上海共和編譯局編輯部編　民國四年(1915)上海共和編譯局石印本　二冊

330000－1795－0001506　子 0280　集部/詩文評類/文法之屬/函牘格式

**言文對照學生新尺牘二卷**　世界書局編輯所編輯　民國上海世界書局石印本　一冊　缺一卷(一)

330000－1795－0001507　集 0246　類叢部/類書類/通類之屬

**雲林別墅新輯酬世錦囊初集八卷二集七卷三集二卷四集二卷**　(清)鄒景揚輯　民國三年(1914)上海鍊石齋書局石印本　一冊　存四卷(初集一至四)

330000－1795－0001508　子 0184　子部/雜著類/雜說之屬

**家庭常識萬寶全書八編**　民國十一年(1922)上海書局石印本　一冊

330000－1795－0001515　集 0354　集部/詩文評類/文法之屬/函牘格式

**分類廣註交際尺牘大觀不分卷**　劉再蘇編輯　民國十四年(1925)上海世界書局石印本　九冊

330000－1795－0001521　子 0137　子部/術數類/雜術之屬

**中國預言七種**　(清)金人瑞評　民國鉛印本　一冊

330000－1795－0001523　集 0133　集部/詩文評類/詩評之屬

**詩法入門四卷首一卷**　(清)游藝輯　民國三年(1914)上海千頃堂石印本　一冊

330000－1795－0001527　集 0167　集部/小說類/長篇之屬

**繡像東漢演義十卷**　(明)謝詔撰　民國十二年(1923)上海錦章圖書局石印本　一冊　存二卷(一至二)

330000－1795－0001528　集 0168　集部/小說類/長篇之屬

**連環圖畫東漢演義四卷六十四回**　(明)謝詔撰　民國上海大觀書局石印本　一冊　存二卷(二至三)

330000－1795－0001529　集 0160　集部/小

說類/長篇之屬

**繡像東漢演義十卷**　(明)謝詔撰　民國石印本　一冊　存二卷(一至二)

330000－1795－0001536　集 0166　集部/小說類/長篇之屬

**精忠宋岳武穆王全傳十二卷八十回**　(清)錢彩撰　民國十八年(1929)上海中原書局石印本　四冊　存四卷(一至四)

330000－1795－0001537　集 0161　集部/小說類/長篇之屬

**增像全圖加批西遊記八卷一百回**　(明)吳承恩撰　(清)陳士斌詮解　民國二年(1913)上海文華書局石印本　八冊

330000－1795－0001541　集 0233　集部/小說類/長篇之屬

**歷史小說南宋志飛龍傳四卷五十回**　(明)研石山樵訂正　民國十三年(1924)上海千頃堂書局石印本　一冊

330000－1795－0001542　集 0210　集部/曲類/彈詞之屬

**新增繡像玉連環四卷四十回**　(清)朱素仙撰　民國石印本　一冊　存一卷(三)

330000－1795－0001548　集 0226　集部/小說類/長篇之屬

**繪圖平陽傳六集□□卷**　民國上海協成書局石印本　一冊　存四卷(一至四)

330000－1795－0001551　集 0188　集部/小說類/長篇之屬

**繪圖施公奇案四卷九十八回**　民國十五年(1926)上海沈鶴記書局石印本　二冊

330000－1795－0001552　集 0186　集部/小說類/短篇之屬

**詳註聊齋誌異圖詠十六卷**　(清)蒲松齡撰　(清)呂湛恩注　民國石印本　七冊　存十二卷(一至八、十至十一、十三至十四)

330000－1795－0001557　子 0011　子部/藝術類/書畫之屬

**上海振青社書畫集不分卷**　振青書畫會編　民國四年(1915)上海振青書畫會石印本　三冊　存三期(一至二、四)

330000－1795－0001558　子 0060　子部/藝術類/書畫之屬/畫法畫品

**歷朝名人畫法津梁八卷**　王仲芬　汪聲遠編輯　民國石印本　一冊　存一卷(三)

330000－1795－0001559　子 0059　子部/藝術類/書畫之屬/畫譜

**醉墨軒畫稿四卷**　胡郯卿繪　民國石印本　一冊　存一卷(一)

330000－1795－0001560　子 0061　子部/藝術類/書畫之屬/畫譜

**芥子園畫傳初集六卷**　(清)王槩　(清)王蓍　(清)王臬輯　民國石印本　一冊　存二卷(五至六)

330000－1795－0001561　子 0007　子部/藝術類/書畫之屬/畫譜

**名畫選粹二卷**　天睨生選輯　民國十三年(1924)石印本　二冊

330000－1795－0001562　子 0028　子部/藝術類/書畫之屬/畫録

**版畫不分卷**　民國石印本　一冊

330000－1795－0001563　子 0002　經部/四書類/論語之屬

**論語時訓不分卷**　陳訓正撰　民國三十年(1941)鉛印本　一冊

330000－1795－0001564　子 0003　類叢部/叢書類/彙編之屬

**四部備要**　中華書局編　民國二十五年(1936)上海中華書局鉛印本(經義考卷二百八十六、二百九十九至三百,東塾讀書記卷十三至十四、十七至二十、二十二至二十五原缺)　一冊　存一種

330000－1795－0001565　子 0004　類叢部/叢書類/彙編之屬

**四部叢刊**　張元濟等編　民國上海商務印書館影印本　一冊　存一種

330000－1795－0001566　子0006　子部/雜著類/雜考之屬

**東塾讀書記二十五卷**　(清)陳澧撰　民國十七年(1928)掃葉山房石印本(卷十三至十四、十七至二十、二十二至二十五原缺)　五冊

330000－1795－0001568　子0008　類叢部/叢書類/彙編之屬

**評註諸子菁華錄十八種**　張之純評註　民國上海商務印書館鉛印本　一冊　存一種

330000－1795－0001571　子0011　子部/雜著類/雜說之屬

**讀子巵言二卷**　江瑔撰　民國六年(1917)上海商務印書館鉛印本　二冊

330000－1795－0001578　子0020　子部/儒家類/儒學之屬/性理

**呻吟語六卷首一卷**　(明)呂坤撰　民國鉛印本　一冊　存四卷(一至四)

330000－1795－0001584　集0026　子部/雜著類/雜考之屬

**煙嶼樓讀書志十六卷筆記八卷**　(清)徐時棟撰　民國十七年(1928)鄞縣徐方來蘧學齋鉛印本　五冊　缺二卷(十三至十四)

330000－1795－0001586　集0025　子部/雜著類/雜考之屬

**煙嶼樓讀書志十六卷筆記八卷**　(清)徐時棟撰　民國十七年(1928)鄞縣徐方來蘧學齋鉛印本　一冊　存三卷(一至三)

330000－1795－0001597　子0036　子部/雜著類/雜考之屬

**讀書雜志八十二卷餘編二卷**　(清)王念孫撰　民國掃葉山房石印本　十一冊　存三十九卷(荀子一至九、墨子一至六、淮南內篇一至二十三、餘編下)

330000－1795－0001611　子0081　子部/雜著類/雜考之屬

**日知錄集釋三十二卷首一卷刊誤二卷續刊誤二卷**　(清)黃汝成撰　民國上海錦章圖書局石印本　五冊　存三十三卷(首、一至三十二)

330000－1795－0001615　子0088　子部/雜著類/雜考之屬

**煙嶼樓讀書志十六卷筆記八卷**　(清)徐時棟撰　民國十七年(1928)鄞縣徐方來蘧學齋鉛印本　二冊　存八卷(筆記一至八)

330000－1795－0001621　子0078　史部/政書類/職官之屬/官箴

**從政遺規二卷**　(清)陳弘謀編　民國石印本　一冊　缺一卷(一)

330000－1795－0001622　子0096　子部/叢編

**子書百家(崇文書局彙刻百子、彙刻百子、百子全書)**　(清)崇文書局編　民國上海掃葉山房石印本　三冊　存一種

330000－1795－0001624　集0231　集部/小說類/長篇之屬

**繪圖老殘遊記四卷二十章**　(清)劉鶚撰　民國石印本　一冊　存一卷(四)

330000－1795－0001633　集0239　集部/小說類/長篇之屬

**繡像七劍十三俠三集十二卷一百八十回**　(清)唐芸洲撰　民國石印本　一冊　存一卷(三)

330000－1795－0001635　集0238　集部/小說類/長篇之屬

**增像小五義全傳六卷一百二十四回**　(清)石玉崑撰　民國八年(1919)上海昌文書局石印本　一冊　存三卷(一至三)

330000－1795－0001636　集0237　集部/小說類/長篇之屬

**增像小五義全傳六卷一百二四回**　(清)石玉崑撰　民國石印本　一冊　存一卷(二)

330000－1795－0001637　集0183　集部/小說類/短篇之屬

**聊齋志異新評十六卷**　(清)蒲松齡撰　(清)王士禎評　(清)呂湛恩注　(清)但明倫新評　民國石印本　一冊　存二卷(九至十)

330000－1795－0001639　集 0230　集部/小說類/長篇之屬

**繪圖老殘遊記四卷二十章**　(清)劉鶚撰　民國石印本　一册　存一卷(三)

330000－1795－0001642　集 0254　集部/小說類/長篇之屬

**繡像南唐演義薛家將十卷一百回**　(清)如蓮居士編輯　民國石印本　一册　存三卷(六至八)

330000－1795－0001645　集 0255　集部/小說類/長篇之屬

**繪圖平陽傳八集四卷**　民國十年(1921)上海協成書局石印本　一册

330000－1795－0001648　子 0046　史部/傳記類/總傳之屬/儒林

**學案小識十四卷首一卷末一卷**　(清)唐鑑撰　民國上海文瑞樓石印本　六册

330000－1795－0001649　子 0068　子部/雜著類/雜考之屬

**日知錄集釋三十二卷首一卷栞誤二卷續栞誤二卷**　(清)黃汝成撰　民國上海錦章圖書局石印本　一册　存四卷(栞誤一至二、續栞誤一至二)

330000－1795－0001650　子 0066　子部/雜著類/雜考之屬

**日知錄集釋三十二卷首一卷栞誤二卷續栞誤二卷**　(清)黃汝成撰　民國十六年(1927)上海錦章圖書局石印本　四册　存二十五卷(一至十一、十九至三十二)

330000－1795－0001652　子 0257　子部/小說家類/異聞之屬

**續夷堅志四卷**　(金)元好問纂　民國三年(1914)掃葉山房石印本　一册　存二卷(一至二)

330000－1795－0001653　史 0059　史部/傳記類/總傳之屬/儒林

**明儒學案六十二卷**　(清)黃宗羲撰　民國上海文瑞樓石印本　十六册

330000－1795－0001655　集 0236　集部/小說類/長篇之屬

**包公出世貍貓換太子演義八卷八十回**　民國石印本　二册　存四卷(五至八)

330000－1795－0001656　集 0235　集部/小說類/長篇之屬

**包公出世貍貓換太子演義八卷八十回**　民國石印本　二册　存四卷(五至八)

330000－1795－0001659　集 0207　集部/小說類/長篇之屬

**異說五虎平西珍珠旗演義狄青前傳十四卷一百二十回**　民國上海日新書莊石印本　二册　存四卷(五至八)

330000－1795－0001662　子 0015　子部/小說家類

**筆記小說大觀二百二十二種**　進步書局輯　民國上海進步書局石印本　五十九册　存三十四種

330000－1795－0001665　集 0314　集部/戲劇類/傳奇之屬

**繡像第七才子琵琶記六卷**　(元)高明撰　民國九年(1920)上海書局石印本　一册

330000－1795－0001666　集 0053　集部/小說類/長篇之屬

**增像全圖東周列國志二十七卷一百八回**　(清)蔡奡評點　民國十一年(1922)上海元昌書局石印本　十二册

330000－1795－0001667　集 0054　集部/小說類/長篇之屬

**東周列國全志八卷一百八回**　(清)蔡奡評點　民國鍊石齋書局石印本　四册

330000－1795－0001668　史 0312　史部/傳記類/總傳之屬/釋道

**繪像列仙傳四卷**　(清)還初道人輯　民國上海大成書局石印本　一册　存一卷(四)

330000－1795－0001669　子 0029　子部/小說家類

**古今筆記精華錄二十四卷**　古今圖書局編譯

部編纂　民國四年(1915)上海廣益書局石印本　五册　存六卷(七、十三、十九至二十一、二十四)

330000－1795－0001673　子0069　類叢部/叢書類/彙編之屬
**唐人説薈(唐代叢書)一百六十四種**　(清)陳世熙(一題王文誥)輯　民國上海中華圖書館石印本　十五册

330000－1795－0001677　子0024　新學/農政/農務
**農產製造學不分卷**　周友望編　民國石印本　一册

330000－1795－0001678　子0005　子部/農家農學類/農藝之屬/茶酒
**祁門之茶業不分卷**　安徽省立茶業改良場編　民國二十二年(1933)安徽省立茶業改良場鉛印本　一册

330000－1795－0001682　子0059　子部/雜著類/雜説之屬
**剡溪漫筆六卷**　(明)孫能傳輯　民國九年(1920)文廣齋石印本　二册

330000－1795－0001684　子0012　子部/小説家類/雜事之屬
**世説新語六卷**　(南朝宋)劉義慶撰　(南朝梁)劉孝標注　民國掃葉山房石印本　六册

330000－1795－0001686　子0013　子部/小説家類/雜事之屬
**世説新語六卷**　(南朝宋)劉義慶撰　(南朝梁)劉孝標注　民國石印本　六册

330000－1795－0001689　地理0067　史部/雜史類/斷代之屬
**譯注蒙古源流八卷**　汪睿昌譯注　民國十六年(1927)蒙文書社石印本　一册

330000－1795－0001691　子0041　子部/雜著類/雜纂之屬
**兩般秋雨盦隨筆八卷**　(清)梁紹壬撰　民國七年(1918)上海掃葉山房石印本　四册

330000－1795－0001692　子0044　子部/雜著類/雜纂之屬
**庸盦筆記六卷**　(清)薛福成撰　民國十一年(1922)石印本　一册

330000－1795－0001694　子0045　子部/小説家類/雜事之屬
**蓴鄉贅筆四卷**　(清)董含撰　民國上海光華編輯社石印本　四册

330000－1795－0001698　子0038　子部/小説家類/雜事之屬
**池北偶談二卷**　(清)清涼道人撰　民國石印本　一册

330000－1795－0001701　集0072　集部/小説類/長篇之屬
**增像全圖加批西遊記八卷一百回**　(明)吳承恩撰　(清)陳士斌詮解　民國十一年(1922)上海昌文書局石印本　二册

330000－1795－0001704　子0083　子部/小説家類
**消夏閑記摘抄三卷**　(清)顧公燮撰　民國十三年(1924)鉛印本　三册

330000－1795－0001711　集0195　集部/小説類/長篇之屬
**新輯繪圖彭公案三集四卷八十回**　民國上海共和書局石印本　一册

330000－1795－0001712　集0194　集部/小説類/長篇之屬
**新輯繪圖彭公案正集四卷一百回**　(清)貪夢道人撰　民國石印本　一册

330000－1795－0001713　集0192　集部/小説類/長篇之屬
**新輯繪圖彭公案正集四卷一百回**　(清)貪夢道人撰　民國石印本　一册　存三卷(二至四)

330000－1795－0001714　集0191　集部/小説類/長篇之屬
**新輯繪圖彭公案正集四卷一百回**　(清)貪夢道人撰　民國石印本　一册　存一卷(一)

330000－1795－0001715　集0190　集部/小說類/長篇之屬

**新刊續彭公案十卷八十回**　(清)貪夢道人撰　民國石印本　一冊　存一卷(二)

330000－1795－0001717　集0196　集部/小說類/長篇之屬

**新輯繪圖彭公案初集四卷一百回**　(清)貪夢道人撰　民國上海共和書局石印本　一冊

330000－1795－0001718　集0220　集部/戲劇類

**的篤班新編紹興文戲雙珠鳳不分卷**　民國石印本　一冊

330000－1795－0001719　集0218　集部/曲類/彈詞之屬

**新增繡像玉連環□□卷**　(清)朱素仙撰　民國石印本　一冊　存四卷(七至十)

330000－1795－0001720　集0212　集部/曲類/彈詞之屬

**繡像雙珠鳳全傳十二卷八十回**　(清)一葉主人撰　民國石印本　一冊　存二卷(十一至十二)

330000－1795－0001721　集0208　集部/小說類/長篇之屬

**異說五虎平西珍珠旗演義狄青前傳十四卷一百二十回**　民國石印本　一冊　存一卷(三)

330000－1795－0001722　子0014　集部/小說類/長篇之屬

**上下古今談四卷二十回**　吳敬恒撰　民國十三年(1924)上海文明書局鉛印本　四冊

330000－1795－0001723　子0025　子部/小說家類/異聞之屬

**閱微草堂筆記二十四卷**　(清)紀昀撰　民國上海中華圖書館石印本　二冊　存六卷(七至十二)

330000－1795－0001725　子0031　子部/雜著類/雜說之屬

**隨園隨筆二十八卷**　(清)袁枚撰　民國石印本　二冊　存八卷(二十一至二十八)

330000－1795－0001726　子0032　子部/雜著類/雜說之屬

**隨園隨筆二十八卷**　(清)袁枚撰　民國石印本　四冊

330000－1795－0001727　子0019　子部/雜著類/雜纂之屬

**平等閣筆記六卷**　狄葆賢撰　民國上海有正書局鉛印本　四冊　存四卷(一至四)

330000－1795－0001728　子0018　子部/雜著類/雜說之屬

**齊東野語二十卷**　(宋)周密撰　民國二十二年(1933)上海商務印書館鉛印本　四冊

330000－1795－0001729　子0015　子部/叢編

**清人說薈二集二十種**　雷瑨輯　民國六年(1917)上海掃葉山房石印本　六冊　存二十種

330000－1795－0001733　子0005　子部/兵家類

**劍法圖說二卷**　宋賡平編　民國大東書局石印本　一冊

330000－1795－0001734　子0007　子部/兵家類/兵器之屬

**新兵器之知識七卷**　葛建時譯　民國正中書局石印本　一冊

330000－1795－0001736　子0016　子部/叢編

**清人說薈初集二十種**　雷瑨輯　民國六年(1917)上海掃葉山房石印本　四冊　存十二種

330000－1795－0001738　子0026　子部/兵家類/武術技巧之屬

**拳經四卷**　大聲圖書局輯　民國七年(1918)上海大聲圖書局石印本　二冊

330000－1795－0001743　子0134　子部/小說家類/異聞之屬

**閱微草堂筆記二十四卷**　(清)紀昀撰　民國三年(1914)上海錦章圖書局石印本　四冊

330000－1795－0001746　子 0132　類叢部/叢書類/彙編之屬

**寶顏堂祕笈二百二十八種**　（明）陳繼儒編　民國十一年（1922）上海文明書局石印本　三冊　存十二種

330000－1795－0001752　子 0115　類叢部/叢書類/彙編之屬

**說庫一百七十種**　王文濡編　民國石印本　四冊　存十四種

330000－1795－0001753　子 0113　子部/小說家類/雜事之屬

**新刊宣和遺事前集一卷後集一卷**　民國石印本　一冊

330000－1795－0001771　史 0022　史部/編年類/斷代之屬

**清史攬要六卷**　（日本）增田貢撰　民國鉛印本　一冊　存三卷（一至三）

330000－1795－0001772　子 0116　子部/小說家類/異聞之屬

**太平廣記五百卷**　（宋）李昉等撰　民國上海掃葉山房石印本　一冊　存十三卷（一百二十至一百三十二）

330000－1795－0001773　子 0117　集部/曲類/寶卷之屬

**鍼心寶卷一卷**　民國八年（1919）上海宏大善書局石印本　一冊

330000－1795－0001774　集 0114　集部/曲類/彈詞之屬

**新編繪圖三國志鼓詞八卷**　民國石印本　六冊　存六卷（三至八）

330000－1795－0001785　子 0110　子部/宗教類/道教之屬/戒律

**太上寶筏圖說八卷**　（清）黃正元撰　民國石印本　一冊　存二卷（義、忠）

330000－1795－0001788　集 0180　集部/小說類/長篇之屬

**增評加批金玉緣圖說十六卷首一卷一百二十回**　（清）曹霑　（清）高鶚撰　（清）蝶薌仙史評訂　民國石印本　四冊

330000－1795－0001789　集 0213　集部/小說類/長篇之屬

**繪圖大明奇俠傳六卷五十四回**　民國石印本　一冊　存二卷（三至四）

330000－1795－0001790　子 0214　子部/藝術類/遊藝之屬/謎語

**春謎大觀二卷**　王文濡編輯　民國九年（1920）石印本　一冊　存一卷（上）

330000－1795－0001791　集 0216　集部/曲類/彈詞之屬

**新增繡像玉連環四卷四十回**　（清）朱素仙撰　民國石印本　一冊　存一卷（三）

330000－1795－0001793　集 0047　集部/小說類/長篇之屬

**增像全圖三國演義十六卷首一卷一百二十回**　（明）羅本撰　（清）毛宗崗評　民國上海天寶書局石印本　十一冊

330000－1795－0001794　集 0096　集部/小說類/長篇之屬

**繡像東漢演義二卷一百二十六回**　（明）謝詔撰　民國石印本　一冊

330000－1795－0001798　集 0300　集部/戲劇類/雜劇之屬

**增像第六才子書五卷首一卷**　（元）王德信　（元）關漢卿撰　（清）金人瑞評　民國石印本　二冊　存二卷（一至二）

330000－1795－0001799　集 0298　集部/小說類/長篇之屬

**繡像五續三俠清烈傳四卷四十回**　民國七年（1918）上海江東茂記書局石印本　一冊

330000－1795－0001804　集 0086　集部/小說類/長篇之屬

**繡像繪圖二十四史通俗衍義六卷四十四回**　（清）呂撫輯　民國上海會文堂新記書局石印本　六冊

330000－1795－0001805　集 0087　集部/小

說類/長篇之屬

**繡像繪圖二十四史通俗衍義六卷四十四回** (清)呂撫輯　民國上海會文堂新記書局石印本　二冊　存二卷(五至六)

330000－1795－0001806　子0435　子部/小說家類/異聞之屬

**閱微草堂筆記二十四卷** (清)紀昀撰　民國石印本　一冊　存二卷(三至四)

330000－1795－0001807　經0022　經部/群經總義類/石經之屬

**唐開成石壁十二經**　民國十五年(1926)掖縣張氏皕忍堂摹刻藍印本　七十四冊

330000－1795－0001811　集0264　集部/小說類/長篇之屬

**繪圖足本大字果報錄□□卷**　民國石印本　一冊　存三卷(十至十二)

330000－1795－0001813　子0389　集部/曲類/寶卷之屬

**新刻說唱金鳳寶卷前本二卷**　民國十九年(1930)寧波學林堂書局石印本　一冊

330000－1795－0001818　傳記0001　史部/傳記類/別傳之屬

**總理奉安實錄不分卷**　總理奉安專刊編纂委員會編　民國十八年(1929)總理奉安專刊編纂委員會鉛印本　二冊

330000－1795－0001820　集0265　集部/小說類/長篇之屬

**繪圖新編義俠小說乾坤印後部七集四卷**　民國十八年(1929)上海全球書局石印本　四冊

330000－1795－0001821　集0090　集部/小說類/長篇之屬

**繡像西漢演義四卷一百回** (明)甄偉撰　民國石印本　一冊

330000－1795－0001822　集0206　集部/曲類/彈詞之屬

**繪圖孝義真蹟珠塔緣四卷二十四回** (清)馬如飛撰　民國二年(1913)上海文益書局石印本　二冊　存三卷(一至三)

330000－1795－0001823　子0241　集部/小說類/長篇之屬

**增像七俠五義傳六卷一百二十回** (清)石玉崑撰　(清)俞樾重編　民國石印本　二冊

330000－1795－0001824　集0266　集部/小說類/長篇之屬

**新編繪圖四續乾坤印四卷**　民國石印本　一冊

330000－1795－0001833　集0057　集部/小說類/長篇之屬

**洪秀全演義十集□□卷**　黃世仲撰　民國十四年(1925)上海萃英書局石印本　四冊　存十四卷(二集一至二、七集一至四、九集一至四、十集一至四)

330000－1795－0001835　集0060　集部/戲劇類/雜劇之屬

**增批繪像第六才子書八卷** (元)王德信　(元)關漢卿撰　(清)金人瑞評　民國石印本　二冊　存四卷(一、五、七至八)

330000－1795－0001836　集0059　集部/戲劇類/雜劇之屬

**增批繪像第六才子書八卷** (元)王德信　(元)關漢卿撰　(清)金人瑞評　**六才子西廂文一卷　唐六如先生文韻一卷** (明)祝允明評定　(明)念庵居士輯　民國十三年(1924)啓新書局石印本　一冊

330000－1795－0001839　子0176　類叢部/叢書類/彙編之屬

**宋人小說(宋元人說部書)二十八種**　涵芬樓編　民國上海商務印書館鉛印本　十一冊　存一種

330000－1795－0001841　子0022　子部/小說家類/異聞之屬

**搜神記二十卷** (晉)干寶撰　民國元年(1912)鄂官書處刻本　二冊

330000－1795－0001842　子0023　子部/小說家類/異聞之屬

**搜神記二十卷** (晉)干寶撰　民國元年

(1912)鄂官書處刻本　二册

330000－1795－0001844　子0127　子部/雜著類/雜纂之屬
**人鑑不分卷**　李圓淨編　王雲軒繪　民國三十七年(1948)上海南行學社鉛印本　一册

330000－1795－0001853　集0154　集部/小説類/長篇之屬
**東周列國志八卷一百八回**　(清)蔡奡評點　民國石印本　一册　存一卷(四)

330000－1795－0001854　集0155　集部/小説類/長篇之屬
**評註圖像水滸傳七十五卷七十回首一卷**　(元)施耐庵撰　(清)金人瑞評　民國上海校經山房成記石印本　十三册　存六十二卷(一至二十、三十四至七十五)

330000－1795－0001855　集0106　子部/小説家類/雜事之屬
**豔史叢鈔十二種**　(清)王韜輯　民國十八年(1929)上海漢文淵書肆石印本　八册

330000－1795－0001857　子0068　子部/雜著類/雜纂之屬
**聞見漫錄二卷**　(明)陳槐撰　民國二十五年(1936)石印本　一册　存一卷(上)

330000－1795－0001859　集0081　集部/小説類/長篇之屬
**繪圖老殘遊記四卷二十章**　(清)劉鶚撰　民國十四年(1925)上海世界書局石印本　二册

330000－1795－0001863　子0104　子部/小説家類/異聞之屬
**御覽闕史二卷**　(唐)高彦休撰　民國元年(1912)鄂官書處刻本　一册

330000－1795－0001872　地理0046　史部/地理類/方志之屬/郡縣志
**[光緒]杭州府志一百七十八卷首八卷**　(清)陳璚等修　(清)王棻等纂　屈映光續修　陸懋勳續纂　齊耀珊重修　吳慶坻重纂　民國十一年(1922)鉛印本　八十册

330000－1795－0001876　經0001　經部/易類/傳説之屬
**周易四卷**　民國刻本　一册　存一卷(二)

330000－1795－0001884　傳記0024　史部/傳記類/别傳之屬/事狀
**魏文節公[杞]事略一卷**　魏頌唐輯　民國二十五年(1936)鉛印本　一册

330000－1795－0001887　地理0053　史部/地理類/方志之屬/郡縣志
**[民國]奉化縣補義志十卷**　蔣堯裳纂　民國元年(1912)奉化趙氏剡曲草堂木活字印本　二册

330000－1795－0001912　史0106　史部/目録類/總録之屬/彙刻
**叢書書目彙編不分卷補遺一卷**　沈乾一編纂　民國十七年(1928)上海醫學書局鉛印本　四册

330000－1795－0001917　子0099　子部/術數類/命書相書之屬
**福由命定一卷**　民國二十四年(1935)抄本　一册

330000－1795－0001926　集0096　集部/小説類/長篇之屬
**老殘游記四卷二十章**　(清)劉鶚撰　民國石印本　二册　存二卷(三至四)

330000－1795－0001928　集0080　集部/小説類/長篇之屬
**繡像封神演義十卷一百回**　(明)許仲琳撰　(明)鍾惺評釋　民國石印本　一册　存一卷(六)

330000－1795－0001929　集0079　集部/小説類/長篇之屬
**繪圖封神傳八卷一百回**　(明)許仲琳撰　(明)鍾惺評　民國石印本　一册　存一卷(一)

330000－1795－0001930　子0113　子部/術數類/命書相書之屬
**增訂命理探原八卷**　袁阜纂述　民國十六年

(1927)上海文化書局石印本　四冊

330000－1795－0001931　集0031　集部/小説類/長篇之屬

**增像全圖加批西遊記八卷一百回**　(明)吳承恩撰　(清)陳士斌詮解　民國上海廣益書局石印本　一冊　存一卷(八)

330000－1795－0001933　子0075　子部/天文曆算類/曆法之屬

**繼成堂洪潮和通書不分卷**　民國福建泉州繼成堂石印本　一冊

330000－1795－0001934　子0074　子部/天文曆算類/曆法之屬

**繼成堂洪潮和通書不分卷**　民國二十三年(1934)福建泉州繼成堂刻本　一冊

330000－1795－0001935　叢0001　史部/目録類/版本之屬/書影

**百衲本二十四史預約樣本一卷**　上海商務印書館編　民國十九年(1930)上海商務印書館鉛印本暨影印本　八百二十冊

330000－1795－0001936　子0070　子部/天文曆算類/曆法之屬

**新制萬年曆一卷**　馮伯揆編輯　民國十年(1921)上海國粹保存會石印本　一冊

330000－1795－0001937　子0078　子部/天文曆算類/曆法之屬

**陳日省男紫垣通書不分卷**　民國八年(1919)敬時堂刻本　一冊

330000－1795－0001938　子0077　子部/天文曆算類/曆法之屬

**趨避通書不分卷**　民國敬時堂刻本　一冊

330000－1795－0001939　子0076　子部/天文曆算類/曆法之屬

**繼成堂洪潮和通書不分卷**　民國福建泉州繼成堂石印本　一冊

330000－1795－0001943　子0058　子部/天文曆算類/曆法之屬

**新刻增補時憲臺曆袖裏璇機星命須知一卷**　民國上海錦章圖書局石印本　一冊

330000－1795－0001944　子0098　子部/術數類/陰陽五行之屬

**董公選要覽一卷附録一卷**　(明)董潛撰　民國十一年(1922)上海錦章書局石印本　一冊

330000－1795－0001947　子0055　子部/術數類/陰陽五行之屬

**新鐫曆法便覽象吉備要通書大全二十九卷**　(清)魏鑑撰　民國上海校經山房、文瑞樓石印本　十一冊　存十七卷(一至二、六至十三、二十至二十六)

330000－1795－0001948　子0079　子部/術數類

**通書不分卷**　民國石印本　二冊

330000－1795－0001954　子0088　子部/術數類/陰陽五行之屬

**欽定協紀辨方書三十六卷**　(清)允祿　(清)張照等纂修　民國上海會文堂書局石印本　三冊

330000－1795－0001955　子0060　子部/天文曆算類/曆法之屬

**新刻增補時憲臺曆袖裏璇機星命須知一卷附星命萬年曆一卷**　民國石印本　一冊

330000－1795－0001956　子0061　子部/天文曆算類/曆法之屬

**新攷訂正民國適用增廣時憲臺曆袖裏璇璣星命須知一卷附訂正萬年書一卷**　民國石印本　二冊

330000－1795－0001957　子0062　子部/天文曆算類/曆法之屬

**新鐫增補時憲臺曆袖裏璇璣星命須知一卷欽定萬年書一卷**　民國石印本　一冊

330000－1795－0001958　子0059　子部/天文曆算類/曆法之屬

**新刻增補時憲臺曆袖裏璇機星命須知一卷附校正萬年曆一卷**　民國石印本　一冊

330000－1795－0001959　子0069　子部/術

數類/命書相書之屬

**星命須知百年經一卷** 民國修竹山房石印本 一册

330000－1795－0001961 子0066 子部/天文曆算類/曆法之屬

**新刻增補時憲臺曆袖裏璇機星命須知一卷附星命萬年曆一卷** 民國石印本 一册

330000－1795－0001962 子0067 子部/天文曆算類/曆法之屬

**新刻增補時憲臺曆袖裏璇機星命須知一卷附星命萬年曆一卷** 民國二十三年(1934)天利書局石印本 一册

330000－1795－0001963 子0065 子部/天文曆算類/曆法之屬

**新鐫增補時憲臺曆袖裏璇璣星命須知一卷欽定萬年書一卷** 民國石印本 一册

330000－1795－0001964 子0064 子部/天文曆算類/曆法之屬

**新鐫增補時憲臺曆袖裏璇璣星命須知一卷欽定萬年書一卷** 民國四年(1915)上海共和書局石印本 一册

330000－1795－0001966 類書0081 類叢部/類書類/專類之屬

**佩文韻府一百六卷索隱一卷** (清)張玉書等輯 **韻府拾遺一百六卷** (清)汪灝等輯 民國上海掃葉山房石印本 六十册

330000－1795－0001972 子0019 子部/術數類/相宅相墓之屬

**地理索隱四卷** (元)釋無着撰 民國抄本 一册

330000－1795－0001984 子0058 新學/圖學/畫學

**翎毛集一卷** 張書旗撰 民國鉛印本 一册

330000－1795－0001987 子0008 子部/術數類/相宅相墓之屬

**地理五訣八卷** (清)趙廷棟撰 民國三年(1914)上海文益書局石印本 一册 存二卷(五至六)

330000－1795－0001988 子0007 子部/術數類/相宅相墓之屬

**地理五訣八卷** (清)趙廷棟撰 民國上海文益書局石印本 一册

330000－1795－0001989 子0006 子部/術數類/相宅相墓之屬

**地理五訣八卷** (清)趙廷棟撰 民國上海錦章圖書局石印本 四册

330000－1795－0001990 子0005 子部/術數類/相宅相墓之屬

**增圖地理大全二十三種** (清)鄒廷猷編輯 民國上海江左書林石印本 六册 存二種

330000－1795－0001991 0004 子部/術數類/相宅相墓之屬

**增圖地理大全二十三種** (清)鄒廷猷編輯 民國上海校經山房石印本 五册 存二種

330000－1795－0001994 集0098 集部/別集類

**恕醉廬初稿一卷** 張應皓撰 民國二十四年(1935)甬上華陞印局鉛印本 一册

330000－1795－0001995 集0098 集部/別集類

**恕醉廬初稿一卷** 張應皓撰 民國二十四年(1935)甬上華陞印局鉛印本 一册

330000－1795－0002000 集0099 集部/別集類

**恕醉廬初稿二卷** 張應皓撰 民國抄本 二册

330000－1795－0002003 叢0001 類叢部/叢書類/彙編之屬

**四部備要** 中華書局編 民國二十五年(1936)上海中華書局鉛印本(經義考卷二百八十六、二百九十九至三百,東塾讀書記卷十三至十四、十七至二十、二十二至二十五原缺) 二册 存三種

330000－1795－0002005 集0003 集部/別集類/漢魏六朝別集

**陶淵明文集十卷** (晉)陶潛撰 民國十四年

(1925)海左書局石印本　一册　存二卷(一至二)

330000－1795－0002007　集0007　集部/别集類/唐五代别集

**岑嘉州詩七卷**　(唐)岑參撰　民國影印本　一册

330000－1795－0002008　集0008　集部/别集類/唐五代别集

**薛濤詩一卷**　(唐)薛濤撰　民國石印本　一册

330000－1795－0002009　集0009　類叢部/叢書類/彙編之屬

**四部叢刊**　張元濟等編　民國上海商務印書館影印本　一册　存一種

330000－1795－0002010　集0010　集部/别集類/唐五代别集

**韋蘇州集十卷**　(唐)韋應物撰　民國掃葉山房石印本　二册

330000－1795－0002013　集0012　集部/總集類/選集之屬/斷代

**唐四家詩集**　(清)胡鳳丹輯　民國掃葉山房石印本　一册　存一種

330000－1795－0002014　集0013　集部/别集類/唐五代别集

**元次山集十卷拾遺一卷拾遺補一卷**　(唐)元結撰　(清)黄又訂　民國二年(1913)石竹山房石印本　一册　存二卷(一至二)

330000－1795－0002016　集0014　集部/别集類/唐五代别集

**元次山集十二卷**　(唐)元結撰　(清)黄又訂　民國石印本　四册

330000－1795－0002017　集0015　類叢部/叢書類/彙編之屬

**四部叢刊**　張元濟等編　民國上海商務印書館影印本　二册　存一種

330000－1795－0002021　子0014　子部/術數類/相宅相墓之屬

**地理辨正疏五卷首一卷末一卷**　(清)張心言撰　民國上海陶明記書局石印本　一册

330000－1795－0002023　子0086　子部/術數類

**江氏百問日講禪師地理書一卷**　江氏撰　民國石印本　一册

330000－1795－0002026　子0085　子部/術數類/相宅相墓之屬

**選擇求真十卷**　(清)胡暉撰　民國八年(1919)上海廣益書局石印本　一册

330000－1795－0002030　集0016　類叢部/叢書類/彙編之屬

**四部叢刊**　張元濟等編　民國上海商務印書館影印本　一册　存一種

330000－1795－0002031　集0017　集部/别集類/唐五代别集

**吕和叔文集十卷**　(唐)吕溫撰　民國石印本　二册

330000－1795－0002032　子0152　子部/術數類/命書相書之屬

**秘本子平真詮四卷**　(清)沈燡燔撰　民國十二年(1923)上海會文堂石印本　四册

330000－1795－0002041　子0142　子部/術數類/命書相書之屬

**新刊校正增釋合併麻衣先生人相編四卷**　(明)陸位崇編　民國四年(1915)上海千頃堂書局石印本　一册

330000－1795－0002045　子0147　子部/術數類/命書相書之屬

**新刊合併官板音義評註淵海子平五卷**　(宋)徐升編　民國上海天寶書局石印本　二册　存三卷(一、四至五)

330000－1795－0002046　子0149　子部/術數類/命書相書之屬

**新刊合併官板音義評註淵海子平五卷**　(宋)徐升編　民國石印本　二册　存三卷(一、四至五)

330000－1795－0002047　子 0148　子部/術數類/命書相書之屬

**新刊合併官板音義評註淵海子平五卷**　(宋)徐升編　民國上海中原書局石印本　三冊

330000－1795－0002049　子 0145　子部/術數類/命書相書之屬

**袁柳莊先生相法全書三卷首一卷**　(明)袁忠復秘傳　民國石印本　一冊

330000－1795－0002050　子 0143　子部/術數類/命書相書之屬

**袁柳莊先生相法全書三卷首一卷**　(明)袁忠復秘傳　民國石印本　一冊

330000－1795－0002051　集 0007　集部/別集類/唐五代別集

**唐女郎魚玄機詩一卷**　(唐)魚玄機撰　民國石印本　一冊

330000－1795－0002063　集 0166　集部/別集類/明別集

**王文成公全書三十八卷**　(明)王守仁撰　民國二年(1913)上海中華圖書館影印本　十二冊

330000－1795－0002067　集 0027　集部/別集類/唐五代別集

**山曉閣選唐大家柳柳州全集四卷**　(唐)柳宗元撰　(清)孫琮評　民國八年(1919)上海錦章書局石印本　三冊　存三卷(一、三至四)

330000－1795－0002068　集 0028　集部/別集類/唐五代別集

**樊川詩集四卷外集一卷別集一卷**　(清)馮集梧注　民國上海掃葉山房石印本　一冊　存二卷(三至四)

330000－1795－0002078　集 0167　集部/別集類/明別集

**陽明全書三十八卷**　(明)王守仁撰　(明)徐愛等編輯　民國鉛印本　一冊　存三卷(傳習錄一至三)

330000－1795－0002080　集 0168　集部/別集類/明別集

**詳註王陽明全集三十八卷**　(明)王守仁撰　民國二十四年(1935)上海掃葉山房石印本　三冊　存三卷(一至三)

330000－1795－0002087　集 0116　集部/別集類/元別集

**范德機詩集七卷**　(元)范梈撰　民國影印本　二冊

330000－1795－0002095　子 0025　子部/術數類/相宅相墓之屬

**地理大成地理六經註六卷**　(清)葉泰輯　民國石印本　一冊

330000－1795－0002103　集 0074　集部/別集類/宋別集

**六一居士文集五卷外集錄二卷**　(宋)歐陽修撰　民國二年(1913)上海會文堂書局石印本　三冊

330000－1795－0002106　集 0056　集部/別集類/唐五代別集

**駱臨海集十卷附錄一卷**　(唐)駱賓王撰　(清)陳熙晉注　民國二十六年(1937)義烏黃氏鉛印本　四冊

330000－1795－0002108　集 0060　集部/別集類/唐五代別集

**杜工部集二十卷首一卷**　(唐)杜甫撰　民國玉勾草堂石印本　七冊　存十五卷(二至十、十三至十四、十七至二十)

330000－1795－0002109　集 0061　集部/別集類/唐五代別集

**杜工部草堂詩箋四十卷外集一卷**　(唐)杜甫撰　(宋)蔡夢弼會箋　**草堂詩箋傳序碑銘一卷目錄一卷**　(宋)魯訔編　(宋)蔡夢弼會箋　**杜工部草堂詩話二卷**　(宋)蔡夢弼輯　**杜工部草堂詩年譜二卷**　(宋)趙子櫟　(宋)魯訔撰　民國八年(1919)上海文瑞樓據宋麻沙本影印本　十二冊

330000－1795－0002111　集詩 0009　集部/詩文評類/詩評之屬

**詩人玉屑二十卷**　(宋)魏慶之撰　民國三年

(1914)上海掃葉山房石印本　六冊

330000－1795－0002112　集詩 0008　集部/詩文評類/詩評之屬

**詩人玉屑二十卷**　(宋)魏慶之撰　民國六年(1917)上海掃葉山房石印本　六冊

330000－1795－0002113　子 0002　子部/儒家類/儒學之屬/性理

**王陽明先生傳習録集評四卷**　(清)孫奇逢等參評　(清)陶潯霍　梁啓超續評　孫鏘輯校　民國三年(1914)上海新學會社鉛印本　二冊

330000－1795－0002114　子 0003　子部/儒家類/儒學之屬/性理

**王陽明先生傳習録集評四卷**　(清)孫奇逢等參評　(清)陶潯霍　梁啓超續評　孫鏘輯校　民國三年(1914)上海新學會社鉛印本　二冊

330000－1795－0002115　子 0004　子部/儒家類/儒學之屬/性理

**王陽明先生傳習録集評四卷**　(清)孫奇逢等參評　(清)陶潯霍　梁啓超續評　孫鏘輯校　民國三年(1914)上海新學會社鉛印本　二冊

330000－1795－0002121　子 0036　子部/術數類/相宅相墓之屬

**新訂王氏羅經透解二卷首一卷**　(清)王道亨輯　民國五年(1916)上海鑄記書局石印本　二冊

330000－1795－0002122　史 0001　史部/目録類/總録之屬/官修

**欽定四庫全書總目二百卷首一卷**　(清)紀昀等撰　民國石印本　七十四冊

330000－1795－0002123　子 0035　子部/術數類/相宅相墓之屬

**羅經解定四卷附羅經問答一卷**　(清)胡國楨撰　民國四年(1915)上海廣益書局石印本　一冊

330000－1795－0002126　集 0062　集部/別集類/唐五代別集

**唱經堂杜詩解四卷**　(唐)杜甫撰　(清)金人瑞解　民國八年(1919)上海震華書局石印本　四冊

330000－1795－0002127　集 0019　集部/總集類/選集之屬/通代

**歷代詩文評註讀本**　王文濡編　民國上海文明書局鉛印本　二冊　存一種

330000－1795－0002129　集詩 0020　集部/總集類/選集之屬/通代

**歷代詩文評註讀本**　王文濡編　民國上海文明書局鉛印本　二冊　存一種

330000－1795－0002130　集詩 0021　集部/總集類/選集之屬/通代

**歷代詩文評註讀本**　王文濡編　民國上海文明書局鉛印本　二冊　存一種

330000－1795－0002131　子 0049　子部/術數類/陰陽五行之屬

**增廣玉匣記通書二卷**　(清)朱說霖重校　民國石印本　一冊

330000－1795－0002132　集詩 0022　集部/總集類/選集之屬/通代

**歷代詩文評註讀本**　王文濡編　民國上海文明書局鉛印本　二冊　存一種

330000－1795－0002133　集詩 0024　集部/總集類/選集之屬/通代

**歷代詩文評註讀本**　王文濡編　民國上海文明書局鉛印本　二冊　存一種

330000－1795－0002134　子 0048　子部/術數類/陰陽五行之屬

**增廣玉匣記通書二卷**　(清)朱說霖重校　民國上海鍊石齋書局石印本　二冊

330000－1795－0002135　集詩 0038　集部/詩文評類/詩評之屬

**隨園詩話十六卷補遺十卷**　(清)袁枚撰　民國石印本　一冊　存二卷(補遺八至九)

330000－1795－0002137　子 0047　子部/術

數類/陰陽五行之屬

**新鐫許真君玉匣記增補諸家選擇日用通書□□卷** （晉）許遜撰　民國石印本　一冊　存三卷（三至五）

330000－1795－0002138　集詩 0043　子部/儒家類/儒學之屬/禮教

**評註篤素堂雜著四卷** （清）張英撰　王有宗評點　周承煦音注　民國上海鴻章書局石印本　一冊　存二卷（一至二）

330000－1795－0002139　子 0046　子部/儒家類/儒學之屬/性理

**王陽明先生傳習錄集評四卷** （清）孫奇逢等參評　（清）陶潯霍　梁啓超續評　孫鏘輯校　**王文成傳本一卷續補一卷** （清）毛奇齡撰　民國六年（1917）上海新學會社鉛印本　二冊

330000－1795－0002142　子 0132　子部/術數類/相宅相墓之屬

**陽宅三要四卷** （清）趙廷棟撰　民國上海錦章圖書局石印本　二冊

330000－1795－0002143　子 0131　子部/術數類/相宅相墓之屬

**陽宅三要四卷** （清）趙廷棟撰　民國石印本　一冊　存二卷（三至四）

330000－1795－0002144　子 0119　子部/術數類/雜術之屬

**六壬神課金口訣三卷** （清）熊大本校正　（清）周儆弦重訂　民國上海校經山房石印本　三冊

330000－1795－0002145　子 0118　子部/術數類/命書相書之屬

**精選命理約言五卷附錄一卷** （清）陳素庵撰　韋大可選輯　民國二十三年（1934）上海大眾書局石印本　二冊

330000－1795－0002146　子 0112　子部/術數類/占卜之屬

**鐵算盤不分卷** 雲龍道人撰　民國十三年（1924）上海古書保存會鉛印本　一冊

330000－1795－0002147　子 0111　子部/術數類/占卜之屬

**桃花女演隔夜神算不分卷** 民國十三年（1924）上海古書保存會石印本　一冊

330000－1795－0002148　子 0057　子部/藝術類/書畫之屬/畫譜

**花鳥畫譜不分卷** 民國石印本　一冊

330000－1795－0002149　子 0044　子部/術數類/占卜之屬

**擇日通書一卷** 民國抄本　一冊

330000－1795－0002151　子 0115　子部/宗教類/道教之屬

**性命雙修萬神圭旨四卷** 民國上海錦章圖書局石印本　一冊

330000－1795－0002152　子 0114　子部/術數類/命書相書之屬

**增訂命理探原八卷** 袁阜纂述　民國石印本　二冊　存四卷（五至八）

330000－1795－0002156　子 0121　子部/術數類/陰陽五行之屬

**奇門遁甲統宗十二卷** （三國蜀）諸葛亮撰　民國上海校經山房石印本　三冊　存九卷（一至六、十至十二）

330000－1795－0002157　子 0123　子部/術數類

**秘本諸葛神數一卷** （三國蜀）諸葛亮撰　民國七年（1918）石印本　一冊

330000－1795－0002167　子 0085　子部/雜著類/雜說之屬

**春渚紀聞十卷** （宋）何薳撰　民國二十二年（1933）上海商務印書館鉛印本　二冊

330000－1795－0002179　集 0143　集部/別集類/明別集

**王次回疑雨集註四卷** （明）王彥泓撰　（□）句漏後裔釋　民國十五年（1926）上海文明書局石印本　四冊

330000－1795－0002183　叢 0009　類叢部/

叢書類/彙編之屬

**冒氏叢書**　冒廣生編　民國二十五年(1936)上海商務印書館鉛印本　三冊　存一種

330000－1795－0002188　集 0227　集部/別集類/清別集

**曾文正公家書十卷家訓二卷**　(清)曾國藩撰　**大事記四卷榮哀錄一卷**　(清)王定安編　民國鉛印本　三冊　存三卷(家書四至五、七)

330000－1795－0002189　集 0229　集部/別集類/清別集

**曾文正公家書十卷家訓二卷**　(清)曾國藩撰　**大事記四卷榮哀錄一卷**　(清)王定安編　民國鉛印本　二冊　存二卷(家訓一至二)

330000－1795－0002191　集 0211　子部/雜著類/雜說之屬

**曾國藩日記不分卷**　(清)王啓源編　民國石印本　一冊

330000－1795－0002192　史 0219　史部/政書類/律令之屬/判牘

**新編評注曾國藩判牘菁華一卷**　(清)曾國藩撰　平襟亞編　秋痕廔主評　民國上海東亞書局鉛印本　一冊

330000－1795－0002193　集 0217　類叢部/叢書類/自著之屬

**詳註曾文正公八種**　(清)曾國藩撰　章琢其編註　民國十四年(1925)上海會文堂書局石印本　一冊　存一種

330000－1795－0002196　傳記 0221　集部/別集類/清別集

**曾文正公家書十卷家訓二卷**　(清)曾國藩撰　**大事記四卷榮哀錄一卷**　(清)王定安編　民國鉛印本　二冊　存四卷(大事記一至四)

330000－1795－0002197　集 0220　集部/別集類/清別集

**音注曾滌生文三卷**　(清)曾國藩撰　(清)王益吾選本　王楚香音注　民國十三年(1924)上海文明書局石印本　二冊

330000－1795－0002198　集 0213　類叢部/叢書類/自著之屬

**詳註曾文正公八種**　(清)曾國藩撰　章琢其編註　民國十八年(1929)上海會文堂書局石印本　二冊　存一種

330000－1795－0002199　集 0214　類叢部/叢書類/自著之屬

**分類廣註曾文正公五種八卷**　(清)曾國藩撰　民國上海世界書局石印本　一冊　存一卷(家書三)

330000－1795－0002204　集 0308　集部/別集類

**樊山集七言艷詩鈔十卷**　樊增祥撰　民國六年(1917)上海廣益書局鉛印本　四冊

330000－1795－0002205　集 0307　集部/別集類

**樊山集外八卷**　樊增祥撰　民國三年(1914)上海廣益書局石印本　四冊　存五卷(一、四、六至八)

330000－1795－0002206　集 0306　集部/別集類

**樊樊山尺牘一卷**　樊增祥撰　民國十五年(1926)上海文明書局石印本　一冊

330000－1795－0002210　子 0172　子部/術數類/命書相書之屬

**三命通會十二卷**　(明)萬民英撰　民國十五年(1926)上海中原書局石印本　三冊

330000－1795－0002211　子 0173　子部/術數類/命書相書之屬

**三命通會十二卷**　(明)萬民英撰　民國十五年(1926)上海中原書局石印本　七冊　存七卷(一、五至六、八至十一)

330000－1795－0002212　子 0174　子部/術數類/命書相書之屬

**增補星平會海命學全書十卷首一卷**　(清)水中龍編集　民國十三年(1924)上海萃英書局石印本　三冊　存五卷(首、一、六至七、十)

330000－1795－0002213　子 0175　子部/術

數類/命書相書之屬

**增補星平會海命學全書十卷首一卷** (清)水中龍編集 民國四年(1915)汕頭鼎新書局石印本 二冊

330000－1795－0002214 子0176 子部/術數類/相宅相墓之屬

**地理書不分卷** 民國石印本 一冊

330000－1795－0002219 子0164 子部/雜著類

**三三歸一一卷附了三得一經一卷聞法述記一卷** 民國明善書局石印本 一冊

330000－1795－0002220 子0165 子部/宗教類/道教之屬

**三聖經靈驗圖註不分卷附朱柏廬先生治家格言一卷** 民國七年(1918)上海天寶書局石印本 一冊

330000－1795－0002223 子0170 子部/術數類/占卜之屬

**風雨現象圖說一卷** 民國十六年(1927)王繼礽抄本 一冊

330000－1795－0002224 子0169 子部/術數類/相宅相墓之屬

**唐田村運永記一卷** 唐能問撰 民國二十六年(1937)抄本 一冊

330000－1795－0002233 叢0011 類叢部/叢書類/郡邑之屬

**四明叢書一百六十七種** 張壽鏞編 民國四明張氏約園刻本(安晚堂詩集卷一至五原缺) 二冊 存一種

330000－1795－0002235 集0158 集部/別集類/明別集

**遜志齋集三十卷拾遺十卷續拾遺一卷附錄一卷** (明)方孝孺撰 民國十七年(1928)寧海胡氏味善居刻本 十五冊 缺七卷(十六至十八、二十五至二十六、二十九至三十)

330000－1795－0002237 集0157 集部/別集類/明別集

**遜志齋集三十卷拾遺十卷續拾遺一卷附錄一卷** (明)方孝孺撰 民國十七年(1928)寧海胡氏味善居刻本 十八冊

330000－1795－0002238 集0159 集部/別集類/明別集

**遜志齋集三十卷拾遺十卷續拾遺一卷附錄一卷** (明)方孝孺撰 民國刻本 二冊 存四卷(遜志齋集二至五)

330000－1795－0002241 集詩0015 集部/詩文評類/文評之屬

**文心雕龍十卷** (南朝梁)劉勰撰 (清)黃叔琳注 (清)紀昀評 民國十五年(1926)中華書局石印本 二冊 存五卷(一至二、八至十)

330000－1795－0002243 子0100 子部/儒家類/儒學之屬/禮教/家訓

**家庭講話三卷** (清)陸起鯤撰 民國十三年(1924)上海新學會社鉛印本 一冊

330000－1795－0002244 子0261 集部/詩文評類/文法之屬

**日用必備交際大觀十卷** 周德芳編 民國十四年(1925)上海錦章書局石印本 一冊

330000－1795－0002245 子0260 集部/詩文評類/文法之屬/函牘格式

**交際大全九章** 世界書局編輯所編輯 民國二十一年(1932)上海世界書局石印本 一冊

330000－1795－0002246 子0011 集部/詩文評類/文法之屬

**新增應酬彙選五卷** (清)陸九如纂輯 民國上海啟新書局石印本 三冊 存四卷(一、三至五)

330000－1795－0002247 子0010 集部/詩文評類/文法之屬

**新增應酬彙選五卷** (清)陸九如纂輯 民國上海啟新書局石印本 六冊

330000－1795－0002249 子0255 集部/詩文評類/文法之屬

**訂正增廣酬世寶笈不分卷** 民國十三年(1924)寧波汲綆齋石印本 一冊

330000－1795－0002253　集0027　集部/總集類/選集之屬/通代

**歷代詩文評註讀本**　王文濡編　民國上海文明書局鉛印本　四册　存一種

330000－1795－0002254　集0052　集部/詩文評類/文法之屬/函牘格式

**言文對照普通新尺牘十八卷附錄一卷**　世界書局編輯所編輯　民國上海世界書局石印本　一册　存一卷（十三）

330000－1795－0002256　集詩0019　集部/詩文評類/文評之屬

**文心雕龍注十卷**　（南朝梁）劉勰撰　范文瀾注　民國三十六年（1947）上海開明書店鉛印本　七册

330000－1795－0002258　集詩0035　集部/詩文評類/詩評之屬

**靜志居詩話二十四卷**　（清）朱彝尊撰　（清）姚祖恩輯　民國二年（1913）上海文瑞樓石印本　十册

330000－1795－0002259　子0274　子部/醫家類/養生之屬

**養生保命錄一卷**　民國八年（1919）石印本　一册

330000－1795－0002260　集0046　集部/别集類/唐五代别集

**重刊五百家註音辯昌黎先生文集四十卷**　（唐）韓愈撰　民國上海文瑞樓石印本　十二册

330000－1795－0002261　集0043　集部/别集類/唐五代别集

**昌黎先生集四十卷外集十卷遺文一卷**　（唐）韓愈撰　（唐）李漢編　民國石印本　一册　存六卷（二十一至二十六）

330000－1795－0002262　子0087　子部/雜著類/雜纂之屬

**壽世叢鈔不分卷**　隨喜氏編　民國石印本　一册

330000－1795－0002263　集0042　集部/别集類/唐五代别集

**昌黎先生集四十卷外集十卷遺文一卷**　（唐）韓愈撰　（唐）李漢編　**韓集點勘四卷**　（清）陳景雲撰　民國石印本　七册　缺十卷（昌黎先生集一至十）

330000－1795－0002264　子0014　子部/雜著類/雜説之屬

**六研齋筆記四卷二筆四卷三筆四卷**　（明）李日華撰　民國上海有正書局影印本（筆記卷三至四、二筆卷一至二原缺）　五册　缺一卷（筆記一）

330000－1795－0002268　史0226　史部/政書類/律令之屬/法驗

**重刊補註洗冤錄集證五卷**　（宋）宋慈撰　（清）王又槐增輯　（清）李觀瀾補輯　（清）孫光烈參閲　（清）阮其新補註　（清）王又梧校訂　（清）張錫蕃重訂　民國十年（1921）上海文瑞樓石印本　一册

330000－1795－0002270　子0012　類叢部/類書類/專類之屬

**格言叢輯二十集**　郁慕俠等輯　民國上海格言叢輯社鉛印本　二十册

330000－1795－0002271　子0011　子部/儒家類/儒學之屬/俗訓

**格言彙編不分卷**　民國十二年（1923）上海國光書局石印本　一册

330000－1795－0002272　子0233　集部/詩文評類/文法之屬/雜著

**酬世文辭不分卷**　劉再蘇編輯　民國十七年（1928）世界書局鉛印本　八册

330000－1795－0002275　集詩0023　集部/總集類/選集之屬/通代

**歷代詩文評註讀本**　王文濡編　民國上海文明書局鉛印本　一册　存一種

330000－1795－0002276　集詩0037　集部/詩文評類/詩評之屬

**歷代詩話二十七種五十七卷考索一卷**　（清）何文煥輯　民國石印本　三册　缺十一卷

(詩品一至三、詩式、二十四詩品、全唐詩話一至六)

330000－1795－0002283　集0064　集部/別集類

**杜詩錢注二十卷**　(清)錢謙益撰　民國二十四年(1935)上海世界書局鉛印本　一册

330000－1795－0002289　子0111　子部/雜著類/雜説之屬

**老學庵筆記二卷**　(宋)陸游撰　民國六年(1917)上海掃葉山房石印本　二册

330000－1795－0002290　集0108　集部/別集類/宋別集

**箋注劍南詩鈔六卷**　(宋)陸游撰　(清)楊大鶴選　(清)許貞幹校　雷瑨註釋　民國三年(1914)上海掃葉山房石印本　六册

330000－1795－0002291　集0100　集部/別集類/宋別集

**白石道人歌曲四卷別集一卷**　(宋)姜夔撰　**詩詞評論一卷補遺一卷逸事一卷補遺一卷**　民國掃葉山房石印本　一册　存三卷(歌曲一至三)

330000－1795－0002296　子0130　子部/雜著類/雜説之屬

**菜根譚前集一卷後集一卷**　(明)洪應明撰　民國鉛印本　一册

330000－1795－0002304　子0253　子部/雜著類

**應酬彙編□□卷**　民國寧波鈞和印刷所鉛印本　一册　存一卷(五)

330000－1795－0002307　叢0026　類叢部/叢書類/彙編之屬

**涵芬樓祕笈五十一種**　孫毓修等輯　民國五年至十五年(1916－1926)上海商務印書館影印本暨鉛印本　一册　存一種

330000－1795－0002311　集0052　集部/別集類/唐五代別集

**王右丞集四卷**　(唐)王維撰　民國掃葉山房石印本　一册

330000－1795－0002312　子0222　集部/詩文評類/文法之屬/函牘格式

**書契程式全編不分卷**　周蓮第撰　民國七年(1918)上海然藜閣書局石印本　一册

330000－1795－0002314　子0231　集部/詩文評類/文法之屬

**訂正增廣酬世寶笈不分卷**　民國二十三年(1934)朱彬記書局石印本　一册

330000－1795－0002315　集0050　集部/別集類/唐別集

**增評韓昌黎文集四卷**　(清)陳仁錫評選　民國石印本　一册　存二卷(三至四)

330000－1795－0002324　史0214　史部/傳記類/總傳之屬/忠孝

**男女百孝圖全傳四卷**　(清)俞葆真編輯　(清)何雲梯繪　民國九年(1920)上海碧梧山莊石印本　一册　存目錄

330000－1795－0002326　子0003　子部/雜著類/雜説之屬

**淮南鴻烈集解二十一卷**　(漢)劉安撰　(漢)高誘注　民國四年(1915)上海掃葉山房石印本　四册

330000－1795－0002330　子0034　子部/雜著類/雜考之屬

**古書疑義舉例七卷**　(清)俞樾撰　民國上海古書流通處影印本　一册　存二卷(六至七)

330000－1795－0002331　子0035　類叢部/叢書類/彙編之屬

**仰視千七百二十九鶴齋叢書四十種**　(清)趙之謙編　民國十八年(1929)紹興墨潤堂書苑據清光緒會稽趙氏刻本影印本　一册　存一種

330000－1795－0002339　子0050　集部/詩文評類/詩評之屬

**詳註詩法指南六卷**　顧亭鑑纂輯　民國五年(1916)詩學齋影印本　二册　存四卷(一至四)

330000－1795－0002342　子0066　史部/政

書類/邦計之屬/荒政

**救荒輯要初編十二卷** 上海書業正心團輯 民國十一年(1922)上海尚古山房石印本 一册

330000－1795－0002344 子0175 子部/雜家類

**吕覽提要一卷** 民國抄本 一册

330000－1795－0002347 子0037 子部/雜著類/雜說之屬

**嬰寧什箸** 陳訓正撰 民國十八年(1929)鉛印本 一册 存一種

330000－1795－0002350 新學0001 新學/商務/商學

**原富八卷** (英國)斯密亞丹原本 嚴復翻譯 民國南洋公學譯書院石印本 七册 缺一卷(甲上)

330000－1795－0002359 集0028 集部/别集類/清别集

**新體廣註言文對照分類秋水軒尺牘四卷** (清)許思湄撰 民國二十八年(1939)上海新文化書社石印本 一册 存二卷(三至四)

330000－1795－0002360 集0027 集部/别集類/清别集

**新體廣註秋水軒尺牘二卷** (清)許思湄撰 陸翔註 民國十七年(1928)上海世界書局石印本 一册 存一卷(下)

330000－1795－0002361 集0269 集部/别集類/清别集

**新體廣註秋水軒尺牘二卷** (清)許思湄撰 陸翔註 民國十四年(1925)上海世界書局石印本 二册

330000－1795－0002362 集0268 集部/别集類/清别集

**新體廣註秋水軒尺牘二卷** (清)許思湄撰 陸翔註 民國十四年(1925)上海世界書局石印本 二册

330000－1795－0002363 集0267 集部/别集類/清别集

**增廣詳註言文對照秋水軒尺牘二卷** (清)許思湄撰 吴駿公譯 民國二十年(1931)中西書店石印本 二册

330000－1795－0002364 集0252 集部/别集類/清别集

**小倉山房尺牘十八卷** (清)袁枚撰 民國二十四年(1935)上海大衆書局影印本 一册 缺九卷(一至九)

330000－1795－0002365 集0253 集部/别集類/清别集

**小倉山房尺牘十卷** (清)袁枚撰 民國二十五年(1936)上海新文化書社影印本 一册

330000－1795－0002367 集0254 集部/别集類/清别集

**音註小倉山房尺牘八卷** (清)袁枚撰 (清)胡光斗箋釋 民國上海章福記書局石印本 四册

330000－1795－0002368 集0255 集部/别集類/清别集

**新體廣註小倉山房尺牘八卷** (清)袁枚撰 (清)胡光斗箋釋 (清)徐楨增註 民國十四年(1925)上海世界書局石印本 四册

330000－1795－0002369 集詩0019 集部/詩文評類/詩評之屬

**隨園詩話十六卷** (清)袁枚撰 民國十六年(1927)上海會文堂書局石印本 九册 存十五卷(一至四、六至十六)

330000－1795－0002371 集詩0003 集部/詩文評類/詩評之屬

**隨園詩話十六卷** (清)袁枚撰 民國七年(1918)上海文明書局石印本 二册 存八卷(一至八)

330000－1795－0002372 集0264 集部/别集類/清别集

**增註秋水軒尺牘二卷** (清)許思湄撰 民國上海鴻寶齋書局石印本 一册 存一卷(下)

330000－1795－0002373 集0265 集部/别集類/清别集

**秋水軒尺牘四卷**　(清)許思湄撰　民國元年(1912)印刷社會石印本　二冊

330000－1795－0002374　集0263　集部/別集類/清別集
**增註秋水軒尺牘四卷**　(清)許思湄撰　(清)婁世瑞注　(清)寄虹軒主人輯　民國上海錦章圖書局石印本　一冊　存二卷(三至四)

330000－1795－0002375　集0262　集部/別集類/清別集
**增註秋水軒尺牘四卷**　(清)許思湄撰　(清)婁世瑞注　(清)寄虹軒主人輯　民國上海錦章圖書局石印本　二冊

330000－1795－0002376　集0259　集部/別集類/清別集
**增註秋水軒尺牘二卷**　(清)許思湄撰　民國二十一年(1932)大東書局石印本　一冊　存一卷(下)

330000－1795－0002380　叢0317　類叢部/叢書類/自著之屬
**惜抱軒全集七種**　(清)姚鼐撰　民國三年(1914)上海會文堂書局石印本　八冊　存四種

330000－1795－0002381　叢0316　類叢部/叢書類/自著之屬
**惜抱軒全集七種**　(清)姚鼐撰　民國三年(1914)上海會文堂書局石印本　七冊　存三種

330000－1795－0002382　叢0315　類叢部/叢書類/自著之屬
**惜抱軒全集七種**　(清)姚鼐撰　民國上海會文堂書局石印本　二冊　存一種

330000－1795－0002385　集0155　集部/別集類/明別集
**震川先生集三十卷別集十卷附錄一卷補編一卷**　(明)歸有光撰　民國石印本　八冊　存三十五卷(四至十二、十六至三十,別集一至十,附錄)

330000－1795－0002391　集0233　集部/別集類/清別集
**隨園詠物詩鈔二卷**　(清)袁枚撰　民國石印本　二冊

330000－1795－0002395　集0276　集部/別集類/清別集
**管註合刻雪鴻軒尺牘二卷**　(清)龔萼撰　(清)王嵩慶　(清)戴寶林校　(清)管斯駿重訂　民國三年(1914)上海會文堂書局石印本　一冊

330000－1795－0002396　集0275　集部/別集類/清別集
**管註合刻雪鴻軒尺牘二卷**　(清)龔萼撰　(清)王嵩慶　(清)戴寶林校　(清)管斯駿重訂　民國上海錦章書局石印本　一冊　存一卷(二)

330000－1795－0002397　集0277　集部/別集類/清別集
**新體廣註雪鴻軒尺牘二卷**　(清)龔萼撰　朱詩隱　徐慎幾註　民國十四年(1925)上海世界書局石印本　二冊

330000－1795－0002402　史0301　史部/政書類/律令之屬/判牘
**樊山判牘續編四卷**　樊增祥撰　民國大同書局石印本　一冊　存一卷(三)

330000－1795－0002405　集詩0007　集部/詩文評類/詩評之屬
**隨園詩話十六卷補遺十卷**　(清)袁枚撰　民國三年(1914)上海章福記書局石印本　二冊　存十二卷(一至五、十至十六)

330000－1795－0002406　集詩0004　集部/詩文評類/詩評之屬
**隨園詩話十六卷補遺十卷**　(清)袁枚撰　民國三年(1914)上海鴻寶齋書局石印本　四冊　缺六卷(補遺五至十)

330000－1795－0002407　集詩0027　集部/詩文評類/詩評之屬
**隨園詩話十六卷補遺十卷**　(清)袁枚撰　謝璿箋註　民國二十年(1931)上海會文堂書局

石印本　十冊

330000－1795－0002408　集0249　集部/別集類/清別集

**小倉山房詩集三十七卷補遺二卷文集三十五卷外集八卷**　(清)袁枚撰　民國二年(1913)上海中華圖書館鉛印本　六冊　存三十二卷(一至二十七、三十一至三十五)

330000－1795－0002409　集0212　集部/別集類/清別集

**曾文正公家書十四卷家訓二卷**　(清)曾國藩撰　民國十五年(1926)中原書局石印本　八冊

330000－1795－0002410　子0204　子部/儒家類/儒學之屬/禮教/鑑戒

**分類詳註曾文正公治家全書六種二十卷**　廣益書局輯　民國二十一年(1932)上海廣益書局石印本　十二冊

330000－1795－0002411　叢0209　類叢部/叢書類/自著之屬

**曾文正公四種**　(清)曾國藩撰　民國石印本　一冊

330000－1795－0002417　集0426　集部/別集類/清別集

**賀先生文集四卷**　(清)賀濤撰　徐世昌編　民國三年(1914)徐世昌京師刻本　四冊

330000－1795－0002418　子0275　子部/醫家類/養生之屬

**養生保命錄一卷**　民國二十三年(1934)石印本　一冊

330000－1795－0002419　子0101　子部/儒家類/儒學之屬/禮教/家訓

**家庭講話三卷**　(清)陸起鯤撰　民國十三年(1924)上海新學會社鉛印本　一冊

330000－1795－0002420　子0360　新學/學校

**和文漢讀法不分卷**　民國鉛印本　一冊

330000－1795－0002422　集0579　集部/別集類

**善詩草不分卷**　民國抄本　一冊

330000－1795－0002427　集0590　集部/別集類

**秋扇集二卷**　釋蘊光撰　民國二十五年(1936)一笑廬鉛印本　一冊

330000－1795－0002429　集0596　集部/別集類

**和欽詩稿十六卷**　虞銘新撰　民國蒔熏精舍鉛印本　一冊　存三卷(十至十二)

330000－1795－0002430　集0597　集部/總集類/酬唱之屬

**徐虞于喁集三卷**　徐翻　虞和欽撰　民國十六年(1927)鉛印本　一冊

330000－1795－0002431　子0573　子部/宗教類/佛教之屬

**印光法師文鈔四卷首一卷**　釋聖量撰　民國鉛印本　一冊　缺二卷(三至四)

330000－1795－0002432　集0573　子部/宗教類/佛教之屬/諸宗

**印光法師文鈔續編二卷**　釋聖量撰　民國二十九年(1940)國光印書局鉛印本　二冊

330000－1795－0002433　集0572　子部/宗教類/佛教之屬/諸宗

**中興淨宗印光大師行業記不分卷**　釋真達等述　民國二十九年(1940)鉛印本　一冊

330000－1795－0002439　集0612　集部/別集類/清別集

**紫竹山房遺稿一卷**　(清)朱承勳撰　(清)朱文治重錄　民國二十二年(1933)上海中華書局鉛印本　一冊

330000－1795－0002440　集0613　集部/別集類

**世載堂詩待刪稿二卷**　劉成禺撰　民國三十四年(1945)京華印書館鉛印本　一冊

330000－1795－0002442　集0615　集部/別集類

**安寋齋叢殘稿四卷**　英華撰　張秀林輯　民國六年(1917)張秀林鉛印本　一册

330000－1795－0002443　集 0616　集部/別集類

**九一子三卷**　民國鉛印本　一册

330000－1795－0002445　集 0618　集部/別集類/清別集

**霓仙遺稿一卷**　(清)葉同春撰　民國十一年(1922)石印本　一册

330000－1795－0002446　集 0619　集部/別集類/清別集

**霓仙遺稿一卷**　(清)葉同春撰　民國十一年(1922)石印本　一册

330000－1795－0002447　集 0620　集部/別集類

**寒莊文編二卷外編一卷**　虞輝祖撰　民國十年(1921)、十二年(1923)上海聚珍倣宋印書局鉛印本　一册

330000－1795－0002458　叢 0502　類叢部/叢書類/自著之屬

**崇雅堂叢書十四種**　楊晨撰　民國二十五年(1936)楊紹翰鉛印本　二册　存二種

330000－1795－0002461　集 0506　集部/別集類/清別集

**錢牧齋先生尺牘三卷**　(清)錢謙益撰　民國三年(1914)商務印書館鉛印本　一册　存一卷(三)

330000－1795－0002462　集 0508　集部/別集類/清別集

**錢牧齋文鈔不分卷**　(清)錢謙益撰　民國三年(1914)國學扶輪社鉛印本　三册

330000－1795－0002465　集 0671　集部/別集類

**涵負樓詩卷八卷**　曾克耑撰　民國二十五年(1936)上海鉛印本　一册

330000－1795－0002470　集 0673　集部/別集類

**涵碧齋詩鈔不分卷**　楊鑑波撰　民國四年(1915)石印本　一册

330000－1795－0002472　集 0672　集部/別集類

**病榻集不分卷**　畸園老人撰　民國二年(1913)石印本　一册

330000－1795－0002474　集 0683　集部/別集類/清別集

**非菴雜著不分卷**　(清)吳莊撰　(清)汪價評　民國石印本　一册

330000－1795－0002475　集 0682　集部/別集類/清別集

**呂晚村先生文集八卷附錄一卷**　(清)呂留良撰　民國十八年(1929)陽湖錢振鍠木活字印本　一册　存二卷(七至八)

330000－1795－0002476　集 0684　集部/別集類

**太白山房詩存一卷**　周利川撰　民國抄本　一册

330000－1795－0002481　子 0072　子部/天文曆算類/曆法之屬

**中華民國十一年繼成堂洪潮和通書不分卷**　民國十年(1921)福建泉州繼成堂刻本　一册

330000－1795－0002482　子 0073　子部/天文曆算類/曆法之屬

**中華民國十二年歲次癸亥通書**　民國十一年(1922)敬時堂刻本　一册

330000－1795－0002486　子 0385　子部/雜著類

**民眾快覽不分卷**　上海曆法研究社編輯　民國二十年(1931)上海曆法研究社鉛印本　一册

330000－1795－0002489　子 0384　子部/雜著類/雜纂之屬

**日用要覽不分卷**　民國石印本　一册

330000－1795－0002490　子 0383　子部/天文曆算類/曆法之屬

**民國十三年陰陽合曆通書不分卷**　民國石印本　一冊

330000－1795－0002492　子 0380　子部/雜著類/雜説之屬
**淮南鴻烈集解二十一卷**　(漢)劉安撰　(漢)高誘注　劉文典集解　**淮南天文訓補注一卷**　(清)錢塘撰　民國十五年(1926)上海商務印書館鉛印本　六冊

330000－1795－0002505　子 0033　子部/天文曆算類/算書之屬
**精校增圖珠算課本不分卷**　雲樵居士撰　民國石印本　一冊

330000－1795－0002508　集 0771　集部/別集類/宋別集
**王臨川全集二十四卷**　(宋)王安石撰　民國十二年(1923)上海掃葉山房石印本　十二冊

330000－1795－0002509　集 0410　子部/小説家類/雜事之屬
**庸閒齋筆記十二卷**　(清)陳其元撰　民國六年(1917)上海掃葉山房石印本　四冊

330000－1795－0002513　集 0627　集部/別集類/清別集
**譚復生文鈔二卷**　(清)譚嗣同撰　民國二年(1913)國學扶輪社石印本　一冊

330000－1795－0002514　集 0648　集部/別集類
**青珍館詩集一卷**　馮全琪撰　民國七年(1918)鉛印本　一冊

330000－1795－0002515　集 0647　集部/別集類/清別集
**柿影樓詩稿不分卷**　(清)顧錫汾撰　民國石印本　一冊

330000－1795－0002516　集 0649　集部/別集類
**北溟詩藁二卷補遺一卷**　江起鯤撰　民國二十二年(1933)寧波鈞和公司鉛印本　一冊

330000－1795－0002517　子 0661　子部/宗教類/其他宗教之屬/基督教
**主制羣徵二卷附贈言一卷**　(德國)湯若望撰　民國八年(1919)鉛印本　一冊

330000－1795－0002518　史 0639　史部/史評類/詠史之屬
**清宮詞一卷**　吳士鑑撰　民國鉛印本　一冊

330000－1795－0002521　集 0642　集部/別集類
**端夷閣近三年詩詞一卷**　魏友枋撰　民國二十三年(1934)菜緣社鉛印本　一冊

330000－1795－0002522　集 0643　集部/別集類
**菊隱軒詩草二卷補遺一卷**　(清)張桝悳撰　民國二十四年(1935)石印本　一冊

330000－1795－0002523　集 0644　集部/別集類
**睫巢詩鈔一卷**　陳康瑞撰　民國十三年(1924)鉛印本　一冊

330000－1795－0002525　集 0708　子部/雜著類/雜説之屬
**香祖筆記十二卷**　(清)王士禛撰　民國九年(1920)上海掃葉山房石印本　三冊　存九卷(一至三、七至十二)

330000－1795－0002528　集 0633　集部/別集類
**猛悔樓詩五卷補遺一卷**　王世鼐撰　民國三十三年(1944)鉛印本　一冊

330000－1795－0002529　集 0634　集部/別集類
**陶簃詩存初輯一卷**　陶元鏞撰　民國二十年(1931)鉛印本　一冊

330000－1795－0002531　集 0638　集部/別集類
**寒柯堂詩四卷**　余紹宋撰　民國三十五年(1946)浙江文化印刷公司鉛印本　一冊

330000－1795－0002532　集 0599　集部/詩文評類/詩評之屬

**詩學津梁二卷**　(清)張清平撰　民國五年(1916)保定印書館石印本　一册

330000－1795－0002534　集0562　集部/别集類
**飲冰室文集十六卷補遺二卷**　梁啓超撰　民國鉛印本　十八册

330000－1795－0002535　集0563　集部/别集類
**飲冰室文集十六卷補遺二卷**　梁啓超撰　民國鉛印本　十八册

330000－1795－0002536　集0564　集部/别集類
**飲冰室文集十六卷補遺二卷**　梁啓超撰　民國鉛印本　六册　存六卷(二、八、十至十一、十五,補遺一)

330000－1795－0002538　集0567　集部/總集類/選集之屬/斷代
**當代八家文鈔**　胡君復輯　民國十六年(1927)中國圖書公司和記鉛印本　二册　存一種

330000－1795－0002539　子0021　子部/天文曆算類/算書之屬
**代數備旨詳草一卷附新代數一卷**　民國鉛印本　二册

330000－1795－0002540　子0010　子部/天文曆算類/算書之屬
**代數通藝録十六卷**　(清)方愷撰　民國石印本　三册　存十二卷(五至十六)

330000－1795－0002547　新學0016　新學/算學/數學
**筆算數學三卷**　(美國)狄考文撰　(清)邵立文譯　民國鉛印本　一册　存一卷(二)

330000－1795－0002549　集0604　集部/别集類
**鑑塘全集六卷**　陳佐廷撰　民國十二年(1923)華星電版印務局石印本　一册

330000－1795－0002550　新學0020　新學/算學/數學
**代數備旨不分卷**　(美國)狄考文選譯　民國鉛印本　五册

330000－1795－0002552　新學0014　新學/算學/數學
**筆算數學三卷二十四章**　(美國)狄考文撰　民國鉛印本　一册　存九章(十至十八)

330000－1795－0002554　集0600　集部/詩文評類/詩評之屬
**詩學不分卷**　黄節編　民國八年(1919)北京大學出版部鉛印本　一册

330000－1795－0002561　集0635　集部/别集類
**沃洲散人漫吟二卷**　俞濬鑑撰　民國十九年(1930)鉛印本　二册

330000－1795－0002568　集0404　集部/别集類/清别集
**寄漚文鈔二卷詩鈔四卷詞一卷**　(清)劉繼增撰　民國十一年(1922)無錫縣圖書館鉛印本　三册

330000－1795－0002571　集詩0401　集部/詩文評類/詩評之屬
**然脂餘韻六卷**　王藴章輯　民國八年(1919)上海商務印書館鉛印本　二册　存四卷(一至二、五至六)

330000－1795－0002572　集0519　集部/别集類
**秋垞詩賸一卷**　王玄冰選　**言志草一卷**　趙志熙撰　民國三十七年(1948)鉛印本　一册

330000－1795－0002573　集0518　集部/别集類/清别集
**香草箋偶註二卷**　(清)黄任撰　民國石印本　一册　存一卷(一)

330000－1795－0002574　集0517　集部/别集類/清别集
**壯悔堂文集十卷**　(清)侯方域撰　(清)賈開宗等評點　民國上海掃葉山房石印本　一册　存三卷(六至八)

330000－1795－0002575　集 0516　集部/詞類/别集之屬
**並蒂雙昷詞不分卷**　劉匯清撰　民國石印本　一册

330000－1795－0002576　子 0531　子部/儒家類/儒學之屬
**古今格言四卷**　江畬經編纂　民國上海商務印書館鉛印本　一册　存一卷(三)

330000－1795－0002578　叢 0537　類叢部/叢書類/自著之屬
**譚瀏陽全集六種附續編一卷**　(清)譚嗣同撰　民國十四年(1925)上海文明書局鉛印本　六册

330000－1795－0002579　集 0558　集部/總集類/選集之屬/斷代
**當代八家文鈔**　胡君復輯　民國上海商務印書館鉛印本　三册　存一種

330000－1795－0002580　集 0557　新學/議論/論政
**不忍雜誌彙編初集六卷二集六卷**　康有為撰　民國三年(1914)上海書局石印本　六册　存六卷(二集一至六)

330000－1795－0002595　集 0456　集部/别集類/清别集
**浮碧山館駢文二卷**　(清)馮可鏞撰　民國六年(1917)寧波鈞和公司鉛印本　一册

330000－1795－0002596　集 0456－1　集部/别集類/清别集
**浮碧山館駢文二卷**　(清)馮可鏞撰　民國六年(1917)寧波鈞和公司鉛印本　一册

330000－1795－0002599　叢 0002　類叢部/叢書類/彙編之屬
**四部備要**　中華書局編　民國二十五年(1936)上海中華書局鉛印本(經義考卷二百八十六、二百九十九至三百,東塾讀書記卷十三至十四、十七至二十、二十二至二十五原缺)　二千四百八十二册

330000－1795－0002604　叢 0250　類叢部/叢書類/自著之屬
**隨園全集三十八種**　(清)袁枚撰　民國七年(1918)上海文明書局石印本　六十册　存三十種

330000－1795－0002605　叢 0203　類叢部/叢書類/自著之屬
**詳註曾文正公全集十六種附四種**　(清)曾國藩撰　(清)李瀚章編輯　雷瑨　倪錫恩註　民國二十一年(1932)上海掃葉山房石印本　二十四册　存十三種

330000－1795－0002623　子 0055　子部/醫家類/本草之屬/本草藥性
**增補本草備要八卷**　(清)汪昂著輯　民國石印本　一册　存一卷(一)

330000－1795－0002624　子 0054　子部/醫家類/本草之屬/歷代綜合本草
**本草備要圖說一卷**　(清)汪昂撰　民國鉛印本　一册

330000－1795－0002627　子 0115　子部/醫家類/綜合之屬/通論
**嵩崖尊生書一卷**　(清)景日昣撰　民國十四年(1925)抄本　一册

330000－1795－0002629　子 0111　子部/醫家類/診法之屬/脈經脈訣
**詳明診脈必讀一卷**　民國抄本　一册

330000－1795－0002642　集 0151　集部/總集類/題詠之屬
**松聲琴韻集不分卷**　方濟川輯　民國三十八年(1949)鉛印本　一册

330000－1795－0002644　集 0151－17　集部/總集類/題詠之屬
**松聲琴韻集不分卷**　方濟川輯　民國三十八年(1949)鉛印本　一册

330000－1795－0002645　集 0151－16　集部/總集類/題詠之屬
**松聲琴韻集不分卷**　方濟川輯　民國三十八年(1949)鉛印本　一册

330000－1795－0002646　集0151－15　集部/總集類/題詠之屬

**松聲琴韻集不分卷**　方濟川輯　民國三十八年(1949)鉛印本　一冊

330000－1795－0002647　集0151－14　集部/總集類/題詠之屬

**松聲琴韻集不分卷**　方濟川輯　民國三十八年(1949)鉛印本　一冊

330000－1795－0002648　集0151－13　集部/總集類/題詠之屬

**松聲琴韻集不分卷**　方濟川輯　民國三十八年(1949)鉛印本　一冊

330000－1795－0002649　集0151－12　集部/總集類/題詠之屬

**松聲琴韻集不分卷**　方濟川輯　民國三十八年(1949)鉛印本　一冊

330000－1795－0002650　集0151－11　集部/總集類/題詠之屬

**松聲琴韻集不分卷**　方濟川輯　民國三十八年(1949)鉛印本　一冊

330000－1795－0002651　集0151－10　集部/總集類/題詠之屬

**松聲琴韻集不分卷**　方濟川輯　民國三十八年(1949)鉛印本　一冊

330000－1795－0002652　集0151－9　集部/總集類/題詠之屬

**松聲琴韻集不分卷**　方濟川輯　民國三十八年(1949)鉛印本　一冊

330000－1795－0002653　集0151－7　集部/總集類/題詠之屬

**松聲琴韻集不分卷**　方濟川輯　民國三十八年(1949)鉛印本　一冊

330000－1795－0002654　集0151－8　集部/總集類/題詠之屬

**松聲琴韻集不分卷**　方濟川輯　民國三十八年(1949)鉛印本　一冊

330000－1795－0002655　集0151－6　集部/總集類/題詠之屬

**松聲琴韻集不分卷**　方濟川輯　民國三十八年(1949)鉛印本　一冊

330000－1795－0002656　集0151－5　集部/總集類/題詠之屬

**松聲琴韻集不分卷**　方濟川輯　民國三十八年(1949)鉛印本　一冊

330000－1795－0002657　集0151－4　集部/總集類/題詠之屬

**松聲琴韻集不分卷**　方濟川輯　民國三十八年(1949)鉛印本　一冊

330000－1795－0002658　集0151－1　集部/總集類/題詠之屬

**松聲琴韻集不分卷**　方濟川輯　民國三十八年(1949)鉛印本　一冊

330000－1795－0002659　集0151－3　集部/總集類/題詠之屬

**松聲琴韻集不分卷**　方濟川輯　民國三十八年(1949)鉛印本　一冊

330000－1795－0002660　集0151－2　集部/總集類/題詠之屬

**松聲琴韻集不分卷**　方濟川輯　民國三十八年(1949)鉛印本　一冊

330000－1795－0002664　集0785　集部/別集類

**嚴幾道文鈔五卷詩鈔一卷**　嚴復撰　蔣貞金輯　貢少芹編　**吳摯甫先生致嚴幾道書一卷**　(清)吳汝綸撰　民國十一年(1922)上海國華書局鉛印本　六冊

330000－1795－0002665　集0151－22　集部/總集類/題詠之屬

**松聲琴韻集不分卷**　方濟川輯　民國三十八年(1949)鉛印本　一冊

330000－1795－0002666　集0151－21　集部/總集類/題詠之屬

**松聲琴韻集不分卷**　方濟川輯　民國三十八年(1949)鉛印本　一冊

330000－1795－0002667　集 0151－20　集部/總集類/題詠之屬

**松聲琴韻集不分卷**　方濟川輯　民國三十八年(1949)鉛印本　一冊

330000－1795－0002668　集 0151－18　集部/總集類/題詠之屬

**松聲琴韻集不分卷**　方濟川輯　民國三十八年(1949)鉛印本　一冊

330000－1795－0002669　集 0151－19　集部/總集類/題詠之屬

**松聲琴韻集不分卷**　方濟川輯　民國三十八年(1949)鉛印本　一冊

330000－1795－0002671　集 0782　集部/總集類/彙編之屬

**章譚合鈔二種**　章炳麟　(清)譚嗣同撰　民國上海國學扶輪社鉛印本　四冊　存一種

330000－1795－0002673　子 0781　類叢部/叢書類/自著之屬

**章氏叢書十三種**　章炳麟撰　民國石印本　一冊　存一種

330000－1795－0002678　子 0072　子部/醫家類/綜合之屬/通論

**張氏醫通十六卷**　(清)張璐纂述　民國石印本　三冊　存六卷(五至六、九至十二)

330000－1795－0002687　子 0070　子部/醫家類/本草之屬/本草雜著

**本草不分卷**　民國抄本　一冊

330000－1795－0002691　子 0029　子部/醫家類/綜合之屬/通論

**御纂醫宗金鑑九十卷首一卷**　(清)吳謙等撰　民國石印本　一冊　存七卷(編輯外科心法要訣十至十六)

330000－1795－0002694　子 0025　子部/醫家類/綜合之屬/通論

**醫宗金鑑九十卷首一卷**　(清)吳謙等撰　民國上海廣益書局石印本　一冊　存五卷(五十九至六十三)

330000－1795－0002695　子 0024　子部/醫家類/綜合之屬/通論

**御纂醫宗金鑑九十卷首一卷**　(清)吳謙等撰　民國九年(1920)廣雅書局石印本　一冊　存十六卷(編輯外科心法要訣一至十六)

330000－1795－0002697　子 0013　子部/醫家類/綜合之屬/通論

**古吳童氏重校醫宗必讀十卷**　(清)李中梓撰　民國上海蔣春記書局石印本　三冊　存六卷(一至四、七至八)

330000－1795－0002698　子 0011　子部/醫家類/綜合之屬/通論

**古吳童氏重校醫宗必讀十卷**　(清)李中梓撰　民國上海翔文書局石印本　五冊

330000－1795－0002699　子 0496　子部/醫家類/方書之屬/歷代方書

**孫真人備急千金要方三十卷**　(唐)孫思邈撰　(清)張璐衍義　民國石印本　一冊　存二卷(十七至十八)

330000－1795－0002700　子 0007　子部/醫家類/方書之屬/歷代方書

**千金翼方三十卷**　(唐)孫思邈撰　民國五年(1916)上海鴻寶齋石印本　六冊

330000－1795－0002711　史 0554　史部/政書類/公牘檔冊之屬

**黎副總統書牘二卷二集二卷三集二卷**　黎元洪撰　民國三年(1914)上海廣益書局鉛印本　二冊　存二卷(黎副總統書牘一至二)

330000－1795－0002712　子 0542　子部/儒家類/儒學之屬/禮教

**評註篤素堂雜著四卷**　(清)張英撰　王有宗評點　周承煦音注　民國十八年(1929)上海鴻章書局石印本　一冊　存二卷(三至四)

330000－1795－0002713　集 0543　集部/詞類/别集之屬

**雙樹居詞二卷**　楊鐵夫撰　民國鉛印本　一冊

330000－1795－0002714　集 0549　集部/别

集類

**葑里賸稿四卷**　張原煒撰　民國三十四年(1945)張氏鉛印本　一册

330000－1795－0002715　集0546　集部/詩文評類/詩評之屬

**越縵堂詩話三卷**　(清)李慈銘撰　蔣瑞藻編　民國十五年(1926)上海商務印書館鉛印本　二册

330000－1795－0002716　集0547　子部/雜著類/雜纂之屬

**鐙窗叢錄五卷補遺一卷**　(清)吳翌鳳撰　民國影印本　二册

330000－1795－0002718　子0366　子部/醫家類/方書之屬/單方驗方

**增評醫方集解二十三卷增補本草備要八卷重校舊本湯頭歌訣一卷**　(清)汪昂著輯　民國三年(1914)上海共和書局石印本　一册　存三卷(醫方集解一至三)

330000－1795－0002719　子0082　子部/醫家類/方書之屬/單方驗方

**增評醫方集解二十三卷增補本草備要八卷重校舊本湯頭歌訣一卷**　(清)汪昂著輯　民國三年(1914)上海共和書局石印本　七册　缺一卷(舊本湯頭歌訣)

330000－1795－0002722　子0081　子部/醫家類/方書之屬/單方驗方

**醫方湯頭歌訣一卷續編一卷**　(清)汪昂撰　(清)秦之濟重訂　(清)嚴雲增輯　民國千頃堂石印本　一册

330000－1795－0002723　子0078　子部/醫家類/方書之屬/單方驗方

**醫方湯頭歌訣一卷**　(清)汪昂撰　民國石印本　一册

330000－1795－0002724　子0077　子部/醫家類/方書之屬/單方驗方

**重校舊本湯頭歌訣一卷**　(清)汪昂撰　民國三年(1914)上海共和書局石印本　一册

330000－1795－0002727　子0074　子部/醫家類/本草之屬/本草藥性

**雷公炮製藥性解六卷**　(清)李中梓輯　**珍珠囊指掌補遺藥性賦四卷**　(金)李杲輯　民國共和書局石印本　一册　存六卷(藥性解一至六)

330000－1795－0002730　子0072　子部/醫家類/本草之屬/本草藥性

**珍珠囊指掌補遺藥性賦四卷**　(金)李杲輯　**雷公炮製藥性解六卷**　(清)李中梓輯　民國二十七年(1938)上海廣益書局鉛印本　一册　存四卷(藥性賦一至四)

330000－1795－0002733　子0068　子部/醫家類/本草之屬/本草藥性

**珍珠囊指掌補遺藥性賦四卷**　(金)李杲輯　**雷公炮製藥性解六卷**　(清)李中梓輯　民國上海廣益書局石印本　四册

330000－1795－0002734　子0062　子部/醫家類/本草之屬/本草藥性

**雷公炮製藥性解六卷**　(清)李中梓輯　**珍珠囊指掌補遺藥性賦四卷**　(金)李杲輯　民國共和書局石印本　二册

330000－1795－0002746　叢0465　類叢部/叢書類/郡邑之屬

**四明叢書一百六十七種**　張壽鏞編　民國四明張氏約園刻本(安晚堂詩集卷一至五原缺)　十三册　存二種

330000－1795－0002748　子0071　子部/醫家類/本草之屬/本草藥性

**珍珠囊指掌補遺藥性賦四卷**　(金)李杲輯　民國石印本　一册

330000－1795－0002754　子0031　子部/醫家類/綜合之屬/通論

**御纂醫宗金鑑九十卷首一卷**　(清)吳謙等撰　民國石印本　一册　存七卷(編輯外科心法要訣一至七)

330000－1795－0002760　集0332　集部/別集類/清別集

**俞曲園尺牘一卷**　(清)俞樾撰　民國十五年

(1926)石印本　一册

330000－1795－0002762　集0331　集部/别集類/清别集

**俞曲園書札一卷**　(清)俞樾撰　民國鉛印本　一册

330000－1795－0002763　集0329　集部/别集類/清别集

**春在堂尺牘六卷**　(清)俞樾撰　民國元年(1912)上海文瑞樓石印本　二册

330000－1795－0002764　子0090　子部/醫家類/綜合之屬/通論

**辨證奇聞十卷**　(清)錢松撰　民國十年(1921)元昌印書館石印本　六册

330000－1795－0002765　集0328　集部/别集類/清别集

**春在堂尺牘六卷**　(清)俞樾撰　民國元年(1912)上海文瑞樓石印本　一册　存三卷(一至三)

330000－1795－0002767　集0327　集部/别集類/清别集

**春在堂隨筆十卷小浮梅閒話一卷**　(清)俞樾撰　民國元年(1912)國華書局石印本　二册

330000－1795－0002768　集0325　集部/别集類/清别集

**鄭板橋全集七卷**　(清)鄭燮撰　民國十三年(1924)上海會文堂書局影印本　四册

330000－1795－0002769　集0161　集部/别集類/清别集

**鄭板橋家書一卷**　(清)鄭燮撰　襟霞閣主編　民國二十四年(1935)上海中央書店鉛印本　一册

330000－1795－0002770　子0087　子部/醫家類/醫話醫論之屬

**醫門法律六卷尚論篇四卷首一卷後篇四卷寓意草一卷**　(清)喻昌撰　**局方發揮一卷**　(元)朱震亨撰　民國上海進步書局石印本　二册

330000－1795－0002771　子0088　子部/醫家類/醫話醫論之屬

**醫門法律六卷**　(清)喻昌撰　民國上海章福記石印本　一册　存二卷(一至二)

330000－1795－0002773　集0323　集部/别集類/清别集

**新式標點板橋集一卷**　(清)鄭燮撰　民國影印本　一册

330000－1795－0002783　子0334　子部/小説家類/異聞之屬

**右台仙館筆記十六卷**　(清)俞樾撰　民國元年(1912)上海朝記書莊石印本　八册

330000－1795－0002786　子0094　子部/醫家類/綜合之屬/雜著

**論血瘕一卷**　(清)□□撰　民國抄本　一册

330000－1795－0002788　集0350　集部/别集類/清别集

**容甫先生遺詩五卷補遺一卷附録一卷**　(清)汪中撰　民國三年(1914)上海有正書局石印本　一册

330000－1795－0002790　集0351　集部/别集類/清别集

**述學内篇三卷外篇一卷補遺一卷别録一卷附録一卷**　(清)汪中撰　(清)汪喜孫編　民國上海千頃堂書局據清嘉慶二十年(1815)刻本影印本　二册

330000－1795－0002795　子0043　子部/醫家類/本草之屬/歷代綜合本草

**本草從新十八卷**　(清)吳儀洛輯　民國上海進步書局石印本　一册

330000－1795－0002796　子0040　子部/醫家類/本草之屬/歷代綜合本草

**本草綱目拾遺十卷首一卷**　(清)趙學敏輯　民國石印本　一册

330000－1795－0002801　子0039　子部/醫家類/本草之屬/歷代綜合本草

**本草綱目拾遺十卷首一卷**　(清)趙學敏輯　民國石印本　一册　存五卷(六至十)

330000－1795－0002803　集 0357　集部/别集類/清别集

**南豐劉先生文集四卷補遺一卷**　(清)劉孚京撰　民國十四年(1925)袁思亮鉛印本　四册

330000－1795－0002806　集 0446　集部/别集類

**學製齋駢文二卷**　李詳撰　民國四年(1915)江寧蔣國榜鉛印本　一册

330000－1795－0002807　子 0035　子部/醫家類/本草之屬/歷代綜合本草

**本草綱目五十二卷圖三卷**　(明)李時珍撰　**本草萬方鍼線八卷**　(清)蔡烈先輯　**本草綱目拾遺十卷**　(清)趙學敏輯　民國十八年(1929)上海商務印書館石印本　二十册

330000－1795－0002809　集 0358　集部/别集類

**王壬秋尺牘一卷**　王闓運撰　民國上海文明書局石印本　一册

330000－1795－0002817　子 0386　子部/醫家類/溫病之屬

**時病論八卷附論一卷**　(清)雷豐撰　民國二十五年(1936)上海大東書局鉛印本　四册

330000－1795－0002820　集 0363　集部/别集類

**天嬰室叢稿第一輯九卷**　陳訓正撰　民國十四年(1925)鉛印本　四册

330000－1795－0002821　子 0345　子部/醫家類/綜合之屬/通論

**醫學常識不分卷**　武嶺初級農業職業學校編　民國二十四年(1935)油印本　一册

330000－1795－0002822　集 0362　集部/别集類

**天嬰室叢稿第二輯十卷**　陳訓正撰　民國二十年(1931)鉛印本　二册

330000－1795－0002824　集 0361　集部/别集類

**天嬰室叢稿第一輯九卷第二輯十卷**　陳訓正撰　民國十四年(1925)、二十年(1931)鉛印本　六册

330000－1795－0002826　集 0658　集部/别集類

**墨庵駢文甲集一卷補一卷**　宋慈裒撰　民國十年(1921)瑞安刻本　一册

330000－1795－0002828　集 0656　子部/雜著類

**林屋山民惜字偶言一卷**　民國七年(1918)石印本　一册

330000－1795－0002830　集 0654　集部/别集類

**葑里賸稿四卷**　張原煒撰　民國三十四年(1945)張氏鉛印本　一册

330000－1795－0002831　集 0653　集部/别集類

**海漚集二卷**　張汝釗撰　民國二十三年(1934)四明印局鉛印本　一册

330000－1795－0002832　集 0652　集部/别集類

**畏廬續集一卷**　林紓撰　民國五年(1916)上海商務印書館鉛印本　一册

330000－1795－0002835　集 0682　集部/别集類

**養復園詩集不分卷**　程潛撰　民國三十一年(1942)渝州刻本　一册

330000－1795－0002836　集 0669　集部/别集類

**漪香山館文集不分卷**　吳曾祺撰　民國四年(1915)上海商務印書館鉛印本　一册

330000－1795－0002837　集 0444　集部/别集類

**適可居詩集五卷鳳山牧笛譜二卷**　胡善曾撰　民國五年(1916)鉛印本　一册

330000－1795－0002846　集 0480　集部/别集類/清别集

**鈍吟集三卷**　(清)馮班撰　**馮舍人遺詩六卷**　(清)馮廷櫆撰　民國十二年(1923)上海掃

葉山房石印本　四册

330000－1795－0002848　叢 0447　類叢部/叢書類/家集之屬

**天蘇閣叢刊十五種**　徐新六輯　民國三年(1914)、十二年(1923)杭縣徐氏鉛印本　六册　存十種

330000－1795－0002850　子 0430　子部/宗教類/其他宗教之屬/基督教

**不得已二卷**　(清)楊光先撰　民國十八年(1929)中社據清抄本影印本　二册

330000－1795－0002851　集 0432　集部/别集類/清别集

**補讀室詩稿十卷**　(清)朱蘭撰　民國二十二年(1933)中華書局鉛印本　二册

330000－1795－0002852　集 0434　集部/别集類

**晚緑居詩藁四卷首一卷詩餘一卷**　周茂榕撰　方積鈺　江五民編次　民國五年(1916)寧波鈞和公司鉛印本　二册

330000－1795－0002853　集 0436　集部/别集類

**晚緑居詩藁四卷首一卷詩餘一卷**　周茂榕撰　方積鈺　江五民編次　民國五年(1916)寧波鈞和公司鉛印本　一册　存三卷(首、一至二)

330000－1795－0002866　子 0435　新學/醫學

**病理學講義不分卷**　民國石印本　一册

330000－1795－0002867　集 0118　集部/總集類/選集之屬/通代

**續古文辭類纂三十四卷**　王先謙輯　民國二年(1913)商務印書館影印本　四册

330000－1795－0002868　子 0339　子部/醫家類/醫理之屬

**醫理淺説一卷**　劉崇勛撰　民國元年(1912)鉛印本　一册

330000－1795－0002869　集 0119　集部/總集類/選集之屬/通代

**續古文辭類纂三十四卷**　王先謙輯　民國商務印書館影印本　二册　存十三卷(一至七、十八至二十三)

330000－1795－0002870　集 0121　集部/總集類/選集之屬/通代

**續古文辭類纂三十四卷**　王先謙輯　民國石印本　二册　存六卷(五至十)

330000－1795－0002877　集 0127　集部/總集類/選集之屬/通代

**古文觀止十二卷**　(清)吴乘權　(清)吴大職輯　民國三年(1914)上海鴻寶齋石印本　六册

330000－1795－0002878　集 0130　集部/總集類/選集之屬/通代

**古文觀止十二卷**　(清)吴乘權　(清)吴大職輯　民國七年(1918)上海天寶局石印本　二册

330000－1795－0002879　子 0499　子部/醫家類

**南坡居士歐陽輯瑞評註二卷**　(明)夢覺道人撰　民國二十一年(1932)錦章圖書局鉛印本　一册　存一卷(上)

330000－1795－0002881　子 0394　子部/醫家類/方書之屬

**時方摘要不分卷**　民國抄本　一册

330000－1795－0002882　子 0392　子部/醫家類/溫病之屬/瘟疫

**六因條辨三卷**　民國抄本　一册　存一卷(下)

330000－1795－0002883　子 0517　子部/醫家類/外科之屬

**外科全書不分卷**　民國抄本　一册

330000－1795－0002884　子 0528　子部/醫家類/外科之屬/通論

**外科正宗十二卷**　(明)陳實功撰　(清)徐大椿評　民國石印本　一册

330000－1795－0002885　集 0111　集部/總集類/選集之屬/通代
**名家圈點箋註批評古文辭類纂七十四卷**　(清)姚鼐纂　徐斯異等編輯　民國十三年(1924)上海廣益書局石印本　八冊　存四十四卷(十五至十九、三十一至四十二、四十八至七十四)

330000－1795－0002888　子 0377　子部/醫家類/外科之屬
**外科雜治不分卷**　民國抄本　一冊

330000－1795－0002889　子 0378　子部/醫家類/外科之屬/外科方
**馬培之先生批評外科症治全生集四卷**　(清)王維德撰　(清)潘士先編次　民國三年(1914)上海鑄記書局石印本　一冊

330000－1795－0002890　集 0170　集部/總集類/尺牘之屬
**歷代名人書札註釋四卷**　許國英撰　民國十七年(1928)上海商務印書館鉛印本　四冊

330000－1795－0002891　子 0395　子部/醫家類/內科之屬
**肝胃病門不分卷**　民國抄本　一冊

330000－1795－0002892　集 0172　集部/總集類/尺牘之屬
**名賢手札八卷**　(清)郭慶藩輯　民國十四年(1925)上海掃葉山房石印本　四冊

330000－1795－0002893　子 0396　子部/醫家類/內科之屬
**痰飲咳嗽哮喘病門不分卷**　民國抄本　一冊

330000－1795－0002894　子 0380　子部/醫家類/外科之屬/癰疽、疔瘡
**癰疽要訣不分卷**　民國抄本　一冊

330000－1795－0002897　集 0169　集部/總集類/尺牘之屬
**影印名人手札真蹟大全十二種**　劉再蘇搜集　民國影印本　五冊　存十一種

330000－1795－0002899　子 0197　子部/醫家類/婦科之屬/通論
**新編女科指掌五卷**　(清)葉其蓁編輯　民國石印本　一冊

330000－1795－0002901　集 0166　集部/總集類/尺牘之屬
**近代十大家尺牘**　文明書局編　民國十五年(1926)上海文明書局石印本　一冊　存二種

330000－1795－0002905　子 0166　子部/醫家類/傷寒金匱之屬/金匱要略
**漢張仲景先生金匱要略廣註三卷**　(漢)張仲景撰　民國抄本　二冊　存二卷(二至三)

330000－1795－0002906　集 0161　集部/總集類/尺牘之屬
**古今尺牘大觀上編不分卷**　姚漢章　張相纂輯　民國上海中華書局鉛印本　一冊　存一冊(八)

330000－1795－0002908　集 0159　史部/政書類/公牘檔冊之屬
**南北惡感新文牘四卷**　鐸鏑餘生撰　民國二年(1913)醒智書社石印本　四冊

330000－1795－0002909　集 0155　集部/總集類/選集之屬/通代
**言文對照古文觀止十二卷**　(清)吳乘權　(清)吳大職輯　廣益書局編譯　民國十四年(1925)上海廣益書局石印本　十二冊

330000－1795－0002914　集 0020　集部/總集類/氏族之屬
**三蘇文集四十四卷**　(清)邵希雍輯　民國石印本　五冊　存二十六卷(欒城文集八至二十、東坡文集四至八、嘉祐集九至十六)

330000－1795－0002915　集 0761　集部/別集類/唐五代別集
**李太白文集三十卷**　(唐)李白撰　民國二年(1913)上海文瑞樓石印本　四冊

330000－1795－0002920　集 0048　集部/總集類
**正心集不分卷**　董賢化編輯　民國十五年(1926)上海謝文益善書部石印本　一冊

330000－1795－0002928　集0103　集部/總集類/選集之屬/通代

**古文辭類纂八卷**　(清)姚鼐撰　**續古文辭類纂四卷**　王先謙撰　民國十一年(1922)上海掃葉山房石印本　十二册

330000－1795－0002942　子0155　子部/醫家類/綜合之屬/雜著

**醫學三字經四卷**　(清)陳念祖撰　(清)龍萬育訂　民國鴻文書局石印本　一册

330000－1795－0002945　集0115　集部/總集類/選集之屬/通代

**新古文辭類纂六十卷首一卷**　蔣瑞藻纂集　民國十一年(1922)上海中華書局石印本　二十四册

330000－1795－0002946　子0159　子部/醫家類/方書之屬/單方驗方

**長沙方歌括六卷首一卷**　(清)陳念祖撰　(清)陳蔚注　民國石印本　一册

330000－1795－0002947　集0114　集部/總集類/選集之屬/通代

**新古文辭類纂六十卷首一卷**　蔣瑞藻纂集　民國石印本　四册　存十卷(四十至四十九)

330000－1795－0002948　子0160　子部/醫家類/方書之屬/單方驗方

**長沙方歌括六卷首一卷**　(清)陳念祖撰　(清)陳蔚注　民國石印本　一册

330000－1795－0002950　子0161　子部/醫家類/方書之屬/單方驗方

**長沙方歌括六卷首一卷**　(清)陳念祖撰　(清)陳蔚注　民國南雅堂石印本　三册　存四卷(首、一至三)

330000－1795－0002951　集0762　集部/別集類/唐五代別集

**李太白文集三十卷**　(唐)李白撰　民國十二年(1923)中原書局影印本　八册

330000－1795－0002954　集0768　集部/別集類/漢魏六朝別集

**諸葛忠武侯文集六卷首一卷故事五卷**　(三國蜀)諸葛亮撰　(清)張澍輯　民國四年(1915)刻本　六册

330000－1795－0002956　叢0339　類叢部/叢書類/自著之屬

**巢經巢全集十八種**　(清)鄭珍撰　民國二十九年(1940)貴州省政府鉛印並據清刻板彙印本　四十册

330000－1795－0002965　子0153　子部/醫家類/類編之屬

**大字精校陳脩園醫書全集□□種**　(清)陳念祖撰　民國五年(1916)石印本　七册　存二十一種

330000－1795－0002967　子0208　子部/醫家類/婦科之屬/產科

**達生編摘要一卷**　(清)亟齋居士撰　民國九年(1920)汲綆齋石印本　一册

330000－1795－0002968　子0209　子部/醫家類/婦科之屬/產科

**達生編摘要一卷**　(清)亟齋居士撰　民國九年(1920)汲綆齋石印本　一册

330000－1795－0002970　子0211　子部/醫家類/婦科之屬/產科

**丹溪先生胎產秘書三卷**　(元)朱震亨撰　民國手抄本　一册

330000－1795－0002971　子0212　子部/醫家類/婦科之屬/產科

**胎產秘方一卷**　民國抄本　一册

330000－1795－0002976　子0401　子部/醫家類/方書之屬

**醫方不分卷**　民國抄本　一册

330000－1795－0002977　集0087　集部/總集類/選集之屬/通代

**古文析義初編六卷二編八卷**　(清)林雲銘評註　民國石印本　一册　存一卷(五)

330000－1795－0002984　子0405　子部/醫家類/方書之屬/成方藥目

**錢存濟堂丸散膏丹四卷續集一卷補遺一卷**

丁甘仁等纂　民國刻本　一册　存三卷（小兒門、外科門、眼科門）

330000－1795－0002985　子 0336　子部/醫家類

**壽世編三卷**　民國十年（1921）三德堂刻本　一册

330000－1795－0002986　子 0524　子部/醫家類

**醫書不分卷**　民國抄本　一册

330000－1795－0002988　子 0438　子部/醫家類/綜合之屬/通論

**醫醇賸義四卷**　（清）費伯雄撰　民國六年（1917）上海萃英書局石印本　一册

330000－1795－0002990　子 0398　子部/醫家類

**溫氏經驗良方一卷**　溫悅堂撰　民國二十二年（1933）鉛印本　一册

330000－1795－0002991　子 0521　子部/醫家類/方書之屬

**治病藥方一卷**　民國抄本　一册

330000－1795－0002994　子 0369　子部/醫家類/綜合之屬/通論

**訂正東醫寶鑑雜病篇十一卷附鍼灸篇一卷**　（清）陽平君撰　民國上海校經山房石印本　五册　存九卷（一至八、鍼灸篇）

330000－1795－0002995　子 0451　子部/醫家類/針灸之屬/針法灸法

**竇太師針灸賦不分卷**　民國抄本　一册

330000－1795－0002996　子 0453　子部/醫家類/針灸之屬/通論

**鍼灸大成十二卷**　（明）楊繼洲撰　民國石印本　一册　存三卷（一至三）

330000－1795－0002997　子 0452　子部/醫家類/針灸之屬/通論

**鍼灸大成十二卷**　（明）楊繼洲撰　民國石印本　六册

330000－1795－0002998　集 0038　集部/總集類/選集之屬/斷代

**國學叢選十八集**　高燮等編　民國國學商兑會鉛印本　一册　存二集（一至二）

330000－1795－0002999　集 0039　集部/總集類/酬唱之屬

**舒庱壽讌集二卷**　朱忞輯　民國二十一年（1932）鉛印本　一册

330000－1795－0003000　子 0502　子部/醫家類/醫案之屬

**名醫類案十二卷**　（明）江瓘集　民國石印本　二册　存四卷（三至六）

330000－1795－0003001　集 0001　集部/楚辭類

**百大家評點王注楚辭十七卷**　（漢）王逸章句　（宋）洪興祖補注　（清）俞樾輯評　民國六年（1917）上海中華圖書館石印本　五册

330000－1795－0003006　子 0419　子部/醫家類/方書之屬/單方驗方

**驗方類編不分卷**　趙文通輯　民國趙翰香居石印本　一册

330000－1795－0003008　集 0044　集部/總集類/選集之屬/通代

**詳註經史百家雜鈔二十六卷**　（清）曾國藩纂　民國二十二年（1933）上海掃葉山房石印本　十册　缺四卷（十四至十七）

330000－1795－0003012　集 0004　集部/楚辭類

**楚辭集注八卷首一卷**　（宋）朱熹撰　民國元年（1912）湖北官書局刻本　二册

330000－1795－0003015　子 0269　子部/醫家類/外科之屬/外科方

**瘍醫大全四十卷**　（清）顧世澄纂輯　民國十年（1921）鑄記書局石印本　十四册　存三十六卷（一至二十一、二十六至四十）

330000－1795－0003017　子 0522　子部/醫家類/方書之屬/歷代方書

**集驗良方不分卷**　民國抄本　一册

330000－1795－0003019　子 0390　子部/醫家類/方書之屬/單方驗方

**便易經驗良方集不分卷**　民國手抄本　二冊

330000－1795－0003021　子 0494　子部/醫家類/方書之屬/單方驗方

**重訂驗方新編十八卷**　(清)鮑相璈等輯　民國三年(1914)錦章圖書局石印本　一冊　存三卷(一至三)

330000－1795－0003023　子 0520　子部/醫家類/方書之屬/單方驗方

**驗方新編十八卷**　(清)鮑相璈編輯　(清)張紹棠增輯　民國石印本　一冊　存二卷(九至十)

330000－1795－0003025　子 0493　子部/醫家類/方書之屬/單方驗方

**驗方新編十八卷**　(清)鮑相璈編輯　民國石印本　一冊　存二卷(十一至十二)

330000－1795－0003026　子 0523　子部/醫家類/方書之屬/單方驗方

**驗方不分卷**　民國抄本　一冊

330000－1795－0003028　子 0389　子部/醫家類

**驗方秘錄不分卷**　民國抄本　一冊

330000－1795－0003029　子 0364　子部/醫家類/方書之屬/單方驗方

**重訂驗方新編十八卷**　(清)鮑相璈等輯　民國石印本　二冊　存七卷(四至十)

330000－1795－0003031　子 0270　子部/醫家類/外科之屬/外科方

**瘍醫大全四十卷**　(清)顧世澄纂輯　民國石印本　一冊　存三卷(六至八)

330000－1795－0003033　子 0363　子部/醫家類/方書之屬/單方驗方

**校正增廣驗方新編十八卷**　(清)鮑相璈輯　民國石印本　一冊　存七卷(十至十六)

330000－1795－0003038　集 0190　集部/總集類/選集之屬/通代

**名媛詩歸三十六卷**　(明)鍾惺輯　民國勉善堂鉛印本　十二冊

330000－1795－0003039　子 0519　子部/醫家類/方書之屬/成方藥目

**丹丸膏散錄不分卷**　民國手抄本　一冊

330000－1795－0003041　子 0420　子部/醫家類/方書之屬/單方驗方

**備急醫方要旨二卷**　民國十一年(1922)上海宏大善書局石印本　一冊

330000－1795－0003043　子 0506　子部/醫家類/醫案之屬

**王氏醫案續編八卷**　(清)王士雄撰　(清)張鴻輯　民國石印本　一冊　存三卷(一至三)

330000－1795－0003044　子 0375　子部/醫家類/外科之屬/通論

**外證醫案彙編四卷**　(清)余景和輯　民國上海文瑞樓石印本　三冊　存三卷(一、三至四)

330000－1795－0003045　子 0421　子部/醫家類/方書之屬

**施氏膏丸方集錄不分卷**　民國抄本　一冊

330000－1795－0003046　子 0204　子部/醫家類/婦科之屬

**四明宋氏女科不分卷**　民國抄本　一冊

330000－1795－0003047　子 0206　子部/醫家類/類編之屬

**南雅堂醫書全集(陳修園醫書)**　(清)陳念祖等撰　民國上海錦章書局石印本　一冊　存一種

330000－1795－0003049　子 0199　子部/醫家類/婦科之屬

**葉天士女科醫案一卷**　(清)葉桂撰　陸士諤編輯　民國十年(1921)上海廣文書局石印本　一冊

330000－1795－0003052　子 0200　子部/醫家類/内科之屬/其他内科病證

**傅青主男科二卷女科二卷產後編二卷**　(清)

傅山撰　民國石印本　一册　缺二卷(男科一至二)

330000－1795－0003054　子0201　子部/醫家類/内科之屬/其他内科病證
**傅青主男科二卷女科二卷產後編二卷**　(清)傅山撰　民國石印本　一册　存二卷(男科一至二)

330000－1795－0003056　子0202　子部/醫家類/内科之屬/其他内科病證
**傅青主男科二卷女科二卷產後編二卷**　(清)傅山撰　民國十四年(1925)上海鴻文書局石印本　一册　存二卷(男科一至二)

330000－1795－0003058　子0203　子部/醫家類/婦科之屬
**宋氏秘傳女科不分卷**　民國抄本　一册

330000－1795－0003059　子0140　子部/醫家類/傷寒金匱之屬/傷寒論
**傷寒來蘇集六卷**　(清)柯琴撰　民國上海文瑞樓石印本　一册

330000－1795－0003061　集0147　集部/總集類/選集之屬/通代
**增批古文觀止四卷**　(清)吳乘權　(清)吳大職評註　(清)章祖泰增輯　民國寧波鈞和印刷所石印本　一册　存一卷(三)

330000－1795－0003062　子0141　子部/醫家類/傷寒金匱之屬/傷寒論
**傷寒集註六卷本義一卷**　(清)張志聰註　高世栻輯　民國石印本　一册　存一卷(五)

330000－1795－0003063　子0142　子部/醫家類/傷寒金匱之屬/傷寒論
**傷寒集註六卷本義一卷**　(清)張志聰註　高世栻輯　民國石印本　三册　存五卷(二至六)

330000－1795－0003064　集0151　集部/總集類/選集之屬/通代
**新體廣註古文觀止十二卷**　(清)吳乘權　(清)吳大職輯　黃築巖　劉再蘇註釋　民國十七年(1928)上海世界書局石印本　六册

330000－1795－0003065　集0143　集部/總集類/選集之屬/通代
**言文對照古文觀止十二卷**　(清)吳乘權　(清)吳大職輯　廣益書局編譯　民國十四年(1925)上海廣益書局石印本　四册

330000－1795－0003066　子0147　子部/醫家類/類編之屬
**仲景全書五種**　(漢)張機等撰　民國五年(1916)上海千頃堂石印本　一册　存一種

330000－1795－0003068　子0148　子部/醫家類/傷寒金匱之屬/傷寒論
**張仲景傷寒論原文淺註六卷**　(漢)張機撰　(清)陳念祖集註　民國南雅堂石印本　四册

330000－1795－0003070　子0149　子部/醫家類/傷寒金匱之屬/傷寒論
**張仲景傷寒論原文淺註六卷**　(漢)張機撰　(清)陳念祖集註　民國二十五年(1936)上海大文書局石印本　一册

330000－1795－0003071　集0139　集部/總集類/選集之屬/通代
**古文觀止十二卷**　(清)吳乘權　(清)吳大職輯　民國鉛印本　三册　存六卷(一至六)

330000－1795－0003076　集0134　集部/總集類/選集之屬/通代
**增批古文觀止十二卷**　(清)吳乘權　(清)吳大職評註　民國元年(1912)紹興墨潤堂石印本　五册　缺二卷(三至四)

330000－1795－0003077　集0133　集部/總集類/選集之屬/通代
**古文觀止十二卷**　(清)吳乘權　(清)吳大職輯　民國上海鴻寶齋石印本　一册　存五卷(五至九)

330000－1795－0003081　子0193　子部/醫家類/傷寒金匱之屬/傷寒論
**傷寒瘟疫條辯六卷**　(清)楊璿撰　(清)楊鼎編　民國二十二年(1933)上海錦章圖書局石印本　一册

330000－1795－0003083　子0195　子部/醫

家類
**中醫講習所講義不分卷**　民國石印本　一冊

330000－1795－0003084　子 0196　子部/醫家類/婦科之屬/通論
**竹林寺婦科秘方不分卷**　民國抄本　一冊

330000－1795－0003085　子 0198　子部/醫家類/婦科之屬/產科
**葉氏女科證治四卷**　(清)葉桂撰　民國二年(1913)上海文益書局石印本　二冊

330000－1795－0003094　子 0189　子部/醫家類/溫病之屬
**溫病條辨六卷首一卷**　(清)吳瑭撰　民國上海進步書局石印本　一冊

330000－1795－0003096　子 0251　子部/醫家類/喉科口齒之屬/白喉
**洞主仙師白喉治法忌表抉微一卷**　(清)耐修子錄並注　民國石印本　一冊

330000－1795－0003097　子 0252　子部/醫家類/喉科口齒之屬/白喉
**洞主仙師白喉治法忌表抉微一卷**　(清)耐修子錄並注　民國石印本　一冊

330000－1795－0003098　子 0253　子部/醫家類/喉科口齒之屬/白喉
**洞主仙師白喉治法忌表抉微一卷**　(清)耐修子錄並注　民國石印本　一冊

330000－1795－0003099　子 0254　子部/醫家類/喉科口齒之屬/白喉
**白喉全生集一卷**　(清)李紀方輯　民國十九年(1930)石印本　一冊

330000－1795－0003100　子 0255　子部/醫家類/類編之屬
**陳修園醫書全集六十種**　(清)陳念祖等撰　民國八年(1919)石印本　一冊　存二種

330000－1795－0003103　子 0129　子部/醫家類/類編之屬
**世補齋醫書**　(清)陸懋修撰　民國石印本　一冊　存一種

330000－1795－0003105　子 0131　子部/醫家類/綜合之屬/雜著
**筆花醫鏡三卷**　(清)江涵暾撰　民國抄本　二冊

330000－1795－0003117　子 0144　子部/醫家類/傷寒金匱之屬/傷寒論
**傷寒論一卷**　民國抄本　一冊

330000－1795－0003123　子 0257　子部/醫家類/外科之屬/癰疽、疔瘡
**疔瘡緊要秘方二卷**　民國十二年(1923)寧波華陞印局鉛印本暨石印本　二冊

330000－1795－0003126　子 0259　子部/醫家類/外科之屬/癰疽、疔瘡
**疔瘡辨五經看法一卷**　民國抄本　一冊

330000－1795－0003127　子 0260　子部/醫家類/外科之屬/癰疽、疔瘡
**疔瘡摘要一卷**　民國抄本　一冊

330000－1795－0003129　子 0261　子部/醫家類/外科之屬/癰疽、疔瘡
**治疔瘡秘訣一卷**　民國抄本　一冊

330000－1795－0003130　子 0262　子部/醫家類/外科之屬/癰疽、疔瘡
**挑疔瘡總結一卷**　民國抄本　一冊

330000－1795－0003131　子 0512　子部/醫家類/外科之屬/癰疽、疔瘡
**疔瘡人圖一卷**　民國抄本　一冊

330000－1795－0003133　子 0513　子部/醫家類/外科之屬/癰疽、疔瘡
**治疔不分卷**　民國抄本　一冊

330000－1795－0003134　子 0511　子部/醫家類/外科之屬/癰疽、疔瘡
**治疔要書一卷**　民國十六年(1927)上海宏大善書局石印本　一冊

330000－1795－0003136　子 0514　子部/醫家類/外科之屬/癰疽、疔瘡
**治疔瘡總挑決一卷**　民國抄本　一冊

330000－1795－0003137　子 0263　子部/醫

家類/醫案之屬
**臨證指南醫案八卷** (清)葉桂撰 民國八年(1919)上海文益書局石印本 八冊

330000－1795－0003139 子0264 子部/醫家類/醫案之屬
**臨證指南醫案八卷** (清)葉桂撰 民國八年(1919)上海文益書局石印本 四冊

330000－1795－0003147 子0225 子部/醫家類/兒科之屬
**福幼編一卷** (清)莊一夔撰 民國刻本 一冊

330000－1795－0003148 集0083 集部/總集類/選集之屬/通代
**古文筆法百篇二十卷** (清)李扶九編集 民國石印本 一冊 存五卷(十五至十九)

330000－1795－0003150 子0226 子部/醫家類/兒科之屬/通論
**校正補圖幼科三種** 民國上海進步書局石印本 一冊

330000－1795－0003153 子0228 子部/醫家類/兒科之屬/通論
**新纂兒科診斷學八卷** 何廉臣撰述 民國二十五年(1936)上海大東書局鉛印本 二冊

330000－1795－0003155 子0229 子部/醫家類/類編之屬
**六科準繩** (明)王肯堂撰 民國石印本 一冊 存一種

330000－1795－0003157 子0230 子部/醫家類/類編之屬
**六科準繩** (明)王肯堂撰 民國石印本 四冊 存一種

330000－1795－0003161 子0359 子部/醫家類/方書之屬/單方驗方
**重訂驗方新編十八卷** (清)鮑相璈等輯 民國上海鴻寶齋石印本 一冊 存一卷(十一)

330000－1795－0003162 子0265 子部/醫家類/醫案之屬
**薛生白醫案一卷** (清)薛雪撰 陸士諤編輯 民國十二年(1923)上海世界書局石印本 一冊

330000－1795－0003164 子0015 新學/算學/數學
**筆算數學三卷** (美國)狄考文撰 (清)邵立文譯 民國鉛印本 一冊 存一卷(二)

330000－1795－0003165 子0231 子部/醫家類/綜合之屬/通論
**醫宗金鑑不分卷** 民國抄本 二冊

330000－1795－0003166 子0232 子部/醫家類/兒科之屬/通論
**兒科摘要一卷** 民國抄本 一冊

330000－1795－0003168 子0233 子部/醫家類/兒科之屬/通論
**葉天士幼科醫案一卷** (清)葉桂撰 陸士諤編輯 民國二十二年(1933)上海世界書局石印本 一冊

330000－1795－0003170 子0235 子部/醫家類/兒科之屬/通論
**鼎鍥幼幼集成六卷** (清)陳復正輯 民國十四年(1925)上海鴻文書局石印本 一冊

330000－1795－0003175 子0474 子部/醫家類/兒科之屬/通論
**幼科醫學指南四卷** (清)周震撰 民國石印本 一冊 存二卷(三至四)

330000－1795－0003176 子0238 子部/醫家類/針灸之屬/針法灸法
**痧驚合璧四卷** (清)陳汝銈撰 民國石印本 一冊 存一卷(三)

330000－1795－0003177 子0239 子部/醫家類/溫病之屬/痧症
**痧脹玉衡書三卷後卷一卷** (清)郭志邃撰 民國石印本 一冊 存一卷(後卷)

330000－1795－0003182 子0244 子部/醫家類/兒科之屬/痘疹
**瘄略一卷** 民國抄本 一冊

330000－1795－0003183　子 0245　子部/醫家類/兒科之屬/痘疹

**瘄疹要訣一卷**　民國抄本　一冊

330000－1795－0003184　子 0246　子部/醫家類/兒科之屬/痘疹

**瘄科秘要不分卷**　民國抄本　一冊

330000－1795－0003185　子 0247　子部/醫家類/兒科之屬/痘疹

**麻瘄摘要不分卷**　民國油印本　一冊

330000－1795－0003186　子 0248　子部/醫家類/兒科之屬/痘疹

**麻科活人全書四卷**　（清）謝玉瓊輯　民國十年(1921)上海廣益書局石印本　四冊

330000－1795－0003188　子 0218　子部/醫家類/婦科之屬/產科

**胎產秘傳不分卷**　民國抄本　一冊

330000－1795－0003189　子 0219　子部/醫家類/婦科之屬

**仁壽鏡婦科緊要良方四卷**　民國十一年(1922)杏莊氏抄本　一冊

330000－1795－0003191　子 0221　子部/醫家類/婦科之屬

**女科經綸八卷**　（清）蕭壎撰　民國抄本　二冊　存四卷(五至八)

330000－1795－0003192　子 0222　子部/醫家類/婦科之屬

**婦科要錄不分卷**　民國抄本　一冊

330000－1795－0003196　集 0086　集部/總集類/選集之屬/通代

**古文快筆貫通解三卷**　（清）杭永年評解　民國善成堂石印本　三冊

330000－1795－0003197　集 0482　集部/詞類/詞譜之屬

**白香詞譜一卷**　（清）舒夢蘭輯　民國元年(1912)振始堂石印本　二冊

330000－1795－0003198　集 448－1　集部/總集類/酬唱之屬

**人日雅集詩錄一卷任園修褉詩錄一卷渝州錢春詩錄一卷午日雅集詩錄一卷七夕倡和詩錄一卷王園登高詩錄一卷**　許昌威等撰　民國三十三年(1944)鉛印本　一冊

330000－1795－0003199　集 0448　集部/總集類/酬唱之屬

**人日雅集詩錄一卷任園修褉詩錄一卷渝州錢春詩錄一卷午日雅集詩錄一卷七夕倡和詩錄一卷王園登高詩錄一卷**　許昌威等撰　民國三十三年(1944)鉛印本　一冊

330000－1795－0003200　集 0524　集部/曲類/曲選之屬

**元曲別裁集二卷**　盧前編　民國十七年(1928)上海開明書店鉛印本　一冊

330000－1795－0003204　集 0458　集部/總集類/選集之屬/斷代

**音註韓昌黎孟東野詩二卷**　（清）沈德潛選　姚祝萱音注　民國十二年(1923)上海文明書局鉛印本　一冊

330000－1795－0003205　子 0091　集部/別集類

**民園詩集四卷首一卷後集四卷末一卷**　江五民撰　民國五年(1916)上海鉛印本　三冊　存五卷(詩集一至四、末)

330000－1795－0003208　集 0507　集部/詞類/總集之屬

**宋詞三百首一卷**　朱祖謀編　民國十三年(1924)刻本　一冊

330000－1795－0003213　子 0036　子部/宗教類/佛教之屬/經咒

**慈悲三昧水懺法三卷**　民國刻本　一冊

330000－1795－0003215　集 0439　集部/總集類/郡邑之屬

**竹洲文獻二卷**　楊貽誠編　民國二十五年(1936)鄞縣縣立女子中學校友會鉛印本　一冊

330000－1795－0003216　子 0036　子部/宗教類/佛教之屬

**無量渡劫保真聖經一卷**　民國刻本　二冊

330000－1795－0003220　集 0435　集部/總集類

**藥龕集不分卷**　初園編訂　民國清涼禪寺鉛印本　一冊

330000－1795－0003221　史 0435　集部/總集類/酬唱之屬

**詩螟六旬唱和集二卷**　魏象書等撰　民國鉛印本　一冊

330000－1795－0003222　集 0434　集部/總集類/酬唱之屬

**池上存稿一卷**　張鳳輯　民國二十年(1931)嘉善張氏訓字堂鉛印本　一冊

330000－1795－0003224　集 0433　類叢部/叢書類/彙編之屬

**巾子居叢刊**　民國二十一年(1932)巾子居鉛印本　一冊　存一種

330000－1795－0003229　集 0273　集部/總集類

**小搭珠華不分卷**　民國鉛印本　一冊

330000－1795－0003255　集 0432　集部/總集類/郡邑之屬

**城南游藝場並蒂蓮詩不分卷**　民國石印本　一冊

330000－1795－0003257　集 0430　集部/總集類

**臨川詩徵不分卷**　陳元慎輯　民國三十七年(1948)抄本　一冊

330000－1795－0003261　集 0383　集部/總集類/選集之屬/通代

**增補重訂千家詩註解二卷**　(宋)謝枋得選　(清)汪相注　民國鑄記書局石印本　一冊

330000－1795－0003262　集 0384　集部/總集類/選集之屬/通代

**新鐫圖註五言千家詩二卷**　(清)王相註　民國上海昌文書局石印本　一冊

330000－1795－0003263　集 0384－1　集部/總集類/選集之屬/通代

**增補重訂千家詩註解二卷**　(宋)謝枋得選　(清)汪相注　民國上海錦章圖書局石印本　一冊

330000－1795－0003266　集 0387　集部/總集類/選集之屬/通代

**古唐詩合解十二卷古詩四卷**　(清)王堯衢注　(清)李模　(清)李桓校　民國石印本　一冊　存四卷(古詩一至四)

330000－1795－0003280　集 0396　集部/總集類/選集之屬/通代

**古詩合解四卷**　(清)王堯衢註　民國石印本　一冊　存二卷(一至二)

330000－1795－0003281　集 0398　集部/總集類/選集之屬/通代

**古唐詩合解十二卷古詩四卷**　(清)王堯衢注　(清)李模　(清)李桓校　民國五年(1916)上海章福記書局石印本　四冊　缺八卷(五至十二)

330000－1795－0003282　集 0399　集部/總集類/選集之屬/通代

**古唐詩合解十二卷古詩四卷**　(清)王堯衢注　(清)李模　(清)李桓校　民國石印本　三冊　存六卷(三至八)

330000－1795－0003283　集 0400　集部/總集類/選集之屬/通代

**古唐詩合解十二卷古詩四卷**　(清)王堯衢注　(清)李模　(清)李桓校　民國二年(1913)上海錦章圖書局石印本　八冊

330000－1795－0003290　集 0454　集部/總集類/選集之屬/通代

**五百家香艷詩十卷**　雷瑨輯　民國三年(1914)上海掃葉山房石印本　六冊

330000－1795－0003291　子 0059　子部/儒家類/儒學之屬/俗訓

**格言聯璧不分卷**　(清)金纓輯　民國二十年(1931)上海鴻寶齋書局石印本　一冊

330000－1795－0003294　子 0060　子部/宗

教類/佛教之屬

**在家學佛要典不分卷** 陳海量編 民國三十二年(1943)大雄奮迅團鉛印本 一册

330000－1795－0003297 子0080 子部/宗教類/其他宗教之屬/基督教

**讚美詩一卷** 民國八年(1919)上海美華書館鉛印本 一册

330000－1795－0003299 子0036 子部/宗教類/道教之屬/戒律

**太上寶筏圖說八卷** (清)黄正元撰 民國八年(1919)上海宏大善書局石印本 八册

330000－1795－0003301 子0236 子部/宗教類/道教之屬

**三元教典一卷** 高天君撰 民國九年(1920)杭州同道善書鉛石印刷局鉛印本 一册

330000－1795－0003302 子0238 子部/宗教類/道教之屬

**敕賜丹徒會音律寺同戒錄一卷(甲戌年秋期)** 民國二十三年(1934)石印本 一册

330000－1795－0003306 子0242 子部/宗教類/佛教之屬/經咒

**慈悲道場懺法十卷** (南朝梁)武帝蕭衍撰 民國二十二年(1933)刻本 三册

330000－1795－0003307 子0243 子部/宗教類/佛教之屬/經咒

**瑜伽燄口施食要集一卷** (清)釋德基刪輯 (清)釋印宗增補儀觀 民國十三年(1924)浙杭昭慶慧空經房刻本 二册

330000－1795－0003309 子0266 子部/宗教類/佛教之屬

**金剛經釋義一卷** 孫志飛撰 民國抄本 一册

330000－1795－0003310 子0316 子部/宗教類/佛教之屬/諸宗

**淨宗管見不分卷** 民國抄本 一册

330000－1795－0003312 子0293 子部/宗教類/佛教之屬/經

**般舟三昧經三卷** (漢)釋支婁迦讖譯 民國三十七年(1948)鉛印本 一册

330000－1795－0003313 子0318 子部/宗教類/佛教之屬/諸宗

**淨土生無生論講義二卷附錄一卷** (明)釋傳燈撰 季新益述 民國二十二年(1933)鉛印本 一册 存二卷(二、附錄)

330000－1795－0003314 子0318 子部/宗教類/道教之屬/經文

**玉樞經籥二十四卷首一卷末一卷** (清)姚燮撰 民國上海新學會社石印本 一册 存六卷(七至十二)

330000－1795－0003317 子0320 子部/雜著類

**玉歷至寶鈔勸世一卷附經驗神效良方一卷** 王子達重編 民國石印本 一册 存一卷(玉歷至寶鈔勸世)

330000－1795－0003319 子0323 子部/宗教類/佛教之屬

**金剛般若波羅蜜經綫説一卷** (清)陳柱撰
**金剛般若波羅蜜經一卷** (後秦)釋鳩摩羅什譯 民國十年(1921)上海聚珍仿宋印書局鉛印本 一册

330000－1795－0003322 子0294 子部/宗教類/佛教之屬/論

**佛法要論一卷** 馮寶瑛編 **佛教中菩薩之階位一卷** 李捨幻節錄 **附明管東溟先生勸人積陰德文一卷俞曲園先生答親家王補帆中丞書又記未來事詩一卷** 民國鉛印本 一册

330000－1795－0003324 子0189 子部/宗教類/佛教之屬/經

**佛説土地經一卷** 民國抄本 一册

330000－1795－0003326 子0244 子部/宗教類/佛教之屬

**瑜伽熖口不分卷** 民國抄本 一册

330000－1795－0003327 子0245 子部/宗教類/佛教之屬/論

**大乘法界無差別論一卷** 民國十九年(1930)

鉛印本　一冊

330000－1795－0003328　子 0246　子部/宗教類/佛教之屬

**西方公據路引寶懺不分卷**　民國抄本　一冊

330000－1795－0003337　子 0256　子部/宗教類/佛教之屬

**隨自意三昧一卷**　（南朝陳）釋慧思撰　**附觀心誦經法**　（隋）釋智顗說　民國刻本　一冊

330000－1795－0003341　子 0261　子部/宗教類/佛教之屬

**佛學大要一卷**　蔣維喬撰　民國天津華北印書館石印本　一冊

330000－1795－0003342　子 0213　子部/宗教類/道教之屬

**關帝明聖真經一卷**　民國上海宏大紙號石印本　一冊

330000－1795－0003343　子 0212　子部/宗教類/道教之屬

**三聖真經不分卷**　民國二年（1913）石印本　一冊

330000－1795－0003351　集 0493　集部/詞類/總集之屬

**四種詞四卷**　民國四川成都存古書局刻本　四冊

330000－1795－0003352　集 0492　經部/群經總義類/文字音義之屬

**經詞衍釋十卷補遺一卷**　（清）吳昌瑩撰　民國上海古書流通處影印本　四冊

330000－1795－0003353　集 0486　集部/詞類/總集之屬

**女子絕妙好詞十四卷**　（清）周銘輯　民國石印本　一冊　存四卷（三至六）

330000－1795－0003354　集 0485　集部/詞類/詞譜之屬

**續考正白香詞譜四卷**　強化誠編　民國石印本　三冊　缺一卷（一）

330000－1795－0003359　子 0297　子部/宗教類/佛教之屬/經疏

**地藏菩薩本願經科註三卷**　（唐）釋實叉難陀譯　青蓮芯芻靈椉輯　民國石印本　一冊

330000－1795－0003366　集 0465　集部/總集類/課藝之屬

**試帖詩六卷**　民國石印本　一冊　存一卷（六）

330000－1795－0003370　集 0472　集部/總集類/選集之屬/斷代

**近代詩鈔不分卷**　陳衍輯　民國十二年（1923）上海商務印書館鉛印本　二十四冊

330000－1795－0003371　子 0275　子部/宗教類/佛教之屬

**目連寶懺水讚一卷**　民國石印本　一冊

330000－1795－0003374　子 0277　子部/宗教類/佛教之屬/律

**三種戒經合刊不分卷**　釋演本編　民國二十九年（1940）上海美商永寧公司鉛印本　一冊

330000－1795－0003375　集 0092　集部/總集類/選集之屬

**古文辭選不分卷**　民國鉛印本　一冊

330000－1795－0003376　子 0287　子部/宗教類/佛教之屬

**勸發菩提心文一卷**　（清）釋實賢撰　民國刻本　一冊

330000－1795－0003377　集 0090　集部/總集類/選集之屬/通代

**重訂古文釋義新編八卷**　（清）余誠評註　民國石印本　一冊　存一卷（三）

330000－1795－0003378　子 0278　子部/宗教類/佛教之屬/經疏

**阿彌陀經直解一卷**　（後秦）釋鳩摩羅什譯　王應照直講　民國二十三年（1934）上海明善書局石印本　一冊

330000－1795－0003380　子 0279　子部/宗教類/佛教之屬

**梵網經盧舍那佛說菩薩十重四十八輕戒一卷**

（後秦）釋鳩摩羅什譯　民國鉛印本　一冊

330000－1795－0003384　子 0281　子部/宗教類/佛教之屬/經咒

**大悲心咒持誦簡法一卷**　民國鉛印本　一冊

330000－1795－0003387　子 0283　子部/宗教類/佛教之屬/經

**無上甚深微妙三經不分卷**　民國二十五年（1936）鉛印本　一冊

330000－1795－0003388　子 0284　子部/宗教類/佛教之屬/經

**藥師瑠璃光如來本願功德經一卷**　（唐）釋玄奘譯　民國二十六年（1937）鉛印本　一冊

330000－1795－0003389　子 0283　子部/宗教類/佛教之屬/諸宗

**釋摩訶般若波羅密經覺意三昧一卷**　（隋）釋智顗說　（唐）釋灌頂記　**天台傳佛心印記一卷淨土境觀要門一卷**　（元）釋懷則撰　**始終心要一卷**　（唐）釋湛然撰　（宋）釋從義註　民國刻本　一冊

330000－1795－0003391　子 0288　子部/宗教類/佛教之屬/大藏

**大藏經□□種**　民國大藏經會鉛印本　二冊　存一種

330000－1795－0003392　子 0289　子部/宗教類/佛教之屬/論

**六門教授習定論一卷**　（唐）釋玄奘譯　（印度）世親菩薩譯　**止觀門論七十七頌一卷**　（唐）義浄譯　民國刻本　一冊

330000－1795－0003394　子 0291　子部/宗教類/佛教之屬/經

**佛說觀普賢菩薩行法經一卷附箋經雜記一卷**　（宋）釋曇無蜜多譯　民國石印本　一冊

330000－1795－0003396　子 0218　子部/宗教類/佛教之屬/經疏

**摩訶般若波羅蜜多心經一卷**　（清）玉山老人秘解　民國十年（1921）石印本　一冊

330000－1795－0003399　子 0219　子部/宗教類/佛教之屬

**報恩堂法規不分卷**　民國二十三年（1934）鉛印本　一冊

330000－1795－0003401　子 0217　子部/雜著類

**玉歷至寶鈔勸世一卷附經驗神效良方一卷**　王子達重編　民國上海宏大善書局石印本　一冊

330000－1795－0003403　子 0216　子部/雜著類

**玉歷至寶鈔勸世一卷附經驗神效良方一卷**　王子達重編　民國上海宏大善書局石印本　三冊

330000－1795－0003405　子 0214　子部/小說家類/雜事之屬

**音釋坐花誌果八卷**　（清）汪道鼎撰　（清）鶩峰樵者音釋　民國上海昌文書局石印本　四冊

330000－1795－0003407　子 0210　子部/雜著類

**玉歷至寶鈔勸世一卷附經驗神效良方一卷**　王子達重編　民國石印本　一冊

330000－1795－0003408　子 0209　子部/宗教類/佛教之屬

**觀世音菩薩靈異紀二卷**　萬鈞編　民國三年（1914）無錫萬氏鉛印本　一冊

330000－1795－0003411　子 0207　子部/雜著類

**修身急務編不分卷**　民國十二年（1923）寧波四明公司鉛印本　一冊

330000－1795－0003412　子 0208　子部/雜著類

**敬信錄不分卷**　民國十三年（1924）石印本　一冊

330000－1795－0003413　子 0206　子部/宗教類/佛教之屬

**呂祖師先天虛無太一金華宗旨一卷**　（清）蔣元庭撰　民國上海新學會社石印本　一冊

330000－1795－0003416　子 0314　子部/宗教類/佛教之屬

**看破世界一卷**　(清)周祖道輯　民國上海宏大善書局石印本　一冊

330000－1795－0003420　子 0306　子部/雜著類

**玉歷鈔傳警世一卷**　(清)李天錫撰　民國石印本　一冊

330000－1795－0003422　子 0227　子部/宗教類/道教之屬

**神訓必讀不分卷**　民國石印本　一冊

330000－1795－0003423　子 0228　子部/雜著類/雜說之屬

**勸世格言一卷附靈驗救饑方一卷**　民國五年(1916)上海宏大善書局石印本　一冊

330000－1795－0003425　子 0225　子部/儒家類/儒學之屬/俗訓

**格言聯璧不分卷**　(清)金纓輯　民國石印本　一冊

330000－1795－0003429　子 0223　子部/雜著類

**玉歷至寶鈔勸世一卷**　民國上海宏大善書局石印本　一冊

330000－1795－0003432　子 0222　子部/宗教類/道教之屬

**中學參同一卷**　民國八年(1919)京華印書局石印本　一冊

330000－1795－0003433　子 0221　子部/雜著類

**玉歷至寶鈔勸世一卷附經驗神效良方一卷**　王子達重編　民國上海宏大善書局石印本　一冊

330000－1795－0003438　子 0230　子部/宗教類/佛教之屬/經

**佛說盂蘭盆經一卷**　(晉)釋竺法護譯　民國十一年(1922)石印本　一冊

330000－1795－0003440　子 0231　子部/宗教類/佛教之屬

**求生淨土三時繫念法三卷**　民國刻本　一冊

330000－1795－0003442　子 0269　子部/宗教類/佛教之屬

**溧陽洗心壇鸞章六卷**　王俠纂修　馬鍾駿編輯　民國石印本　一冊

330000－1795－0003454　子 0041　子部/宗教類/佛教之屬

**雪竇日誦一卷**　民國二十二年(1933)石印本　一冊

330000－1795－0003457　子 0201　子部/宗教類/佛教之屬

**東語西話二卷**　(元)中峯明本禪師撰　民國十二年(1923)石印本　一冊

330000－1795－0003460　子 0015　子部/宗教類/佛教之屬/諸宗

**佛祖源流譜一卷**　(清)蓮舟集　民國十年(1921)石印本　一冊

330000－1795－0003463　子 0065　子部/宗教類/佛教之屬

**佛學叢書□□種**　丁福保輯　民國上海醫學書局鉛印本暨影印本　一冊　存一種

330000－1795－0003467　子 0062　子部/宗教類/佛教之屬

**地藏菩薩像靈驗記一卷**　(宋)釋常謹輯　民國石印本　一冊

330000－1795－0003480　子 0175　子部/宗教類/佛教之屬/諸宗

**藏密法滙不分卷**　民國二十六年(1937)開封河南佛學社鉛印本　一冊

330000－1795－0003481　子 0176　子部/宗教類/佛教之屬/經

**佛說大白傘蓋總持達喇呢經一卷**　(元)釋俊辯　(元)釋真治譯　民國十五年(1926)鉛印本　一冊

330000－1795－0003485　子 0297　子部/宗教類/佛教之屬/經

**佛說金剛般若波羅密經一卷　般若波羅密多心經一卷　純陽子心經註一卷**　民國九年(1920)上海雪竇寺分院刻本　一冊

330000－1795－0003487　子0185　子部/宗教類/佛教之屬

**龍溪禪師心經口譯一卷**　(北魏)元澄錄　民國鉛印本　一冊

330000－1795－0003499　集0183　集部/總集類/課藝之屬

**評注論說軌範二集三卷**　林任編纂　民國十五年(1926)上海商務印書館鉛印本　二冊　缺一卷(一)

330000－1795－0003500　集0182　集部/總集類/課藝之屬

**全國學校成績新時代國文大觀乙編四卷**　廣文書局編輯所編　民國十九年(1930)上海世界書局石印本　二冊

330000－1795－0003501　集0181　集部/總集類/選集之屬/通代

**評註古文讀本六卷**　林景亮撰　民國九年(1920)上海中華書局鉛印本　一冊　存一卷(三)

330000－1795－0003502　集0355　集部/總集類/選集之屬/斷代

**唐詩三百首不分卷**　(清)孫洙編　民國石印本　一冊

330000－1795－0003503　集0358　集部/總集類/選集之屬/斷代

**註釋唐詩三百首四卷**　(清)孫洙編　民國四年(1915)石印本　一冊

330000－1795－0003504　集0356　集部/總集類/選集之屬/斷代

**註釋唐詩三百首四卷**　(清)孫洙編　民國二十八年(1939)上海鴻文書局石印本　一冊

330000－1795－0003505　集0357　集部/總集類/選集之屬/斷代

**註釋唐詩三百首六卷**　(清)孫洙編　民國中華書局鉛印本　一冊

330000－1795－0003506　集0359　集部/總集類/選集之屬/斷代

**註釋唐詩三百首四卷**　(清)孫洙編　民國石印本　一冊

330000－1795－0003507　集0360　集部/總集類/選集之屬/斷代

**註釋唐詩三百首四卷**　(清)孫洙編　民國石印本　一冊

330000－1795－0003508　集0361　集部/總集類/選集之屬/斷代

**註釋唐詩三百首四卷**　(清)孫洙編　民國石印本　一冊　存一卷(四)

330000－1795－0003509　集0362　集部/總集類/選集之屬/斷代

**繪圖唐詩三百首四卷**　(清)孫洙編　**增註字類標韻六卷**　民國石印本　三冊　存七卷(一至三、增註字類標韻一至四)

330000－1795－0003510　集0363　集部/總集類/選集之屬/斷代

**唐詩三百首註疏六卷**　(清)孫洙編　(清)章燮註　民國七年(1918)上海掃葉山房石印本　二冊　存二卷(一至二)

330000－1795－0003511　集0364　集部/總集類/選集之屬/斷代

**註釋唐詩三百首四卷**　(清)孫洙編　民國石印本　一冊　存二卷(三至四)

330000－1795－0003512　集0366　集部/總集類/選集之屬/斷代

**新體廣註唐詩三百首讀本六卷**　世界書局編輯所編輯　民國二十一年(1932)上海世界書局石印本　二冊　缺一卷(一)

330000－1795－0003516　集0372　集部/總集類/彙編之屬

**袁蔣趙三家詩選三卷**　王文濡輯　民國石印本　一冊　存一卷(袁子才詩選)

330000－1795－0003517　集0373　集部/總集類/選集之屬/通代

**十八家詩鈔二十八卷首一卷**　(清)曾國藩輯

民國石印本　一册　存二卷(二十七至二十八)

330000－1795－0003532　集0348　集部/總集類/選集之屬/通代
**古詩源十四卷**　(清)沈德潛輯　民國鉛印本　一册

330000－1795－0003538　集0209　集部/總集類
**時文選讀不分卷**　民國抄本　一册

330000－1795－0003541　集0211　集部/總集類
**文選不分卷**　民國鉛印本　一册

330000－1795－0003544　集0220　史部/傳記類/別傳之屬/事狀
**諦老法師哀榮録不分卷**　民國鉛印本　一册

330000－1795－0003562　集0409　集部/總集類/郡邑之屬
**四明清詩略三十二卷首三卷**　(清)董沛輯　**續稿八卷**　忻江明輯　**姓氏韻編一卷**　民國十九年(1930)中華書局鉛印本　十九册　缺二卷(首上中)

330000－1795－0003563　集0410　集部/總集類/郡邑之屬
**四明清詩略三十二卷首三卷**　(清)董沛輯　**續稿八卷**　忻江明輯　**姓氏韻編一卷**　民國十九年(1930)中華書局鉛印本　二十册

330000－1795－0003566　集0072　集部/詩文評類/文評之屬
**中等新論説文範四卷**　蔡郕撰　邵希雍評校　民國三年(1914)上海會文堂書局石印本　四册

330000－1795－0003569　新0059　子部/儒家類/儒學之屬/禮教
**青年修養録十八編**　趙鉦鐸編纂　民國鉛印本　二册　存九編(四至十二)

330000－1795－0003571　集0041　集部/總集類/選集之屬/通代
**經史百家簡編二卷**　(清)曾國藩纂　民國鉛印本　一册

330000－1795－0003574　集0418　集部/總集類/氏族之屬
**鸜里曾氏十一世詩不分卷**　(明)曾熙丙等撰　曾克耑輯　民國三十四年(1945)鉛印本　四册

330000－1795－0003575　集0377　集部/詞類/別集之屬
**湘雨樓詞五卷**　(清)張祖同撰　民國十年(1921)刻本　一册　存一卷(一)

330000－1795－0003585　集0394　集部/別集類
**詩稿不分卷**　民國抄本　一册

330000－1795－0003588　子0389　子部/雜著類/雜考之屬
**籀廎述林十卷**　(清)孫詒讓撰　民國五年(1916)刻本　四册

330000－1795－0003592　集0379　集部/別集類/清別集
**復初齋文集三十五卷首一卷**　(清)翁方綱撰　民國五年(1916)上海同文圖書館石印本　十册

330000－1795－0003593　集0382　集部/別集類/清別集
**精選紀曉嵐詩文集八卷首一卷**　(清)紀昀撰　湯壽潛選輯　民國上海華普書局鉛印本　四册

330000－1795－0003594　集0699　集部/別集類/清別集
**曝書亭集詩註二十二卷**　(清)朱彝尊撰　(清)楊謙注　**朱竹垞先生[彝尊]年譜一卷**　(清)楊謙撰　民國木石居石印本　十册

330000－1795－0003596　子698　子部/雜著類/雜説之屬
**師古小言不分卷**　黄文彬撰　民國二十三年(1934)杭州浙江印刷公司鉛印本　一册

330000－1795－0003597　集 0697　集部/詞類/別集之屬

**遐菴詞甲稿一卷**　葉恭綽撰　民國三十二年(1943)鉛印本　一冊

330000－1795－0003598　集 0696　集部/詞類/別集之屬

**雙清詞草一卷**　廖仲愷撰　民國十七年(1928)開明書店影印本　一冊

330000－1795－0003599　子 692　子部/醫家類/養生之屬

**延壽新法一卷**　伍廷芳撰　民國七年(1918)上海商務印書館鉛印本　一冊

330000－1795－0003600　子 0693　子部/雜著類/雜纂之屬

**萬松野人言善錄一卷**　英華撰　民國八年(1919)京師鉛印本　一冊

330000－1795－0003603　集 0290　集部/總集類/尺牘之屬

**商業應用白話尺牘四卷**　陳鶴煒撰　民國十六年(1927)上海校經成記印刷所石印本　四冊

330000－1795－0003606　集 0296　集部/別集類

**王益吾尺牘不分卷**　王先謙撰　民國十五年(1926)上海文明書局石印本　一冊

330000－1795－0003607　集 0294　集部/總集類/尺牘之屬

**言文對照唐著寫信必讀不分卷**　舒屋山人編　民國十六年(1927)上海大北書局石印本　一冊

330000－1795－0003608　集 0291　經部/小學類/文字之屬/字書/字體

**真草尺牘合璧二卷附攷正同音字彙一卷**　(清)王久徵書　民國五年(1916)上海文益書局石印本　一冊

330000－1795－0003621　子 0187　子部/宗教類/道教之屬

**覺世靈文二卷**　(清)曹普紫撰集　民國三年(1914)鉛印本　一冊　存一卷(下)

330000－1795－0003623　子 0309　子部/宗教類/道教之屬

**太上感應篇一卷**　民國石印本　一冊

330000－1795－0003624　子 0198　子部/宗教類/佛教之屬

**金剛般若波羅密經一卷**　民國明善書局石印本　一冊

330000－1795－0003625　子 0200　子部/宗教類/佛教之屬

**南無七俱胝佛母心大準提神咒一卷**　民國中央刻經院佛經善書局鉛印本　一冊

330000－1795－0003626　子 0201　子部/宗教類/佛教之屬

**觀世音菩薩靈異紀二卷**　萬鈞編　民國二十五年(1936)北京中央刻經院鉛印本　一冊

330000－1795－0003627　子 0202　子部/宗教類/佛教之屬

**拔除过罪生死得度经一卷**　民國鉛印本　一冊

330000－1795－0003628　子 0203　子部/宗教類/佛教之屬

**盜戒釋相概略問答一卷**　民國鉛印本　一冊

330000－1795－0003629　子 0204　子部/宗教類/佛教之屬

**顯密圓通成佛心要集二卷**　(宋)釋道殿集　民國上海佛學書局鉛印本　一冊

330000－1795－0003630　子 0205　子部/宗教類/佛教之屬

**般若心經秘鍵畧註一卷**　(日本)釋空海撰　(日本)釋覺鏤註　民國上海佛教書局鉛印本　一冊

330000－1795－0003632　子 0164　子部/宗教類/佛教之屬/經

**大白傘蓋陀羅尼經一卷**　釋超一譯　**聖救度母禮讚經一卷**　釋超一譯　**般若波羅密多心經一卷**　釋超一譯　民國二十五年(1936)石

印本　二冊

330000－1795－0003633　子0165　子部/宗教類/佛教之屬

**佛教各宗派源流不分卷**　釋太虛撰　民國十九年(1930)信記印書館鉛印本　一冊

330000－1795－0003634　子0152　子部/宗教類/佛教之屬/經疏

**楞伽阿跋多羅寶經合轍四卷**　(明)釋通潤撰　民國上海佛學書局鉛印本　四冊

330000－1795－0003637　子0152　子部/宗教類

**經義選誦不分卷**　民國鉛印本　一冊

330000－1795－0003638　子0144　子部/宗教類/佛教之屬/律

**授五戒儀範一卷**　民國九年(1920)北京拈花寺刻本　一冊

330000－1795－0003639　子0143　子部/宗教類/佛教之屬

**觀世音菩薩本迹感應頌四卷首一卷**　許止淨述　**金剛經功德頌一卷**　許止淨述　劉契淨注　民國鉛印本　一冊　存三卷(首、一至二)

330000－1795－0003642　子0146　子部/宗教類/佛教之屬/律

**菩薩戒本記一卷菩薩戒羯磨記一卷**　(唐)釋遁倫撰　**菩薩戒本宗要一卷**　(唐)釋太賢撰　民國八年(1919)金陵刻經處刻本　一冊

330000－1795－0003650　子0195　子部/宗教類/道教之屬

**關帝明聖真經一卷附應驗靈籤一卷**　民國石印本　一冊

330000－1795－0003651　子0194　子部/醫家類/養生之屬

**養生保命錄一卷**　民國石印本　一冊

330000－1795－0003652　子0334　子部/宗教類/佛教之屬

**釋迦如來應化事蹟不分卷**　(清)釋永珊撰並繪　民國石印本　四冊

330000－1795－0003656　子0329　子部/宗教類

**血湖寶懺不分卷**　民國抄本　一冊

330000－1795－0003658　子0331　子部/宗教類/佛教之屬

**佛經不分卷**　民國手抄本　一冊

330000－1795－0003659　子0332　子部/雜著類/雜編之屬

**性道文章一卷**　民國石印本　一冊

330000－1795－0003660　子0300　子部/宗教類/佛教之屬/諸宗

**淨土五經六卷**　釋印光輯　民國二十二年(1933)鉛印本　一冊

330000－1795－0003662　子0302　子部/宗教類/佛教之屬/經疏

**彌陀畧解圓中鈔二卷**　(明)釋大佑解　(明)釋傳燈鈔　民國石印本　一冊

330000－1795－0003663　子0303　子部/宗教類/佛教之屬/經

**佛說出生菩提心經一卷**　(隋)釋闍那崛多譯　民國十四年(1925)刻本　二冊

330000－1795－0003664　子0304　子部/宗教類/佛教之屬/諸宗

**淨土輯要三卷附錄一卷**　潘慧純　邵慧圓輯述　民國十八年(1929)鉛印本　一冊

330000－1795－0003669　子0310　子部/宗教類/佛教之屬

**金剛般若波羅蜜經一卷**　(後秦)釋鳩摩羅什譯　諸廣成註釋　民國二十三年(1934)退思草堂鉛印本　一冊

330000－1795－0003675　子0196　子部/宗教類/佛教之屬

**渡劫世界不分卷**　民國十年(1921)石印本　一冊

330000－1795－0003676　子0166　子部/宗教類/佛教之屬/諸宗

**二十一尊度母禮讚經意樂解一卷**　達磨巴扎解　釋超一譯　民國二十五年(1936)鉛印本　一册

330000－1795－0003677　子 0167　子部/宗教類/佛教之属
**百門義海不分卷**　民國抄本　一册

330000－1795－0003678　子 0169　子部/宗教類/佛教之屬
**華嚴發菩提心章一卷**　(唐)釋法藏撰　民國抄本　一册

330000－1795－0003680　子 0171　子部/宗教類/佛教之屬
**四十二章經講錄不分卷**　釋太虛講　民國十六年(1927)鉛印本　一册

330000－1795－0003685　子 0008　子部/宗教類/佛教之屬
**金剛般若波羅蜜經一卷**　(後秦)釋鳩摩羅什譯　民國石印本　董杏生題記　四册

330000－1795－0003687　子 0006　子部/宗教類/佛教之屬/經疏
**大佛頂如來密因修證了義諸菩薩萬行首楞嚴經合論十卷**　(唐)般剌密帝譯　(唐)彌伽釋迦譯語　(唐)房融筆受　(宋)釋德洪造論　(宋)釋正受釐論入經並刪補　民國八年(1919)刻本　五册

330000－1795－0003690　子 0012　子部/宗教類/佛教之屬/諸宗
**六祖大師法寶壇經一卷**　(唐)釋慧能撰　(唐)釋法海等輯　民國十二年(1923)刻本　一册

330000－1795－0003694　子 0020　子部/宗教類/佛教之屬/經疏
**般若波羅蜜多心經註解一卷金剛般若波羅蜜經註解一卷**　(唐)釋玄奘譯　(後秦)釋鳩摩羅什譯　(明)釋宗泐注　民國十八年(1929)金陵刻經處刻本　一册

330000－1795－0003700　子 0333　子部/宗教類/佛教之屬
**科儀二卷**　民國刻本　一册　存一卷(下)

330000－1795－0003701　子 0076　子部/宗教類/佛教之屬
**科儀二卷**　民國刻本　一册

330000－1795－0003703　叢 0003　類叢部/叢書類/彙編之屬
**四部叢刊**　張元濟等編　民國八年(1919)上海商務印書館影印本　一千六百十八册　存二百三十八種

330000－1795－0003707　集 0006－100　集部/總集類/題詠之屬
**松聲琴韻集不分卷**　方濟川輯　民國三十八年(1949)鉛印本　一册

330000－1795－0003708　集 0006－99　集部/總集類/題詠之屬
**松聲琴韻集不分卷**　方濟川輯　民國三十八年(1949)鉛印本　一册

330000－1795－0003709　集 0006－98　集部/總集類/題詠之屬
**松聲琴韻集不分卷**　方濟川輯　民國三十八年(1949)鉛印本　一册

330000－1795－0003710　集 0006－96　集部/總集類/題詠之屬
**松聲琴韻集不分卷**　方濟川輯　民國三十八年(1949)鉛印本　一册

330000－1795－0003711　集 0006－95　集部/總集類/題詠之屬
**松聲琴韻集不分卷**　方濟川輯　民國三十八年(1949)鉛印本　一册

330000－1795－0003712　集 0006－97　集部/總集類/題詠之屬
**松聲琴韻集不分卷**　方濟川輯　民國三十八年(1949)鉛印本　一册

330000－1795－0003713　集 0006－94　集部/總集類/題詠之屬
**松聲琴韻集不分卷**　方濟川輯　民國三十八年(1949)鉛印本　一册

330000－1795－0003714　集 0006－93　集部/總集類/題詠之屬

**松聲琴韻集不分卷**　方濟川輯　民國三十八年(1949)鉛印本　一冊

330000－1795－0003715　集 0006－92　集部/總集類/題詠之屬

**松聲琴韻集不分卷**　方濟川輯　民國三十八年(1949)鉛印本　一冊

330000－1795－0003716　集 0006－91　集部/總集類/題詠之屬

**松聲琴韻集不分卷**　方濟川輯　民國三十八年(1949)鉛印本　一冊

330000－1795－0003717　集 0006－90　集部/總集類/題詠之屬

**松聲琴韻集不分卷**　方濟川輯　民國三十八年(1949)鉛印本　一冊

330000－1795－0003718　集 0006－89　集部/總集類/題詠之屬

**松聲琴韻集不分卷**　方濟川輯　民國三十八年(1949)鉛印本　一冊

330000－1795－0003719　集 0006－88　集部/總集類/題詠之屬

**松聲琴韻集不分卷**　方濟川輯　民國三十八年(1949)鉛印本　一冊

330000－1795－0003720　集 0006－87　集部/總集類/題詠之屬

**松聲琴韻集不分卷**　方濟川輯　民國三十八年(1949)鉛印本　一冊

330000－1795－0003721　集 0006－86　集部/總集類/題詠之屬

**松聲琴韻集不分卷**　方濟川輯　民國三十八年(1949)鉛印本　一冊

330000－1795－0003722　集 0006－85　集部/總集類/題詠之屬

**松聲琴韻集不分卷**　方濟川輯　民國三十八年(1949)鉛印本　一冊

330000－1795－0003723　集 0006－84　集部/總集類/題詠之屬

**松聲琴韻集不分卷**　方濟川輯　民國三十八年(1949)鉛印本　一冊

330000－1795－0003724　集 0006－83　集部/總集類/題詠之屬

**松聲琴韻集不分卷**　方濟川輯　民國三十八年(1949)鉛印本　一冊

330000－1795－0003725　集 0006－82　集部/總集類/題詠之屬

**松聲琴韻集不分卷**　方濟川輯　民國三十八年(1949)鉛印本　一冊

330000－1795－0003726　集 0006－81　集部/總集類/題詠之屬

**松聲琴韻集不分卷**　方濟川輯　民國三十八年(1949)鉛印本　一冊

330000－1795－0003727　集 0006－80　集部/總集類/題詠之屬

**松聲琴韻集不分卷**　方濟川輯　民國三十八年(1949)鉛印本　一冊

330000－1795－0003728　集 0006－79　集部/總集類/題詠之屬

**松聲琴韻集不分卷**　方濟川輯　民國三十八年(1949)鉛印本　一冊

330000－1795－0003729　集 0006－78　集部/總集類/題詠之屬

**松聲琴韻集不分卷**　方濟川輯　民國三十八年(1949)鉛印本　一冊

330000－1795－0003730　集 0006－77　集部/總集類/題詠之屬

**松聲琴韻集不分卷**　方濟川輯　民國三十八年(1949)鉛印本　一冊

330000－1795－0003731　集 0006－75　集部/總集類/題詠之屬

**松聲琴韻集不分卷**　方濟川輯　民國三十八年(1949)鉛印本　一冊

330000－1795－0003732　集 0006－76　集部/總集類/題詠之屬

松聲琴韻集不分卷　方濟川輯　民國三十八年(1949)鉛印本　一冊

330000－1795－0003733　集0006－74　集部/總集類/題詠之屬

松聲琴韻集不分卷　方濟川輯　民國三十八年(1949)鉛印本　一冊

330000－1795－0003734　集0006－73　集部/總集類/題詠之屬

松聲琴韻集不分卷　方濟川輯　民國三十八年(1949)鉛印本　一冊

330000－1795－0003735　集0006－72　集部/總集類/題詠之屬

松聲琴韻集不分卷　方濟川輯　民國三十八年(1949)鉛印本　一冊

330000－1795－0003736　集0006－71　集部/總集類/題詠之屬

松聲琴韻集不分卷　方濟川輯　民國三十八年(1949)鉛印本　一冊

330000－1795－0003737　集0006－70　集部/總集類/題詠之屬

松聲琴韻集不分卷　方濟川輯　民國三十八年(1949)鉛印本　一冊

330000－1795－0003738　集0006－69　集部/總集類/題詠之屬

松聲琴韻集不分卷　方濟川輯　民國三十八年(1949)鉛印本　一冊

330000－1795－0003739　集0006－68　集部/總集類/題詠之屬

松聲琴韻集不分卷　方濟川輯　民國三十八年(1949)鉛印本　一冊

330000－1795－0003740　集0006－67　集部/總集類/題詠之屬

松聲琴韻集不分卷　方濟川輯　民國三十八年(1949)鉛印本　一冊

330000－1795－0003741　集0006－66　集部/總集類/題詠之屬

松聲琴韻集不分卷　方濟川輯　民國三十八年(1949)鉛印本　一冊

330000－1795－0003742　集0006－65　集部/總集類/題詠之屬

松聲琴韻集不分卷　方濟川輯　民國三十八年(1949)鉛印本　一冊

330000－1795－0003743　集0006－64　集部/總集類/題詠之屬

松聲琴韻集不分卷　方濟川輯　民國三十八年(1949)鉛印本　一冊

330000－1795－0003744　集0006－63　集部/總集類/題詠之屬

松聲琴韻集不分卷　方濟川輯　民國三十八年(1949)鉛印本　一冊

330000－1795－0003745　集0006－62　集部/總集類/題詠之屬

松聲琴韻集不分卷　方濟川輯　民國三十八年(1949)鉛印本　一冊

330000－1795－0003746　集0006－61　集部/總集類/題詠之屬

松聲琴韻集不分卷　方濟川輯　民國三十八年(1949)鉛印本　一冊

330000－1795－0003747　集0006－60　集部/總集類/題詠之屬

松聲琴韻集不分卷　方濟川輯　民國三十八年(1949)鉛印本　一冊

330000－1795－0003748　集0006－59　集部/總集類/題詠之屬

松聲琴韻集不分卷　方濟川輯　民國三十八年(1949)鉛印本　一冊

330000－1795－0003749　集0006－58　集部/總集類/題詠之屬

松聲琴韻集不分卷　方濟川輯　民國三十八年(1949)鉛印本　一冊

330000－1795－0003750　集0006－57　集部/總集類/題詠之屬

松聲琴韻集不分卷　方濟川輯　民國三十八年(1949)鉛印本　一冊

330000－1795－0003751　集 0006－56　集部/總集類/題詠之屬

**松聲琴韻集不分卷**　方濟川輯　民國三十八年(1949)鉛印本　一册

330000－1795－0003752　集 0006－55　集部/總集類/題詠之屬

**松聲琴韻集不分卷**　方濟川輯　民國三十八年(1949)鉛印本　一册

330000－1795－0003753　集 0006－54　集部/總集類/題詠之屬

**松聲琴韻集不分卷**　方濟川輯　民國三十八年(1949)鉛印本　一册

330000－1795－0003754　集 0006－53　集部/總集類/題詠之屬

**松聲琴韻集不分卷**　方濟川輯　民國三十八年(1949)鉛印本　一册

330000－1795－0003755　集 0006－52　集部/總集類/題詠之屬

**松聲琴韻集不分卷**　方濟川輯　民國三十八年(1949)鉛印本　一册

330000－1795－0003756　集 0006－51　集部/總集類/題詠之屬

**松聲琴韻集不分卷**　方濟川輯　民國三十八年(1949)鉛印本　一册

330000－1795－0003757　集 0006－50　集部/總集類/題詠之屬

**松聲琴韻集不分卷**　方濟川輯　民國三十八年(1949)鉛印本　一册

330000－1795－0003758　集 0006－49　集部/總集類/題詠之屬

**松聲琴韻集不分卷**　方濟川輯　民國三十八年(1949)鉛印本　一册

330000－1795－0003759　集 0006－48　集部/總集類/題詠之屬

**松聲琴韻集不分卷**　方濟川輯　民國三十八年(1949)鉛印本　一册

330000－1795－0003760　集 0006－47　集部/總集類/題詠之屬

**松聲琴韻集不分卷**　方濟川輯　民國三十八年(1949)鉛印本　一册

330000－1795－0003761　集 0006－46　集部/總集類/題詠之屬

**松聲琴韻集不分卷**　方濟川輯　民國三十八年(1949)鉛印本　一册

330000－1795－0003762　集 0006－45　集部/總集類/題詠之屬

**松聲琴韻集不分卷**　方濟川輯　民國三十八年(1949)鉛印本　一册

330000－1795－0003763　集 0006－44　集部/總集類/題詠之屬

**松聲琴韻集不分卷**　方濟川輯　民國三十八年(1949)鉛印本　一册

330000－1795－0003764　集 0006－43　集部/總集類/題詠之屬

**松聲琴韻集不分卷**　方濟川輯　民國三十八年(1949)鉛印本　一册

330000－1795－0003765　集 0006－42　集部/總集類/題詠之屬

**松聲琴韻集不分卷**　方濟川輯　民國三十八年(1949)鉛印本　一册

330000－1795－0003766　集 0006－41　集部/總集類/題詠之屬

**松聲琴韻集不分卷**　方濟川輯　民國三十八年(1949)鉛印本　一册

330000－1795－0003767　集 0006－40　集部/總集類/題詠之屬

**松聲琴韻集不分卷**　方濟川輯　民國三十八年(1949)鉛印本　一册

330000－1795－0003768　集 0006－39　集部/總集類/題詠之屬

**松聲琴韻集不分卷**　方濟川輯　民國三十八年(1949)鉛印本　一册

330000－1795－0003769　集 0006－38　集部/總集類/題詠之屬

**松聲琴韻集不分卷**　方濟川輯　民國三十八年(1949)鉛印本　一冊

330000－1795－0003770　集 0006－37　集部/總集類/題詠之屬
**松聲琴韻集不分卷**　方濟川輯　民國三十八年(1949)鉛印本　一冊

330000－1795－0003771　集 0006－36　集部/總集類/題詠之屬
**松聲琴韻集不分卷**　方濟川輯　民國三十八年(1949)鉛印本　一冊

330000－1795－0003772　集 0006－35　集部/總集類/題詠之屬
**松聲琴韻集不分卷**　方濟川輯　民國三十八年(1949)鉛印本　一冊

330000－1795－0003773　集 0006－34　集部/總集類/題詠之屬
**松聲琴韻集不分卷**　方濟川輯　民國三十八年(1949)鉛印本　一冊

330000－1795－0003774　集 0006－33　集部/總集類/題詠之屬
**松聲琴韻集不分卷**　方濟川輯　民國三十八年(1949)鉛印本　一冊

330000－1795－0003775　集 0006－32　集部/總集類/題詠之屬
**松聲琴韻集不分卷**　方濟川輯　民國三十八年(1949)鉛印本　一冊

330000－1795－0003776　集 0006－31　集部/總集類/題詠之屬
**松聲琴韻集不分卷**　方濟川輯　民國三十八年(1949)鉛印本　一冊

330000－1795－0003777　集 0006－30　集部/總集類/題詠之屬
**松聲琴韻集不分卷**　方濟川輯　民國三十八年(1949)鉛印本　一冊

330000－1795－0003778　集 0006－29　集部/總集類/題詠之屬
**松聲琴韻集不分卷**　方濟川輯　民國三十八年(1949)鉛印本　一冊

330000－1795－0003779　集 0006－28　集部/總集類/題詠之屬
**松聲琴韻集不分卷**　方濟川輯　民國三十八年(1949)鉛印本　一冊

330000－1795－0003780　集 0006－27　集部/總集類/題詠之屬
**松聲琴韻集不分卷**　方濟川輯　民國三十八年(1949)鉛印本　一冊

330000－1795－0003781　集 0006－26　集部/總集類/題詠之屬
**松聲琴韻集不分卷**　方濟川輯　民國三十八年(1949)鉛印本　一冊

330000－1795－0003782　集 0006－25　集部/總集類/題詠之屬
**松聲琴韻集不分卷**　方濟川輯　民國三十八年(1949)鉛印本　一冊

330000－1795－0003783　集 0006－24　集部/總集類/題詠之屬
**松聲琴韻集不分卷**　方濟川輯　民國三十八年(1949)鉛印本　一冊

330000－1795－0003784　集 0006－23　集部/總集類/題詠之屬
**松聲琴韻集不分卷**　方濟川輯　民國三十八年(1949)鉛印本　一冊

330000－1795－0003785　集 0006－22　集部/總集類/題詠之屬
**松聲琴韻集不分卷**　方濟川輯　民國三十八年(1949)鉛印本　一冊

330000－1795－0003786　集 0006－21　集部/總集類/題詠之屬
**松聲琴韻集不分卷**　方濟川輯　民國三十八年(1949)鉛印本　一冊

330000－1795－0003787　集 0006－20　集部/總集類/題詠之屬
**松聲琴韻集不分卷**　方濟川輯　民國三十八年(1949)鉛印本　一冊

330000－1795－0003788　集 0006－19　集部/總集類/題詠之屬

**松聲琴韻集不分卷**　方濟川輯　民國三十八年(1949)鉛印本　一册

330000－1795－0003789　集 0006－18　集部/總集類/題詠之屬

**松聲琴韻集不分卷**　方濟川輯　民國三十八年(1949)鉛印本　一册

330000－1795－0003790　集 0006－17　集部/總集類/題詠之屬

**松聲琴韻集不分卷**　方濟川輯　民國三十八年(1949)鉛印本　一册

330000－1795－0003791　集 0006－16　集部/總集類/題詠之屬

**松聲琴韻集不分卷**　方濟川輯　民國三十八年(1949)鉛印本　一册

330000－1795－0003792　集 0006－15　集部/總集類/題詠之屬

**松聲琴韻集不分卷**　方濟川輯　民國三十八年(1949)鉛印本　一册

330000－1795－0003793　集 0006－14　集部/總集類/題詠之屬

**松聲琴韻集不分卷**　方濟川輯　民國三十八年(1949)鉛印本　一册

330000－1795－0003794　集 0006－13　集部/總集類/題詠之屬

**松聲琴韻集不分卷**　方濟川輯　民國三十八年(1949)鉛印本　一册

330000－1795－0003795　集 0006－12　集部/總集類/題詠之屬

**松聲琴韻集不分卷**　方濟川輯　民國三十八年(1949)鉛印本　一册

330000－1795－0003796　集 0006－11　集部/總集類/題詠之屬

**松聲琴韻集不分卷**　方濟川輯　民國三十八年(1949)鉛印本　一册

330000－1795－0003797　集 0006－10　集部/總集類/題詠之屬

**松聲琴韻集不分卷**　方濟川輯　民國三十八年(1949)鉛印本　一册

330000－1795－0003798　集 0006－9　集部/總集類/題詠之屬

**松聲琴韻集不分卷**　方濟川輯　民國三十八年(1949)鉛印本　一册

330000－1795－0003799　集 0006－8　集部/總集類/題詠之屬

**松聲琴韻集不分卷**　方濟川輯　民國三十八年(1949)鉛印本　一册

330000－1795－0003800　集 0006－7　集部/總集類/題詠之屬

**松聲琴韻集不分卷**　方濟川輯　民國三十八年(1949)鉛印本　一册

330000－1795－0003801　集 0006－6　集部/總集類/題詠之屬

**松聲琴韻集不分卷**　方濟川輯　民國三十八年(1949)鉛印本　一册

330000－1795－0003802　集 0006－5　集部/總集類/題詠之屬

**松聲琴韻集不分卷**　方濟川輯　民國三十八年(1949)鉛印本　一册

330000－1795－0003803　集 0006－4　集部/總集類/題詠之屬

**松聲琴韻集不分卷**　方濟川輯　民國三十八年(1949)鉛印本　一册

330000－1795－0003804　集 0006－3　集部/總集類/題詠之屬

**松聲琴韻集不分卷**　方濟川輯　民國三十八年(1949)鉛印本　一册

330000－1795－0003805　集 0006－2　集部/總集類/題詠之屬

**松聲琴韻集不分卷**　方濟川輯　民國三十八年(1949)鉛印本　一册

330000－1795－0003806　集 0006－1　集部/總集類/題詠之屬

**松聲琴韻集不分卷**　方濟川輯　民國三十八年(1949)鉛印本　一冊

330000－1795－0003807　集 0006　集部/總集類/題詠之屬
**松聲琴韻集不分卷**　方濟川輯　民國三十八年(1949)鉛印本　一冊

330000－1795－0003809　集 0523　集部/別集類/清別集
**吳摯甫尺牘不分卷**　(清)吳汝綸撰　民國上海文明書局石印本　一冊

330000－1795－0003815　子 0284　子部/宗教類/佛教之屬/經
**藥師瑠璃光如來本願功德經一卷**　(唐)釋玄奘譯　民國抄本　一冊

330000－1795－0003816　史 0033　史部/地理類/山川之屬/山志
**飛龍山志六卷**　干人俊輯　民國三十四年(1945)木活字印本　一冊

330000－1795－0003818　集 0098　集部/別集類
**珠巖齋文初編九卷**　王宇高撰　民國二十五年(1936)鉛印本　二冊

330000－1795－0003819　集 0068　集部/總集類/選集之屬/斷代
**時詩抄本不分卷**　民國抄本　一冊

330000－1795－0003820　史 0229　史部/雜史類
**奉化孤兒院出院生通訊處不分卷**　民國二十三年(1934)鉛印本　一冊

330000－1795－0003822　集 0094　集部/別集類
**民園文集十二卷**　江五民撰　民國十九年(1930)寧波鉛印本　四冊

330000－1795－0003823　集 0101　集部/別集類
**甬山堂詩集六卷**　周世棠撰　民國十九年(1930)鉛印本　四冊

330000－1795－0003824　子 0061　子部/雜著類/雜纂之屬
**益智編四十一卷**　(明)孫能傳纂輯　民國據清光緒十七年(1891)杭州刻本影印本　三冊　存十一卷(一至三、二十至二十三、三十八至四十一)

330000－1795－0003825　集 0102　集部/別集類
**宜廬詩稿八卷**　胡行之撰　民國三十七年(1948)鉛印本　一冊

330000－1795－0003827　集 0107　集部/別集類
**求我山人雜著六卷首一卷**　莊景仲撰　**附錄一卷**　民國十八年(1929)鉛印本　二冊

330000－1795－0003828　集 0086　史部/傳記類/別傳之屬
**求我山人[莊景仲]八十紀念冊七卷**　莊世彬編　民國鉛印本　一冊

330000－1795－0003829　集 0104　集部/別集類
**求我山人雜著六卷首一卷**　莊景仲撰　**附錄一卷**　民國十八年(1929)鉛印本　二冊

330000－1795－0003830　集 0109　集部/別集類
**求我山人雜著六卷首一卷**　莊景仲撰　**附錄一卷**　民國十八年(1929)鉛印本　一冊　存一卷(一)

330000－1795－0003831　集 0103　集部/別集類
**求我山人雜著六卷首一卷**　莊景仲撰　**附錄一卷**　民國鉛印本　二冊

330000－1795－0003832　集 0108　集部/別集類
**求我山人雜著六卷首一卷**　莊景仲撰　**附錄一卷**　民國鉛印本　一冊　存一卷(一)

330000－1795－0003833　集 0110　集部/別集類
**求我山人雜著續集六卷**　莊景仲撰　**附錄一**

卷　民國二十八年(1939)中國農業書局鉛印本　二冊

330000－1795－0003835　史0202　史部/政書類/公牘檔冊之屬
**奉化育嬰堂產田清冊不分卷**　民國寧波鈞和公司鉛印本　一冊

330000－1795－0003836　史0243　史部/傳記類/别傳之屬
**鄔振磐先生赴告不分卷**　民國二十三年(1934)鉛印本　一冊

330000－1795－0003837　史0200　史部/政書類/公牘檔冊之屬
**奉化縣教育會報告書不分卷**　民國鉛印本　一冊

330000－1795－0003838　史0205　史部/雜史類
**奉化雜史補不分卷**　民國抄本　一冊

330000－1795－0003839　史0053　史部/政書類/公牘檔冊之屬
**奉化縣議會民國十二年議決案不分卷**　民國十二年(1923)石印本　三冊

330000－1795－0003840　史0052　史部/政書類/公牘檔冊之屬
**奉化縣議會民國十一年議決案不分卷**　民國十一年(1922)石印本　二冊

330000－1795－0003841　史0051　史部/政書類/公牘檔冊之屬
**奉化鄉約公牘不分卷**　民國鉛印本　一冊

330000－1795－0003842　集0132　集部/總集類/郡邑之屬
**剡川詩鈔續編十二卷首一卷末一卷**　江五民輯　民國五年(1916)四明孫氏七千卷樓鉛印本　二冊

330000－1795－0003843　集0127　集部/總集類/郡邑之屬
**剡川詩鈔十二卷**　(清)彭祖訓選　(清)舒順方編　(清)董彥琦輯　民國四年(1915)四明孫氏七千卷樓鉛印本　三冊　存六卷(七至十二)

330000－1795－0003844　集0105　集部/別集類
**艮園詩集四卷首一卷後集四卷末一卷**　江五民撰　民國五年(1916)上海鉛印本　三冊　存五卷(後集一至四、末)

330000－1795－0003845　集0093　集部/別集類
**艮園文集十二卷**　江五民撰　民國十九年(1930)寧波鉛印本　二冊　存七卷(四至六、九至十二)

330000－1795－0003848　叢0052　類叢部/叢書類/自著之屬
**章氏叢書十三種**　章炳麟撰　民國十三年(1924)上海古書流通處據浙江圖書館刻本影印本　六冊　存六種

330000－1795－0003852　集0095　集部/別集類
**珠巖齋文初編九卷**　王宇高撰　民國二十五年(1936)鉛印本　二冊

330000－1795－0003853　集0096　集部/別集類
**珠巖齋文初編九卷**　王宇高撰　民國二十五年(1936)鉛印本　二冊

330000－1795－0003854　集0099　集部/別集類
**珠巖齋文初編九卷**　王宇高撰　民國二十五年(1936)鉛印本　二冊

330000－1795－0003855　集0100　集部/別集類
**珠巖齋文初編九卷**　王宇高撰　民國鉛印本　四冊　存四卷(六至九)

330000－1795－0003857　史0045　史部/傳記類/别傳之屬/事狀
**魏文節公[杞]事略一卷**　魏頌唐輯　民國二十五年(1936)鉛印本　一冊

330000－1795－0003858　史0012　史部/地理類/專志之屬/祠墓
**建修萬季野先生祠墓紀念刊一卷徵信録一卷**　建修萬季野先生祠墓事務所輯　民國二十六年(1937)寧波建修萬季野先生祠墓事務所鉛印本　三冊

330000－1795－0003859　史0232　史部/雜史類
**奉化孤兒院第一期報告冊不分卷**　民國十九年(1930)鉛印本　三冊

330000－1795－0003860　史0235　史部/雜史類
**奉化孤兒院第二期報告冊不分卷**　民國二十年(1931)鉛印本　三冊

330000－1795－0003861　史0239　史部/雜史類
**奉化孤兒院第三期報告冊不分卷**　民國二十三年(1934)鉛印本　五冊

330000－1795－0003862　集0074　集部/別集類
**瓶梅齋文稿一卷**　孫詒撰　民國抄本　一冊

330000－1795－0003863　史0035　史部/地理類/方志之屬/郡縣志
**[民國]奉化縣補義志十卷**　蔣堯裳纂　民國元年(1912)奉化趙氏剡曲草堂木活字印本　一冊　存五卷(六至十)

330000－1795－0003864　集0065　集部/別集類
**半山廬詩稿不分卷**　民國抄本　四冊

330000－1795－0003865　集0097　集部/別集類
**珠巖齋文初編九卷**　王宇高撰　民國二十五年(1936)鉛印本　二冊

330000－1795－0003866　集0064　集部/別集類
**半山廬詩稿不分卷**　民國抄本　四冊

330000－1795－0003868　集0119　集部/總集類/題詠之屬
**松聲琴韻集不分卷**　方濟川輯　民國三十八年(1949)鉛印本　一冊

330000－1795－0003870　集0090　集部/別集類
**北溟詩藁二卷補遺一卷**　江起鯤撰　民國二十二年(1933)寧波鈞和公司鉛印本　一冊

330000－1795－0003871　集0152　集部/別集類
**培因詩稿不分卷**　鄔培因撰　民國抄本　一冊

330000－1795－0003873　史0050　史部/政書類/公牘檔冊之屬
**奉化縣田畝賦税一卷**　民國石印本　一冊

330000－1795－0003874　史0045　史部/地理類
**塔山和銀山一卷**　民國抄本　一冊

330000－1795－0003875　史0042　史部/地理類/方志之屬/郡縣志
**[民國]松林志樣稿不分卷**　王師旦撰　民國三十六年(1947)油印本　一冊

330000－1795－0003877　集0075　集部/別集類
**瓶梅齋稿文一卷**　孫詒撰　民國抄本　一冊

330000－1795－0003881　叢0010　類叢部/叢書類/彙編之屬
**四部精華一百二十五種**　陸翔選輯　民國上海世界書局石印本　十八冊　存三種

330000－1795－0003887　叢0040　類叢部/叢書類/彙編之屬
**寶顏堂祕笈二百二十八種**　(明)陳繼儒編　民國十一年(1922)上海文明書局石印本　二十一冊　存一百六種

330000－1795－0003888　子0060　子部/雜著類/雜纂之屬
**益智編四十一卷**　(明)孫能傳纂輯　民國據清光緒十七年(1891)杭州刻本影印本　十

二冊

330000－1795－0003889　集 0424　集部/總集類
**寰區秀句集不分卷**　稿本　二十一冊

330000－1795－0003890　集 0151　集部/別集類
**瓶梅齋詩錄一卷**　孫詒撰　民國三十七年(1948)抄本　一冊

330000－1795－0003891　集 0076　集部/別集類/宋別集
**舒文靖公集二卷**　(宋)舒璘撰　民國二十年(1931)掃葉山房石印本　二冊

330000－1795－0003892　集 0148　集部/總集類/選集之屬/通代
**增批古文觀止四卷**　(清)吳乘權　(清)吳大職評註　(清)章祖泰增輯　民國寧波鈞和印刷所鉛印本　二冊　存三卷(三至四)

330000－1795－0003893　子 0058　集部/戲劇類/傳奇之屬
**錫六環二卷二十四回**　(清)孫埏撰　民國刻本　一冊　存一卷(下)

330000－1795－0003894　史 0084　史部/傳記類/別傳之屬/事狀
**朱母汪太夫人六十壽言不分卷**　朱孔陽輯　民國十九年(1930)鉛印本　二冊

330000－1795－0003898　集 0122　史部/傳記類/別傳之屬/事狀
**奉化王莑軒先生[序賓]榮哀錄一卷**　王洪澤編　民國二十年(1931)鉛印本　一冊

330000－1795－0003901　史 0041　史部/地理類/山川之屬/山志
**四明山志九卷**　(清)黃宗羲輯　民國石印本　一冊　存一卷(一)

330000－1795－0003902　史 0029　史部/傳記類/總傳之屬/家乘
**[福建南平]松溪卓氏支譜一卷**　民國二十五年(1936)石印本　一冊

330000－1795－0003906　子 0117　子部/儒家類/儒學之屬/禮教/家訓
**治家格言繹義二卷首一卷**　(清)戴翊清撰　民國四年(1915)石印本　一冊

330000－1795－0003909　集 0126　集部/總集類/郡邑之屬
**剡川詩鈔十二卷**　(清)彭祖訓選　(清)舒順方編　(清)董彥琦輯　民國四年(1915)四明孫氏七千卷樓鉛印本　二冊

330000－1795－0003910　集 0128　集部/總集類/郡邑之屬
**剡川詩鈔續編十二卷首一卷末一卷**　江五民輯　民國五年(1916)四明孫氏七千卷樓鉛印本　二冊

330000－1795－0003911　集 0139　集部/總集類/郡邑之屬
**剡川詩鈔補編二卷補遺一卷**　江五民輯　民國五年(1916)四明孫氏七千卷樓鉛印本　五冊

330000－1795－0003912　集 0138　集部/總集類/郡邑之屬
**剡川詩鈔續編十二卷首一卷末一卷**　江五民輯　民國五年(1916)四明孫氏七千卷樓鉛印本　三冊　存七卷(首、一至六)

330000－1795－0003913　集 0130　集部/總集類/郡邑之屬
**剡川詩鈔續編十二卷首一卷末一卷**　江五民輯　民國五年(1916)四明孫氏七千卷樓鉛印本　二冊

330000－1795－0003915　集 0129　集部/總集類/郡邑之屬
**剡川詩鈔續編十二卷首一卷末一卷**　江五民輯　民國五年(1916)四明孫氏七千卷樓鉛印本　二冊

330000－1795－0003916　集 0133　集部/總集類/郡邑之屬
**剡川詩鈔續編十二卷首一卷末一卷**　江五民輯　民國五年(1916)四明孫氏七千卷樓鉛印

本　二冊

330000－1795－0003917　集 0134　集部/總集類/郡邑之屬

**剡川詩鈔續編十二卷首一卷末一卷**　江五民輯　民國五年(1916)四明孫氏七千卷樓鉛印本　二冊

330000－1795－0003918　集 0135　集部/總集類/郡邑之屬

**剡川詩鈔續編十二卷首一卷末一卷**　江五民輯　民國五年(1916)四明孫氏七千卷樓鉛印本　二冊

330000－1795－0003919　集 0136　集部/總集類/郡邑之屬

**剡川詩鈔續編十二卷首一卷末一卷**　江五民輯　民國五年(1916)四明孫氏七千卷樓鉛印本　二冊

330000－1795－0003920　集 0137　集部/總集類/郡邑之屬

**剡川詩鈔續編十二卷首一卷末一卷**　江五民輯　民國五年(1916)四明孫氏七千卷樓鉛印本　二冊

330000－1795－0003927　集 0013　史部/地理類/專志之屬/祠墓

**建修萬季野先生祠墓紀念刊一卷徵信錄一卷**　建修萬季野先生祠墓事務所輯　民國二十六年(1937)寧波建修萬季野先生祠墓事務所鉛印本　二冊

330000－1795－0003928　集 0089　集部/別集類

**歲寒堂詩集二卷首一卷詩餘一卷**　王慕蘭撰　民國十五年(1926)甬上鉛印本　一冊

330000－1795－0003929　集 0106　集部/別集類

**求我山人雜著六卷首一卷**　莊景仲撰　**附錄一卷**　民國十八年(1929)鉛印本　二冊

330000－1795－0003931　集 0086　集部/詩文評類/文法之屬/函牘格式

**寫信必讀十卷**　(清)唐芸洲撰　民國十三年(1924)天寶書局石印本　一冊

330000－1795－0003932　史 0033　史部/地理類/方志之屬/郡縣志

**民國奉化縣續志稿二十八卷首一卷**　干人俊纂　民國三十七年(1948)抄本　三冊

330000－1795－0003935　叢 0041　類叢部/叢書類/彙編之屬

**涵芬樓祕笈五十一種**　孫毓修等輯　民國五年至十五年(1916－1926)上海商務印書館影印本暨鉛印本　二十八冊　存二十種

330000－1795－0003941　集 0073　史部/紀傳類

**虞預晉書一卷**　(晉)虞預撰　(清)湯球輯　民國三十七年(1948)四明張氏約園刻四明叢書本　馮貞羣題記　一冊

330000－1795－0003942　史 0045　史部/傳記類/總傳之屬/仕宦

**民國十五年以前之蔣介石先生八卷**　毛思誠撰　民國鉛印本　六冊　存二卷(六至七)

330000－1795－0003943　史 0099　史部/傳記類/總傳之屬/仕宦

**民國十五年以前之蔣介石先生八卷**　毛思誠撰　民國二十六年(1937)鉛印本　二十冊

330000－1795－0003944　子 0014　史部/政書類/公牘檔冊之屬

**蔣總司令剿匪訓示錄一卷**　蔣中正撰　民國二十年(1931)石印本　一冊

330000－1795－0003951　家 0010　史部/傳記類/總傳之屬/家乘

**[浙江奉化]奉川丁氏宗譜六卷**　(清)丁希模修　(清)方汝舟纂　民國三十七年(1948)佑啟堂木活字印本　四冊

330000－1795－0003952　家 0011　史部/傳記類/總傳之屬/家乘

**[浙江奉化]奉川丁氏宗譜六卷**　(清)丁希模修　(清)方汝舟纂　民國三十七年(1948)佑啟堂木活字印本　四冊

330000－1795－0003953　家 0012　史部/傳記類/總傳之屬/家乘

**［浙江奉化］奉川丁氏宗譜六卷**　（清）丁希模修　（清）方汝舟纂　民國三十七年（1948）佑啟堂木活字印本　二册　存二卷（五至六）

330000－1795－0003958　史 0004　史部/目録類/總録之屬/私撰

**鄞范氏天一閣書目内編十卷**　馮貞羣編　民國二十六年至二十九年（1937－1940）寧波重修天一閣委員會鉛印本　四册

330000－1795－0003959　史 0006　史部/目録類/總録之屬/史志

**補晉書藝文志四卷**　（清）秦榮光纂　民國廣雅書局石印本　一册　存二卷（一至二）

330000－1795－0003962　家 0148　史部/傳記類/總傳之屬/家乘

**［浙江奉化］許岸張氏宗譜二卷首一卷**　民國六年（1917）木活字印本　一册

330000－1795－0003963　家 0149　史部/傳記類/總傳之屬/家乘

**［浙江奉化］許岸張氏宗譜六卷**　毛覺吾修　毛夢龍纂　民國三十七年（1948）永思堂木活字印本　一册　存四卷（一至四）

330000－1795－0003965　家 0151　史部/傳記類/總傳之屬/家乘

**［浙江奉化］峨陽張氏宗譜二卷**　張周祚修　石紹祺纂　民國十四年（1925）崇禮堂木活字印本　一册

330000－1795－0003966　家 0152　史部/傳記類/總傳之屬/家乘

**［浙江奉化］峨陽張氏宗譜二卷**　張周祚修　石紹祺纂　民國十四年（1925）崇禮堂木活字印本　一册

330000－1795－0003969　家 0014　史部/傳記類/總傳之屬/家乘

**［浙江奉化］重修連山小萬竹馬氏宗譜不分卷**　王禮賓纂修　民國二十六年（1937）木活字印本　一册

330000－1795－0003970　家 0015　史部/傳記類/總傳之屬/家乘

**［浙江奉化］馬氏宗譜竺氏宗譜不分卷**　王禮賓纂　民國二十六年（1937）木活字印本　一册

330000－1795－0003972　家 0017　史部/傳記類/總傳之屬/家乘

**［浙江奉化］峩陽方氏宗譜四卷首一卷**　方義定修　莊景仲纂　民國十四年（1925）崇德堂木活字印本　一册

330000－1795－0003973　家 0018　史部/傳記類/總傳之屬/家乘

**［浙江奉化］峩陽方氏宗譜四卷首一卷**　方義定修　莊景仲纂　民國十四年（1925）崇德堂木活字印本　一册

330000－1795－0003974　家 0019　史部/傳記類/總傳之屬/家乘

**［浙江奉化］峩陽方氏宗譜四卷首一卷**　方義定修　莊景仲纂　民國十四年（1925）崇德堂木活字印本　一册

330000－1795－0003980　家 0025　史部/傳記類/總傳之屬/家乘

**［浙江奉化］奉川西錦王氏宗譜十卷首一卷**　王德定修　嚴聖浩纂　民國三年（1914）新邑誠心堂木活字印本　二册

330000－1795－0003982　家 0155　史部/傳記類/總傳之屬/家乘

**［浙江鄞縣］鳳山張氏宗譜三卷**　張忠烈修　張孝鼎纂　民國十六年（1927）植本堂木活字印本　二册

330000－1795－0003983　家 0026　史部/傳記類/總傳之屬/家乘

**［浙江奉化］奉川西錦王氏宗譜十卷首一卷**　王德定修　嚴聖浩纂　民國三年（1914）新邑誠心堂木活字印本　二册

330000－1795－0003984　家 0027　史部/傳記類/總傳之屬/家乘

**［浙江奉化］奉川西錦王氏宗譜十卷首一卷**

王德定修　嚴聖浩纂　民國三年(1914)新邑誠心堂木活字印本　二冊

330000－1795－0003985　家 0156　史部/傳記類/總傳之屬/家乘

**[浙江奉化印家坑]甘里邵氏宗譜五卷**　邵城潮修　方汝舟纂　民國三十七年(1948)木活字印本　一冊

330000－1795－0003988　家 0159　史部/傳記類/總傳之屬/家乘

**[浙江奉化]西錦陳氏宗譜九卷首一卷**　陳發盛修　嚴聖浩纂　民國七年(1918)咸正堂木活字印本　一冊

330000－1795－0003989　家 0160　史部/傳記類/總傳之屬/家乘

**[浙江奉化]鵁鶄陳氏世系圖不分卷**　民國抄本　一冊

330000－1795－0003992　家 0163　史部/傳記類/總傳之屬/家乘

**[浙江奉化]峨陽陳氏重修宗譜不分卷**　賴士龍纂修　民國二十三年(1934)嘉會堂抄本一冊

330000－1795－0003993　家 0164　史部/傳記類/總傳之屬/家乘

**[浙江奉化]泉溪何氏宗譜六卷**　民國十四年(1925)秀水堂木活字印本　一冊　存五卷(二至六)

330000－1795－0003994　家 0165　史部/傳記類/總傳之屬/家乘

**[浙江奉化]吳江涇吳氏宗譜不分卷**　民國十五年(1926)鉛印本　二冊

330000－1795－0003996　家 0167　史部/傳記類/總傳之屬/家乘

**[浙江奉化]降渚吳氏路下房譜十二卷**　劉紹琮纂修　民國二年(1913)木活字印本　二冊

330000－1795－0003997　家 0168　史部/傳記類/總傳之屬/家乘

**[浙江奉化]降渚吳氏路下房譜十二卷**　劉紹琮纂修　民國二年(1913)木活字印本　二冊

330000－1795－0003998　家 0028　史部/傳記類/總傳之屬/家乘

**[浙江奉化]奉川西錦王氏宗譜十卷首一卷**　王德定修　嚴聖浩纂　民國三十七年(1948)孝感堂木活字印本　二冊

330000－1795－0003999　家 0029　史部/傳記類/總傳之屬/家乘

**[浙江奉化]奉川西錦王氏宗譜十卷首一卷**　王德定修　嚴聖浩纂　民國三十七年(1948)孝感堂木活字印本　二冊

330000－1795－0004000　家 0030　史部/傳記類/總傳之屬/家乘

**[浙江奉化]王氏雙桂宗譜四卷**　王文瀚纂修　民國二年(1913)新邑沃州敬承堂木活字印本　一冊

330000－1795－0004001　家 0031　史部/傳記類/總傳之屬/家乘

**[浙江奉化]王氏雙桂宗譜四卷**　王文瀚纂修　民國二年(1913)新邑沃州敬承堂木活字印本　一冊

330000－1795－0004002　家 0032　史部/傳記類/總傳之屬/家乘

**[浙江奉化]雙桂狀元坊王氏宗譜四卷首一卷**　師旦纂修　民國三十八年(1949)濟美堂木活字印本　一冊

330000－1795－0004003　家 0033　史部/傳記類/總傳之屬/家乘

**[浙江奉化]奉川楊墅王氏宗譜七卷首一卷**　王代瑩修　石如金纂　民國六年(1917)新邑敬承堂石印本　一冊

330000－1795－0004005　家 0035　史部/傳記類/總傳之屬/家乘

**[浙江奉化]浦口王氏春房譜九卷**　民國十七年(1928)木活字印本　一冊　存五卷(五至九)

330000－1795－0004006　家 0036　史部/傳記類/總傳之屬/家乘

**[浙江奉化]浦口王氏春房譜九卷**　民國十七

年(1928)木活字印本　二冊　存六卷(四至九)

330000－1795－0004007　家 0037　史部/傳記類/總傳之屬/家乘
**[浙江奉化]浦口王氏文房宗譜十二卷首一卷**　王祿瑞修　蔣能俊纂　民國八年(1919)明德堂木活字印本　三冊　缺二卷(十一至十二)

330000－1795－0004008　家 0038　史部/傳記類/總傳之屬/家乘
**[浙江奉化]浦口王氏文房宗譜五卷首一卷**　王名卿修　王振麒纂　民國三十七年(1948)明德堂木活字印本　二冊　缺二卷(四至五)

330000－1795－0004010　集 0001　集部/小說類/長篇之屬
**增像全圖東周列國志二十七卷一百八回**　(清)蔡奡評點　民國石印本　二冊

330000－1795－0004012　家 0172　史部/傳記類/總傳之屬/家乘
**[浙江奉化]降渚吳氏世睦堂譜四卷**　民國二十五年(1936)世睦堂木活字印本　一冊

330000－1795－0004025　家 0183　史部/傳記類/總傳之屬/家乘
**[浙江奉化]晦溪單氏宗譜五卷**　(清)單仁富修　(清)竺之侃纂　民國十八年(1929)敦敘堂木活字印本　二冊

330000－1795－0004026　家 0184　史部/傳記類/總傳之屬/家乘
**[浙江奉化]晦溪單氏宗譜四卷**　(清)單仁富修　(清)竺之侃纂　民國十八年(1929)溯源堂木活字印本　三冊

330000－1795－0004027　家 0185　史部/傳記類/總傳之屬/家乘
**[浙江奉化]晦溪單氏宗譜四卷**　(清)單仁富修　(清)竺之侃纂　民國十八年(1929)溯源堂木活字印本　一冊　存一卷(二)

330000－1795－0004031　家 0188　史部/傳記類/總傳之屬/家乘
**[浙江奉化]晦溪單氏宗譜四卷**　(清)單均水修　(清)王秉璋纂　民國二十七年(1938)懷本堂木活字印本　一冊

330000－1795－0004032　家 0043　史部/傳記類/總傳之屬/家乘
**[浙江奉化]箭嶺王氏宗譜五卷首一卷**　(清)王啟仕修　(清)王廷彥纂　民國二十三年(1934)樹本堂木活字印本　六冊

330000－1795－0004033　家 0189　史部/傳記類/總傳之屬/家乘
**[浙江奉化]晦溪單氏宗譜四卷**　(清)單均水修　(清)王秉璋纂　民國二十七年(1938)懷本堂木活字印本　一冊　存二卷(一至二)

330000－1795－0004034　家 0190　史部/傳記類/總傳之屬/家乘
**[浙江奉化]筠溪竺氏宗譜四卷**　竺潘純修　竺商賡纂　民國二年(1913)木活字印本　三冊

330000－1795－0004035　家 0044　史部/傳記類/總傳之屬/家乘
**[浙江奉化]箭嶺王氏宗譜五卷首一卷**　(清)王啟仕修　(清)王廷彥纂　民國二十三年(1934)樹本堂木活字印本　六冊

330000－1795－0004036　家 0063　史部/傳記類/總傳之屬/家乘
**[浙江奉化]塘里田屋王氏宗譜四卷**　王祿鼎修　王信甲纂　民國六年(1917)木活字印本　一冊

330000－1795－0004037　家 0045　史部/傳記類/總傳之屬/家乘
**[浙江奉化]箭嶺王氏宗譜五卷首一卷**　(清)王啟仕修　(清)王廷彥纂　民國二十三年(1934)樹本堂木活字印本　六冊

330000－1795－0004038　家 0046　史部/傳記類/總傳之屬/家乘
**[浙江奉化]箭嶺王氏宗譜五卷首一卷**　(清)王啟仕修　(清)王廷彥纂　民國二十三年(1934)樹本堂木活字印本　六冊

330000－1795－0004039　家 0047　史部/傳記類/總傳之屬/家乘

**[浙江奉化]箭嶺王氏宗譜三卷首一卷**　(清)王廷彥纂修　民國二十三年(1934)樹本堂木活字印本　一册

330000－1795－0004040　家 0048　史部/傳記類/總傳之屬/家乘

**[浙江奉化]箭嶺王氏宗譜三卷首一卷**　(清)王廷彥纂修　民國二十三年(1934)樹本堂木活字印本　一册

330000－1795－0004043　家 0051　史部/傳記類/總傳之屬/家乘

**[浙江奉化]小萬竹王氏房譜五卷**　王天開修　王序賓纂　民國十四年(1925)木活字印本　一册

330000－1795－0004044　家 0052　史部/傳記類/總傳之屬/家乘

**[浙江奉化]小萬竹王氏房譜五卷**　王天開修　王序賓纂　民國十四年(1925)木活字印本　一册

330000－1795－0004045　家 0053　史部/傳記類/總傳之屬/家乘

**[浙江奉化]小萬竹王氏宗譜六卷**　王天開修　王序賓纂　民國十四年(1925)木活字印本　四册

330000－1795－0004046　家 0054　史部/傳記類/總傳之屬/家乘

**[浙江奉化]小萬竹王氏宗譜六卷**　王展翼修　王祥沛纂　民國三十三年(1944)木活字印本　五册

330000－1795－0004047　家 0055　史部/傳記類/總傳之屬/家乘

**[浙江奉化]小萬竹王氏宗譜六卷**　王展翼修　王祥沛纂　民國三十三年(1944)木活字印本　五册

330000－1795－0004048　家 0056　史部/傳記類/總傳之屬/家乘

**[浙江奉化]小萬竹王氏宗譜六卷**　王展翼修　王祥沛纂　民國三十三年(1944)木活字印本　五册

330000－1795－0004049　家 0057　史部/傳記類/總傳之屬/家乘

**[浙江奉化]小萬竹王氏房譜五卷**　王祥沛纂　民國三十四年(1945)木活字印本　一册

330000－1795－0004050　家 0058　史部/傳記類/總傳之屬/家乘

**[浙江奉化]小萬竹王氏房譜五卷**　王祥沛纂　民國三十四年(1945)木活字印本　一册

330000－1795－0004051　家 0059　史部/傳記類/總傳之屬/家乘

**[浙江奉化]小萬竹王氏房譜五卷**　王祥沛纂　民國三十四年(1945)木活字印本　一册

330000－1795－0004052　家 0060　史部/傳記類/總傳之屬/家乘

**[浙江奉化]小萬竹王氏房譜五卷**　王祥沛纂　民國三十四年(1945)木活字印本　一册

330000－1795－0004053　家 0061　史部/傳記類/總傳之屬/家乘

**[浙江奉化]小萬竹王氏房譜五卷**　王祥沛纂　民國三十四年(1945)木活字印本　一册

330000－1795－0004054　家 0062　史部/傳記類/總傳之屬/家乘

**[浙江奉化]小萬竹王氏房譜五卷**　王祥沛纂　民國三十四年(1945)木活字印本　一册

330000－1795－0004055　集 0323　集部/總集類/郡邑之屬

**續甬上耆舊詩一百二十卷首一卷**　(清)全祖望輯選　民國七年(1918)四明文獻社鉛印本　二十一册　缺十三卷(十七至二十一、六十一至六十八)

330000－1795－0004057　家 0191　史部/傳記類/總傳之屬/家乘

**[浙江奉化]筠溪竺氏宗譜八卷首一卷**　竺藩純修　竺商賡纂　民國二年(1913)木活字印本　一册

330000－1795－0004058　家0192　史部/傳記類/總傳之屬/家乘

**[浙江奉化]竺氏宗譜二卷**　竺士康纂修　民國十六年(1927)永德堂木活字印本　一冊

330000－1795－0004059　家0193　史部/傳記類/總傳之屬/家乘

**[浙江奉化]竺氏宗譜不分卷**　民國三十八年(1949)抄本　一冊

330000－1795－0004062　家0196　史部/傳記類/總傳之屬/家乘

**[浙江奉化]奉川澄清周氏宗譜三十六卷**　周紹海修　周啟儒纂　民國十四年(1925)恰禮堂木活字印本　十九冊

330000－1795－0004065　家0199　史部/傳記類/總傳之屬/家乘

**[浙江奉化]西錦周氏宗譜四卷首一卷**　蔣錫侯編纂　民國十八年(1929)木活字印本　一冊

330000－1795－0004066　家0200　史部/傳記類/總傳之屬/家乘

**[浙江奉化]西錦周氏宗譜四卷首一卷**　蔣錫侯編纂　民國十八年(1929)木活字印本　一冊

330000－1795－0004077　家0064　史部/傳記類/總傳之屬/家乘

**[浙江奉化]塘里田屋王氏宗譜四卷**　王禄鼎修　王信甲纂　民國六年(1917)木活字印本　一冊

330000－1795－0004078　家0065　史部/傳記類/總傳之屬/家乘

**[浙江奉化]塘里田屋王氏宗譜四卷首一卷**　王禮賓修　王福坤纂　民國三十四年(1945)木活字印本　一冊

330000－1795－0004079　家0066　史部/傳記類/總傳之屬/家乘

**[浙江奉化]塘里田屋王氏宗譜四卷首一卷**　王禮賓修　王福坤纂　民國三十四年(1945)木活字印本　一冊

330000－1795－0004086　家0073　史部/傳記類/總傳之屬/家乘

**[浙江奉化]桐溪王氏宗譜不分卷**　王學啟修　董超纂　民國十三年(1924)稿本　一冊

330000－1795－0004087　家0074　史部/傳記類/總傳之屬/家乘

**[浙江奉化]葛竹王氏宗譜象一卷**　余重耀纂修　民國二十三年(1934)影印本　一冊

330000－1795－0004090　家0077　史部/傳記類/總傳之屬/家乘

**[浙江鄞縣]鄞南王港王氏宗譜八卷**　王九華編纂　民國十八年(1929)畬經堂木活字印本　一冊

330000－1795－0004092　家0079　史部/傳記類/總傳之屬/家乘

**[浙江鄞縣]陶公山王氏宗譜六卷**　民國樹德堂木活字印本　三冊　存四卷(二至三、五至六)

330000－1795－0004101　家0084　史部/傳記類/總傳之屬/家乘

**[浙江奉化]鮚埼馮氏宗譜四卷首一卷**　馮道在修　宋蔚臣纂　民國三年(1914)餘慶堂抄本　一冊

330000－1795－0004103　家0085　史部/傳記類/總傳之屬/家乘

**[浙江奉化]鮚埼馮氏家乘便覽四卷**　民國五年(1916)抄本　一冊

330000－1795－0004106　家0086　史部/傳記類/總傳之屬/家乘

**[浙江奉化]鮚埼馮氏宗譜四卷首一卷**　馮慶余修　胡振亨纂　民國二十八年(1939)餘慶堂木活字印本　一冊

330000－1795－0004108　家0087　史部/傳記類/總傳之屬/家乘

**[浙江奉化]鮚埼馮氏宗譜四卷首一卷**　馮慶余修　胡振亨纂　民國二十八年(1939)餘慶堂木活字印本　一冊

330000－1795－0004109　家0088　史部/傳

記類/總傳之屬/家乘

[浙江奉化]鮚埼馮氏宗譜四卷首一卷　馮慶余修　胡振亨纂　民國二十八年(1939)餘慶堂木活字印本　一冊

330000－1795－0004110　家0089　史部/傳記類/總傳之屬/家乘

[浙江奉化]鮚埼馮氏宗譜四卷首一卷　馮慶余修　胡振亨纂　民國二十八年(1939)餘慶堂木活字印本　一冊

330000－1795－0004112　家0090　史部/傳記類/總傳之屬/家乘

[浙江新昌]南明石氏宗譜不分卷　民國二十六年(1937)慶云堂木活字印本　一冊

330000－1795－0004115　家0091　史部/傳記類/總傳之屬/家乘

[浙江奉化]龍溪盧氏西派支譜十卷　盧國蔚纂　民國二十二年(1933)固本堂木活字印本　一冊

330000－1795－0004116　家0092　史部/傳記類/總傳之屬/家乘

[浙江奉化]葉氏家乘要覽不分卷　民國二十五年(1936)抄本　一冊

330000－1795－0004121　家0096　史部/傳記類/總傳之屬/家乘

[浙江奉化]鄔氏信一房支譜不分卷　鄔開統修　鄔南友纂　民國三十七年(1948)抄本　一冊

330000－1795－0004127　家0100　史部/傳記類/總傳之屬/家乘

[浙江奉化]獅山呂氏家譜三卷　莊景仲纂修　民國二十六年(1937)木活字印本　一冊

330000－1795－0004129　家0101　史部/傳記類/總傳之屬/家乘

[浙江奉化]上山阮氏宗譜□□卷　民國八年(1919)木活字印本　一冊　存五卷(九至十三)

330000－1795－0004135　家0104　史部/傳記類/總傳之屬/家乘

[浙江奉化]泉溪孫氏宗譜十六卷首一卷　孫悌發修　孫禮鏘纂　民國十六年(1927)木活字印本　十二冊

330000－1795－0004137　家0105　史部/傳記類/總傳之屬/家乘

[浙江奉化]泉溪孫氏宗譜十六卷首一卷　孫悌發修　孫禮鏘纂　民國十六年(1927)木活字印本　十一冊　缺一卷(三)

330000－1795－0004139　家0106　史部/傳記類/總傳之屬/家乘

[浙江奉化]泉溪孫氏宗譜十六卷首一卷　孫悌發修　孫禮鏘纂　民國十六年(1927)木活字印本　二冊　存二卷(九、十五)

330000－1795－0004140　家0107　史部/傳記類/總傳之屬/家乘

[浙江奉化]泉溪孫氏房譜(天秀經房下剛樂房派房譜)不分卷　孫教成纂修　民國十六年(1927)木活字印本　一冊

330000－1795－0004142　家0108　史部/傳記類/總傳之屬/家乘

[浙江奉化]孫氏房譜(三房志廣公下茂枝公派房譜)不分卷　民國木活字印本　一冊

330000－1795－0004147　家0109　史部/傳記類/總傳之屬/家乘

[浙江奉化]汪氏宗譜十二卷首一卷　方汝舟主修　民國三十六年(1947)木活字印本　三冊

330000－1795－0004155　家0117　史部/傳記類/總傳之屬/家乘

[浙江奉化]重修沈孟西信房譜不分卷　沈治冷修　吳震亞纂　民國二十二年(1933)稿本　二冊

330000－1795－0004156　家0118　史部/傳記類/總傳之屬/家乘

[浙江奉化]爵隩沈氏西房譜四卷首一卷　沈化榮修　林岫亭纂　民國三十五年(1946)木活字印本　二冊

330000－1795－0004157　家0119　史部/傳

記類/總傳之屬/家乘

**[浙江奉化]爵陝沈氏西房譜四卷首一卷** 沈化榮修，林岫亭纂 民國三十五年(1946)木活字印本 二册

330000－1795－0004158 家0120 史部/傳記類/總傳之屬/家乘

**[浙江奉化]爵陝沈氏西房譜四卷首一卷** 沈化榮修 林岫亭纂 民國三十五年(1946)木活字印本 二册

330000－1795－0004159 家0121 史部/傳記類/總傳之屬/家乘

**[浙江奉化]爵谿後宅沈氏宗譜不分卷** 沈曉婷纂 民國十年(1921)稿本 一册

330000－1795－0004160 家0122 史部/傳記類/總傳之屬/家乘

**[浙江奉化]沈氏爵陝後宅譜牒不分卷** 沈開禎修 裘士莊纂 民國三十三年(1944)稿本 一册

330000－1795－0004164 家0126 史部/傳記類/總傳之屬/家乘

**[浙江奉化]沈氏小房家譜不分卷** 稿本 一册

330000－1795－0004169 家0131 史部/傳記類/總傳之屬/家乘

**[浙江奉化]沈氏宗譜不分卷** 王省三纂 民國十二年(1923)耕心堂稿本 一册

330000－1795－0004171 家0133 史部/傳記類/總傳之屬/家乘

**[浙江奉化]沈氏上下堂前支譜不分卷** 沈化席修 吴亞震纂 民國三十五年(1946)抄本 一册

330000－1795－0004172 家0134 史部/傳記類/總傳之屬/家乘

**[浙江奉化]沈氏上下堂前支譜不分卷** 沈化席修 吴亞震纂 民國三十五年(1946)抄本 一册

330000－1795－0004173 家0135 史部/傳記類/總傳之屬/家乘

**[浙江奉化]沈氏行房支譜不分卷** 沈彰顔纂修 稿本 一册

330000－1795－0004197 家0140 史部/傳記類/總傳之屬/家乘

**[浙江奉化]李氏宗譜不分卷** 民國抄本 一册

330000－1795－0004199 家0142 史部/傳記類/總傳之屬/家乘

**[浙江鄞縣]鄞東忻氏支譜不分卷** 忻德壽修 忻壹纂 民國二十年(1931)新昌石氏木活字印本 一册

330000－1795－0004203 家0259 史部/傳記類/總傳之屬/家乘

**[浙江奉化]連山康氏宗譜四卷首一卷** 石履華纂 民國二年(1913)木活字印本 一册

330000－1795－0004204 家0260 史部/傳記類/總傳之屬/家乘

**[浙江奉化]連山康氏宗譜四卷首一卷** 石履華纂 民國二年(1913)木活字印本 一册

330000－1795－0004205 家0261 史部/傳記類/總傳之屬/家乘

**[浙江奉化]連山康氏宗譜四卷首一卷** 石履華纂 民國二年(1913)木活字印本 一册

330000－1795－0004206 家0262 史部/傳記類/總傳之屬/家乘

**[浙江奉化]連山康氏宗譜四卷首一卷** 王禮賓纂 民國二十八年(1939)木活字印本 一册

330000－1795－0004211 家0267 史部/傳記類/總傳之屬/家乘

**[浙江奉化]閻氏宗譜五卷首一卷** 閻文福纂修 民國十六年(1927)世恩堂木活字印本 一册

330000－1795－0004212 家0268 史部/傳記類/總傳之屬/家乘

**[浙江奉化]閻氏宗譜五卷首一卷** 閻文福纂修 民國十六年(1927)世恩堂木活字印本 一册

330000－1795－0004213　家0269　史部/傳記類/總傳之屬/家乘
**[浙江奉化]黃氏支譜不分卷**　民國木活字印本　一冊

330000－1795－0004217　家0273　史部/傳記類/總傳之屬/家乘
**[浙江奉化]董氏採訪一卷**　董孝增修　樊東華纂　民國三十五年(1946)抄本　一冊

330000－1795－0004218　家0274　史部/傳記類/總傳之屬/家乘
**[浙江奉化]重修董家橋董氏宗譜四卷**　董孝增修　樊東華纂　民國三十五年(1946)木活字印本　一冊

330000－1795－0004221　家0277　史部/傳記類/總傳之屬/家乘
**[浙江奉化]奉川中山岙董氏宗譜七卷**　董兆泮修　董乃武纂　民國三十八年(1949)木活字印本　一冊

330000－1795－0004223　家0278　史部/傳記類/總傳之屬/家乘
**[浙江奉化]奉川中山岙董氏宗譜七卷**　董兆泮修　董乃武纂　民國三十八年(1949)木活字印本　一冊

330000－1795－0004227　家0146　史部/傳記類/總傳之屬/家乘
**[浙江奉化]奉川土埭張氏宗譜不分卷**　張繩直修　張孔彰纂　民國五年(1916)木活字印本　一冊

330000－1795－0004229　家0147　史部/傳記類/總傳之屬/家乘
**[浙江奉化]奉川土埭張氏宗譜六卷**　張繩樂修　張耀乘纂　民國三十七年(1948)鉛印本　一冊

330000－1795－0004232　家0283　史部/傳記類/總傳之屬/家乘
**[浙江奉化]匯溪蔣氏宗譜二卷首一卷**　蔣周松修　戴夏禮纂　民國九年(1920)手寫本　一冊

330000－1795－0004233　家0284　史部/傳記類/總傳之屬/家乘
**[浙江奉化]江口蔣氏宗譜六卷首一卷**　蔣學初修　周孝成纂　民國二十七年(1938)崇德堂木活字印本　一冊

330000－1795－0004238　家0289　史部/傳記類/總傳之屬/家乘
**[浙江奉化]四明奉川峩陽蔣氏宗譜四卷首一卷**　賴士龍纂修　民國二十三年(1934)木活字印本　三冊

330000－1795－0004239　家0290　史部/傳記類/總傳之屬/家乘
**[浙江奉化]四明奉川峩陽蔣氏宗譜四卷首一卷**　賴士龍纂修　民國二十三年(1934)木活字印本　三冊

330000－1795－0004240　家0291　史部/傳記類/總傳之屬/家乘
**[浙江奉化]四明奉川峩陽蔣氏宗譜四卷首一卷**　賴士龍纂修　民國二十三年(1934)木活字印本　一冊　存一卷(三)

330000－1795－0004241　家0292　史部/傳記類/總傳之屬/家乘
**[浙江奉化]四明奉川峩陽蔣氏宗譜四卷首一卷**　賴士龍纂修　民國二十三年(1934)木活字印本　一冊　存一卷(三)

330000－1795－0004242　家0293　史部/傳記類/總傳之屬/家乘
**[浙江奉化]武嶺蔣氏宗譜三十二卷首一卷**　吳敬恆修　陳布雷等纂　民國三十七年(1948)上海中華書局鉛印本　六冊

330000－1795－0004243　家0294　史部/傳記類/總傳之屬/家乘
**[浙江奉化]武嶺蔣氏宗譜三十二卷首一卷**　吳敬恆修　陳布雷等纂　民國三十七年(1948)上海中華書局鉛印本　五冊

330000－1795－0004245　家0296　史部/傳記類/總傳之屬/家乘
**[浙江奉化]廟嶺程氏宗譜四卷首一卷**　程明

洋修　石華亭纂　民國十六年(1927)本仁堂木活字印本　一冊

330000－1795－0004253　家0304　史部/傳記類/總傳之屬/家乘
**[浙江奉化]馬站程氏宗譜一卷首一卷**　程茂棟修　董超纂　民國十四年(1925)抄本　一冊

330000－1795－0004254　家0305　史部/傳記類/總傳之屬/家乘
**[浙江奉化]馬站程氏宗譜一卷首一卷**　程茂棟修　董超纂　民國十四年(1925)抄本　一冊

330000－1795－0004255　家0306　史部/傳記類/總傳之屬/家乘
**[浙江奉化]馬站程氏宗譜一卷首一卷**　程茂棟修　董超纂　民國十四年(1925)稿本　一冊

330000－1795－0004256　家0307　史部/傳記類/總傳之屬/家乘
**[浙江奉化]馬站程氏宗譜不分卷**　程國良修　王南崧纂　民國三十七年(1948)稿本　一冊

330000－1795－0004257　家0308　史部/傳記類/總傳之屬/家乘
**[浙江奉化]裘氏支譜不分卷**　裘熙緯修　裘然旴纂　民國二十年(1931)木活字印本　一冊

330000－1795－0004271　家0322　史部/傳記類/總傳之屬/家乘
**[浙江奉化]峩陽樓氏宗譜不分卷**　(清)樓元卿修　(清)任笠卿纂　民國十五年(1926)書錦堂木活字印本　二冊

330000－1795－0004272　家0323　史部/傳記類/總傳之屬/家乘
**[浙江奉化]峩陽樓氏宗譜不分卷**　(清)樓元卿修　(清)任笠卿纂　民國十五年(1926)書錦堂木活字印本　三冊

330000－1795－0004273　家0324　史部/傳記類/總傳之屬/家乘
**[浙江奉化]峩陽樓氏宗譜不分卷**　(清)樓元卿修　(清)任笠卿纂　民國十五年(1926)書錦堂木活字印本　三冊

330000－1795－0004274　家0325　史部/傳記類/總傳之屬/家乘
**[浙江奉化]峩陽樓氏宗譜不分卷**　(清)樓元卿修　(清)任笠卿纂　民國十五年(1926)書錦堂木活字印本　四冊

330000－1795－0004275　家0326　史部/傳記類/總傳之屬/家乘
**[浙江奉化]峩陽樓氏宗譜不分卷**　(清)樓元卿修　(清)任笠卿纂　民國十五年(1926)書錦堂木活字印本　一冊

330000－1795－0004276　家0327　史部/傳記類/總傳之屬/家乘
**[浙江奉化]峩陽樓氏宗譜不分卷**　(清)樓元卿修　(清)任笠卿纂　民國十五年(1926)書錦堂木活字印本　一冊

330000－1795－0004277　家0328　史部/傳記類/總傳之屬/家乘
**[浙江奉化]峩陽樓氏宗譜不分卷**　(清)樓元卿修　(清)任笠卿纂　民國十五年(1926)書錦堂木活字印本　二冊

330000－1795－0004278　家0329　史部/傳記類/總傳之屬/家乘
**[浙江奉化]峩陽樓氏宗譜不分卷**　(清)樓元卿修　(清)任笠卿纂　民國十五年(1926)書錦堂木活字印本　二冊

330000－1795－0004279　家0330　史部/傳記類/總傳之屬/家乘
**[浙江奉化]峩陽樓氏宗譜不分卷**　(清)樓元卿修　(清)任笠卿纂　民國十五年(1926)書錦堂木活字印本　三冊

330000－1795－0004282　家0333　史部/傳記類/總傳之屬/家乘
**[浙江西錦]戴氏宗譜六卷**　(清)戴英標主修　(清)嚴翼鋆編纂　民國木活字印本　一冊

330000－1795－0004283　家0334　史部/傳記類/總傳之屬/家乘

**［浙江奉化］奉川錦西戴氏宗譜六卷**　民國二十五年(1936)報本堂木活字印本　一冊

330000－1795－0004288　集0445　集部/總集類/酬唱之屬

**隨園續同人集詩不分卷文四卷**　(清)袁枚輯　民國七年(1918)文明書局石印本　八冊

330000－1795－0004291　集0180　新學/學校

**南洋公學新國文四卷**　唐文治鑒定　民國三年(1914)蘇州振新書社鉛印本　二冊　存二卷(一、四)

330000－1795－0004295　集0753　集部/詞類/別集之屬

**並蒂雙梟詞不分卷**　劉匯清撰　民國石印本　一冊

330000－1795－0004297　集0173　集部/總集類/彙編之屬

**國立浙江大學文學院集刊第一至四集**　國立浙江大學文學院集刊編輯委員會編　民國三十年(1941)石印本　四冊　存一種

330000－1795－0004298　集0145　集部/總集類/選集之屬/通代

**言文對照古文觀止十二卷**　(清)吳乘權　(清)吳大職輯　廣益書局編譯　民國上海廣益書局石印本　一冊　存一卷(七)

330000－1795－0004299　集0145－1　集部/總集類/選集之屬/通代

**古文觀止十二卷**　(清)吳乘權　(清)吳大職輯　民國石印本　一冊　存二卷(十一至十二)

330000－1795－0004301　叢0060　類叢部/叢書類/彙編之屬

**四部叢刊**　張元濟等編　民國上海商務印書館影印本　四十四冊　存二種

330000－1795－0004305　叢0029　類叢部/叢書類/彙編之屬

**漢魏叢書三十八種**　(明)程榮輯　民國十四年(1925)上海商務印書館據明萬曆程氏刻本影印本　四十冊

330000－1795－0004306　叢0026　類叢部/叢書類/郡邑之屬

**黔南叢書六十一種**　任可澄等編　民國十一年至三十二年(1922－1943)貴陽文通書局鉛印本暨刻本　二十冊　存十三種

330000－1795－0004308　叢0023　類叢部/叢書類/自著之屬

**章氏叢書十三種**　章炳麟撰　民國六年至八年(1917－1919)浙江圖書館刻本　二十三冊　存十二種

330000－1795－0004309　叢0113　類叢部/叢書類/彙編之屬

**四部備要**　中華書局編　民國二十五年(1936)上海中華書局鉛印本(經義考卷二百八十六、二百九十九至三百,東塾讀書記卷十三至十四、十七至二十、二十二至二十五原缺)　二十九冊　存二種

330000－1795－0004310　叢0109　類叢部/叢書類/彙編之屬

**四部備要**　中華書局編　民國二十五年(1936)上海中華書局鉛印本(經義考卷二百八十六、二百九十九至三百,東塾讀書記卷十三至十四、十七至二十、二十二至二十五原缺)　十四冊　存一種

330000－1795－0004311　集0045　集部/總集類/選集之屬/通代

**詳註經史百家雜鈔二十六卷**　(清)曾國藩纂　民國十九年(1930)上海會文堂新記書局石印本　十六冊

330000－1795－0004313　集0107　集部/總集類/選集之屬/通代

**古文辭類纂十五卷**　(清)姚鼐纂輯　民國鉛印本　五冊　缺二卷(一至二)

330000－1795－0004342　子0400　子部/醫家類/方書之屬

**藥方不分卷**　民國抄本　一冊

330000－1795－0004344　子 0055　子部/醫家類/本草之屬/本草藥性
**雷公炮製藥性解六卷**　(清)李中梓輯　民國石印本　一冊

330000－1795－0004345　子 0026　子部/醫家類/綜合之屬/通論
**御纂醫宗金鑑九十卷首一卷**　(清)吳謙等撰　民國鉛印本　四冊　存二十卷(五十五至七十四)

330000－1795－0004346　子 0393　子部/醫家類/方書之屬
**藥方不分卷**　民國抄本　一冊

330000－1795－0004347　子 0022　子部/醫家類/綜合之屬/通論
**御纂醫宗金鑑九十卷首一卷**　(清)吳謙等撰　民國鉛印本　十九冊

330000－1795－0004348　子 0061　子部/術數類/陰陽五行之屬
**新鐫曆法便覽象吉備要通書大全二十九卷**　(清)魏鑑撰　民國上海錦章圖書局石印本　十二冊

330000－1795－0004349　史 0030　史部/傳記類/別傳之屬/事狀
**魏文節公[杞]事略一卷**　魏頌唐輯　民國二十五年(1936)鉛印本　一冊

330000－1795－0004350　史 0044　史部/傳記類/別傳之屬/事狀
**魏文節公[杞]事略一卷**　魏頌唐輯　民國二十五年(1936)鉛印本　一冊

330000－1795－0004351　集 0136　集部/總集類/郡邑之屬
**竹洲文獻二卷**　楊貽誠編　民國二十五年(1936)鄞縣縣立女子中學校友會鉛印本　一冊

330000－1795－0004354　史 0130　史部/傳記類/別傳之屬/年譜
**宋文憲公[濂]年譜二卷附錄一卷**　(清)朱興悌　(清)載殿江纂　孫鏘增輯　民國五年(1916)刻本　一冊

330000－1795－0004355　史 0129　史部/傳記類/別傳之屬/年譜
**宋文憲公[濂]年譜二卷附錄一卷**　(清)朱興悌　(清)載殿江纂　孫鏘增輯　民國五年(1916)刻本　一冊

330000－1795－0004357　集 0156　集部/總集類/選集之屬/通代
**古文觀止十二卷**　(清)吳乘權　(清)吳大職輯　民國五年(1916)中華書局石印本　三冊　缺六卷(七至十二)

330000－1795－0004361　子 0025　子部/小說家類/異聞之屬
**閱微草堂筆記二十四卷**　(清)紀昀撰　民國上海中華圖書館石印本　二冊　存六卷(七至十二)

330000－1795－0004363　經 0292　經部/小學類/音韻之屬/韻書
**增廣詩韻全璧六卷**　民國十五年(1926)上海鴻寶齋書局石印本　四冊　缺一卷(二)

330000－1795－0004364　子 0167　集部/小說類/長篇之屬
**增評加批金玉緣圖說一百二十卷首一卷**　(清)曹霑　(清)高鶚撰　(清)蝶薌仙史評訂　民國石印本　五冊　存四十卷(二十七至五十八、九十一至九十八)

330000－1795－0004366　集 0352　集部/總集類/選集之屬/通代
**御選唐宋詩醇四十七卷目錄二卷**　(清)高宗弘曆輯　民國石印本　一冊　缺四十三卷(五至四十七)

330000－1795－0004368　子 0341　子部/宗教類/佛教之屬
**法華三昧寶懺一卷**　(隋)釋智顗　釋今覺刪訂　民國刻本　一冊

330000－1795－0004369　子 0160　子部/宗

教類/佛教之屬

**佛法教經一卷** 民國九年(1920)長源軒鉛印本 一册

330000－1795－0004371 子0335 子部/宗教類/佛教之屬

**目連寶懺水讚一卷** 民國石印本 一册

330000－1795－0004372 子0292 子部/宗教類/佛教之屬/經

**妙法蓮華經七卷** (後秦)釋鳩摩羅什譯 民國三年(1914)三寶經房刻本 三册

330000－1795－0004373 子0063 子部/宗教類/佛教之屬

**常樂我淨不分卷** 民國三十六年(1947)抄本 一册

330000－1795－0004377 集0041 集部/別集類/唐五代別集

**昌黎先生集四十卷外集十卷遺文一卷** (唐)韓愈撰 (唐)李漢編 **朱子校昌黎先生集傳一卷** (宋)朱熹撰 民國九年(1920)東雅堂鉛印本 二册 存八卷(一、二十一至二十六,朱子校昌黎先生集傳)

330000－1795－0004379 史0201 史部/政書類/公牘檔册之屬

**奉化縣教育會報告書不分卷** 民國鉛印本 一册

330000－1795－0004380 集0148 集部/小説類/長篇之屬

**增像全圖東周列國志二十七卷一百八回** (清)蔡界評點 民國廣興書局石印本 一册 存一卷(十四)

330000－1795－0004381 集0147 集部/小説類/長篇之屬

**東周列國全志八卷一百八回** (清)蔡界評點 民國石印本 一册 存一卷(七)

330000－1795－0004382 集0146 集部/小説類/長篇之屬

**東周列國全志八卷一百八回** (清)蔡界評點 民國石印本 一册 存一卷(二)

330000－1795－0004385 子0143 集部/小説類/長篇之屬

**增評加批金玉緣圖説一百二十卷首一卷** (清)曹霑 (清)高鶚撰 (清)蝶薌仙史評訂 民國石印本 一册 缺一百十六卷(五至一百二十)

330000－1795－0004386 集0142 集部/小説類/長篇之屬

**增像全圖東周列國志二十七卷一百八回** (清)蔡界評點 民國上海商務印書館石印本 一册 存四卷(十五至十八)

330000－1795－0004387 集0141 集部/小説類/長篇之屬

**第一才子書繡像三國志演義六十卷一百二十回首一卷** (明)羅本撰 (清)毛宗崗 (清)金人瑞評 民國上海商務印書館鉛印本 一册 存四卷(二十一至二十四)

330000－1795－0004388 集0140 集部/小説類/長篇之屬

**增像全圖三國演義十六卷首一卷一百二十回** (明)羅本撰 (清)毛宗崗評 民國石印本 一册 存二卷(十一至十二)

330000－1795－0004389 集0139 集部/小説類/長篇之屬

**東周列國全志八卷一百八回** (清)蔡界評點 民國石印本 一册 存一卷(八)

330000－1795－0004390 集0138 集部/小説類/長篇之屬

**增評加批金玉緣圖説一百二十卷首一卷** (清)曹霑 (清)高鶚撰 (清)蝶薌仙史評訂 民國石印本 一册 存一卷(首)

330000－1795－0004391 集0137 集部/小説類/長篇之屬

**第一才子書六十卷一百二十回首一卷** (明)羅本撰 (清)毛宗崗 (清)金人瑞評 民國鉛印本 一册 存三卷(首、一至二)

330000－1795－0004392 集0136 集部/小説類/長篇之屬

**第一才子書繡像三國志演義六十卷一百二十回首一卷** （明）羅本撰 （清）毛宗崗 （清）金人瑞評 民國鉛印本 二册 存十四卷（三十九至五十二）

330000－1795－0004393 集 0135 集部/小說類/長篇之屬

**增像全圖東周列國志二十七卷一百八回** （清）蔡奡評點 民國石印本 一册 存四卷（十一至十四）

330000－1795－0004394 集 0134 集部/小說類/長篇之屬

**增像全圖東周列國志二十七卷一百八回** （清）蔡奡評點 民國石印本 一册 存二卷（二十二至二十三）

330000－1795－0004395 集 0133 集部/小說類/長篇之屬

**第一才子書六十卷一百二十回首一卷** （明）羅本撰 （清）毛宗崗 （清）金人瑞評 民國鉛印本 一册 存四卷（二十一至二十四）

330000－1795－0004396 集 0132 集部/小說類/長篇之屬

**繪圖東周列國志□□卷一百八回** （明）馮夢龍撰 （清）蔡奡評點 民國石印本 一册 存一卷（五）

330000－1795－0004397 集 0131 集部/小說類/長篇之屬

**增像全圖三國志演義第一才子書十六卷一百二十回** （明）羅本撰 （清）毛宗崗訂 民國石印本 一册 存一卷（十二）

330000－1795－0004398 集 0130 集部/小說類/長篇之屬

**第一才子書六十卷一百二十回首一卷** （明）羅本撰 （清）毛宗崗 （清）金人瑞評 民國鉛印本 一册 存六卷（三十七至四十二）

330000－1795－0004399 集 0129 集部/小說類/長篇之屬

**第一才子書繡像三國志演義六十卷一百二十回首一卷** （明）羅本撰 （清）毛宗崗 （清）金人瑞評 民國商務印書館鉛印本 一册 存四卷（三十七至四十）

330000－1795－0004401 集 0127 集部/小說類/長篇之屬

**第一才子書六十卷一百二十回首一卷** （明）羅本撰 （清）毛宗崗 （清）金人瑞評 民國中新書局鉛印本 三册 存三卷（一、八、十四）

330000－1795－0004402 集 0126 集部/小說類/長篇之屬

**第一才子書十六卷一百二十回首一卷** （明）羅本撰 （清）毛宗崗 （清）金人瑞評 民國中新書局鉛印本 三册 存三卷（八、十四、十六）

330000－1795－0004403 集 126－1 集部/小說類/長篇之屬

**第一才子書六十卷一百二十回首一卷** （明）羅本撰 （清）毛宗崗 （清）金人瑞評 民國國光書局鉛印本 二册 存四卷（十七至十八、三十一至三十二）

330000－1795－0004404 集 0125 集部/小說類/長篇之屬

**東周列國全志八卷一百八回** （清）蔡昇評點 民國石印本 六册 存六卷（一至三、五至六、八）

330000－1795－0004405 集 0124 集部/小說類/長篇之屬

**第一才子書十六卷一百二十回首一卷** （明）羅本撰 （清）毛宗崗 （清）金人瑞評 民國中新書局鉛印本 二册 存二卷（三、八）

330000－1795－0004406 集 0123 集部/小說類/長篇之屬

**增像全圖三國演義十六卷一百二十回** （明）羅本撰 （清）毛宗崗評 民國二年（1913）上海新中華書社石印本 四册 存七卷（一、三至六、十五至十六）

330000－1795－0004407 集 0122 集部/小說類/長篇之屬

**增評補圖石頭記一百二十卷首一卷**　（清）曹霑　（清）高鶚撰　（清）王希廉評　（清）姚燮加評　民國石印本　七冊　缺十六卷（九至二十四）

330000－1795－0004409　集0120　集部/小說類/長篇之屬

**增像全圖三國演義十六卷首一卷一百二十回**　（明）羅本撰　（清）毛宗崗評　民國二年（1913）久敬齋石印本　三冊　存三卷（一、四、六）

330000－1795－0004410　集0119　集部/小說類/長篇之屬

**增像全圖三國演義十六卷首一卷一百二十回**　（明）羅本撰　（清）毛宗崗評　民國十七年（1928）上海天寶書局石印本　二冊　存五卷（首，一至二、九至十）

330000－1795－0004411　子0163－7　子部/宗教類/佛教之屬

**雪竇日誦一卷**　民國二十二年（1933）石印本　一冊

330000－1795－0004412　子0163－6　子部/宗教類/佛教之屬

**雪竇日誦一卷**　民國二十二年（1933）石印本　一冊

330000－1795－0004413　子0163－5　子部/宗教類/佛教之屬

**雪竇日誦一卷**　民國二十二年（1933）石印本　一冊

330000－1795－0004414　子0163－4　子部/宗教類/佛教之屬

**雪竇日誦一卷**　民國二十二年（1933）石印本　一冊

330000－1795－0004415　子0163－3　子部/宗教類/佛教之屬

**雪竇日誦一卷**　民國二十二年（1933）石印本　一冊

330000－1795－0004416　子0163－2　子部/宗教類/佛教之屬

**雪竇日誦一卷**　民國二十二年（1933）石印本　一冊

330000－1795－0004417　子0163－1　子部/宗教類/佛教之屬

**雪竇日誦一卷**　民國二十二年（1933）石印本　一冊

330000－1795－0004419　子0190　子部/宗教類/佛教之屬

**般若顯說不分卷**　陳竹籟撰註　民國二十三年（1934）明善書局鉛印本　一冊

330000－1795－0004421　集0145　集部/總集類/選集之屬/通代

**古文觀止十二卷**　（清）吳乘權　（清）吳大職輯　民國石印本　二冊　存四卷（五至八）

330000－1795－0004422　集0141　集部/總集類/選集之屬/通代

**新體廣註古文觀止十二卷**　（清）吳乘權　（清）吳大職輯　黃築巖　劉再蘇註釋　民國十年（1921）上海世界書局石印本　二冊　存四卷（九至十二）

330000－1795－0004425　子0336　子部/宗教類/佛教之屬

**金剛般若波羅蜜經一卷**　（後秦）釋鳩摩羅什譯　民國刻本　一冊

330000－1795－0004426　子0336－3　子部/宗教類/佛教之屬

**金剛般若波羅蜜經一卷**　（後秦）釋鳩摩羅什譯　民國刻本　一冊

330000－1795－0004427　子0336－2　子部/宗教類/佛教之屬

**金剛般若波羅蜜經一卷**　（後秦）釋鳩摩羅什譯　民國刻本　一冊

330000－1795－0004428　子0336－1　子部/宗教類/佛教之屬

**金剛般若波羅蜜經一卷**　（後秦）釋鳩摩羅什譯　民國刻本　一冊

330000－1795－0004430　史0384　史部/地

理類/方志之屬/郡縣志

**[民國]鄞縣通志六志五十一編附圖一函** 張傳保 汪煥章修 陳訓正 馬瀛纂 民國二十四年(1935)至一九五一年寧波鄞縣通志館鉛印本 一册 存四編(食貨志甲、乙、丙、丁)

330000－1795－0004431 史0385 史部/地理類/方志之屬/郡縣志

**[民國]鄞縣通志六志五十一編附圖一函** 張傳保 汪煥章修 陳訓正 馬瀛纂 民國二十四年(1935)至一九五一年寧波鄞縣通志館鉛印本 四册 存六編(博物志甲、乙,食貨志丁、戊、己、庚)

330000－1795－0004443 史0386 史部/地理類/方志之屬/郡縣志

**[民國]鄞縣通志六志五十一編附圖一函** 張傳保 汪煥章修 陳訓正 馬瀛纂 民國二十四年(1935)至一九五一年寧波鄞縣通志館鉛印本 八册 存十三編(政教志甲、乙、丙、丁、戊、己、庚、辛、壬、癸、子、丑、寅)

330000－1795－0004444 史0387 史部/地理類/方志之屬/郡縣志

**[民國]鄞縣通志六志五十一編附圖一函** 張傳保 汪煥章修 陳訓正 馬瀛纂 民國二十四年(1935)至一九五一年寧波鄞縣通志館鉛印本 八册 存十三編(政教志甲、乙、丙、丁、戊、己、庚、辛、壬、癸、子、丑、寅)

330000－1795－0004445 史0034 史部/地理類/方志之屬/郡縣志

**[民國]鄞縣通志六志五十一編附圖一函** 張傳保 汪煥章修 陳訓正 馬瀛纂 民國二十四年(1935)至一九五一年寧波鄞縣通志館鉛印本 十三册 存二十五編(輿地志甲、乙、丙、丁、戊、己、庚、辛、壬、癸、子、丑、寅、卯、辰、巳,博物志甲、乙,食貨志甲、乙、丙、丁、戊、己、庚)

330000－1795－0004449 子0368 子部/醫家類/醫案之屬

**寓意草一卷** (清)喻昌撰 民國石印本 一册

330000－1795－0004450 叢0212 類叢部/叢書類/彙編之屬

**唐人説薈(唐代叢書)一百六十四種** (清)陳世熙(一題王文誥)輯 民國上海掃葉山房石印本 十五册 存一百五十八種

330000－1795－0004457 集0148 集部/總集類/選集之屬/通代

**古文觀止十二卷** (清)吳乘權 (清)吳大職輯 民國十年(1921)上海鴻寶齋書局石印本 一册 存二卷(一至二)

330000－1795－0004459 史0010 史部/目録類/總録之屬/私撰

**鄞范氏天一閣書目内編十卷** 馮貞羣編 民國二十六年至二十九年(1937－1940)寧波重修天一閣委員會鉛印本 三册 存七卷(一至七)

330000－1795－0004461 史0382 史部/地理類/方志之屬/郡縣志

**[光緒]剡源鄉志二十四卷首一卷** (清)趙霈濤纂 民國五年(1916)丹山赤水洞天剡曲草堂鉛印本 三册 缺三卷(十六至十八)

330000－1795－0004463 集0420 集部/别集類/清别集

**亭林詩集五卷文集六卷餘集一卷** (清)顧炎武撰 民國上海掃葉山房石印本 二册 存五卷(詩集一至五)

330000－1795－0004467 子0341 子部/宗教類/佛教之屬

**般若波羅蜜多心經一卷** (唐)釋玄奘譯 民國十一年(1922)刻本 二册

330000－1795－0004477 集0351 子部/藝術類/書畫之屬/畫譜

**蘭蕙竹石不分卷園蔬瓜果不分卷花鳥草蟲不分卷** 黄俊繪 民國四年(1915)石印本 二册 缺園蔬瓜果

330000－1795－0004478 子0352 子部/宗教類/佛教之屬/經

**妙法蓮華經七卷**　（後秦）釋鳩摩羅什譯　民國刻本　一册　存二卷（六至七）

330000－1795－0004479　子0353　子部/宗教類/佛教之屬/經
**妙法蓮華經七卷**　（後秦）釋鳩摩羅什譯　民國刻本　三册

330000－1795－0004480　子0354　子部/宗教類/佛教之屬/經
**佛說出生菩提心經一卷**　（隋）釋闍那崛多譯　民國十四年（1925）刻本　一册

330000－1795－0004481　子0354－1　子部/宗教類/佛教之屬/經
**佛說出生菩提心經一卷**　（隋）釋闍那崛多譯　民國十四年（1925）刻本　一册

330000－1795－0004484　子0356　子部/宗教類/佛教之屬/經
**妙法蓮華經七卷**　（後秦）釋鳩摩羅什譯　民國刻本　二册　存三卷（一至三）

330000－1795－0004492　子0361　子部/宗教類/佛教之屬
**金剛般若波羅蜜經講義五卷首一卷附校勘記一卷**　江妙煦撰　民國三十三年（1944）普慧大藏經刊行會鉛印本　三册

330000－1795－0004495　子0362　子部/宗教類/佛教之屬
**金剛般若波羅密經新疏一卷**　（後秦）釋鳩摩羅什譯　釋諦閑述　民國十六年（1927）香港國光書局鉛印本　一册

330000－1795－0004496　子0362－1　子部/宗教類/佛教之屬
**金剛般若波羅密經新疏一卷**　（後秦）釋鳩摩羅什譯　釋諦閑述　民國十六年（1927）香港國光書局鉛印本　一册

330000－1795－0004499　子0364　子部/宗教類/佛教之屬/經
**妙法蓮華經七卷**　（後秦）釋鳩摩羅什譯　民國抄本　一册　存一卷（一）

330000－1795－0004500　子0365　子部/宗教類/佛教之屬/經
**仁王護國般若波羅密多經二卷**　（唐）釋不空譯　民國抄本　一册

330000－1795－0004501　子0366　子部/宗教類/佛教之屬
**金山法事不分卷**　民國抄本　一册

330000－1795－0004502　子0367　子部/宗教類/佛教之屬
**雪竇日誦一卷**　民國石印本　一册

330000－1795－0004503　子0368　子部/宗教類/佛教之屬
**佛學院講義□□種**　民國鉛印本　一册　存一種

330000－1795－0004508　子0370　子部/宗教類/佛教之屬/論
**大乘起信論一卷**　（南朝梁）釋真諦譯　民國鉛印本　一册

330000－1795－0004510　子0372　子部/宗教類/佛教之屬/經
**佛頂尊勝陀羅尼經一卷**　（唐）釋波利譯　民國刻本　一册

330000－1795－0004512　子0374　子部/宗教類/佛教之屬/經
**大毗盧遮那成佛神變加持經七卷**　（唐）釋一行記　民國刻本　二册　缺一卷（五）

330000－1795－0004514　子0386　子部/宗教類/佛教之屬/經
**妙法蓮華經七卷**　（後秦）釋鳩摩羅什譯　民國刻本　二册　缺二卷（三至四）

330000－1795－0004517　子0379　子部/宗教類/佛教之屬
**金剛般若波羅蜜經一卷**　（後秦）釋鳩摩羅什譯　民國刻本　一册

330000－1795－0004518　子0380　子部/宗教類/佛教之屬
**金剛般若波羅蜜經一卷**　（後秦）釋鳩摩羅什

譯　民國刻本　一冊

330000－1795－0004519　子 0380－3　子部/宗教類/佛教之屬

**金剛般若波羅蜜經一卷**　（後秦）釋鳩摩羅什譯　民國刻本　一冊

330000－1795－0004520　子 0380－2　子部/宗教類/佛教之屬

**金剛般若波羅蜜經一卷**　（後秦）釋鳩摩羅什譯　民國刻本　一冊

330000－1795－0004521　子 0380－1　子部/宗教類/佛教之屬

**金剛般若波羅蜜經一卷**　（後秦）釋鳩摩羅什譯　民國刻本　一冊

330000－1795－0004523　子 0389　子部/宗教類/佛教之屬

**瑜伽三時繫科不分卷**　民國抄本　一冊

330000－1795－0004524　子 0390　子部/宗教類/佛教之屬/經咒

**慈悲道場懺法十卷**　（南朝梁）武帝蕭衍撰　民國刻本　一冊　存三卷（一至三）

330000－1795－0004525　子 0391　子部/宗教類/佛教之屬/經

**妙法蓮華經七卷**　（後秦）釋鳩摩羅什譯　民國刻本　一冊　存一卷（三）

330000－1795－0004527　子 0393　子部/宗教類/佛教之屬

**目連寶懺水讚三卷**　民國石印本　一冊

330000－1795－0004529　子 0395　子部/宗教類

**蒙山餤口施食儀不分卷**　民國手抄本　一冊

330000－1795－0004531　子 0397　子部/宗教類/佛教之屬/經

**藥師瑠璃光如來本願功德經一卷**　（唐）釋玄奘譯　民國刻本　一冊

330000－1795－0004532　子 0398　子部/宗教類/佛教之屬

**金剛般若波羅蜜經一卷**　（後秦）釋鳩摩羅什譯　民國刻本　一冊

330000－1795－0004533　子 0401　子部/宗教類/佛教之屬

**金剛般若波羅蜜經一卷**　（後秦）釋鳩摩羅什譯　民國刻本　一冊

# 餘姚市文物保護管理所

# 民國時期傳統裝幀書籍普查登記目録

浙江省民國時期傳統裝幀書籍普查登記目録 · 寧波

國家圖書館出版社
National Library of China Publishing House

# 《餘姚市文物保護管理所民國時期傳統裝幀書籍普查登記目録》

## 編委會

**主　編：** 李安軍

**副主編：** 謝向杰　馬曉紅

**編纂人員：** 朱　贇　戴秋羽　李小仙　許獻明　翁桑焕

何曙春　陳王勤　黄銀春

# 《餘姚市文物保護管理所民國時期傳統裝幀書籍普查登記目録》

## 前　言

餘姚素有文獻名邦之美譽，藏書文化歷史悠久。餘姚市文物保護管理所現存古籍主要由原梨洲文獻館及五桂樓藏書組成，總藏量爲34009册（其中10144册爲民國時期傳統裝幀書籍）。據資料記載，黄澄量在清嘉慶年間曾對五桂樓藏書進行整理編目。之後，黄承乙整理舊藏，重新編寫《姚江黄氏五桂樓書目》，於光緒二十一年（1895）付印。1930年，明史專家黄雲眉與施涵雲對五桂樓藏書進行整理，有《清理黄氏五桂樓圖書》報告一文。中華人民共和國成立後，分别於1954年、1962年、1971年、1992年進行過整理編目。梨洲文獻館曾於1976年組織過一次較爲系統的編目整理。

隨着全國古籍保護工作的全面實施，根據《浙江省文化廳關於開展全省古籍普查專案申報的通知》（浙文社〔2011〕77號）、《浙江省古籍普查專案管理辦法》（浙古保〔2012〕1號）的文件精神，我所於2012年4月申報了古籍普查項目，制訂工作計劃，并於2015年11月完成了全部館藏古籍的普查著録工作。2017年，清代以前（包括清代）館藏古籍數據共計1766條23865册，在各方努力下，即將付梓。

此書目共收録本館數據700條9835册，均爲民國時期傳統裝幀書籍。其中經部52條288册，史部182條2916册，子部188條614册，集部215條876册，類叢部55條5133册，新學8條8册。從版本類型看，抄本16條24册，刻本68條284册，其餘均爲鉛印本、石印本及影印本。其中，有兩部上海商務印書館出版的《四部叢刊》保存較爲完整，共計4193册，占民國時期傳統裝幀書籍總册數的42.63%。另外，我所收藏的50多部譜牒中，有39部338册爲民國時期所修，涉及王、黄、葉、干、史、朱、謝等20多個姓氏，這些存世的譜牒收録了大量有關餘姚地區歷史人物、天灾人禍、風俗民情及鹽場作坊等方面的珍貴資料，具有重要的文獻價值。

古籍保護任重道遠。由於歷史原因，我所館藏古籍破損較爲嚴重，新館重建後，保存條件得到大大提升。本次普查幫助我們對自己的家底有了更爲客觀清晰的認識，爲下一步有針對性地做好古籍保護、利用奠定了基礎。爲此，在普查結束後，我所結合浙江省古籍修復站建設，購置工具、培訓專業人員，逐步開展古籍基礎維護工作。與此同時，積極與民間古籍藏家聯繫互動，聯合舉辦各類古籍臨時展覽，宣傳古籍保護的意義。建立梨洲文獻館古籍資源庫網上檢索平臺，充分利用現代化技術做到古籍的利用和保護兩不誤。

此次普查工作瑣碎繁雜，馬曉紅、朱贇、戴秋羽、李小仙、翁桑焕、許獻明、何曙春、陳王勤、黄銀春等9名普查人員不辭勞苦、兢兢業業，歷時四年，將館藏書籍數據全部登録完成，在此一并深表謝意。

由於本書的數據采集出自多人之手，能力有限，雖經反復校對覆核，仍難免有錯誤之處，敬祈方家批評指正。

餘姚市文物保護管理所

2018年2月

330000－1715－0000001　0240　經部/小學類/文字之屬/字書/字典

**康熙字典十二集十二卷總目一卷檢字一卷辨似一卷等韻一卷補遺一卷備考一卷**　(清)張玉書等纂修　民國十九年(1930)國學書局石印本　十二册

330000－1715－0000021　0111　經部/詩類/三家詩之屬

**韓詩外傳十卷**　(漢)韓嬰撰　(清)周廷寀校注　**校注拾遺一卷**　(清)周宗杬撰　**補逸一卷**　(清)趙懷玉輯　民國六年(1917)上海商務印書館鉛印本　四册

330000－1715－0000022　0161　經部/群經總義類/授受源流之屬

**經學歷史一卷**　(清)皮錫瑞撰　民國十六年(1927)涵芬樓影印本　一册

330000－1715－0000030　0124　經部/禮記類/傳說之屬

**禮記集說十卷**　(元)陳澔撰　民國中華書局鉛印本　九册　存九卷(一至九)

330000－1715－0000032　0271　史部/史評類/史論之屬

**史微內篇八卷附札記一卷**　張采田撰　民國元年(1912)刻十五年(1926)印本　四册

330000－1715－0000033　0151　經部/春秋公羊傳類/專著之屬

**春秋繁露十七卷**　(漢)董仲舒撰　民國元年(1912)鄂官書處刻本　二册

330000－1715－0000035　2578　集部/總集類/選集之屬/通代

**陶詩彙評四卷東坡和陶合箋四卷**　(清)溫汝能撰　民國十四年(1925)上海掃葉山房石印本　二册　存四卷(陶詩彙評一至四)

330000－1715－0000036　0176　經部/四書類/大學之屬/傳說

**大學古本質言一卷**　(清)劉沅撰　民國八年(1919)石印本　一册

330000－1715－0000037　0177　經部/四書類/大學之屬/傳說

**大學古本質言一卷**　(清)劉沅撰　民國八年(1919)石印本　一册

330000－1715－0000044　0212　經部/小學類/文字之屬/說文

**說文解字十五卷標目一卷**　(漢)許慎撰　(宋)徐鉉等校定　民國上海商務印書館據藤花榭刻本影印本　四册

330000－1715－0000050　0237　經部/小學類/文字之屬/字書/字體

**漢隸字源五卷碑目一卷附字一卷**　(宋)婁機撰　民國七年(1918)上海文瑞樓據叵進齋本影印本　六册

330000－1715－0000062　0287　經部/小學類/文字之屬/字書/字體

**六書分類十二卷首一卷**　(清)傅世垚輯　民國十年(1921)上海錦文堂石印本　二十四册

330000－1715－0000071　0232　經部/小學類/文字之屬/字書/通論

**文字形義學不分卷**　周兆沅述　民國二十四年(1935)上海商務印書館石印本　一册

330000－1715－0000074　0106　經部/詩類/傳說之屬

**御纂詩義折中二十卷**　(清)傅恆等纂　民國十一年(1922)上海元昌書局石印本　六册

330000－1715－0000090　0229　經部/小學類/文字之屬/字書/通論

**文字學形義篇不分卷**　朱宗萊撰　民國七年(1918)北京大學出版部鉛印本　一册

330000－1715－0000091　0230　經部/小學類/文字之屬/字書/通論

**文字學形義篇不分卷**　朱宗萊撰　民國九年(1920)北京大學出版部鉛印本　一册

330000－1715－0000092　0231　經部/小學類/文字之屬/字書/通論

**文字學形義篇不分卷**　朱宗萊撰　民國九年(1920)北京大學出版部鉛印本　一册

330000－1715－0000095　0283　經部/小學類/文字之屬/字書/字體

**六書通十卷首一卷附百體福壽全圖**　（清）閔齊伋撰　（清）畢弘述篆訂　民國十五年(1926)上海掃葉山房石印本　一册

330000－1715－0000099　0265　類叢部/叢書類/自著之屬

**學鐸社叢書五種**　楊踐形撰　易學研究會編　民國十四年(1925)世界書局鉛印本　三册　缺一卷(易學演講錄第一編下)

330000－1715－0000101　0270　子部/雜著類/雜考之屬

**東塾讀書記二十五卷**　（清）陳澧撰　民國十七年(1928)掃葉山房石印本(卷十三至十四、十七至二十、二十二至二十五原缺)　六册

330000－1715－0000110　0244　經部/小學類/音韻之屬

**文字學音篇五章**　錢玄同撰　民國七年(1918)北京大學出版部鉛印本　一册

330000－1715－0000111　0245　經部/小學類/音韻之屬

**文字學音篇五章**　錢玄同撰　民國十年(1921)北京大學出版社鉛印本　一册

330000－1715－0000114　0276　經部/小學類/訓詁之屬/字詁

**言文一貫虛字使用法不分卷**　周善培撰　民國十年(1921)上海中華書局鉛印本　四册

330000－1715－0000116　0189　經部/四書類/論語之屬/傳說

**論語話解十卷**　（清）陳濬撰　民國十一年(1922)商務印書館鉛印本　四册

330000－1715－0000119　0263　史部/傳記類/別傳之屬/事狀

**甬上證人書院配享記不分卷**　馮貞羣編　民國油印本　一册

330000－1715－0000131　0417　史部/史抄類

**教科適用漢書精華八卷**　中華書局編　民國八年(1919)上海中華書局鉛印本　八册

330000－1715－0000132　0345　經部/書類/傳說之屬

**尚書大傳四卷補遺一卷**　（漢）鄭玄注　**續補遺一卷考異一卷**　（清）盧文弨撰　民國元年(1912)鄂官書處刻本　一册

330000－1715－0000133　0207　經部/小學類/文字之屬/說文

**說文解字羣經正字二十八卷**　（清）邵瑛撰　民國六年(1917)邵啟賢影印本　八册

330000－1715－0000135　0268　經部/春秋左傳類/傳說之屬

**左傳菁華錄二十四卷**　吴曾祺評注　民國十五年(1926)商務印書館鉛印本　五册　缺四卷(九至十二)

330000－1715－0000140　0136　經部/春秋左傳類/傳說之屬

**左傳舊疏考正八卷**　（清）劉文淇撰　民國元年(1912)湖北官書處刻本　四册

330000－1715－0000146　0113　經部/詩類/傳說之屬

**詩經原始十八卷首二卷**　（清）方玉潤撰　民國十三年(1924)上海泰東圖書局石印本　八册

330000－1715－0000149　0163　經部/群經總義類/傳說之屬

**經說選粹不分卷**　（清）葛陛綸編　民國四年(1915)上海會文堂石印本　六册

330000－1715－0000150　0145　經部/春秋總義類/傳說之屬

**春秋恒解八卷**　（清）劉沅輯注　民國十一年(1922)北京道德學社鉛印本　八册

330000－1715－0000164　0351－0374　史部/紀傳類/正史之屬

**百衲本二十四史**　張元濟輯　民國上海商務印書館影印本　七百九十册

330000－1715－0000167　0241　集部/詞類/

詞韻之屬

**詞林正韻三卷發凡一卷**　(清)戈載輯　民國掃葉山房石印本　三冊　缺一卷(發凡)

330000－1715－0000204　0875　集部/總集類/題詠之屬

**四明洞天丹山圖詠集不分卷**　(唐)木玄虛撰　(唐)賀知章注　民國黃宗正抄本　黃宗正跋　一冊

330000－1715－0000220　0170　經部/四書類/總義之屬/傳說

**四書纂疏二十六卷札記一卷**　(宋)趙順孫撰　民國聖風書苑石印本　八冊

330000－1715－0000225　0180　經部/四書類/論語之屬/傳說

**論語大義外篇一卷**　唐文治輯　民國鉛印本　一冊

330000－1715－0000232　0375－0376、0378－0399　史部/紀傳類/正史之屬

**二十四史附考證**　民國五年(1916)上海涵芬樓據清乾隆武英殿刻本影印本　七百十一冊

330000－1715－0000241　0476　史部/編年類/通代之屬

**尺木堂綱鑑易知錄九十二卷明鑑易知錄十五卷**　(清)吳乘權　(清)周之炯　(清)周之燦輯　民國十六年(1927)上海掃葉山房石印本　十二冊　存五十四卷(綱鑑易知錄一至五十四)

330000－1715－0000243　0529　史部/地理類/雜志之屬

**谿上遺聞集錄十卷別錄二卷**　(清)尹元煒輯　民國上海進步書局石印本　二冊

330000－1715－0000244　0408　史部/紀傳類/正史之屬

**史記論文不分卷**　(清)吳見思評點　民國上海中華書局鉛印本　八冊

330000－1715－0000260　1285　子部/醫家類/本草之屬/本草藥性

**雷公炮製藥性賦解十卷**　民國上海商務印書館鉛印本　二冊

330000－1715－0000269　0677　史部/地理類/方志之屬/郡縣志

**[嘉靖]臨山衛志四卷**　(明)朱冠　(明)耿宗道　(明)馬斌采輯　民國三年(1914)木活字印本　一冊

330000－1715－0000270　0678　史部/地理類/方志之屬/郡縣志

**[嘉靖]臨山衛志四卷**　(明)朱冠　(明)耿宗道　(明)馬斌采輯　民國三年(1914)木活字印本　杜志文題記　一冊

330000－1715－0000282　0693　集部/總集類/郡邑之屬

**竹洲文獻二卷**　楊貽誠編　民國二十五年(1936)鄞縣縣立女子中學校友會鉛印本　一冊

330000－1715－0000283　1077　集部/總集類/選集之屬/通代

**全上古三代秦漢三國六朝文七百四十六卷**　(清)嚴可均輯　民國十九年(1930)影印本(韻編全文姓氏卷一至五原缺)　六十六冊　缺十二卷(全三國文二十五至三十六)

330000－1715－0000284　0545　史部/傳記類/總傳之屬/斷代

**清史列傳八十卷**　中華書局編　民國十七年(1928)上海中華書局鉛印本　八十冊

330000－1715－0000285　0603　史部/傳記類/總傳之屬/家乘

**[浙江餘姚]餘姚史氏宗譜十二卷首一卷末三卷**　史良書等纂修　民國三年(1914)木活字印本　十四冊

330000－1715－0000289　0655　史部/地理類/方志之屬/通志

**浙江通志釐金門稿三卷**　顧家相纂　民國八年(1919)上海聚珍倣宋印書局鉛印本　二冊

330000－1715－0000290　0690　史部/地理類/方志之屬/郡縣志

**[民國]定海縣志十六卷首一卷**　陳訓正　馬

瀛纂修　施臯　顏聖介　張紀隆測繪　民國十三年(1924)旅滬同鄉會鉛印本　六冊

330000－1715－0000291　0688、1233　史部/地理類/方志之屬/郡縣志

**[民國]新昌縣志二十卷附新昌農事調查一卷**　金城修　陳畬纂　**沃州詩存一卷**　(宋)潘音撰　**沃州文存一卷**　(宋)徐霖撰　民國八年(1919)鉛印本　十二冊

330000－1715－0000293　0091　經部/易類/傳說之屬

**周易易解十卷周易示兒錄三卷周易說餘一卷**　(清)沈紹勳撰　民國二十年(1931)鉛印本　六冊

330000－1715－0000302　0696　史部/地理類/方志之屬/郡縣志

**[民國]台州府志一百四十卷首一卷**　喻長霖等纂修　章梫繪圖　民國二十五年(1936)上海游民習勤所鉛印本　三十六冊

330000－1715－0000305　0691　史部/地理類/山川之屬/山志

**普陀洛迦新志十二卷首一卷**　許止淨述　王亨彥輯　民國二十年(1931)鉛印本　德厚題簽　釋見惠題記　四冊

330000－1715－0000306　0692　史部/地理類/方志之屬/郡縣志

**[民國]岱山鎮志二十卷首一卷**　湯濬纂　沈立恭繪圖　民國十六年(1927)定海湯氏一某軒木活字印本　四冊

330000－1715－0000307　0698　史部/地理類/方志之屬/郡縣志

**[民國]海寧州志稿四十一卷首一卷末一卷附志餘一卷藝文志補遺一卷**　(清)李圭修　(清)許傳霈等纂　劉蔚仁續修　朱錫恩續纂　盧兆周繪圖　民國十一年(1922)鉛印本　三十二冊

330000－1715－0000308　0700　史部/地理類/方志之屬/郡縣志

**[民國]龍游縣志四十卷首一卷末一卷**　余紹宋纂　民國十四年(1925)京城印書局鉛印本　十六冊

330000－1715－0000316　0730　史部/地理類/山川之屬/山志

**清涼山志八卷首一卷**　(明)釋鎮澄修　釋印光增訂　民國二十二年(1933)鉛印本　釋見惠題記　二冊

330000－1715－0000320　0796　史部/目録類/專録之屬

**補鈔文瀾閣四庫闕簡記錄一卷**　張宗祥撰　民國十五年(1926)刻本　一冊

330000－1715－0000321　0564　史部/傳記類/總傳之屬/斷代

**清史列傳八十卷**　中華書局編　民國十七年(1928)上海中華書局鉛印本　八十冊

330000－1715－0000323　0797　史部/目録類/專録之屬

**補鈔文瀾閣四庫闕簡記錄一卷**　張宗祥撰　民國十五年(1926)刻本　一冊

330000－1715－0000324　0798　史部/目録類/專録之屬

**補鈔文瀾閣四庫闕簡記錄一卷**　張宗祥撰　民國十五年(1926)刻本　一冊

330000－1715－0000325　0800　史部/目録類/總録之屬/官修

**浙江公立圖書館通常類圖書目錄五卷附保存類圖書目錄補遺一卷**　浙江公立圖書館編　民國十四年(1925)浙江公立圖書館鉛印本　八冊

330000－1715－0000326　0589　史部/傳記類/別傳之屬/事狀

**哀思錄初編七卷二編四卷三編四卷**　孫中山先生葬事籌備處編　民國孫中山先生葬事籌備處鉛印本　三冊

330000－1715－0000327　0801　史部/目録類/總録之屬/官修

**浙江公立圖書館通常類圖書目錄五卷附保存類圖書目錄補遺一卷**　浙江公立圖書館編

民國十四年(1925)浙江公立圖書館鉛印本　八冊

330000－1715－0000328　0803　史部/目録類/總録之屬/私撰

**鄞范氏天一閣書目内編十卷附校勘記一卷**　馮貞羣編　民國二十六年至二十九年(1937－1940)寧波重修天一閣委員會鉛印本　范鹿其題記　四冊

330000－1715－0000329　0590　史部/傳記類/别傳之屬/事狀

**哀思錄初編七卷二編四卷三編四卷**　孫中山先生葬事籌備處編　民國孫中山先生葬事籌備處鉛印本　一冊　存七卷(初編一至七)

330000－1715－0000333　0588　史部/傳記類/總傳之屬/釋道

**國清高僧傳一卷附寒山子詩一卷**　釋藴光編　民國二十五年(1936)鉛印本　姜枝先題記　一冊

330000－1715－0000339　0851　史部/傳記類/總傳之屬/家乘

**[浙江餘姚]餘姚黄山湖茅氏家譜二十卷首一卷末一卷**　茅可人修　民國三十七年(1948)敬愛堂木活字印本　十冊

330000－1715－0000341　0695　集部/總集類/郡邑之屬

**竹洲文獻二卷**　楊貽誠編　民國二十五年(1936)鄞縣縣立女子中學校友會鉛印本　一冊

330000－1715－0000342　0694　集部/總集類/郡邑之屬

**竹洲文獻二卷**　楊貽誠編　民國二十五年(1936)鄞縣縣立女子中學校友會鉛印本　一冊

330000－1715－0000343　0955　集部/總集類/郡邑之屬

**竹洲文獻二卷**　楊貽誠編　民國二十五年(1936)鄞縣縣立女子中學校友會鉛印本　一冊

330000－1715－0000346　0929　史部/地理類/方志之屬/郡縣志

**[民國]餘姚六倉志四十四卷首一卷末一卷**　楊積芳纂　杜志文　張德海測繪　民國九年(1920)鉛印本　八冊

330000－1715－0000348　1121　史部/目録類/總録之屬/彙刻

**四部叢刊目錄一卷**　商務印書館編　民國上海商務印書館鉛印本暨影印本　一冊

330000－1715－0000349　0818　史部/目録類/書志之屬/提要

**四部叢刊書錄一卷**　商務印書館編　民國十八年(1929)上海商務印書館鉛印本　一冊

330000－1715－0000351　0819　史部/目録類/書志之屬/提要

**四部叢刊書錄一卷**　商務印書館編　民國十五年(1926)上海商務印書館鉛印本　一冊

330000－1715－0000352　0820　史部/目録類/書志之屬/提要

**四部叢刊書錄一卷**　商務印書館編　民國十五年(1926)上海商務印書館鉛印本　于傳題簽　一冊

330000－1715－0000354　0736　史部/地理類/雜志之屬

**施州考古錄二卷**　鄭永禧撰　民國七年(1918)鉛印本　一冊

330000－1715－0000355　0930　史部/地理類/方志之屬/郡縣志

**[民國]餘姚六倉志四十四卷首一卷末一卷**　楊積芳纂　杜志文　張德海測繪　民國九年(1920)鉛印本　七冊　存四十一卷(五至四十四、末)

330000－1715－0000357　0825　經部/春秋左傳類/傳說之屬

**增批輯註東萊博議四卷**　(宋)吕祖謙撰　(宋)劉鍾英輯注　民國十四年(1925)上海錦章圖書局石印本　四冊

330000－1715－0000358　0826　經部/春秋

左傳類/傳說之屬

**增批輯註東萊博議四卷**　(宋)呂祖謙撰　(宋)劉鍾英輯注　民國上海錦章圖書局石印本　四册

330000－1715－0000367　0852　史部/傳記類/總傳之屬/家乘

**[浙江餘姚]姚江下河嚴氏支譜十二卷首一卷末一卷**　嚴承漢修　嚴壽祺纂　民國九年(1920)務本堂木活字印本　十二册

330000－1715－0000370　0680　史部/地理類/方志之屬/郡縣志

**[民國]餘姚六倉志四十四卷首一卷末一卷**　楊積芳纂　杜志文　張德海測繪　民國九年(1920)鉛印本　八册

330000－1715－0000371　0739　史部/雜史類/斷代之屬

**清初邊事述略不分卷**　民國抄本　一册

330000－1715－0000374　0679　史部/地理類/方志之屬/郡縣志

**[民國]餘姚六倉志四十四卷首一卷末一卷**　楊積芳纂　杜志文　張德海測繪　民國九年(1920)鉛印本　八册

330000－1715－0000375　0911　史部/傳記類/别傳之屬/事狀

**黃瑟菴先生[瓚]哀悼録不分卷**　民國十三年(1924)鉛印本　一册

330000－1715－0000376　0857　史部/傳記類/總傳之屬/郡邑

**於越有明一代三不朽圖贊一卷**　(明)張岱撰　民國七年(1918)紹興印刷局鉛印本　一册

330000－1715－0000377　0912　史部/傳記類/别傳之屬/事狀

**黃瑟菴先生[瓚]哀悼録不分卷**　民國十三年(1924)鉛印本　一册

330000－1715－0000378　0913　史部/傳記類/别傳之屬/事狀

**黃瑟菴先生[瓚]哀悼録不分卷**　民國十三年(1924)鉛印本　一册

330000－1715－0000379　0596　史部/傳記類/總傳之屬/家乘

**[浙江餘姚]餘姚邵氏宗譜十八卷貽編七卷首一卷**　邵是同纂修　民國二十一年(1932)鉛印本　二十六册

330000－1715－0000381　0512　史部/紀傳類/正史之屬

**清史稿五百三十六卷目録五卷**　趙爾巽等撰　民國十六年(1927)清史館鉛印本　一百三十一册

330000－1715－0000382　1108－1　史部/地理類/方志之屬/郡縣志

**[民國]餘姚六倉志四十四卷首一卷末一卷**　楊積芳纂　杜志文　張德海測繪　民國九年(1920)鉛印本　四册　缺二十五卷(五至十、二十一至三十九)

330000－1715－0000383　0595　史部/傳記類/總傳之屬/家乘

**[浙江餘姚]餘姚邵氏宗譜十八卷貽編七卷首一卷**　邵是同纂修　民國二十一年(1932)鉛印本　二十五册　缺一卷(十一)

330000－1715－0000384　1108－2　史部/地理類/方志之屬/郡縣志

**[民國]餘姚六倉志四十四卷首一卷末一卷**　楊積芳纂　杜志文　張德海測繪　民國九年(1920)鉛印本　一册　存六卷(四十至四十四、末)

330000－1715－0000389　0611　史部/傳記類/總傳之屬/家乘

**[浙江餘姚]餘姚朱氏宗譜二十卷首一卷**　(清)朱元樹總修　(清)朱心龢等協修　民國二十年(1931)一本堂木活字印本　二十册

330000－1715－0000390　0593　史部/傳記類/總傳之屬/家乘

**[浙江餘姚]四門謝氏二房譜十一卷首一卷**　謝嗣庚纂修　民國七年(1918)葆光堂木活字印本　十二册

330000－1715－0000391　0600　史部/傳記

類/總傳之屬/家乘

**[浙江餘姚]餘姚竹橋黃氏宗譜十六卷首一卷末一卷** 黃坤良續纂 民國十五年(1926)惇倫堂木活字印本 二十册

330000－1715－0000392 0594 史部/傳記類/總傳之屬/家乘

**[浙江餘姚]餘姚邵氏宗譜十八卷貽編七卷首一卷** 邵是同纂修 民國二十一年(1932)鉛印本 二十五册 缺一卷(首)

330000－1715－0000394 0604 史部/傳記類/總傳之屬/家乘

**[浙江餘姚]徐氏宗譜八卷** 徐順奕修 徐文星纂 民國三十四年(1945)靜廉堂印本 八册

330000－1715－0000396 0605 史部/傳記類/總傳之屬/家乘

**[浙江餘姚]姜氏世譜十二集** (清)姜錫桓等續修 (清)姜希轍編 民國六年(1917)餘姚敬勝堂刻本 十二册

330000－1715－0000397 0407 史部/紀傳類/正史之屬

**史記一百三十卷** (漢)司馬遷撰 (南朝宋)裴駰集解 (唐)司馬貞索隱 (唐)張守節正義 民國元年(1912)鄂官書處刻本 二十四册

330000－1715－0000398 0915 史部/傳記類/別傳之屬/事狀

**胡稑薌先生哀輓錄不分卷** 胡慶衍編 民國九年(1920)鉛印本 一册

330000－1715－0000399 0916 史部/傳記類/別傳之屬/事狀

**胡稑薌先生哀輓錄不分卷** 胡慶衍編 民國九年(1920)鉛印本 一册

330000－1715－0000402 0840 史部/目録類/總録之屬/史志

**隋經籍志考證十三卷** (清)章宗源撰 民國元年(1912)鄂官書處刻本 四册

330000－1715－0000403 0914 史部/傳記類/別傳之屬/事狀

**潘高二君[潘呈祥高步雲]榮哀錄不分卷** 唐世鑑編 民國三年(1914)鉛印本 一册

330000－1715－0000406 0866 史部/傳記類/總傳之屬/家乘

**[浙江餘姚]四門謝氏二房譜十一卷首一卷** 謝嗣庚纂修 民國七年(1918)葆光堂木活字印本 十二册

330000－1715－0000407 0790 史部/目録類/總録之屬/官修

**欽定四庫全書總目二百卷首一卷** (清)紀昀等撰 民國十五年(1926)東方圖書館石印本 三十二册

330000－1715－0000417 0737 史部/地理類/專志之屬/園林

**[民國]滄浪亭新志八卷** 蔣瀚澄輯 民國十八年(1929)鉛印本 一册

330000－1715－0000427 1468 史部/金石類/金之屬/文字

**積古齋鐘鼎彝器款識十卷** (清)阮元撰 民國上海中華圖書館影印本 六册

330000－1715－0000433 0714 史部/地理類/水利之屬

**餘姚黃山附子兩湖定案錄不分卷** 張寶琛等編 民國十二年(1923)石印本 一册

330000－1715－0000434 0715 史部/地理類/水利之屬

**餘姚黃山附子兩湖定案錄不分卷** 張寶琛等編 民國十二年(1923)石印本 一册

330000－1715－0000435 0716 史部/地理類/水利之屬

**餘姚黃山附子兩湖定案錄不分卷** 張寶琛等編 民國十二年(1923)石印本 一册

330000－1715－0000436 0284 經部/小學類/音韻之屬/韻書

**韻法直圖一卷** (明)梅膺祚撰 守拙山人訂 **韻法橫圖一卷** (明)李世澤撰 民國抄本 一册

330000－1715－0000441　0704　史部/地理類/方志之屬/郡縣志
**[民國]膠澳志十二卷附一卷**　趙琪修　袁榮叜纂　民國十七年(1928)山東膠澳商埠局鉛印本　十册　存十二卷(一至十二)

330000－1715－0000442　0705　史部/地理類/方志之屬/郡縣志
**[民國]膠澳志十二卷附一卷**　趙琪修　袁榮叜纂　民國十七年(1928)山東膠澳商埠局鉛印本　十册　存十二卷(一至十二)

330000－1715－0000444　0082、0135、0186、0204、0206、0293、0347、0458、0523、0620、1136、1140、1143、1147、1221、1225、1511、1612、1613、1684、1698、2064、2065、2074、2084、2085、2088、2102、2105、2111、2138、2139、2311、2397、2398、2439、2473、2557　類叢部/叢書類/彙編之屬
**四部叢刊**　張元濟等編　民國上海商務印書館影印本　一百二十七册　存三十八種

330000－1715－0000445　0838　史部/史抄類
**史記菁華錄六卷**　(清)姚祖恩輯評　民國上海商務印書館鉛印本　三册

330000－1715－0000446　0630　史部/地理類/雜志之屬
**百夷傳一卷**　(明)錢古訓編　民國十八年(1929)國學圖書館影印本　姜枝先跋　一册

330000－1715－0000449　0511　史部/編年類/斷代之屬
**清史綱要十四卷**　吴曾祺等編　民國四年(1915)上海商務印書館鉛印本　六册

330000－1715－0000458　0178、0179　經部/四書類/總義之屬/傳說
**四書蕅益解**　(清)釋智旭撰　民國九年(1920)刻本　三册　存三種

330000－1715－0000463　0612　史部/傳記類/總傳之屬/家乘
**[浙江餘姚]餘姚朱氏宗譜二十卷首一卷**　(清)朱元樹總修　(清)朱心龢等協修　民國二十年(1931)一本堂木活字印本　二十册

330000－1715－0000475　2051　類叢部/叢書類/自著之屬
**舜水遺書四種附錄一卷**　(明)朱之瑜撰　民國二年(1913)山陰湯壽潛鉛印本　十册　存三種

330000－1715－0000476　0628　史部/傳記類/總傳之屬/家乘
**滑氏家譜摘要不分卷**　民國抄本　一册

330000－1715－0000477　1078　史部/目録類/總録之屬/官修
**欽定四庫全書簡明目錄二十卷**　(清)紀昀等撰　**四庫未收書目提要五卷**　(清)阮元撰　民國十四年(1925)上海掃葉山房石印本　八册

330000－1715－0000478　0957　史部/目録類/總録之屬/私撰
**中國書店書目不分卷**　中國書店編　民國十四年(1925)上海中國書店鉛印本　一册

330000－1715－0000479　0421　史部/紀傳類/正史之屬
**三國志六十五卷附考證**　(晉)陳壽撰　(南朝宋)裴松之注　民國十九年(1930)上海掃葉山房石印本　十四册

330000－1715－0000480　1172　史部/傳記類/總傳之屬/儒林
**宋元學案一百卷首一卷攷略一卷**　(清)黄宗羲撰　(清)黄百家纂輯　(清)全祖望修定　民國上海文瑞樓石印本　三十二册

330000－1715－0000481　0637　史部/傳記類/總傳之屬/家乘
**[浙江餘姚]姚江何氏草宗譜不分卷**　民國抄本　一册

330000－1715－0000482　1013　史部/史抄類
**史記菁華錄六卷**　(清)姚祖恩輯評　民國九年(1920)上海鴻寶齋石印本　四册

330000－1715－0000483　0146、0175、0404、0462、0466、0827、0828、1137、1150、1496、1499、1512、1652、1659、1660、1701、2060、2072、2073、2082、2087、2091、2104、2106、2324、2505、2555　類叢部/叢書類/彙編之屬

**四部備要**　中華書局編　民國二十五年(1936)上海中華書局鉛印本　二百九十四册　存二十八種

330000－1715－0000484　0526　史部/雜史類/斷代之屬

**痛史二十一種附九種**　樂天居士輯　民國上海商務印書館鉛印本　四十一册

330000－1715－0000487　0638－1　史部/傳記類/總傳之屬/家乘

**[浙江餘姚]虎潭沈氏宗譜二十三卷**　民國崇文堂抄本　七册　存九卷(三至四、八至九、十一、十四、十九、二十二至二十三)

330000－1715－0000490　1385　子部/藝術類/書畫之屬

**畫法津梁四卷**　(清)包世臣撰　民國十一年(1922)上海三益書局石印本　四册

330000－1715－0000494　0638－2　史部/傳記類/總傳之屬/家乘

**[浙江餘姚]虎潭沈氏宗譜二十三卷**　民國崇文堂抄本　一册　存一卷(十一)

330000－1715－0000504　0971　史部/編年類/通代之屬

**尺木堂綱鑑易知録九十二卷明鑑易知録十五卷**　(清)吳乘權　(清)周之炯　(清)周之燦輯　民國上海掃葉山房石印本　三册　存十一卷(明鑑易知録五至十五)

330000－1715－0000508　0809　史部/目録類/總録之屬/私撰

**雪泥屋遺書目録一卷補遺一卷**　(清)牟庭撰　民國二十一年(1932)油印本　王獻唐題簽　一册

330000－1715－0000512　0592　史部/傳記類/總傳之屬/家乘

**[浙江餘姚]姚江半霖史氏小宗支譜九卷首一卷**　史泉義等纂修　民國十二年(1923)嘉會堂刻本　八册

330000－1715－0000514　0686　史部/地理類/方志之屬/郡縣志

**[嘉慶]山陰縣志校記一卷**　(清)李慈銘撰　民國十九年(1930)鉛印本　一册

330000－1715－0000515　0685　史部/地理類/方志之屬/郡縣志

**乾隆紹興府志校記不分卷**　(清)李慈銘撰　民國十八年(1929)鉛印本　一册

330000－1715－0000524　0673　史部/地理類/方志之屬/郡縣志

**[民國]鄞縣通志六志五十一編附圖一函**　張傳保　汪焕章修　陳訓正　馬瀛纂　民國二十四年(1935)至一九五一年寧波鄞縣通志館鉛印本　三十六册

330000－1715－0000525　0481　史部/編年類/通代之屬

**袁王綱鑑合編三十九卷首一卷**　(明)袁黄輯　(明)王世貞編　**明鑑綱目十六卷**　(清)張廷玉等撰　民國十六年(1927)上海世界書局鉛印本　二十八册

330000－1715－0000526　0674　史部/地理類/方志之屬/郡縣志

**[民國]鄞縣通志六志五十一編附圖一函**　張傳保　汪焕章修　陳訓正　馬瀛纂　民國二十四年(1935)至一九五一年寧波鄞縣通志館鉛印本　九册　存十八編(輿地志甲、乙、丙、丁、戊、己、庚、辛、癸上下、子、寅、卯、辰、巳,博物志甲、乙,食貨志戊下、己上)

330000－1715－0000530　0998　史部/地理類/專志之屬/書院

**修建天一閣捐册不分卷**　鄞縣文獻委員會編　民國二十二年(1933)鉛印本　一册

330000－1715－0000531　1124　史部/目録類/版本之屬/書影

**百衲本二十四史預約樣本一卷**　上海商務印

書館編　民國十九年(1930)上海商務印書館鉛印本暨影印本　一冊

330000－1715－0000532　0166　經部/群經總義類/石經之屬

**唐開成石壁十二經**　民國十五年(1926)掖縣張氏皕忍堂摹刻本　七十四冊

330000－1715－0000538　1110　史部/地理類/方志之屬/郡縣志

**[嘉泰]會稽志二十卷**　(宋)沈作賓修　(宋)施宿等纂　民國十五年(1926)據清嘉慶十三年(1808)采鞠軒刻本影印本　一冊　存三卷(三至五)

330000－1715－0000539　1106　史部/地理類/山川之屬/山志

**天台山方外志三十卷**　(明)釋傳燈撰　民國十一年(1922)上海集雲軒鉛印本　一冊　存二卷(一至二)

330000－1715－0000541　0697　史部/地理類/雜志之屬

**臨海要覽一卷**　項元勛編　民國五年(1916)杭州武林印書館鉛印本　一冊

330000－1715－0000542　0684　史部/地理類/方志之屬/郡縣志

**[民國]紹興縣志資料第一輯不分卷**　紹興縣修志委員會纂　民國二十六年至二十八年(1937－1939)紹興縣修志委員會鉛印本　十六冊

330000－1715－0000543　0547　史部/傳記類/別傳之屬/年譜

**石濤上人[釋道濟]年譜一卷**　傅抱石編　民國三十七年(1948)京滬週刊社鉛印本　一冊

330000－1715－0000545　0134　經部/春秋左傳類/傳說之屬

**春秋左傳五十卷**　(晉)杜預　(宋)林堯叟註釋　(唐)陸德明音義　民國上海商務印書館鉛印本　十二冊

330000－1715－0000548　0597　史部/傳記類/總傳之屬/家乘

**[浙江餘姚]餘姚道塘干氏宗譜八卷首一卷末一卷**　干能方　干桂榮修　干景暉纂　民國六年(1917)一本堂木活字印本　十冊

330000－1715－0000549　1122　史部/目録類

**上海中華書局四部備要説明書一卷**　中華書局編　民國十年(1921)上海中華書局鉛印本　一冊

330000－1715－0000550　1127　史部/目録類/總録之屬/私撰

**千頃堂書局圖書目錄不分卷**　千頃堂書局編　民國二十五年(1936)上海千頃堂書局石印本　一冊

330000－1715－0000552　0979　史部/傳記類/別傳之屬/事狀

**潘君容百[大受]哀輓紀念不分卷**　餘姚潘烈士追悼會編　民國十四年(1925)鉛印本　一冊

330000－1715－0000557　0990　史部/傳記類/總傳之屬/家乘

**孝思集二十七卷**　左欽敏編　民國五年(1916)湘陰左氏刻本　四冊

330000－1715－0000560　0090　經部/易類/傳說之屬

**周易姚氏學十六卷首一卷**　(清)姚配中撰　民國元年(1912)鄂官書處刻本　六冊

330000－1715－0000564　1500、2061　類叢部/叢書類/彙編之屬

**四部備要**　中華書局編　民國二十五年(1936)上海中華書局鉛印本　五冊　存二種

330000－1715－0000568　2059　類叢部/叢書類/彙編之屬

**四部備要**　中華書局編　民國二十五年(1936)上海中華書局鉛印本　一冊　存一種

330000－1715－0000569　0187、0205、1491　類叢部/叢書類/彙編之屬

**四部叢刊**　張元濟等編　民國上海商務印書館影印本　四冊　存三種

330000－1715－0000571　0606　史部/傳記類/總傳之屬/家乘

**[浙江餘姚]餘姚嵐峯家王莊褚氏宗譜□□卷**　褚維思修　民國二十二年(1933)忠清堂木活字印本　二册　存二卷(一至二)

330000－1715－0000577　0787　史部/政書類/律令之屬/律例

**大清宣統新法令不分卷**　商務印書館編譯所編纂　民國三十四年(1945)上海商務印書館鉛印本　三十五册

330000－1715－0000579　0411－2、0412、1100　史部/紀傳類/正史之屬

**二十四史附考證**　民國五年(1916)上海涵芬樓據清乾隆武英殿刻本影印本　五十八册　存二種

330000－1715－0000580　2269　集部/總集類/郡邑之屬

**續甬上耆舊詩一百二十卷首一卷**　(清)全祖望輯選　民國七年(1918)四明文獻社鉛印本　二十四册

330000－1715－0000582　0629　史部/地理類/專志之屬/祠墓

**定海成仁祠備錄重編六卷首一卷**　孫蘁卿編　民國二十五年(1936)定海中央印書館鉛印本　一册

330000－1715－0000583　0634　史部/傳記類/總傳之屬/家乘

**[浙江餘姚]洋溪孫氏宗譜十卷首一卷**　孫寶林修　孫文興纂　民國二十九年(1940)永思堂木活字印本　五册　存四卷(首、一至三)

330000－1715－0000586　0717　史部/地理類/水利之屬

**餘姚蘭塘鄉千金湖濬墾志略一卷**　陳國材纂修　民國鉛印本　謝家□題簽　一册

330000－1715－0000591　0636　史部/傳記類/總傳之屬/家乘

**[河南]內鄉齊氏族譜五卷首一卷末一卷**　齊榮海撰　民國二十一年(1932)奉先堂鉛印本　四册

330000－1715－0000592　0298、0299、1001、1004　類叢部/叢書類/彙編之屬

**四部備要**　中華書局編　民國二十五年(1936)上海中華書局鉛印本　十一册　存四種

330000－1715－0000596　2348　集部/別集類/明別集

**謝文正公歸田稿八卷**　(明)謝遷撰　**謝文正公[遷]年譜一卷**　(明)倪宗正編　民國七年(1918)閣老第木活字印本　二册

330000－1715－0000603　1164　子部/儒家類/儒學之屬/性理

**二程全書七種六十七卷**　(宋)程顥　(宋)程頤撰　(宋)朱熹輯　民國十六年(1927)上海校經山房石印本　十六册

330000－1715－0000606　0836　史部/史評類/史論之屬

**史通削繁四卷**　(清)紀昀撰　民國十四年(1925)上海文化書局石印本　朱補鈞題簽　四册

330000－1715－0000608　0703　史部/地理類/方志之屬/郡縣志

**[民國]夏口縣志二十二卷首一卷附補遺一卷**　侯祖畬修　呂寅東纂　馮翔繪　民國九年(1920)刻本　十册

330000－1715－0000610　0266　經部/讖緯類/春秋緯之屬

**春秋緯史集傳四十卷**　(清)陳省欽撰　民國十三年(1924)鉛印本　四册

330000－1715－0000621　0721　史部/地理類/水利之屬

**淮系年表全編不分卷**　武同舉纂繪　民國十八年(1929)鉛印本暨影印本　四册

330000－1715－0000622　0156　經部/孝經類/傳說之屬

**孝經章句二卷本義二卷朱子刊誤質疑一卷**　左欽敏撰　民國五年(1916)尚志齋刻本

一册

330000－1715－0000623　0157　經部/孝經類/傳說之屬

**孝經章句二卷本義二卷朱子刊誤質疑一卷**　左欽敏撰　民國五年(1916)尚志齋刻本　一册

330000－1715－0000624　0185　經部/四書類/大學之屬/傳說

**大學鄭氏傳本一卷大學鄭氏本存義一卷大學約說一卷西銘約說一卷**　左欽敏撰　民國刻本　一册

330000－1715－0000625　1093　史部/傳記類/總傳之屬/家乘

**[浙江餘姚]餘姚道塘干氏宗譜三卷首一卷**　干錦書修　民國三十七年(1948)一本堂木活字印本　二册　存二卷(二至三)

330000－1715－0000627　1276　子部/醫家類/本草之屬/歷代綜合本草

**本草綱目五十二卷首二卷圖三卷**　(明)李時珍撰　**本草萬方鍼線八卷**　(清)蔡烈先輯　**本草綱目拾遺十卷**　(清)趙學敏輯　民國上海錦章圖書局石印本　二十四册

330000－1715－0000633　0615　史部/傳記類/總傳之屬/家乘

**[浙江慈溪]慈谿支溪畧張氏家譜七卷採訪册一卷**　石之英撰　民國十六年(1927)敦本堂木活字印本　五册

330000－1715－0000635　0702　史部/地理類/方志之屬/郡縣志

**[民國]昌化縣志十八卷首一卷**　陳培珽等修　許昌言等纂　民國十三年(1924)浙江印刷股份有限公司鉛印本　八册

330000－1715－0000638　0641　史部/傳記類/總傳之屬/家乘

**[浙江慈溪]慈谿金墩傅氏宗譜七卷外卷二卷**　傅佐清修　傅祈春纂　民國十二年(1923)雍素堂木活字印本　八册

330000－1715－0000641　1173　史部/傳記類/總傳之屬/儒林

**宋元學案一百卷首一卷攷略一卷**　(清)黄宗羲撰　(清)黄百家纂輯　(清)全祖望修定　民國上海文瑞樓石印本　三十二册

330000－1715－0000647　1324　子部/醫家類/本草之屬/本草藥性

**珍珠囊指掌補遺藥性賦四卷**　(金)李杲輯　**雷公炮製藥性解六卷**　(清)李中梓輯　民國三年(1914)上海廣益書局石印本　二册　缺五卷(珍珠囊指掌補遺藥性賦三至四、雷公炮製藥性解一至三)

330000－1715－0000648　1321　子部/醫家類/本草之屬/本草藥性

**雷公炮製藥性解六卷**　(清)李中梓輯　民國上海廣益書局石印本　二册

330000－1715－0000652　1507　子部/宗教類/道教之屬/雜著

**抱朴子内篇二十卷外篇五十卷**　(晉)葛洪撰　**抱朴子附篇十卷**　(清)繼昌等撰　民國十三年(1924)上海掃葉山房石印本　八册

330000－1715－0000658　1202　經部/禮記類/分篇之屬

**儒行漢鄭氏注一卷儒行約說一卷**　左欽敏撰　民國五年(1916)尚志齋刻本　一册

330000－1715－0000659　1203　經部/禮記類/分篇之屬

**儒行漢鄭氏注一卷儒行約說一卷**　左欽敏撰　民國五年(1916)尚志齋刻本　一册

330000－1715－0000661　1325　子部/醫家類/本草之屬/本草藥性

**雷公炮製藥性賦解十卷**　民國上海商務印書館鉛印本　一册　存四卷(一至四)

330000－1715－0000663　0795　史部/目録類/總録之屬/官修

**四庫目略四卷**　楊立誠編　民國十八年(1929)浙江省立圖書館鉛印本　楊立誠題記　一册　存一卷(一)

330000－1715－0000669　1543　類叢部/叢

書類/彙編之屬

**說郛一百卷** (元)陶宗儀編 張宗祥重校 民國十九年(1930)上海商務印書館鉛印本 嚴叔磐題簽 三十冊 存七十三卷(一至四十一、六十九至一百)

330000－1715－0000671 1542 類叢部/叢書類/彙編之屬

**說郛一百卷** (元)陶宗儀編 張宗祥重校 民國十六年(1927)上海商務印書館鉛印本 四十冊

330000－1715－0000678 0614 史部/傳記類/總傳之屬/家乘

**[浙江]三槐王氏分餘姚孝儀官人宅宗譜八卷** 王慶棠纂 民國二年(1913)三槐堂木活字印本 七冊 缺一卷(三)

330000－1715－0000679 1133 子部/儒家類/儒家之屬

**孔氏家語十卷** (三國魏)王肅注 民國二年(1913)上海文瑞樓石印本 五冊

330000－1715－0000682 1189 史部/傳記類/別傳之屬/事狀

**顧亭林先生肖像暨黃梨洲先生等題詞不分卷** 民國影印本 陳□□跋並題簽 一冊

330000－1715－0000684 1206 子部/儒家類/儒學之屬/蒙學

**德育叢書十種** 民國十五年(1926)上海掃葉山房石印本 七冊 存四種

330000－1715－0000686 2198 集部/別集類/明別集

**龍谿王先生全集二十卷大象義述一卷附錄一卷** (明)王畿撰 (明)丁賓編 民國上海明善書局石印本 五冊

330000－1715－0000688 1157 類叢部/叢書類/彙編之屬

**復性書院叢刊二十七種** 馬浮編 民國二十九年至三十七年(1940－1948)復性書院刻本暨鉛印本 一冊 存一種

330000－1715－0000692 1171 子部/宗教類/佛教之屬

**陽明與禪四編** (日本)里見常次郎撰 汪兆銘譯述 褚民誼纂輯 民國三十一年(1942)中日文化協會出版組鉛印本 一冊

330000－1715－0000696 1183 類叢部/叢書類/自著之屬

**梨洲遺著彙刊(梨洲遺箸彙刊)二十七種續補三種** (清)黃宗羲撰 薛鳳昌編次 民國四年(1915)上海時中書局鉛印本(南雷文定三集卷三原缺) 二十冊

330000－1715－0000699 1204 子部/儒家類/儒學之屬/禮教

**式古編五卷** (清)莊瑤輯 民國十一年(1922)刻本 二冊

330000－1715－0000702 0488 史部/紀事本末類/斷代之屬

**清史紀事本末八十卷** 黃鴻壽輯 民國十四年(1925)上海文明書局石印本 八冊

330000－1715－0000703 0162 經部/群經總義類

**經學通論五卷** (清)皮錫瑞撰 民國十二年(1923)上海商務印書館影印本 四冊 缺一卷(春秋)

330000－1715－0000705 1207 子部/儒家類/儒學之屬/禮教/家訓

**胡氏莫太夫人家訓一卷** (宋)莫氏撰 (宋)孫介編刻 民國二十四年(1935)梅川胡惇裕堂木活字印本 一冊

330000－1715－0000707 1159 子部/儒家類/儒學之屬/俗訓

**人譜正篇一卷續篇三卷人譜類記增訂六卷** (明)劉宗周撰 民國元年(1912)鄂官書處刻本 一冊 存三卷(正篇、續篇一至二)

330000－1715－0000709 1537 子部/小說家類/異聞之屬

**詳註閱微草堂筆記二十四卷** (清)紀昀撰 謝璿 陸鍾渭詳註 民國十三年(1924)上海會文堂書局石印本 十冊

330000－1715－0000710　1536　子部/小說家類/異聞之屬

**詳註閱微草堂筆記二十四卷**　(清)紀昀撰　謝璿詳註　民國七年(1918)上海會文堂書局石印本　十冊

330000－1715－0000714　1166　子部/儒家類/儒學之屬/性理

**王陽明先生傳習錄集評四卷**　(清)孫奇逢等參評　(清)陶潯霍　梁啓超續評　孫鏘輯校　民國三年(1914)上海新學會社鉛印本　二冊

330000－1715－0000719　1348　子部/醫家類/方書之屬/歷代方書

**大德重校聖濟總錄二百卷**　(宋)徽宗趙佶修　吳錫璜校　民國八年(1919)上海文瑞樓石印本　五十八冊　缺八卷(二十一至二十四、一百二十一至一百二十四)

330000－1715－0000730　1692　子部/叢編

**評註皕子精華十卷**　張謂輯　民國上海子學社石印本　十冊

330000－1715－0000733　1691　子部/小說家類/異聞之屬

**詳註閱微草堂筆記二十四卷**　(清)紀昀撰　謝璿詳註　民國十一年(1922)上海會文堂書局石印本　十冊

330000－1715－0000734　1695　子部/術數類/命書相書之屬

**三命通會十二卷**　(明)萬民英撰　民國十五年(1926)上海中原書局石印本　十二冊

330000－1715－0000735　1575　史部/傳記類/總傳之屬/通代

**校正尚友錄統編二十四卷**　(清)錢湖釣徒編　(清)張元聲輯　民國七年(1918)上海國學圖書局石印本　十二冊

330000－1715－0000740　1232　子部/農家農學類/總論之屬

**四庫提要農學輯存二卷**　新學會社編　民國九年(1920)上海新學會社鉛印本　一冊

330000－1715－0000748　1605　類叢部/叢書類/彙編之屬

**唐人說薈(唐代叢書)一百六十四種**　(清)陳世熙(一題王文誥)輯　民國十四年(1925)上海掃葉山房石印本　九冊　存九十八種

330000－1715－0000751　1259　子部/醫家類/醫經之屬/内經

**加批圈點内經知要二卷**　(清)李中梓輯　陳秉鈞批　民國二十三年(1934)上海廣益書局石印本　一冊

330000－1715－0000758　1461　子部/藝術類/篆刻之屬/印譜

**飛鴻堂印譜初集八卷二集八卷三集八卷四集八卷五集八卷**　(清)汪啟淑鑒藏　民國影印本　二十冊

330000－1715－0000763　1768　集部/小說類/長篇之屬

**新輯繪圖彭公案正集四卷一百回續集四卷八十回三集四卷八十回四集四卷八十一回**　(清)貪夢道人撰　民國上海廣益書局石印本　十六冊

330000－1715－0000768　1241　子部/醫家類/醫案之屬

**吳鞠通先生醫案不分卷**　(清)吳瑭撰　民國抄本　一冊

330000－1715－0000770　0609　史部/傳記類/總傳之屬/家乘

**[浙江慈溪]慈南徐氏宗譜十二卷**　徐守乾纂修　民國三年(1914)鴻緒堂木活字印本　十二冊

330000－1715－0000772　0608　史部/傳記類/總傳之屬/家乘

**[浙江餘姚]餘姚蘭風蔣氏宗譜十卷**　蔣懷清修　蔣增煊　蔣國慶纂　民國八年(1919)餘姚蘭風蔣氏三徑堂木活字印本　六冊

330000－1715－0000773　1287　子部/醫家類/醫案之屬

**臨證指南醫案八卷**　(清)葉桂撰　民國上海

廣益書局石印本　六冊　缺二卷(三、六)

330000－1715－0000775　1790　子部/雜著類/雜說之屬
**梵天廬叢錄三十七卷**　柴萼撰　民國十五年(1926)上海中華書局石印本　十八冊

330000－1715－0000783　0172　類叢部/叢書類/彙編之屬
**留餘草堂叢書十二種**　劉承幹編　民國吳興劉氏嘉業堂刻本　四冊　存一種

330000－1715－0000788　0170　經部/四書類/總義之屬/傳說
**四書纂疏二十六卷札記一卷**　(宋)趙順孫撰　民國十四年(1925)聖風書苑據清康熙通志堂經解本影印本　八冊

330000－1715－0000789　0699　史部/地理類/雜志之屬
**孝豐鄉土教科書一卷**　方秉性編纂　民國六年(1917)孝豐萬豐書局鉛印本　一冊

330000－1715－0000794　0701　史部/地理類/方志之屬/郡縣志
**[民國]崇安縣新志三十一卷首一卷**　劉超然等修　鄭豊稔等纂　民國三十一年(1942)崇安縣志委員會鉛印本　二冊

330000－1715－0000795　0905　史部/傳記類/別傳之屬/事狀
**邵衎臣先生[鴻磐]紀念錄一卷**　葉振鐸等撰　民國三年(1914)寧波鈞和公司鉛印本　一冊

330000－1715－0000796　0823　史部/史評類/史論之屬
**清代史論十六卷**　蔡郕撰　民國六年(1917)上海會文堂書局石印本　八冊

330000－1715－0000799　0110　類叢部/叢書類/彙編之屬
**葩廬叢書**　高燮輯　民國高吹萬葩廬鉛印本　二冊　存一種

330000－1715－0000800　1606　子部/雜著類/雜說之屬
**老學庵筆記十卷**　(宋)陸游撰　民國元年(1912)鄂官書處刻本　二冊

330000－1715－0000802　0098　經部/詩類/傳說之屬
**毛詩二十卷**　(漢)毛亨傳　(漢)鄭玄箋　民國鉛印本　四冊

330000－1715－0000803　0109　經部/詩類/文字音義之屬
**毛詩正韵四卷毛詩韵例一卷**　丁以此撰　民國十三年(1924)日照丁氏留餘堂刻二十年(1931)山東省立圖書館印本　王獻唐題記　二冊

330000－1715－0000805　0718　史部/地理類/水利之屬
**麻溪改壩為橋始末記四卷首一卷**　王念祖纂　民國八年(1919)蕺社鉛印本　一冊　缺二卷(三至四)

330000－1715－0000807　2577　集部/詩文評類/詩評之屬
**漁洋詩話二卷**　(清)王士禛撰　民國十七年(1928)上海啓新書局鉛印本　一冊

330000－1715－0000809　1514　子部/法家類
**獨斷一卷**　(漢)蔡邕撰　民國元年(1912)鄂官書處刻本　一冊

330000－1715－0000811　0707　史部/地理類/水利之屬
**今水經一卷表一卷**　(清)黃宗羲學　民國元年(1912)鄂官書處刻本　一冊

330000－1715－0000812　0907　史部/傳記類/總傳之屬/通代
**高士傳三卷**　(晉)皇甫謐撰　民國元年(1912)鄂官書處刻本　一冊

330000－1715－0000814　2238　集部/總集類/選集之屬/通代
**漢魏六朝百三名家集一百十八卷**　(明)張溥輯　民國十四年(1925)上海掃葉山房石印本

四十八册

330000－1715－0000815　1600　子部/小説家類/異聞之屬

**御覽闕史二卷**　（唐）高彦休撰　民國元年(1912)鄂官書處刻本　一册

330000－1715－0000817　1211　子部/儒家類/儒學之屬/俗訓

**裕昆言不分卷**　吴兆元輯　民國十三年(1924)丹徒吴氏花好月圓人壽室鉛印本　一册

330000－1715－0000818　1265　子部/醫家類/類編之屬

**潛齋醫學叢書十四種**　曹炳章編　民國七年(1918)集古閣石印本　七册

330000－1715－0000819　0906　史部/地理類/專志之屬/祠墓

**修建萬季野先生祠墓紀念刊一卷徵信録一卷**　建修萬季野先生祠墓事務所輯　民國二十六年(1937)寧波建修萬季野先生祠墓事務所鉛印本　一册

330000－1715－0000820　1149　子部/儒家類/儒學之屬/經濟

**説苑二十卷**　（漢）劉向撰　民國上海涵芬樓鉛印本　四册

330000－1715－0000822　1210　子部/儒家類/儒學之屬/性理

**求志齋庸言一卷**　梅契壽撰　民國鉛印本　一册

330000－1715－0000826　1387　子部/藝術類/書畫之屬/題跋

**書畫跋跋三卷續三卷**　（明）孫鑛撰　（明）孫宗濂　（明）孫宗溥編　民國八年(1919)上海大東書局石印本　一册　存一卷(一)

330000－1715－0000830　1092　史部/傳記類/總傳之屬/家乘

**［浙江餘姚］餘姚雙雁吴氏宗譜四卷**　吴通義纂修　民國十八年(1929)至德堂木活字印本　四册

330000－1715－0000831　0733　子部/小説家類

**筆記小説大觀二百二十二種**　進步書局輯　民國上海進步書局石印本　一册　存二種

330000－1715－0000834　1400　史部/傳記類/總傳之屬/技藝

**畫徵録三卷續録二卷明人附録一卷**　（清）張庚撰　民國八年(1919)上海有正書局鉛印本　一册　存三卷(一至三)

330000－1715－0000836　1406　史部/傳記類/總傳之屬/技藝

**清代畫史增編三十七卷補録一卷**　盛鐘輯　民國十六年(1927)上海有正書局鉛印本　六册

330000－1715－0000837　1205、2922　類叢部/叢書類/自著之屬

**船山遺書六十六種附一種**　（清）王夫之撰　民國二十四年(1935)上海太平洋書店鉛印本（永曆實録卷十六原缺）　十八册　存十三種

330000－1715－0000842　1208、0582、0804　類叢部/叢書類/彙編之屬

**金陵大學中國文化研究所叢刊**　金陵大學中國文化研究所編　民國金陵大學中國文化研究所刻本、鉛印本暨影印本　三册　存三種

330000－1715－0000843　1209、0581、0805、0286　類叢部/叢書類/彙編之屬

**金陵大學中國文化研究所叢刊**　金陵大學中國文化研究所編　民國金陵大學中國文化研究所刻本、鉛印本暨影印本　四册　存四種

330000－1715－0000846　1258　子部/醫家類/類編之屬

**松齡叢書**　徐潤之輯　民國鉛印本　二册　存一種

330000－1715－0000852　0858　史部/傳記類/總傳之屬/家乘

**［浙江餘姚］餘姚四門謝氏明代祖像一卷**　民國二十一年(1932)鉛印本　一册

330000－1715－0000853　0616　史部/傳記

類/總傳之屬/家乘

**[浙江餘姚]箭山趙氏宗譜十九卷首一卷末一卷** 趙宗元纂修 民國七年(1918)永思堂木活字印本 八册

330000－1715－0000854 1394 子部/藝術類/篆刻之屬

**篆學瑣著(篆學叢書)三十一種** (清)顧湘輯 民國七年(1918)上海文瑞樓石印本 十一册 存十八種

330000－1715－0000865 1279 子部/醫家類/本草之屬/本草藥性

**本草經解四卷** (清)葉桂集註 民國八年(1919)上海廣益書局鉛印本 三册 存三卷(二至四)

330000－1715－0000868 1326 子部/醫家類/本草之屬/歷代綜合本草

**本草從新十八卷** (清)吳儀洛輯 民國上海蔣春記書莊石印本 一册

330000－1715－0000869 1292 子部/醫家類/醫案之屬

**增補重編葉天士醫案四卷** (清)葉桂撰 陸士諤輯 民國十年(1921)上海文廣書局石印本 一册 存二卷(三至四)

330000－1715－0000871 0598 史部/傳記類/總傳之屬/家乘

**[浙江餘姚]餘姚道塘干氏宗譜三卷首一卷** 干錦書修 民國三十七年(1948)一本堂木活字印本 三册

330000－1715－0000882 1319 新學/醫學

**生理學中外名詞對照表一卷** 孫祖烈編 民國六年(1917)上海醫學書局鉛印本 一册

330000－1715－0000883 0895 史部/傳記類/別傳之屬/事狀

**經歷誌畧一卷** (清)余之芹撰 民國十二年(1923)鉛印本 一册

330000－1715－0000887 0947 史部/傳記類/別傳之屬/年譜

**成山老人[唐烔]自撰年譜六卷附錄一卷** (清)唐烔撰 民國七年(1918)鉛印本 二册

330000－1715－0000888 1374 子部/術數類/占候之屬

**觀象玩占□□卷** 民國抄本 三册 存十八卷(六至十四、七十三至八十一)

330000－1715－0000896 0938 史部/政書類/公牘檔册之屬

**餘姚縣議會議決案不分卷** 民國元年(1912)鉛印本 一册

330000－1715－0000897 0939 史部/政書類/公牘檔册之屬

**餘姚縣議會議決案不分卷** 民國元年(1912)鉛印本 一册

330000－1715－0000899 2240 集部/總集類/郡邑之屬

**四明清詩略三十二卷首三卷** (清)董沛輯 **續稿八卷** 忻江明輯 **姓氏韻編一卷** 民國十九年(1930)中華書局鉛印本 二十册

330000－1715－0000908 1733 子部/儒家類/儒學之屬/蒙學

**課子隨筆十卷** (清)張師載輯 民國十一年(1922)刻本 四册

330000－1715－0000911 1732 子部/儒家類/儒學之屬

**古今格言四卷** 江畬經編纂 民國七年(1918)上海商務印書館鉛印本 四册

330000－1715－0000914 2050 類叢部/叢書類/自著之屬

**舜水遺書四種附錄一卷** (明)朱之瑜撰 民國二年(1913)山陰湯壽潛鉛印本 十二册

330000－1715－0000915 2048 類叢部/叢書類/自著之屬

**舜水遺書四種附錄一卷** (明)朱之瑜撰 民國二年(1913)山陰湯壽潛鉛印本 十二册

330000－1715－0000916 2047 類叢部/叢書類/自著之屬

**舜水遺書四種附錄一卷** (明)朱之瑜撰 民

國二年(1913)山陰湯壽潛鉛印本　十二册

330000－1715－0000917　2036　集部/别集類/明别集

**王文成公全書三十八卷**　(明)王守仁撰　民國二年(1913)上海中華圖書館影印本　十二册

330000－1715－0000918　2035　集部/别集類/明别集

**王文成公全書三十八卷**　(明)王守仁撰　民國二年(1913)上海中華圖書館影印本　十一册　缺二卷(三十七至三十八)

330000－1715－0000921　1737　新學/政治法律/政治

**國際條約提要五卷**　葛遵禮編　民國六年(1917)上海會文堂書局鉛印本　一册

330000－1715－0000930　2049　類叢部/叢書類/自著之屬

**舜水遺書四種附録一卷**　(明)朱之瑜撰　民國二年(1913)山陰湯壽潛鉛印本　十二册

330000－1715－0000932　1629　子部/宗教類/佛教之屬/諸宗

**印光法師文鈔七卷附録一卷**　釋聖量撰　民國十三年(1924)鉛印本　四册

330000－1715－0000936　1679　子部/術數類/相宅相墓之屬

**東方科學之宅運新案二卷**　策羣撰　民國十九年(1930)文明書局鉛印本　二册

330000－1715－0000937　1963　子部/宗教類/佛教之屬/諸宗

**印光法師文鈔七卷附録一卷**　釋聖量撰　民國十三年(1924)鉛印本　四册

330000－1715－0000938　1964　子部/宗教類/佛教之屬/諸宗

**印光法師文鈔七卷附録一卷**　釋聖量撰　民國十三年(1924)鉛印本　四册

330000－1715－0000939　1962　子部/宗教類/佛教之屬/諸宗

**增廣印光法師文鈔四卷首一卷**　釋印光撰　民國十六年(1927)中華書局印刷所鉛印本　四册

330000－1715－0000940　1680　子部/雜著類/雜説之屬

**雞肋編三卷**　(宋)莊綽撰　民國二十二年(1933)上海商務印書館鉛印本　一册

330000－1715－0000945　1609－1　子部/雜著類/雜説之屬

**歸田録二卷補遺一卷**　(宋)歐陽修撰　民國十二年(1923)上海商務印書館鉛印本　與330000－1715－0000947合一册

330000－1715－0000947　1609－2　子部/雜著類/雜説之屬

**東原録一卷**　(宋)龔鼎臣撰　民國十五年(1926)上海商務印書館鉛印本　與330000－1715－0000945合一册

330000－1715－0000948　1607　子部/雜著類/雜説之屬

**捫蝨新話十五卷補遺一卷**　(宋)陳善撰　民國十四年(1925)上海商務印書館鉛印本　一册

330000－1715－0000949　1608　子部/雜著類/雜説之屬

**齊東野語二十卷**　(宋)周密撰　民國九年(1920)上海商務印書館鉛印本　一册　存十卷(六至十、十六至二十)

330000－1715－0000956　1667　史部/政書類/律令之屬

**新編評註刀筆菁華四種**　平襟亞纂　秋痕樓主評　民國十二年(1923)上海共和書局鉛印本　二册　存二種

330000－1715－0000957　1630　子部/儒家類/儒學之屬/禮教/鑑戒

**名賢戒殺詩一卷**　余霖録　民國石印本　一册

330000－1715－0000963　0909　史部/政書類/公牘檔册之屬

**各省區將軍巡按使都統護軍使鎮守使等籲請早日登極電奏一卷**　朱家寶等撰　民國鉛印本　一册

330000－1715－0000965　0893　史部/政書類/律令之屬/判牘

**樊山判牘續編四卷**　樊增祥撰　民國元年(1912)大同書局石印本　四册

330000－1715－0000966　0892　史部/政書類/律令之屬/判牘

**樊山判牘四卷**　樊增祥撰　民國法政學社石印本　四册

330000－1715－0000967　0910　史部/傳記類/别傳之屬/事狀

**董節母傳一卷**　馮貞胥撰　民國影印本　一册

330000－1715－0000969　1766　集部/别集類/清别集

**袁忠節公遺札不分卷**　(清)袁昶撰　民國三十七年(1948)影印本　一册

330000－1715－0000978　2092　集部/别集類/宋别集

**六一居士文集五卷外集録二卷**　(宋)歐陽修撰　民國二年(1913)上海會文堂書局石印本　四册　存五卷(文集一至五)

330000－1715－0000979　1610、1611、1664、0884、0885、1663、1661、1662、0882、0889、0886、0888、0887、1594、0883、0879　子部/宗教類/道教之屬/道藏

**道藏舉要一百七十六種**　上海商務印書館編　民國上海商務印書館影印本　二十六册　存二十五種

330000－1715－0000989　1676　新學/史志/戰記

**十國戰事雜詠一卷**　吴恭亨撰　民國鉛印本　一册

330000－1715－0000993　0986　史部/目録類/總録之屬/私撰

**抱經堂書目一卷**　杭州抱經堂書局編　民國十四年(1925)抱經堂書局石印本　一册

330000－1715－0000995　2103　集部/别集類/宋别集

**四明文獻集五卷**　(宋)王應麟撰　(明)鄭真輯　**深寧先生文鈔摭餘編三卷**　(宋)王應麟撰　(清)葉熊輯　**深寧先生[王應麟]年譜一卷**　(清)錢大昕編　**王深寧先生[應麟]年譜一卷**　(清)陳僅撰　(清)張恕編　**王深寧先生[應麟]年譜一卷**　(清)張大昌輯　民國五年(1916)仁和王存善鉛印本　二册　存六卷(文獻集一至五、摭餘編一)

330000－1715－0000997　1095　史部/傳記類/總傳之屬/家乘

**[浙江餘姚]姚邑沈氏宗譜五卷首一卷**　沈景炎修　民國二十二年(1933)忠清堂木活字印本　六册

330000－1715－0001015　1622－1　集部/小説類/長篇之屬

**大字足本繡像全圖三國志演義十六卷一百二十回首一卷**　(明)羅本撰　(清)毛宗崗評　民國十四年(1925)上海掃葉山房石印本(卷一至二補配民國四年上海中新書局石印本、卷四補配民國石印本)　十一册　缺五卷(三、五至八)

330000－1715－0001017　1622－2　集部/小説類/長篇之屬

**第一才子書十六卷一百二十回首一卷**　(明)羅本撰　(清)毛宗崗　(清)金人瑞評　民國三年(1914)中華書局鉛印本　一册　存一卷(首)

330000－1715－0001018　2086　集部/别集類/唐五代别集

**新刊五百家註音辯昌黎先生文集四十卷序傳碑記一卷外集十卷**　(唐)韓愈撰　(宋)魏仲舉輯注　**韓文類譜十卷**　(宋)呂大防撰　(宋)魏仲舉輯　**晦庵朱侍講先生韓文考異十卷**　(宋)朱熹撰　民國上海商務印書館影印本　四十册

330000－1715－0001023　2063　集部/别集

類/漢魏六朝別集

**陶淵明文集十卷**　（晉）陶潛撰　民國二年(1913)上海著易堂書局石印本　四冊

330000－1715－0001024　2066　集部/別集類/唐五代別集

**李義山集三卷**　（唐）李商隱撰　民國九年(1920)上海掃葉山房石印本　四冊

330000－1715－0001031　2134　類叢部/叢書類/自著之屬

**崔東壁遺書前編十九種附一種**　（清）崔述撰　民國十三年(1924)上海古書流通處據清道光陳氏刻本影印本　二十冊　存十九種

330000－1715－0001032　1739　子部/醫家類/方書之屬/單方驗方

**增評醫方集解二十三卷增補本草備要八卷重校舊本湯頭歌訣一卷**　（清）汪昂著輯　民國元年(1912)上海同文書局石印本　二冊　存十二卷(醫方集解一至三、十五至二十三)

330000－1715－0001035　1751　子部/天文曆算類/曆法之屬

**新鐫增補時憲臺曆袖裏璇璣星命須知一卷**　民國二年(1913)啟新書局石印本　二冊

330000－1715－0001037　1752　子部/天文曆算類/曆法之屬

**新鐫增補時憲臺曆袖裏璇璣星命須知一卷**　民國四年(1915)上海廣益書局石印本　一冊

330000－1715－0001040　1753　新學/雜著

**速記術一卷**　劉青錢編譯　民國元年(1912)上虞中興印刷局石印本　一冊

330000－1715－0001041　1556　經部/小學類/音韻之屬/韻書

**增廣詩韻全璧五卷　初學檢韻袖珍一卷**　（清）錢大昕鑒定　（清）姚文登輯　**虛字韻藪一卷**　（清）潘維城輯　民國九年(1920)上海廣益書局石印本　八冊

330000－1715－0001042　1759　子部/藝術類/書畫之屬/畫譜

**分類畫範自習畫譜大全三集二十四卷**　馬駘繪　民國十七年(1928)上海世界書局石印本　十七冊　缺七卷(美人百態畫譜一、歷代名將畫譜一、花卉草蟲畫法、蘭竹博古畫譜、魚蟲瓜果畫譜、中外百獸畫譜二、名勝山水畫譜)

330000－1715－0001045　1557　經部/小學類/音韻之屬/韻書

**增廣詩韻全璧五卷　初學檢韻袖珍一卷**　（清）錢大昕鑒定　（清）姚文登輯　**虛字韻藪一卷**　（清）潘維城輯　民國十一年(1922)上海廣益書局石印本　六冊

330000－1715－0001048　2083　集部/別集類/唐五代別集

**杜詩鏡銓二十卷附諸家論杜一卷杜工部年譜一卷**　（清）楊倫輯　**讀書堂杜工部文集註解二卷**　（清）張溍撰　民國十七年(1928)上海文瑞樓石印本　八冊

330000－1715－0001051　2365　子部/雜著類/雜考之屬

**煙嶼樓讀書志十六卷筆記八卷**　（清）徐時棟撰　民國十七年(1928)鄞縣徐方來蘧學齋鉛印本　八冊

330000－1715－0001054　2115　集部/別集類/明別集

**震川大全集三十卷別集十卷餘集八卷補集八卷**　（明）歸有光撰　民國五年(1916)中國圖書公司和記石印本　十二冊

330000－1715－0001061　1767　子部/藝術類/書畫之屬/法帖

**祝枝山寫杜詩墨蹟一卷**　（明）祝允明書　民國九年(1920)上海有正書局石印本　一冊

330000－1715－0001064　1643　子部/道家類

**老子覈詁四卷老子稱經及篇章考一卷老子失文一卷引用書目一卷**　馬敘倫撰　民國十三年(1924)鉛印本　一冊　存二卷(一至二)

330000－1715－0001067　1761　子部/藝術類/書畫之屬/畫譜

**當代名畫大觀不分卷** 王屺編 民國上海求古齋書帖局影印本 四冊

330000－1715－0001069 1765 類叢部/叢書類/家集之屬
**天蘇閣叢刊十五種** 徐新六輯 民國三年(1914)、十二年(1923)杭縣徐氏鉛印本 六冊 存十種

330000－1715－0001071 2110 集部/別集類/宋別集
**宋岳忠武王全集二十八卷** (宋)岳飛撰 (宋)岳珂編 民國四年(1915)國學書局石印本 四冊

330000－1715－0001074 2241 集部/總集類/郡邑之屬
**四明清詩略三十二卷首三卷** (清)董沛輯 **續稿八卷** 忻江明輯 **姓氏韻編一卷** 民國十九年(1930)中華書局鉛印本 二十冊

330000－1715－0001077 1801 新學/政治法律
**日本法規解字一卷** 錢恂 董鴻禕編 民國二年(1913)上海商務印書館鉛印本 一冊

330000－1715－0001083 2243 集部/總集類/郡邑之屬
**四明清詩略三十二卷首三卷** (清)董沛輯 **續稿八卷** 忻江明輯 **姓氏韻編一卷** 民國十九年(1930)中華書局鉛印本 二十冊

330000－1715－0001085 2242 集部/總集類/郡邑之屬
**四明清詩略三十二卷首三卷** (清)董沛輯 **續稿八卷** 忻江明輯 **姓氏韻編一卷** 民國十九年(1930)中華書局鉛印本 二十冊

330000－1715－0001089 1337 子部/醫家類/方書之屬/單方驗方
**經驗方二卷** (清)沈善兼撰 民國八年(1919)武林許氏擇古齋鉛印本 一冊

330000－1715－0001094 1310 子部/醫家類/類編之屬
**國醫百家□□種** 裘慶元輯 民國六年至九年(1917－1920)紹興醫藥學報社鉛印本 一冊 存一種

330000－1715－0001097 1872 子部/宗教類/佛教之屬/諸宗
**禪學講話四卷** (日本)日種讓山撰 釋芝峯譯 民國三十二年(1943)鎮江焦山佛學院鉛印本 一冊

330000－1715－0001098 2173 集部/別集類
**艮園詩集四卷首一卷後集四卷末一卷** 江五民撰 民國五年(1916)上海鉛印本 二冊

330000－1715－0001099 1334 子部/醫家類/方書之屬/單方驗方
**救急經驗良方二卷** 張連芳編 民國十五年(1926)濟南孫張連芳鉛印本 一冊

330000－1715－0001101 1066 史部/地理類/水利之屬
**續刻杜白二湖四浦水利全書一卷** 葉瀚編 楊振驥纂 民國鉛印本 一冊

330000－1715－0001103 1389 子部/藝術類/書畫之屬/畫法畫品
**畫法要錄六卷首一卷** 余紹宋撰 民國十五年(1926)北京京城印書局鉛印本 一冊 存三卷(首、一至二)

330000－1715－0001109 1378 子部/術數類/命書相書之屬
**命學新義不分卷** 潘子端撰 民國二十八年(1939)文明書局鉛印本 一冊

330000－1715－0001112 1388 子部/藝術類/書畫之屬/畫法畫品
**畫法要錄十七卷首一卷** 余紹宋撰 民國十九年(1930)上海中華書局鉛印本 四冊

330000－1715－0001114 0602 史部/傳記類/總傳之屬/家乘
**[浙江餘姚]餘姚孝義虹橋葉氏宗譜□□卷** 葉美衘等修輯 民國五年(1916)惇裕堂木活字印本 二冊 存三卷(六、九至十)

330000－1715－0001117　1396　子部/藝術類/書畫之屬/法帖

**泉唐朱研臣先生遺墨一卷**　(清)朱大勳撰並書　(清)朱景彝編　**附朱氏先德録一卷**　(清)朱景彝撰　民國六年(1917)上海商務印書館影印本暨鉛印本　一冊

330000－1715－0001123　1758　子部/藝術類/書畫之屬/畫譜

**百尺樓叢畫八卷**　汪鏷繪　民國十年(1921)朝記書莊石印本　八冊

330000－1715－0001124　1785　子部/天文曆算類/曆法之屬

**中華民國五大族陽陰合編新萬年曆通書一卷新鐫增補時憲臺曆袖裏琁璣星命須知一卷**　徐鶴齡編　民國二年(1913)上海有益齋石印本　二冊

330000－1715－0001127　1538　子部/雜著類/雜纂之屬

**庸盦筆記六卷**　(清)薛福成撰　民國十四年(1925)上海掃葉山房石印本　三冊

330000－1715－0001129　1390　子部/藝術類

**隸法指南二卷**　王星北撰　民國十六年(1927)四明錢季寅石印本　四冊

330000－1715－0001134　1410、1411　子部/藝術類/書畫之屬/畫譜

**任渭長先生畫傳四種**　(清)任熊繪　民國四年(1915)上海錦文堂書局石印本　五冊　存三種

330000－1715－0001135　1779　史部/史評類/詠史之屬

**今樂府一卷**　(清)陳梓撰　(清)鄭亦亭評　民國四年(1915)文新書局石印本　一冊

330000－1715－0001138　1459　子部/藝術類/篆刻之屬/印譜

**甄古齋印譜一卷**　王石經篆刻　民國十二年(1923)上海商務印書館影印本　一冊

330000－1715－0001139　1453　史部/目録類/專録之屬

**雲齋舊藏善本印譜目憶錄五卷首一卷**　龐士龍撰　瞿熙邦校訂　**鐵琴銅劍樓藏善本印譜目一卷**　瞿熙邦　龐士龍輯錄　民國三十年(1941)常熟龐氏蘭石軒鉛印本　一冊

330000－1715－0001140　0985　史部/目録類/總録之屬/私撰

**蘇州來青閣書目第三期一卷**　來青閣書莊編　民國二十三年(1934)蘇州來青閣書莊石印本　一冊

330000－1715－0001141　1065　史部/傳記類/別傳之屬/事狀

**貞惠先生[世光]逝世三周紀念徵文啟一卷**　陳寶珠等撰　民國二十一年(1932)東亞印書局鉛印本　一冊

330000－1715－0001142　1471　子部/工藝類/日用器物之屬/陶瓷

**飲流齋說瓷十卷**　許之衡撰　民國十三年(1924)上海朝記書莊鉛印本　四冊

330000－1715－0001145　1470　子部/工藝類/日用器物之屬/陶瓷

**匋雅二卷**　陳瀏撰　民國二十二年(1933)上海古瓷研究會石印本　四冊

330000－1715－0001148　1464　類叢部/叢書類/彙編之屬

**續古逸叢書四十七種**　張元濟等編　民國十一年(1922)至一九五七年上海商務印書館影印本　二冊　存一種

330000－1715－0001149　2267　集部/總集類/選集之屬/通代

**新古文辭類纂六十卷首一卷**　蔣瑞藻纂集　民國十一年(1922)上海中華書局石印本　二十四冊

330000－1715－0001150　0814　史部/目録類/專録之屬

**敦煌石室寫經題記與敦煌雜錄二輯**　許國霖編　民國二十六年(1937)上海商務印書館鉛印本　二冊

330000－1715－0001153　1440　子部/藝術類/書畫之屬/畫譜

**清十二名家花卉扇集一卷**　(清)余鍔等繪　民國二十二年(1933)上海慎修書社影印本　一冊

330000－1715－0001155　1447　子部/藝術類/書畫之屬

**明清十大家蘭竹扇集一卷**　(明)周天球等繪　民國二十二年(1933)上海慎修書社影印本　一冊

330000－1715－0001159　1750　子部/藝術類/書畫之屬

**馮威博梅鶴幻影圖一卷**　錢罕編　民國二十二年(1933)影印本　一冊

330000－1715－0001160　1455　子部/藝術類/篆刻之屬/印譜

**印苑十二卷**　(清)顧湘纂　民國十四年(1925)掃葉山房石印本　六冊

330000－1715－0001162　1533　史部/傳記類/日記之屬

**求闕齋日記類鈔二卷**　(清)曾國藩隨筆　(清)王啟原編　民國十一年(1922)掃葉山房石印本　二冊

330000－1715－0001164　1454　史部/金石類/璽印之屬/文字

**漢印分韻三集二卷**　孟昭鴻纂摹　民國二十二年(1933)上海西泠印社石印本　二冊

330000－1715－0001165　2263　集部/總集類/選集之屬/通代

**續古文辭類纂三十四卷**　王先謙輯　民國上海文瑞樓石印本　六冊　存十二卷(一至十二)

330000－1715－0001167　1894　子部/宗教類/佛教之屬/論

**大乘百法明門論一卷八識規矩頌一卷**　(明)釋廣益纂釋　民國十年(1921)有正書局鉛印本　一冊

330000－1715－0001168　2216　集部/別集類/清別集

**笠翁一家言全集十六卷**　(清)李漁撰　民國上海會文堂書局石印本　十二冊

330000－1715－0001175　1881　子部/宗教類/佛教之屬

**金剛經本旨二十卷**　(清)鎮庭子註　民國十七年(1928)北京天華館鉛印本　五冊

330000－1715－0001176　1903　子部/宗教類/佛教之屬

**世界佛學苑漢藏教理院叢書**　民國重慶漢藏教理院鉛印本　五冊　存一種

330000－1715－0001177　2212　類叢部/叢書類/自著之屬

**章氏遺書十一種二十四卷**　(清)章學誠撰　民國浙江圖書館鉛印本　十三冊

330000－1715－0001185　1924　子部/宗教類/佛教之屬/諸宗

**夢東禪師遺集三卷**　(清)釋喚醒　(清)釋了睿輯錄　民國二十三年(1934)天津佛教功德林鉛印本　一冊

330000－1715－0001189　1878　子部/宗教類/佛教之屬

**金剛般若波羅蜜經新疏一卷**　(後秦)釋鳩摩羅什譯　釋諦閑述　民國十六年(1927)國光書局鉛印本　一冊

330000－1715－0001190　2152　集部/別集類/清別集

**芙蓉館文初集三卷芙蓉館文外集三卷**　(清)張紹齡撰　民國鉛印本　二冊

330000－1715－0001192　1909　類叢部/叢書類/自著之屬

**楊仁山居士遺著十三種**　(清)楊文會撰　民國八年(1919)金陵刻經處刻本　十冊

330000－1715－0001195　1871　子部/宗教類/佛教之屬/經咒

**慈悲三昧水懺申義疏三卷**　釋諦閑述　民國十五年(1926)鉛印本　二冊

330000－1715－0001196　1863　子部/宗教類/佛教之屬/經疏

**圓覺親聞記二卷**　釋諦閑講演　釋妙煦　釋顯琛　釋顯覺手錄　民國十一年(1922)商務印書館鉛印本　二冊

330000－1715－0001197　2246　集部/總集類/選集之屬/通代

**十八家詩鈔二十八卷首一卷**　(清)曾國藩輯　民國九年(1920)上海商務印書館鉛印本　十五冊　缺一卷(二十三)

330000－1715－0001203　1864　子部/宗教類/佛教之屬/經疏

**大方廣圓覺脩多羅了義經講義二卷**　釋諦閑講演　民國十三年(1924)上海商務印書館鉛印本　二冊

330000－1715－0001206　1918　子部/宗教類/佛教之屬

**重訂二課合解七卷首一卷**　釋興慈述　民國十六年(1927)鉛印本　二冊

330000－1715－0001210　2172　集部/別集類/清別集

**詳註鄭板橋全集不分卷**　(清)鄭燮撰　雷瑨註釋　民國十五年(1926)上海掃葉山房石印本　四冊

330000－1715－0001211　2171　集部/別集類/清別集

**鄭板橋全集六卷**　(清)鄭燮撰　民國十一年(1922)上海掃葉山房石印本　四冊

330000－1715－0001212　2248　集部/總集類/選集之屬/通代

**御選唐宋文醇五十八卷目錄一卷**　(清)高宗弘曆輯　民國中華圖書館石印本　八冊

330000－1715－0001214　2249　類叢部/叢書類/彙編之屬

**四部備要**　中華書局編　民國二十五年(1936)上海中華書局鉛印本　十四冊　存一種

330000－1715－0001216　1809　新學/政治法律/政治

**省議會選民草冊一卷**　民國六年(1917)抄本　一冊

330000－1715－0001217　1808　新學/政治法律/政治

**省議會初選舉調查一卷**　民國六年(1917)抄本　一冊

330000－1715－0001222　2151　集部/別集類/清別集

**留餘齋詩集四卷**　(清)王鏡瀾撰　民國二十三年(1934)鉛印本　一冊

330000－1715－0001225　2147　集部/別集類/清別集

**程伯翰先生遺集十卷首一卷末一卷**　(清)程頌藩撰　民國十七年(1928)上海汐廬鉛印本　二冊

330000－1715－0001228　2150　集部/別集類/清別集

**綠天盦詩集一卷**　(清)王筠僊撰　民國三十六年(1947)董維城鉛印本　二冊

330000－1715－0001229　0810　史部/目録類/專録之屬

**參加倫敦中國藝術國際展覽會出品目錄四卷**　倫敦中國藝術國際展覽會籌備委員會編　民國二十四年(1935)鉛印本　一冊

330000－1715－0001233　2215　集部/別集類/清別集

**橫山文集十六卷詩集六卷**　(清)裘璉撰　**橫山先生[裘璉]年譜一卷**　(清)裘姚崇原編　(清)王家振節鈔　民國三年(1914)甬上旅遯軒鉛印本　三冊　缺六卷(詩集一至六)

330000－1715－0001237　2231　集部/別集類

**寒莊文編二卷**　虞輝祖撰　民國十年(1921)上海聚珍倣宋印書局鉛印本　一冊

330000－1715－0001238　2229　集部/別集類

**寒莊文編二卷**　虞輝祖撰　民國十年(1921)

上海聚珍倣宋印書局鉛印本　一册

330000－1715－0001239　2230　集部/別集類
**寒莊文編二卷**　虞輝祖撰　民國十年(1921)上海聚珍倣宋印書局鉛印本　一册

330000－1715－0001240　2228－1　集部/別集類
**寒莊文編二卷**　虞輝祖撰　民國十年(1921)上海聚珍倣宋印書局鉛印本　一册

330000－1715－0001248　2162　集部/別集類
**回風堂詩七卷前錄二卷文五卷**　馮幵撰　**婦學齋遺稿一卷**　俞因撰　民國三十年(1941)中華書局鉛印本　四册

330000－1715－0001250　1405　子部/藝術類/書畫之屬/畫録
**海鹽畫史一卷**　朱端纂　民國二十五年(1936)幽芳簃鉛印本　一册

330000－1715－0001251　2227－1　集部/別集類
**天放樓續文言五卷皖志列傳選存二卷詩續集五卷紅鶴山房詞一卷**　金天羽撰　民國二十二年(1933)蘇州國學會鉛印本　四册

330000－1715－0001252　2227－2　集部/別集類
**天放樓續文言五卷皖志列傳選存二卷詩續集五卷紅鶴山房詞一卷**　金天羽撰　民國二十二年(1933)蘇州國學會鉛印本　一册　存六卷(詩續集一至五、紅鶴山房詞)

330000－1715－0001253　2179　集部/別集類
**散原精舍文集十七卷**　陳三立撰　民國三十八年(1949)上海中華書局鉛印本　朱公束題記　二册

330000－1715－0001255　2210　集部/別集類/清別集
**人境廬詩草箋注十一卷補遺一卷**　(清)黄遵憲撰　錢蕚孫箋注　**嘉應黄先生[遵憲]墓誌銘一卷**　梁啓超撰　**黄公度先生[遵憲]年譜一卷**　錢蕚孫撰　**詩話二卷**　錢蕚孫輯　民國二十五年(1936)上海商務印書館鉛印本　三册

330000－1715－0001256　2565　集部/別集類
**天放樓文言十一卷附録一卷**　金天羽撰　民國十六年(1927)蘇州文新印刷公司鉛印本　二册

330000－1715－0001257　2174　集部/別集類
**散原精舍詩別集一卷**　陳三立撰　民國二十年(1931)上海商務印書館鉛印本　一册

330000－1715－0001259　2175　集部/詩文評類/詩評之屬
**石遺室詩話三十二卷**　陳衍撰　民國十八年(1929)上海商務印書館鉛印本　朱公束題記　三册　缺八卷(九至十六)

330000－1715－0001271　2181　集部/別集類
**束柴病叟詩續稿二卷拾遺一卷**　龐樹階撰　民國三十年(1941)鉛印本　一册

330000－1715－0001272　2180　集部/別集類
**束柴病叟詩二卷**　龐樹階撰　民國二十五年(1936)吴門刻本　一册

330000－1715－0001273　2159　集部/別集類
**天嬰室集四卷**　陳訓正撰　民國八年(1919)石印本　一册

330000－1715－0001276　2160　集部/別集類
**天嬰室集四卷**　陳訓正撰　民國八年(1919)石印本　一册

330000－1715－0001279　2232　集部/別集類
**寒莊文編二卷**　虞輝祖撰　民國十年(1921)上海聚珍倣宋印書局鉛印本　一册

330000－1715－0001285　1988　子部/宗教類/佛教之屬

**修行集要不分卷**　周澄輯　民國十一年(1922)上海競新書局石印本　一册

330000－1715－0001286　1782　子部/藝術類

**續蘭亭會一卷**　(元)劉仁本等撰　民國抄本　一册

330000－1715－0001287　2221　集部/別集類

**海藏樓詩十三卷**　鄭孝胥撰　民國武昌影印本　四册

330000－1715－0001288　1472　史部/金石類/玉之屬

**嶺南玉社叢書**　嶺南玉社編輯　民國十四年(1925)嶺南玉社鉛印本　一册　存第一集

330000－1715－0001289　2228－2　集部/別集類

**寒莊文編二卷外編一卷**　虞輝祖撰　民國十年(1921)、十二年(1923)上海聚珍倣宋印書局鉛印本　一册　存一卷(外編)

330000－1715－0001290　1409　子部/藝術類/書畫之屬/畫譜

**任渭長先生畫傳四種**　(清)任熊繪　民國四年(1915)上海錦文堂書局石印本　六册

330000－1715－0001292　2177　集部/別集類

**春水草堂詩稿一卷**　邵學翰撰　民國三十六年(1947)邵士健鉛印本　一册

330000－1715－0001293　1783　史部/金石類/石之屬/文字

**重修董孝子廟碑記一卷**　民國抄本　一册

330000－1715－0001294　1648　子部/道家類

**莊子集解八卷**　王先謙撰　民國上海商務印書館鉛印本　三册

330000－1715－0001295　2178　集部/別集類

**黃林集一卷傅港集一卷**　楊翰芳撰　**閒雲樓遺稿一卷**　楊炅撰　**閒雲樓唱酬一卷**　楊炅等撰　民國三十三年(1944)鉛印本　一册

330000－1715－0001296　2176　集部/別集類

**畏廬文集一卷**　林紓撰　民國十六年(1927)上海商務印書館鉛印本　一册

330000－1715－0001298　0832　史部/史評類/史學之屬

**清代浙東之史學一卷**　陳訓慈撰　民國二十年(1931)稿本　一册

330000－1715－0001300　1460　子部/藝術類/篆刻之屬/印譜

**醉愛居印賞二卷又一卷**　(清)王睿章篆刻　(清)徐逵照考訂　民國紫芳閣影印本　一册　缺二卷(一至二)

330000－1715－0001314　2296　集部/總集類/尺牘之屬

**近代十大家尺牘**　文明書局編　民國十一年(1922)上海文明書局石印本　十册

330000－1715－0001315　2329　集部/詞類/詞韻之屬

**詞學初桄八卷**　吳莽漢輯　民國九年(1920)上海朝記書莊鉛印本　八册

330000－1715－0001319　2310　集部/詩文評類/類編之屬

**歷代詩話二十七種五十七卷考索一卷**　(清)何文煥編　民國石印本　十六册

330000－1715－0001324　2432　集部/總集類/氏族之屬

**桐城張氏語錄四種六卷**　張瑞麟輯　民國六年(1917)石印本　一册

330000－1715－0001329　2308　集部/總集類/選集之屬/通代

**評選四六法海八卷**　(清)蔣士銓評選　民國上海文瑞樓石印本　八册

330000－1715－0001330　2335　集部/詞類/詞譜之屬

**玫正白香詞譜三卷附録一卷**　陳小蝶編　**增訂晚翠軒詞韻一卷**　陳祖耀校正　民國七年(1918)春草軒鉛印本暨石印本　四册

330000－1715－0001331　2423、2451　集部/別集類

**鈍廬詩集五卷首一卷文集八卷首一卷**　曹炳麟撰　民國二十年(1931)句溪艸堂鉛印本　平石題記　三册

330000－1715－0001334　2318　集部/詩文評類/詩評之屬

**隨園詩話十六卷補遺十卷**　(清)袁枚撰　民國十二年(1923)上海掃葉山房石印本　四册　存十六卷(一至十六)

330000－1715－0001335　2587　集部/詞類/類編之屬

**宋六十名家詞**　(明)毛晉編　民國十二年(1923)上海博古齋據明崇禎毛氏汲古閣刻本影印本　二十八册　存五十七種

330000－1715－0001336　2484　集部/總集類/郡邑之屬

**姚江詩録八卷**　謝寶書編　民國二十年(1931)中華書局鉛印本　六册

330000－1715－0001337　2485　集部/總集類/郡邑之屬

**姚江詩録八卷**　謝寶書編　民國二十年(1931)中華書局鉛印本　六册

330000－1715－0001338　2486　集部/總集類/郡邑之屬

**姚江詩録八卷**　謝寶書編　民國二十年(1931)中華書局鉛印本　六册

330000－1715－0001339　2616　集部/總集類/郡邑之屬

**姚江詩録八卷**　謝寶書編　民國二十年(1931)中華書局鉛印本　六册

330000－1715－0001340　2617　集部/總集類/郡邑之屬

**姚江詩録八卷**　謝寶書編　民國二十年(1931)中華書局鉛印本　六册

330000－1715－0001341　2653　集部/總集類/郡邑之屬

**姚江詩録八卷**　謝寶書編　民國二十年(1931)中華書局鉛印本　六册

330000－1715－0001342　1300　子部/醫家類/類編之屬

**紓溪醫述十五種**　(清)陸晉笙編　民國十年(1921)紹興醫藥學報社鉛印本　一册　存一種

330000－1715－0001343　2754　集部/別集類

**天嬰室叢稿第一輯九卷**　陳訓正撰　民國十四年(1925)鉛印本　四册

330000－1715－0001344　2755　集部/別集類

**天嬰室叢稿第一輯九卷**　陳訓正撰　民國十四年(1925)鉛印本　三册　存六卷(一至三、七至九)

330000－1715－0001345　1941　子部/宗教類/佛教之屬/經

**佛説大白傘蓋總持達喇呢經一卷**　(元)釋俊辯　(元)釋真治譯　民國十五年(1926)鉛印本　一册

330000－1715－0001353　2386　子部/儒家類/儒學之屬

**餘山先生遺書十卷**　(清)勞史撰　(清)桑調元　(清)沈廷芳編　**附餘山先生行狀一卷**　(清)桑調元撰　民國鉛印本　二册

330000－1715－0001354　2385　子部/儒家類/儒學之屬

**餘山先生遺書十卷**　(清)勞史撰　(清)桑調元　(清)沈廷芳編　**附餘山先生行狀一卷**　(清)桑調元撰　民國鉛印本　二册

330000－1715－0001355　2384　子部/儒家類/儒學之屬

**餘山先生遺書十卷**　(清)勞史撰　(清)桑調

元　(清)沈廷芳編　**附餘山先生行狀一卷**　(清)桑調元撰　民國鉛印本　一冊

330000－1715－0001356　2383　子部/儒家類/儒學之屬
**餘山先生遺書十卷**　(清)勞史撰　(清)桑調元　(清)沈廷芳編　**附餘山先生行狀一卷**　(清)桑調元撰　民國鉛印本　二冊

330000－1715－0001357　2614　子部/儒家類/儒學之屬
**餘山先生遺書十卷**　(清)勞史撰　(清)桑調元　(清)沈廷芳編　**附餘山先生行狀一卷**　(清)桑調元撰　民國鉛印本　二冊

330000－1715－0001365　1379　類叢部/叢書類/自著之屬
**潤德堂叢書**　袁樹珊撰　民國鎮江潤德堂鉛印本　四冊　存一種

330000－1715－0001368　2433　集部/別集類
**端夷閣近三年詩詞一卷**　魏友枋撰　民國二十三年(1934)萊緣社鉛印本　一冊

330000－1715－0001371　1860　子部/宗教類/佛教之屬
**佛經新詞典一卷**　正實子編　民國二十四年(1935)上海道德研究處鉛印本　一冊

330000－1715－0001372　1880　子部/宗教類/佛教之屬
**金剛經鐵鋑鉛句解二卷**　(後秦)釋鳩摩羅什譯　(清)王澤注句解　(南朝梁)蕭統分章　徐慎增解　(清)屠垠直註　民國石印本　二冊

330000－1715－0001373　1857　子部/道家類
**教科適用莊子精華二卷**　中華書局編　民國四年(1915)上海中華書局鉛印本　一冊　存一卷(二)

330000－1715－0001374　0528　史部/雜史類
**掌故叢編六輯**　故宮博物院圖書館掌故部編　民國十七年(1928)鉛印本　六冊

330000－1715－0001375　2295　集部/總集類
**林嚴文鈔四卷**　嚴復撰　民國六年(1917)中國圖書公司和記鉛印本　四冊

330000－1715－0001380　2294　集部/總集類/選集之屬/斷代
**落葉集四卷**　孫雄輯　民國十五年(1926)鉛印本　一冊

330000－1715－0001384　2214　類叢部/叢書類/自著之屬
**許文肅公集四種**　(清)許景澄撰　盛沅編輯　民國七年(1918)鉛印本　四冊　存三種

330000－1715－0001386　2304　子部/藝術類/音樂之屬
**昆曲集淨二卷**　褚民誼編　民國石印本　二冊

330000－1715－0001387　1975　子部/宗教類/佛教之屬
**淨業纂要十一種**　武昌佛乘修學會編　民國刻本　一冊

330000－1715－0001388　2233　集部/別集類
**詩史閣壬癸詩存六卷補遺一卷**　孫雄撰　民國十三年(1924)鉛印本　三冊

330000－1715－0001389　2224　類叢部/叢書類/自著之屬
**章氏叢書十三種**　章炳麟撰　民國六年至八年(1917－1919)浙江圖書館刻本　三冊　存一種

330000－1715－0001393　2226　集部/別集類
**北征集一卷**　靳志撰　民國二十四年(1935)鉛印本　一冊

330000－1715－0001404　2930－1　類叢部/叢書類/彙編之屬
**四部叢刊**　張元濟等編　民國上海商務印書

館影印本　二千一百十册　存三百二十三種

330000－1715－0001413　2288、2289、2272、2290、2544、2789、2546　集部/總集類/選集之屬/通代
**歷代詩文評註讀本**　王文濡編　民國上海文明書局鉛印本　十四册　存七種

330000－1715－0001415　1890　子部/宗教類/佛教之屬/經疏
**阿彌陀經白話解釋二卷附修行方法一卷**　釋印光鑒定　黄智海演述　民國十六年(1927)鉛印本　二册

330000－1715－0001416　0988　類叢部/叢書類/郡邑之屬
**四明叢書第一集總目序跋輯要一卷第四集總目序跋輯要一卷**　張壽鏞撰輯　民國四明張壽鏞約園刻本　一册　存一卷(第一集總目序跋輯要)

330000－1715－0001418　0290　史部/金石類/璽印之屬/目録
**臨淄封泥文字敘一卷目錄一卷**　王獻唐編述　民國二十五年(1936)山東省立圖書館鉛印本　一册

330000－1715－0001419　1902　子部/宗教類/佛教之屬/諸宗
**圓頓宗眼一卷**　(宋)釋法登述　**始終心要注一卷**　(唐)釋湛然述　(宋)釋從義注　民國十二年(1923)杭州刻經處刻本　一册

330000－1715－0001420　1874　子部/宗教類/佛教之屬/經
**佛說金剛般若波羅密經一卷　般若波羅密多心經一卷　純陽子心經註一卷**　民國九年(1920)上海雪竇寺分院刻本　一册

330000－1715－0001422　2749　集部/別集類
**荇沚遺稿一卷**　鄭廷琛撰　民國四年(1915)鉛印本　一册

330000－1715－0001423　2751　集部/別集類
**荇沚遺稿一卷**　鄭廷琛撰　民國四年(1915)鉛印本　一册

330000－1715－0001424　2752　集部/別集類
**荇沚遺稿一卷**　鄭廷琛撰　民國四年(1915)鉛印本　一册

330000－1715－0001425　2750　集部/別集類
**荇沚遺稿一卷**　鄭廷琛撰　民國四年(1915)鉛印本　一册

330000－1715－0001426　1891　子部/宗教類/佛教之屬/經
**坐禪三昧法門經二卷**　(後秦)釋鳩摩羅什譯　民國八年(1919)常州天寧寺刻經處刻本　一册

330000－1715－0001443　2543、2545　集部/總集類/選集之屬/通代
**歷代詩文評註讀本**　王文濡編　民國上海文明書局鉛印本　二册　存二種

330000－1715－0001444　2547　集部/總集類/選集之屬/通代
**歷代詩文評註讀本**　王文濡編　民國上海文明書局鉛印本　二册　存一種

330000－1715－0001446　1961　子部/宗教類/佛教之屬
**青丘法集三種**　(新羅)釋大賢撰　民國十年(1921)北京刻經處刻本　二册

330000－1715－0001448　1960　子部/宗教類/佛教之屬/諸宗
**角虎集六卷**　(清)釋濟能纂輯　民國八年(1919)金陵刻經處刻本　二册

330000－1715－0001449　1167　子部/儒家類/儒學之屬/性理
**王陽明先生傳習錄集評四卷**　(清)孫奇逢等參評　(清)陶潯霍　梁啓超續評　孫鏘輯校　民國三年(1914)上海新學會社鉛印本　一册

330000－1715－0001453　1165　子部/儒家類/儒學之屬/性理

**王學指津不分卷**　(明)王守仁演稿　張覺善　李道淵校錄　**南屏濟祖來復說一卷**　釋來復撰　民國九年(1920)鉛印本　一冊

330000－1715－0001459　1564　史部/傳記類/總傳之屬

**浙江省立第一師範學校同學錄一卷**　浙江省立第一師範學校編　民國九年(1920)鉛印本　一冊

330000－1715－0001471　2112、2196　類叢部/叢書類/郡邑之屬

**湖北先正遺書七十二種七百二十七卷**　盧靖編　民國十二年(1923)沔陽盧氏慎始基齋影印本　五冊　存二種

330000－1715－0001474　1504　子部/雜著類/雜說之屬

**淮南鴻烈集解二十一卷**　(漢)劉安撰　(漢)高誘注　民國上海掃葉山房石印本　三冊　缺六卷(一至六)

330000－1715－0001475　2686　集部/別集類

**書巢寄存一卷**　許壽祺撰　民國七年(1918)紅雪居刻本　一冊

330000－1715－0001478　1131　子部/儒家類/儒家之屬

**孔子家語十卷**　(三國魏)王肅注　民國八年(1919)上海掃葉山房石印本　四冊

330000－1715－0001480　2208　集部/別集類

**成都顧先生詩集十卷補遺一卷**　顧印愚撰　民國二十一年(1932)寧鄉程康顧廬上海鉛印本　一冊　缺五卷(一至五)

330000－1715－0001481　1483　子部/墨家類

**墨子十五卷目一卷篇目考一卷**　(清)畢沅校注並撰　民國五年(1916)上海掃葉山房石印本　三冊　存十二卷(一至十二)

330000－1715－0001482　1647　子部/道家類

**莊子十卷**　(晉)郭象注　(唐)陸德明音義　民國十五年(1926)上海掃葉山房石印本　四冊

330000－1715－0001490　1441　子部/藝術類/書畫之屬/畫譜

**馬鶴年畫集一卷**　馬鶴年繪　民國二十三年(1934)影印本　一冊

330000－1715－0001491　1632　子部/道家類

**老子道德經二卷**　(三國魏)王弼注　**音義一卷**　(唐)陸德明撰　民國十五年(1926)上海掃葉山房石印本　一冊　缺一卷(二)

330000－1715－0001493　0534　子部/小說家類/雜事之屬

**新刊宣和遺事前集一卷後集一卷**　民國掃葉山房石印本　二冊

330000－1715－0001494　2930－2　史部/目錄類/書志之屬/提要

**四部叢刊書錄一卷**　商務印書館編　民國十五年(1926)上海商務印書館鉛印本　一冊

330000－1715－0001495　0203　經部/小學類/訓詁之屬/方言

**方言十三卷**　(漢)揚雄撰　(晉)郭璞解　民國上海掃葉山房石印本　一冊

330000－1715－0001496　2930－3　史部/目錄類/書志之屬/提要

**四部叢刊續編輯印緣起發行簡章目錄附定單一卷**　商務印書館編　民國二十三年(1934)上海商務印書館鉛印本　一冊

330000－1715－0001503　2053　集部/楚辭類

**楚辭辯證二卷**　(宋)朱熹撰　民國元年(1912)鄂官書處刻本　一冊

330000－1715－0001506　2052　集部/楚辭類

**楚辭集注八卷首一卷**　(宋)朱熹撰　民國元

年(1912)鄂官書處刻本　二册

330000－1715－0001508　2314　集部/詩文評類/詩評之屬

**重訂詩法度鍼四卷**　(清)徐文弼編輯　民國九年(1920)上海進化書局石印本　二册

330000－1715－0001509　1634　子部/道家類

**老子哲學之研究六卷**　金聲撰　民國三十三年(1944)稿本　一册

330000－1715－0001510　2334　集部/詞類/詞譜之屬

**白香詞譜箋四卷**　(清)舒夢蘭輯　(清)謝朝徵箋　民國十二年(1923)上海掃葉山房石印本　四册

330000－1715－0001513　2306　集部/總集類/彙編之屬

**教科適用古今小品精華二卷**　中華書局編　民國八年(1919)上海中華書局鉛印本　二册

330000－1715－0001514　2303　集部/總集類

**重諧花燭唱和詩不分卷**　樓艮選輯　民國十八年(1929)鉛印本　二册

330000－1715－0001515　2312　集部/詩文評類/詩評之屬

**學詩指南二卷**　顧亭鑑纂輯　民國五年(1916)詩學齋石印本　二册

330000－1715－0001525　2323　集部/詩文評類/文評之屬

**文心雕龍十卷**　(南朝梁)劉勰撰　(清)黄叔琳注　(清)紀昀評　民國四年(1915)掃葉山房石印本　四册

330000－1715－0001526　1456　子部/藝術類/篆刻之屬/印譜

**集古印譜四卷印正附説一卷**　(明)甘暘編　民國掃葉山房影印本　四册

330000－1715－0001530　2328　集部/詞類/詞話之屬

**詞話叢鈔十種**　況周頤輯　王文濡增補　民國十年(1921)上海大東書局石印本　四册

330000－1715－0001533　1449　集部/别集類

**滕雪樓詩鈔一卷畫集一卷**　趙半跛撰　民國十八年(1929)慎修書社鉛印本暨珂羅版印本　二册

330000－1715－0001534　2338　集部/詞類/詞譜之屬

**白香詞譜一卷晚翠軒詞韻一卷**　(清)舒夢蘭輯　民國元年(1912)振始堂石印本　四册

330000－1715－0001537　2361　集部/别集類/清别集

**補讀室詩稿十卷**　(清)朱蘭撰　民國二十二年(1933)中華書局鉛印本　二册

330000－1715－0001538　2362　集部/别集類/清别集

**補讀室詩稿十卷**　(清)朱蘭撰　民國二十二年(1933)中華書局鉛印本　二册

330000－1715－0001547　2371　集部/别集類

**悲華經舍書牘二卷附讀經札記一卷**　洪允祥撰　民國二十六年(1937)鉛印本　一册

330000－1715－0001551　2367、2368　集部/别集類

**回風堂詩六卷前録二卷**　馮幵撰　民國蕭山朱氏别宥齋刻一九六〇年油印修補本　二册

330000－1715－0001554　2313　集部/詩文評類/詩評之屬

**詩學不分卷**　黄節編　民國十年(1921)北京大學出版部鉛印本　一册

330000－1715－0001556　2372　集部/别集類/清别集

**紫竹山房遺稿一卷**　(清)朱承勳撰　(清)朱文治重録　民國二十二年(1933)上海中華書局鉛印本　一册

330000－1715－0001558　2374　集部/别集

類/清別集

**紫竹山房遺稿一卷**　(清)朱承勳撰　(清)朱文治重錄　民國二十二年(1933)上海中華書局鉛印本　一冊

330000－1715－0001560　2373　集部/別集類/清別集

**紫竹山房遺稿一卷**　(清)朱承勳撰　(清)朱文治重錄　民國二十二年(1933)上海中華書局鉛印本　一冊

330000－1715－0001565　2363　經部/春秋左傳類/傳說之屬

**劉炫規杜持平六卷**　(清)邵瑛撰　民國四年(1915)邵啓賢贛南鉛印本　邵純熙題記　一冊

330000－1715－0001571　1856　子部/道家類

**莊子十卷**　(晉)郭象注　(唐)陸德明音義　民國上海文瑞樓石印本　二冊　缺四卷(七至十)

330000－1715－0001573　2453　集部/別集類/清別集

**澹人自怡草一卷**　(清)吳大根撰　(清)吳本善輯錄　**悥齋詩存九卷**　(清)吳大澂撰　民國吳縣吳氏梅景書屋鉛印本　吳湖帆題記　一冊

330000－1715－0001574　1980　子部/宗教類/佛教之屬/諸宗

**勸修淨土切要一卷**　(清)真益願撰　民國八年(1919)金陵刻經處刻本　一冊

330000－1715－0001576　1979　子部/宗教類/佛教之屬/諸宗

**淨土捷要一卷**　(明)釋德清撰　民國十年(1921)金陵刻經處刻本　一冊

330000－1715－0001578　1990　子部/宗教類/佛教之屬/諸宗

**淨土生無生論註一卷**　(明)釋傳燈撰　(明)釋正寂註　民國十三年(1924)杭州刻經處刻本　一冊

330000－1715－0001579　2443　集部/別集類

**約園雜著八卷續編八卷三編八卷**　張壽鏞撰　民國二十四年至三十四年(1935－1945)鉛印本　二冊　存八卷(續編一至八)

330000－1715－0001581　1416－1436　子部/藝術類/書畫之屬/畫譜

**中國名畫集外冊**　民國上海有正書局影印本　二十一冊　存二十一種

330000－1715－0001583　1981　子部/宗教類/佛教之屬/經疏

**大方廣圓覺修多羅了義經集註二卷**　(宋)釋元粹撰　民國十三年(1924)杭州刻經處刻本　二冊

330000－1715－0001584　2452　集部/別集類

**民園文集十二卷**　江五民撰　民國十九年(1930)寧波鉛印本　四冊

330000－1715－0001585　1956　子部/宗教類/佛教之屬/諸宗

**華嚴原人論合解二卷**　(唐)釋宗密論　(元)釋圓覺解　(明)楊嘉祚刪合　民國四年(1915)揚州藏經院刻本　一冊

330000－1715－0001586　2418　集部/別集類

**蓼園詩鈔五卷**　柯劭忞撰　廉泉編　**校勘記一卷**　廉泉撰　民國十三年(1924)上海中華書局鉛印本　一冊

330000－1715－0001587　2419　集部/別集類

**蓼園詩鈔五卷**　柯劭忞撰　廉泉編　**校勘記一卷**　廉泉撰　民國十三年(1924)上海中華書局鉛印本　□若愚題記　一冊

330000－1715－0001589　1958　子部/宗教類/佛教之屬/諸宗

**印光法師嘉言錄不分卷**　李圓淨編　民國十七年(1928)上海江蘇第二監獄第三科鉛印本　一冊

330000－1715－0001590　1448　子部/藝術類/書畫之屬

**古畫大觀第四集一卷**　民國十二年(1923)上海國華書局影印本　一冊

330000－1715－0001592　1989　子部/宗教類/佛教之屬

**往生淨土決疑行願二門一卷往生淨土懺願儀一卷**　(宋)釋遵式撰　民國八年(1919)北京刻經處刻本　一冊

330000－1715－0001593　2355　集部/別集類

**一硯樓詩草續集一卷游黔日記一卷**　(清)鄔同壽撰　民國鉛印本　一冊

330000－1715－0001594　2420　集部/別集類

**端夷六十後詩詞一卷**　魏友枋撰　民國三十五年(1946)莱緣社鉛印本　一冊

330000－1715－0001598　2427　集部/別集類/清別集

**注韓室詩存一卷**　(清)梅調鼎撰　民國二十二年(1933)張頤、方能光鉛印本　一冊

330000－1715－0001599　1438　子部/藝術類/書畫之屬

**董香光山水冊不分卷**　平等閣收藏　民國上海有正書局影印本　一冊

330000－1715－0001600　1437　子部/藝術類/書畫之屬

**畫中九友山水合璧不分卷**　民國上海有正書局影印本　一冊

330000－1715－0001601　1927　子部/宗教類/佛教之屬/經

**佛教西來玄化應運略錄一卷**　(宋)程輝編　**題焚經臺詩一卷**　(唐)太宗李世民製　**佛說四十二章經一卷**　(南朝宋)迦葉摩騰　(南朝宋)竺法蘭譯　(宋)真宗趙恆註　民國十三年(1924)杭州刻經處刻本　一冊

330000－1715－0001604　1992　子部/宗教類/佛教之屬

**摩訶般若波羅密多心經一卷**　(唐)釋玄奘譯　**摩訶般若波羅密多心經注解一卷**　(清)朱珪撰　**妙法蓮華經觀世音菩薩普門品一卷**　**普勸發心印造經像文一卷**　尢惜陰撰　民國刻本　一冊

330000－1715－0001605　1949　子部/宗教類/佛教之屬/經疏

**佛說仁王護國般若波羅密經疏五卷**　(後秦)釋鳩摩羅什譯　(隋)釋智顗說　(隋)釋灌頂記　民國十一年(1922)杭州近文齋刻本　三冊

330000－1715－0001606　1987　子部/宗教類/佛教之屬/經

**佛說梵網經菩薩戒本一卷附持犯集證一卷**　(後秦)釋鳩摩羅什譯　民國十七年(1928)鉛印本　一冊

330000－1715－0001608　1901　子部/宗教類/佛教之屬/論

**大乘起信論一卷**　(南朝梁)釋真諦譯　民國十年(1921)上海商務印書館鉛印本　鄒湘圈點　一冊

330000－1715－0001610　2400　集部/詩文評類/詩評之屬

**隨園詩話十六卷補遺十卷**　(清)袁枚撰　謝瑢箋註　民國上海會文堂石印本　五冊　存十二卷(詩話三至七、十,補遺三至七、十)

330000－1715－0001611　2399　集部/詩文評類/詩評之屬

**隨園詩話十六卷補遺十卷**　(清)袁枚撰　謝瑢箋註　民國十五年(1926)上海會文堂書局石印本　九冊　缺五卷(補遺一至五)

330000－1715－0001614　1451、1452　子部/藝術類/篆刻之屬

**篆學瑣著(篆學叢書)三十一種**　(清)顧湘輯　民國七年(1918)上海文瑞樓石印本　二冊　存四種

330000－1715－0001621　2450　集部/總集類/尺牘之屬

**朋音集二卷**　陳立樹編　民國三十四年(1945)鉛印本　一册

330000－1715－0001622　1935　子部/宗教類/佛教之屬/經

**妙法蓮華經觀世音菩薩普門品一卷**　(後秦)釋鳩摩羅什譯　民國十八年(1929)中央刻經院鉛印本　一册

330000－1715－0001623　1978　子部/宗教類/佛教之屬/諸宗

**淨土三要述義一卷附錄一卷**　駱印雄述　民國十六年(1927)紹興大雲佛學社鉛印本　一册

330000－1715－0001624　2455　集部/別集類

**猛悔樓詩五卷補遺一卷**　王世鼐撰　民國三十三年(1944)鉛印本　曾克耑、公束題記　一册

330000－1715－0001626　1984　子部/宗教類/佛教之屬

**憨山大師淨宗法要一卷**　(清)趙鉞編　民國十二年(1923)上海有正書局鉛印本　一册

330000－1715－0001630　2395　集部/別集類/清別集

**紫竹山房遺稿一卷**　(清)朱承勳撰　(清)朱文治重錄　民國二十二年(1933)上海中華書局鉛印本　一册

330000－1715－0001631　1940　子部/宗教類/佛教之屬

**般若波羅蜜多心經一卷心經文句一卷心經註解一卷持誦觀世音心經並聖號靈感錄一卷**　(明)宋濂纂　民國鉛印本　一册

330000－1715－0001633　1976　子部/宗教類/佛教之屬

**淨業持名四十八法一卷**　(清)鄭章庵述　民國上海大中印刷公司鉛印本　一册

330000－1715－0001638　1925　子部/宗教類/佛教之屬/諸宗

**始終心要解略鈔一卷**　釋諦閑解　駱印雄鈔　民國十五年(1926)寧波觀宗講寺鉛印本　一册

330000－1715－0001641　1968　子部/宗教類/佛教之屬/諸宗

**皇懺隨聞錄十卷**　釋諦閑講　釋寶靜輯　民國十四年(1925)鉛印本　二册　缺四卷(三至六)

330000－1715－0001642　2461　集部/別集類/清別集

**多粟齋詩草九卷**　(清)陳寅養撰　民國八年(1919)常熟鑄新印刷社鉛印本　一册

330000－1715－0001643　2421　集部/別集類

**冰雪寮詩鈔二卷**　釋淡雲撰　民國十九年(1930)鉛印本　一册

330000－1715－0001644　1948　子部/宗教類/佛教之屬/經

**佛說十善業道經一卷八關齋相解一卷**　吳倩薌撰　民國鉛印本　一册

330000－1715－0001645　2564　集部/別集類/清別集

**音注吳摯甫文一卷**　(清)吳汝綸撰　陳適丞音注　民國十四年(1925)上海文明書局鉛印本　一册

330000－1715－0001646　2404　集部/別集類/宋別集

**東坡和陶合箋四卷**　(宋)蘇軾撰　(清)溫汝能輯　民國十四年(1925)上海掃葉山房石印本　二册

330000－1715－0001648　2405　集部/別集類/清別集

**春在堂尺牘六卷**　(清)俞樾撰　民國元年(1912)上海文瑞樓石印本　二册

330000－1715－0001649　2434　集部/別集類

**留青詩記一卷**　蝶野居士撰　民國漢文書局鉛印本　一册

330000－1715－0001652　1950　子部/宗教類/佛教之屬/經疏
**楞伽經句義通說要旨四卷**　(明)陸西星撰　民國七年(1918)金陵刻經處刻本　一冊

330000－1715－0001653　1955　子部/宗教類/佛教之屬/經疏
**大方廣佛華嚴經入不思議解脱境界普賢行願品輯要疏一卷**　釋諦閑撰　民國十六年(1927)鉛印本　一冊

330000－1715－0001655　2000　子部/宗教類/佛教之屬
**佛學導言一卷**　民國李養源堂刻本　一冊

330000－1715－0001656　1930　子部/宗教類
**三教探驪四卷首一卷**　黄秉鐸　劉與鈞纂　張有松等輯　民國三年(1914)湖南洪江洪化文社鉛印本　四冊

330000－1715－0001662　2456　類叢部/叢書類/彙編之屬
**墨巢叢刻**　李宣龔輯　民國鉛印本　三冊　存一種

330000－1715－0001663　2422　類叢部/叢書類/自著之屬
**隨園三十六種**　(清)袁枚撰　民國二年(1913)上海中華圖書館鉛印本　一冊　存二種

330000－1715－0001664　2424　集部/別集類
**無能有味齋詩存不分卷**　(清)周慶霖撰　民國二十年(1931)鉛印本　一冊

330000－1715－0001665　1944　子部/宗教類/佛教之屬/諸宗
**二十一尊度母禮讚經意樂解一卷**　達磨巴扎解　釋超一譯　民國二十五年(1936)鉛印本　一冊

330000－1715－0001667　2436　集部/別集類
**乙丑集一卷**　張朝墉撰　民國十四年(1925)鉛印本　一冊

330000－1715－0001671　2431　史部/地理類/遊記之屬/紀行
**東遊感想錄一卷(民國十九年)**　張之江撰　民國二十年(1931)鉛印本　一冊

330000－1715－0001672　1898　子部/宗教類/佛教之屬
**大乘起信論淨影疏一卷**　釋慧遠撰　民國武昌佛經流通處鉛印本　一冊

330000－1715－0001673　2406　集部/別集類/清別集
**孫竹堂觀察書牘輯要一卷**　(清)孫士達撰　孫祖同輯　民國二十二年(1933)會稽孫祖同鉛印本　一冊

330000－1715－0001676　2435　史部/目録類/書志之屬/題跋
**瓜圃叢刊敘錄一卷**　金梁輯　民國十三年(1924)鉛印本　一冊

330000－1715－0001677　2437　集部/別集類
**學製齋駢文二卷**　李詳撰　民國四年(1915)江寧蔣國榜鉛印本　一冊　存一卷(二)

330000－1715－0001678　2448　集部/別集類
**辛夷廬吟稿五卷**　李敢沅撰　民國十七年(1928)鉛印本　一冊

330000－1715－0001680　2425　集部/別集類
**詩史閣壬癸詩存六卷補遺一卷**　孫雄撰　民國十三年(1924)鉛印本　潛廬題記　一冊　存二卷(六、補遺)

330000－1715－0001681　2447　集部/別集類
**辛夷廬吟稿五卷**　李敢沅撰　民國十七年(1928)鉛印本　一冊

330000－1715－0001683　2449　集部/別集類

**辛夷廬吟稿五卷**　李敢沅撰　民國十七年(1928)鉛印本　一冊

330000－1715－0001685　1897　子部/宗教類/佛教之屬/經
**大乘無上三經三卷**　釋超一譯　民國二十五年(1936)上海東方印書館鉛印本　一冊

330000－1715－0001689　2496　集部/總集類/選集之屬/斷代
**國文教範二卷**　吳闓生評解　高步瀛集箋　民國二年(1913)京師國羣鑄一社石印本　二冊

330000－1715－0001690　2462　集部/別集類
**悲華經舍文存二卷附聯語一卷**　洪允祥撰　民國二十五年(1936)鉛印本　杜天縻題記　一冊

330000－1715－0001691　2459　集部/別集類/清別集
**新羅山人集五卷**　(清)華嵒撰　民國古今圖書館石印本　一冊

330000－1715－0001694　2477　集部/總集類/酬唱之屬
**小梅苑唱和集不分卷**　黃廣輯　民國十四年(1925)浙江印刷公司鉛印本　一冊

330000－1715－0001697　2445　集部/別集類
**土音集一卷**　吳麟書撰　民國七年(1918)刻本　毛契農題記　一冊

330000－1715－0001701　1936　子部/宗教類/佛教之屬
**般若波羅密多心經添足一卷**　(唐)釋玄奘譯　(明)釋弘贊述　民國九年(1920)衡山覺觀刻本　一冊

330000－1715－0001703　2457　集部/別集類
**松桃楊蓮之女士集聖教序詩一卷**　楊蓮之撰　民國七年(1918)貴陽文通書局石印本　一冊

330000－1715－0001704　2454　集部/詩文評類/文評之屬
**修辭學不分卷**　范耀雯編輯　民國油印本　一冊

330000－1715－0001707　2460　集部/別集類
**蒹葭里館詩二卷**　吳用威撰　民國八年(1919)鉛印本　濠堂題簽　二冊

330000－1715－0001708　2698　集部/詩文評類
**文學津梁十二種**　周鍾游編　民國八年(1919)上海有正書局石印本　八冊

330000－1715－0001710　2007、1997、1996、1928、1910　子部/宗教類/佛教之屬
**佛學叢書□□種**　丁福保輯　民國上海醫學書局鉛印本暨影印本　七冊　存六種

330000－1715－0001715　2700　集部/總集類/選集之屬/通代
**蔡氏古文評註補正全集十卷**　(清)過珙選　蔡鑄補正　民國八年(1919)上海商務印書館鉛印本　九冊　存九卷(二至十)

330000－1715－0001717　1760　子部/藝術類/書畫之屬/畫譜
**馬駘畫問不分卷**　馬駘繪　民國二十二年(1933)上海校經山房成記書局石印本　三冊

330000－1715－0001718　2699　集部/詩文評類/文評之屬
**文章指南五集**　(明)歸有光選　(清)許佐蒐輯　民國十三年(1924)上海大東書局鉛印本　五冊

330000－1715－0001720　1993　子部/宗教類/佛教之屬/經
**仁王護國般若波羅密多經二卷**　(唐)釋不空譯　民國十一年(1922)奉化孫鏘刻本　一冊

330000－1715－0001721　0735　史部/地理類/遊記之屬
**徐霞客遊記大觀十二卷**　(明)徐弘祖撰　(清)李寄輯　民國十三年(1924)上海掃葉山

房石印本　六册　缺六卷(一至六)

330000－1715－0001732　1889　子部/宗教類/佛教之屬/經疏

**佛說阿彌陀經注釋會要一卷**　(後秦)釋鳩摩羅什譯　徐珂輯　民國十四年(1925)上海中華書局鉛印本　二册

330000－1715－0001733　1908　子部/宗教類/佛教之屬

**觀世音菩薩靈異紀二卷**　萬鈞編　民國二十八年(1939)中央刻經院鉛印本　一册

330000－1715－0001734　1344　子部/醫家類/方書之屬/單方驗方

**湯頭歌訣一卷附經絡歌訣一卷**　(清)汪昂撰　民國商務印書館鉛印本　二册

330000－1715－0001735　1947　子部/宗教類/佛教之屬/經疏

**佛說八大人覺經疏一卷**　(清)釋續法集　民國十二年(1923)杭州刻經處刻本　一册

330000－1715－0001737　2002　子部/宗教類/佛教之屬/論

**佛法要論一卷**　馮寶瑛編　**佛教中菩薩之階位一卷**　李捨幻節錄　**附明管東溟先生勸人積陰德文一卷俞曲園先生答親家王補帆中丞書又記未來事詩一卷**　民國鉛印本　一册

330000－1715－0001738　1657－1　子部/道家類

**列子八卷**　(晉)張湛注　(唐)殷敬順釋文　民國十四年(1925)上海掃葉山房石印本　一册

330000－1715－0001744　2898　類叢部/叢書類/彙編之屬

**漢魏叢書三十八種**　(明)程榮輯　民國十四年(1925)上海商務印書館據明萬曆程氏刻本影印本　二十册　存十八種

330000－1715－0001751　1915　子部/宗教類/佛教之屬/經

**千手千眼觀世音菩薩廣大圓滿無礙大悲心陀羅尼經一卷**　(唐)釋伽梵達摩譯　**大悲心呪像解一卷　千手千言法寶真言圖一卷　千手眼大悲心呪行法一卷**　(宋)釋知禮輯　民國石印本　一册

330000－1715－0001753　1913　子部/宗教類/佛教之屬/經

**千光眼觀自在菩薩祕密法經一卷**　(唐)三昧蘇嚩羅譯　民國十七年(1928)中央刻經院鉛印本　一册

330000－1715－0001755　1914　子部/宗教類/佛教之屬/經

**佛頂尊勝陀羅尼經一卷附普賢菩薩所說大陀羅尼神咒經一卷**　(唐)釋波利譯　民國十七年(1928)中央刻經院鉛印本　一册

330000－1715－0001758　2890　類叢部/叢書類/彙編之屬

**續古逸叢書四十七種**　張元濟等編　民國十一年(1922)至一九五七年上海商務印書館影印本　四十六册　存二十二種

330000－1715－0001759　2441　子部/藝術類/遊藝之屬/聯語

**五沓山館聯語一卷集句一卷集字一卷**　楊翰芳撰　民國三十四年(1945)鉛印本　一册

330000－1715－0001760　2458　集部/別集類

**天機樓詩一卷**　張成撰　**善藏樓詩一卷**　胡尚煒撰　民國三十七年(1948)鉛印本　一册

330000－1715－0001763　2525　集部/總集類/選集之屬/通代

**文選六十卷**　(南朝梁)蕭統輯　(唐)李善注　**文選考異十卷**　(清)胡克家撰　民國上海鴻文書局石印本　三册　存三十六卷(一至二十四、三十六至四十七)

330000－1715－0001764　2523　集部/總集類/尺牘之屬

**歷代名人書札二卷**　吳曾祺輯　民國六年(1917)上海商務印書館鉛印本　二册

330000－1715－0001765　2524　集部/總集類/選集之屬/通代

**評註昭明文選十五卷首一卷葉星衛附註一卷** （清）于光華輯　民國十年（1921）上海掃葉山房石印本　八册　存九卷（八至十五、附註）

330000－1715－0001766　2894　類叢部/叢書類/彙編之屬
**涉聞梓舊二十五種**　（清）蔣光煦輯　民國十三年（1924）上海商務印書館影印清海昌蔣氏刻本（陳後山集校卷一原缺）　二十册

330000－1715－0001771　2498　集部/總集類/酬唱之屬
**耆舊同聲集一卷**　楊家儁鈔並校　民國木活字印本　一册

330000－1715－0001772　2499　集部/總集類/酬唱之屬
**耆舊同聲集一卷**　楊家儁鈔並校　民國木活字印本　一册

330000－1715－0001775　2493　集部/總集類/尺牘之屬
**歷代名人小簡續編二卷**　吳曾祺輯　民國九年（1920）上海商務印書館鉛印本　二册

330000－1715－0001776　2494　集部/總集類/彙編之屬
**澹宗五卷**　胡維銓選編　民國二十二年（1933）上海佛學書局鉛印本　一册

330000－1715－0001777　2511　集部/總集類/選集之屬/通代
**雁山鴻爪三卷**　周起渭輯　民國二十九年（1940）樂清天一書局鉛印本　二册

330000－1715－0001779　2512　集部/總集類/選集之屬/斷代
**王荆公唐百家詩選二十卷**　（宋）王安石輯　民國十七年（1928）上海商務印書館鉛印本　二册

330000－1715－0001780　2592　集部/詞類/詞譜之屬
**增廣攷正白香詞譜四卷附考正詞韻一卷** （清）舒夢蘭編纂　顧憲融攷正　民國十五年（1926）上海中原書局石印本　四册　缺一卷（二）

330000－1715－0001781　2596　集部/曲類/曲評曲話曲目之屬
**詞餘講義十二章**　吳梅撰　民國十二年（1923）北京大學出版部鉛印本　一册

330000－1715－0001785　2475　集部/楚辭類
**楚辭集註八卷後語六卷辯證二卷**　（宋）朱熹撰　民國十七年（1928）掃葉山房石印本　四册

330000－1715－0001786　2591　集部/詞類/別集之屬
**莽廬詞稿一卷**　吳漢聲撰　民國十九年（1930）上海華豐印刷鑄字所鉛印本　一册

330000－1715－0001788　2638　子部/藝術類/遊藝之屬/聯語
**寄翁聯語一卷**　楊馥孫撰　楊家儁鈔　民國抄本　一册

330000－1715－0001790　2001　子部/宗教類/佛教之屬/論
**佛法要論一卷**　釋印光鑒定　馮寶瑛編　民國十五年（1926）紹興大雲佛學社鉛印本　一册

330000－1715－0001792　1933　子部/宗教類/佛教之屬
**觀世音菩薩本迹感應頌四卷首一卷**　許止淨述　**金剛經功德頌一卷**　許止淨述　劉契淨注　民國十五年（1926）上海中華書局鉛印本　二册

330000－1715－0001793　2633　集部/別集類/明別集
**謝文正公歸田稿八卷**　（明）謝遷撰　**謝文正公［遷］年譜一卷**　（明）倪宗正編　民國七年（1918）閣老第木活字印本　一册　缺二卷（七至八）

330000－1715－0001794　1998　子部/宗教類/佛教之屬

**學佛淺説一卷**　王博謙輯　民國十七年(1928)上海江蘇第二監獄鉛印本　一冊

330000－1715－0001795　2632　集部/别集類/明别集
**謝文正公歸田稿八卷**　(明)謝遷撰　**謝文正公[遷]年譜一卷**　(明)倪宗正編　民國七年(1918)閣老第木活字印本　一冊　缺二卷(七至八)

330000－1715－0001796　1952　子部/宗教類/佛教之屬/諸宗
**楞嚴答問一卷楞伽心印一卷**　(清)淨挺撰　民國十二年(1923)、十三年(1924)杭州刻經處刻本　一冊

330000－1715－0001797　2469、2470、2471　集部/總集類/選集之屬/斷代
**宋詩鈔初集**　(清)吕留良　(清)吴之振　(清)吴爾堯輯　民國三年(1914)上海商務印書館據清康熙吴氏刻本影印本　三冊　存五種

330000－1715－0001804　2627　史部/政書類/公牘檔冊之屬
**緘三公牘稿二卷**　沈緘三撰　民國十年(1921)鉛印本　二冊

330000－1715－0001811　2631　集部/别集類/清别集
**石樵詩稿一卷附文稿一卷**　(清)王梅生撰　**醒癡詩稿一卷**　(清)王魯存撰　民國八年(1919)鉛印本　一冊

330000－1715－0001812　2630　集部/别集類/清别集
**石樵詩稿一卷附文稿一卷**　(清)王梅生撰　**醒癡詩稿一卷**　(清)王魯存撰　民國八年(1919)鉛印本　王文苑題記　一冊

330000－1715－0001813　2628　集部/别集類/清别集
**補讀室詩稿十卷**　(清)朱蘭撰　民國二十二年(1933)中華書局鉛印本　二冊

330000－1715－0001814　2629　集部/别集類/清别集
**補讀室詩稿十卷**　(清)朱蘭撰　民國二十二年(1933)中華書局鉛印本　二冊

330000－1715－0001817　2567　集部/别集類
**學製齋駢文二卷**　李詳撰　民國四年(1915)江寧蔣國榜鉛印本　二冊

330000－1715－0001818　2568－1　集部/别集類/清别集
**浮碧山館駢文二卷**　(清)馮可鏞撰　民國六年(1917)寧波鈞和公司鉛印本　一冊

330000－1715－0001819　2522　集部/别集類
**溫嶠淚痕錄一卷**　陳桑父編輯　民國二十年(1931)寧波倡文印書館鉛印本　一冊

330000－1715－0001820　2568－2　集部/别集類/清别集
**浮碧山館駢文二卷**　(清)馮可鏞撰　民國六年(1917)寧波鈞和公司鉛印本　一冊

330000－1715－0001830　1972　子部/宗教類/佛教之屬/諸宗
**興慈法師文集一卷**　釋悟雲撰　釋揚東編　民國二十八年(1939)上海法雲印經會鉛印本　毛契農題記　一冊

330000－1715－0001833　1953　子部/宗教類/佛教之屬/經疏
**法華五重玄義輯略一卷大佛頂首楞嚴經五重玄義略一卷**　釋諦閑撰　民國十七年(1928)寧波鈞和公司鉛印本　一冊

330000－1715－0001835　2542　集部/總集類/選集之屬/通代
**新體評註宋元明詩三百首六卷**　(清)朱梓　(清)冷昌言原編　張廷華　黃興洛評註　民國十三年(1924)上海大東書局石印本　二冊

330000－1715－0001836　2570　集部/總集類/郡邑之屬
**廬江詩雋二卷**　陳詩輯　民國鉛印本　一冊

330000－1715－0001837　2548　集部/總集類/選集之屬/通代

**唐宋八家文讀本三十卷首一卷**　(清)沈德潛評點　民國元年(1912)江左書林石印本　六冊　缺八卷(十一至十四、二十三至二十六)

330000－1715－0001838　2495　集部/總集類/選集之屬/斷代

**國文教範二卷**　吳闓生評解　高步瀛集箋　民國二年(1913)京師國䇾鑄一社石印本　二冊

330000－1715－0001839　2558　集部/總集類/選集之屬/斷代

**現代十大家詩鈔**　進步書局編　民國文明書局、中華書局石印本　三冊　存六種

330000－1715－0001842　2510　集部/總集類/郡邑之屬

**姚江同聲詩社三編**　松坡居士輯　民國十四年(1925)鉛印本　一冊　存三編

330000－1715－0001846　2742　集部/別集類/清別集

**素心簃集四卷詩集二卷補遺一卷**　(清)顧蓮撰　高燮輯　民國二年(1913)金山高氏寒隱草堂刻八年(1919)補刻本　三冊

330000－1715－0001850　2701　子部/雜著類/雜纂之屬

**左孟莊騷精華錄二卷**　林紓評註　民國十年(1921)上海商務印書館鉛印本　二冊

330000－1715－0001858　2746　集部/詩文評類/文評之屬

**文學研究法四卷**　姚永樸撰　民國八年(1919)上海商務印書館鉛印本　四冊

330000－1715－0001862　2745　集部/詩文評類/文評之屬

**文學研究法四卷**　姚永樸撰　民國五年(1916)上海商務印書館鉛印本　四冊

330000－1715－0001865　2487　集部/總集類/郡邑之屬

**姚江詩錄八卷**　謝寶書編　民國二十年(1931)中華書局鉛印本　四冊　存四卷(一至三、五)

330000－1715－0001871　2609　集部/別集類/清別集

**井心集文鈔□□卷**　(清)陳梓撰　民國抄本　一冊　存二卷(五至六)

330000－1715－0001877　2719　集部/別集類/清別集

**九烟詩鈔前集一卷後集一卷**　(清)黃周星撰　民國七年(1918)上海有正書局鉛印本　一冊　存一卷(後集)

330000－1715－0001888　2662　集部/總集類/郡邑之屬

**姚江同聲詩社三編**　松坡居士輯　民國十四年(1925)鉛印本　三冊

330000－1715－0001892　2661　史部/傳記類/別傳之屬

**續詰一卷**　周駿達撰　民國三年(1914)刻本　一冊

330000－1715－0001893　2738　集部/別集類

**舊京詩存八卷文存八卷**　孫雄撰　民國二十年(1931)鉛印本　潛廬題記　二冊　存八卷(文存一至八)

330000－1715－0001894　2682　集部/別集類/清別集

**補讀室詩稿十卷**　(清)朱蘭撰　民國二十二年(1933)中華書局鉛印本　朱復鈞題記　一冊　存五卷(一至五)

330000－1715－0001900　2689　集部/總集類

**南山頌彙不分卷**　黃守齋撰　民國大中印書館鉛印本　一冊

330000－1715－0001901　2515　集部/總集類/酬唱之屬

**玉田唱和集一卷**　項元漸輯　民國鉛印本　一冊

330000－1715－0001902　2571　集部/總集類

**南山頌彙不分卷**　黃守齋撰　民國大中印書館鉛印本　一冊

330000－1715－0001911　2468　類叢部/叢書類/彙編之屬

**四部精華一百二十五種**　陸翔選輯　民國上海世界書局石印本　一冊　存三種

330000－1715－0001918　2779、2780　集部/別集類/清別集

**帶經堂集九十二卷**　(清)王士禛撰　民國上海錦文堂石印本　四冊　存十三卷(三十二至三十八、六十七至七十二)

330000－1715－0001921　2786　類叢部/叢書類/彙編之屬

**金陵大學中國文化研究所叢刊**　金陵大學中國文化研究所編　民國金陵大學中國文化研究所刻本、鉛印本暨影印本　二冊　存一種

330000－1715－0001927　2800　集部/總集類/選集之屬/斷代

**隨園女弟子詩選六卷**　(清)袁枚輯　民國九年(1920)上海錦章圖書局石印本　一冊　存三卷(一至三)

330000－1715－0001929　2783－1　集部/別集類

**適可居詩集五卷鳳山牧笛譜二卷**　胡善曾撰　民國五年(1916)鉛印本　一冊

330000－1715－0001930　2783－2　集部/別集類

**適可居詩集五卷鳳山牧笛譜二卷**　胡善曾撰　民國五年(1916)鉛印本　一冊

330000－1715－0001932　2870　集部/詞類/詞話之屬

**填詞圖譜二卷**　(日本)竹田主人編　民國六年(1917)國學書局石印本　二冊

330000－1715－0001936　2771　集部/別集類/清別集

**緣督軒遺稿一卷**　(清)王敬銘撰　**王書衡先生文稿一卷**　王式通撰　民國四年(1915)上海商務報館鉛印本　一冊

330000－1715－0001937　2538　類叢部/叢書類/彙編之屬

**墨巢叢刻**　李宣龔輯　民國三十八年(1949)商務印書館鉛印本　一冊　存一種

330000－1715－0001939　2799　集部/別集類/宋別集

**六一居士文集五卷外集錄二卷**　(宋)歐陽修撰　民國石印本　一冊　存一卷(外集錄一)

330000－1715－0001944　2785　集部/別集類

**望虹樓遺箸三卷**　陶熙孫撰　民國二十四年(1935)鉛印本　一冊

330000－1715－0001945　2887　集部/總集類/題詠之屬

**楊馥生先生七十生辰徵求壽言啟不分卷**　朱倫基等撰　民國十一年(1922)鉛印本　姜枝先題記　一冊

330000－1715－0001947　2774　集部/總集類/選集之屬

**遯廬詩選一卷遯廬壬戌詩草一卷**　何煦編　**上海愛華製藥會社各種經驗靈藥說明書一卷**　民國十二年(1923)上海明德書局石印本　一冊

330000－1715－0001949　2876　類叢部/叢書類/自著之屬

**樊諫議集七家注六種**　(唐)樊宗師撰　樊鎮輯　民國十三年(1924)紹興樊氏繇絳書屋刻本　一冊　存一種

330000－1715－0001950　2884　集部/總集類/彙編之屬

**勤小物齋舊藏友人手札一卷**　姜枝先輯　民國二十四年(1935)稿本　一冊

330000－1715－0001951　2033　史部/政書類/公牘檔冊之屬

**餘姚縣府前路小學四十周紀念冊不分卷**　府前路小學編　民國二十七年(1938)鉛印本

一册

330000－1715－0001953　1545　新學/報章

**新聞報館三十年紀念册不分卷**　上海新聞報館編　民國十二年(1923)上海新聞報館鉛印本　一册

330000－1715－0001957　2920　類叢部/叢書類/自著之屬

**趣園八種附趣園十六趣**　(清)蔡丕撰　民國二十三年(1934)上海明善書局鉛印本暨石印本　五册　存七種

330000－1715－0001959　2919　類叢部/叢書類/彙編之屬

**尚志齋藏書**　左欽敏撰　民國湘陰左氏尚志齋刻本　十八册　存八種

330000－1715－0001962　2905　類叢部/叢書類/彙編之屬

**别下齋叢書二十七種**　(清)蔣光煦編　民國十二年(1923)上海商務印書館據清蔣氏刻本影印本　二十册

330000－1715－0001964　2917　類叢部/叢書類/自著之屬

**章氏叢書十三種**　章炳麟撰　民國六年至八年(1917－1919)浙江圖書館刻本　八册　存四種

330000－1715－0001965　2909　類叢部/叢書類/家集之屬

**天蘇閣叢刊十五種**　徐新六輯　民國三年(1914)、十二年(1923)杭縣徐氏鉛印本　六册　存十種

330000－1715－0001966　2914　類叢部/叢書類/自著之屬

**隨園三十六種**　(清)袁枚撰　民國二年(1913)上海中華圖書館鉛印本　三十四册　存十五種

330000－1715－0001969　2907　類叢部/叢書類/郡邑之屬

**太崑先哲遺書首集九種**　俞慶恩編　民國十七年至二十年(1928－1931)太倉俞氏世德堂鉛印本暨影印本　九册　存四種

330000－1715－0001970　2906　類叢部/叢書類/彙編之屬

**古今文藝叢書十集**　何藻編　民國二年至四年(1913－1915)上海廣益書局鉛印本　二册　存十二種

330000－1715－0001971　2918　類叢部/叢書類/自著之屬

**章氏叢書十三種**　章炳麟撰　民國十三年(1924)上海古書流通處據浙江圖書館刻本影印本　三册　存四種

330000－1715－0001973　2903　類叢部/叢書類/彙編之屬

**藜照廬叢書十五種**　林集虚編　民國二十四年(1935)木活字印本　六册

330000－1715－0001976　2923　類叢部/叢書類/自著之屬

**崔東壁遺書前編十九種附一種**　(清)崔述撰　民國十三年(1924)上海古書流通處據清道光陳氏刻本影印本　十八册　存十六種

330000－1715－0001978　2566　集部/總集類/酬唱之屬

**水雲詩社吟草第一集不分卷**　導淮委員會水雲詩社編輯　民國二十八年(1939)協濟印刷社石印本　一册

330000－1715－0001980　2901－1　集部/總集類/選集之屬/斷代

**國學叢選十八集**　高燮等編　民國國學商兑會鉛印本　一册　存二集(一至二)

330000－1715－0001981　2772　集部/總集類

**師竹居士徵壽贈言一卷**　嚴賡颺撰　民國十年(1921)木活字印本　一册

330000－1715－0001982　2901－2　集部/總集類/選集之屬/斷代

**國學叢選十八集**　高燮等編　民國國學商兑會鉛印本　一册　存二集(十五至十六)

330000－1715－0001983　2901－3　集部/總集類/選集之屬/斷代
**國學叢選十八集**　高燮等編　民國國學商兌會鉛印本　一冊　存二集(十七至十八)

330000－1715－0001988　2902　集部/總集類/選集之屬/斷代
**國學叢選十八集**　高燮等編　民國國學商兌會鉛印本　一冊　存二集(十七至十八)

330000－1715－0001990　2642　集部/別集類/宋別集
**信天巢遺稿一卷**　(宋)高翥撰　(清)高士奇輯　民國黃宗正抄本　一冊

330000－1715－0001993　1254　子部/醫家類/診法之屬/脈經脈訣
**校正瀕湖脈學一卷奇經八脈考一卷**　(明)李時珍撰輯　**珍珠囊指掌補遺藥性賦四卷**　(金)李杲編輯　(清)王子接重訂　**重校舊本湯頭歌訣一卷**　(清)汪昂編輯　民國三年(1914)石印本　一冊　缺二卷(三至四)

330000－1715－0002011　1657－2　子部/道家類
**列子八卷**　(晉)張湛注　(唐)殷敬順釋文　民國七年(1918)上海掃葉山房石印本　一冊

330000－1715－0002027　2931　類叢部/叢書類/彙編之屬
**四部叢刊**　張元濟等編　民國上海商務印書館影印本　二千八十三冊　存三百十九種

330000－1715－0002039　2988　史部/政書類/儀制之屬/雜禮
**俗禮解六卷**　(清)謝起龍撰　民國九年(1920)商務印書館鉛印本　一冊

330000－1715－0002054　2054　子部/藝術類/篆刻之屬/印譜
**百華印譜一卷**　民國鈐印本　一冊

330000－1715－0002082　1190　經部/四書類/孟子之屬/傳說
**孟子師說七卷**　(清)黃宗羲撰　民國二十七年(1938)梨洲年社鉛印本　一冊

330000－1715－0002159　1094　史部/傳記類/總傳之屬/家乘
**[浙江餘姚]餘姚道塘干氏宗譜八卷首一卷末一卷**　干能方　干桂榮修　干景暉纂　民國六年(1917)一本堂木活字印本　十冊

330000－1715－0002483　3591　子部/藝術類/篆刻之屬/印譜
**雲根山房印譜不分卷**　黃葆楨篆　民國十二年(1923)姚江黃氏鈐拓本　四冊

330000－1715－0002495　3600　史部/傳記類/總傳之屬/家乘
**[浙江餘姚]餘姚江南徐氏宗譜八卷**　(明)徐生祥纂修　民國五年(1916)木活字印本　一冊　存一卷(三)

330000－1715－0002500　3601　史部/傳記類/總傳之屬/家乘
**[浙江餘姚]姚江徐氏續譜十一卷首一卷**　(清)徐炎纂修　民國五年(1916)木活字印本　一冊　存八卷(首、一至七)

330000－1715－0002501　3602　史部/傳記類/總傳之屬/家乘
**[浙江餘姚]姚江徐氏三續增修宗譜十卷首一卷**　徐鼎鎬　徐華潤　徐懋桂纂　民國五年(1916)木活字印本　三冊　缺三卷(六至八)

# 慈溪市圖書館
# 民國時期傳統裝幀書籍普查登記目錄

浙江省民國時期傳統裝幀書籍普查登記目錄 · 寧波

國家圖書館出版社
National Library of China Publishing House

# 《慈溪市圖書館民國時期傳統裝幀書籍普查登記目録》

## 編委會

**主　編：**余巨平

**編纂人員：**應燕娜　陳王勤

## 《慈溪市圖書館民國時期傳統裝幀書籍普查登記目録》

# 前　言

2007 年浙江省古籍普查工作正式啓動，慈溪市圖書館作爲古籍收藏單位參與其中，在省館的統一組織、培訓下，普查工作有序推進。2015 年底，本館完成了館藏 1949 年以前傳統裝幀書籍的普查登記工作。

本館通過普查，點清館藏民國時期傳統裝幀書籍共 102 部 5668 册，全部收入本目録。我館館藏的民國時期傳統裝幀書籍主要有以下特色：一、地方文獻有 33 部，如民國上海進步書局石印本《溪上遺聞集録》記録的是明末清初時期老慈溪的“遺聞”；《退思廬醫書四種合刻》的作者嚴鴻志爲近代醫家，浙江慈溪人；《袁簡齋尺牘》《繪圖子不語》《隨園詩法叢話》《音注小倉山房尺牘》的作者袁枚祖籍爲慈溪等等。二、書籍大多爲慈溪籍知名人士捐贈，如俗文學家路工先生贈書 8 部；著名美術理論家、國畫畫家嚴摩罕先生贈書 32 部；國醫大師裘沛然先生贈書 1 部。

本館在點清家底的同時，對館藏傳統裝幀書籍進行了統一的歸置和整理，設立了專門的古籍書架，并制定了古籍管理制度，對其中的地方文獻古籍做了數字化處理。正是得益於普查工作，本館的古籍得到了進一步保護，也爲日後館藏古籍的研究奠定了基礎。但是由於本館專業人員缺乏、工作經驗不足，普查登記的條目信息恐有錯誤、紕漏之處，還望廣大古籍工作同仁及時批評指正。

慈溪市圖書館

2018 年 2 月

330000－1737－0000005　子/醫家/7(2)　集部/別集類/清別集

**箋注提要有正味齋駢體文二十四卷**　(清)吳錫麒撰　(清)王廣業箋　(清)葉聯芬注　民國十四年(1925)上海會文堂書局石印本　八冊

330000－1737－0000013　子/雜家/2　史部/地理類/雜志之屬

**谿上遺聞集錄十卷別錄二卷**　(清)尹元煒輯　民國上海進步書局石印本　二冊

330000－1737－0000015　子/醫家/19、子/醫家/20　子部/醫家類/綜合之屬/通論

**醫學達變內編一卷外編一卷**　張國華撰　民國鉛印本　二冊

330000－1737－0000017　子/雜家/6　集部/別集類/清別集

**袁簡齋尺牘十卷**　(清)袁枚撰　民國二十四年(1935)上海商務印書館鉛印本　四冊

330000－1737－0000019　子/7　子部/天文曆算類/算書之屬

**詳注全圖新算法大成八卷**　(明)程大位編　民國上海錦章圖書局石印本　四冊

330000－1737－0000020　子/小說家/3　子部/小說家類/異聞之屬

**繪圖子不語正集五卷續集三卷**　(清)袁枚編　民國十年(1921)上海錦章圖書局石印本　四冊　存四卷(一至四)

330000－1737－0000027　子/醫家/4、子/醫家/6、R254/107　子部/醫家類/類編之屬

**退思廬醫書四種合刻**　嚴鴻志撰　民國十年(1921)寧波汲綆書莊石印本　四冊　存三種

330000－1737－0000028　經/1　子部/宗教類/佛教之屬/經

**佛說阿彌陀經一卷**　錢罕書　民國三十年(1941)影印本　一冊

330000－1737－0000029　子/醫家/證斷/1、子/醫家/5　子部/醫家類/類編之屬

**退思廬醫書四種合刻**　嚴鴻志撰　民國上海千頃堂書局石印本　五冊　存二種

330000－1737－0000030　史/目錄/9　史部/目録類/總録之屬/彙刻

**彙刻書目二十卷**　(清)顧修輯　(清)朱學勤補輯　**彙刻書目二編十卷**　周毓邠輯　民國八年(1919)上海千頃堂書局石印本　十冊

330000－1737－0000031　史/傳記/3　史部/傳記類/總傳之屬/通代

**校正尚友錄統編二十四卷**　(清)錢湖釣徒編　(清)張元聲輯　民國七年(1918)上海國學圖書局石印本　六冊　存十二卷(一至十二)

330000－1737－0000032　子/醫家/10　子部/醫家類/傷寒金匱之屬/傷寒論

**傷寒來蘇集三種八卷**　(清)柯琴撰　民國二十年(1931)大眾醫學社石印本　六冊　存六卷(傷寒論註一至四、傷寒論翼一至二)

330000－1737－0000033　B249.31/23　史部/傳記類/總傳之屬/儒林

**明儒學案六十二卷**　(清)黄宗羲撰　民國五年(1916)上海文瑞樓石印本　二冊　存十卷(一至四、二十五至三十)

330000－1737－0000034　子/儒家/9、史/傳記/1、集/總集/5　類叢部/叢書類/彙編之屬

**四部備要**　中華書局編　民國二十五年(1936)上海中華書局鉛印本(經義考卷二百八十六、二百九十九至三百,東塾讀書記卷十三至十四、十七至二十、二十二至二十五原缺)　四十二冊　存三種

330000－1737－0000036　I214.9/41　類叢部/叢書類/自著之屬

**梨洲遺著彙刊(梨洲遺箸彙刊)二十七種續補三種**　(清)黄宗羲撰　薛鳳昌編次　民國十六年(1927)上海掃葉山房鉛印本(南雷文定三集卷三原缺)　二十冊

330000－1737－0000037　Z121.6/151、集/總集/17　類叢部/叢書類/彙編之屬

**四部叢刊**　張元濟等編　民國上海商務印書館影印本　二十四冊　存二種

330000－1737－0000038　集/別集/13　集部/詩文評類/詩評之屬

**隨園詩法叢話八卷**　(清)袁枚輯　民國七年(1918)上海碧梧山莊石印本　四冊

330000－1737－0000039　集/別集/13　集部/詩文評類/詩評之屬

**隨園詩法叢話八卷**　(清)袁枚輯　民國七年(1918)上海碧梧山莊石印本　四冊

330000－1737－0000040　集/總集/3　集部/詩文評類/詩評之屬

**批本隨園詩話十六卷補遺十卷附錄一卷**　冒廣生撰　民國十二年(1923)中國圖書公司和記鉛印本　二冊

330000－1737－0000041　集/詩文評/2　集部/詩文評類/詩評之屬

**批本隨園詩話十六卷補遺十卷附錄一卷**　冒廣生撰　民國十六年(1927)中國圖書公司和記鉛印本　二冊

330000－1737－0000045　集/別集/14　集部/別集類/清別集

**音註小倉山房尺牘八卷**　(清)袁枚撰　(清)胡光斗箋釋　民國十五年(1926)上海掃葉山房石印本　四冊

330000－1737－0000046　D929.49/20　史部/政書類/律令之屬/判牘

**十大名家判牘十卷**　平襟亞編　秋痕廔主評　民國十五年(1926)上海東亞書局鉛印本　一冊　存一種

330000－1737－0000047　集/別集/清/1　集部/別集類/清別集

**新體廣註小倉山房尺牘八卷**　(清)袁枚撰　(清)胡光斗箋釋　(清)徐楨增註　民國十八年(1929)上海世界書局石印本　四冊

330000－1737－0000048　集/別集/9、集/別集/9(續)　子部/小說家類

**筆記小說大觀二百二十二種**　進步書局輯　民國上海進步書局石印本　八冊　存一種

330000－1737－0000049　Z429.6/64　子部/雜著類/雜說之屬

**梵天廬叢録三十七卷**　柴萼撰　民國十五年(1926)上海中華書局石印本　十八冊

330000－1737－0000050　集/別集/45　集部/詞類/別集之屬

**西麓繼周集一卷**　(宋)陳允平撰　民國十八年(1929)商務印書館鉛印本　一冊

330000－1737－0000051　集/詩詞/1　集部/詞類/總集之屬

**絕妙好詞箋七卷**　(宋)周密輯　(清)查為仁　(清)厲鶚箋　**續鈔二卷**　(清)余集輯　(清)徐楙補錄　民國十二年(1923)上海掃葉山房石印本　四冊

330000－1737－0000052　集/詞曲/16　類叢部/叢書類/彙編之屬

**袖珍古書讀本三十種**　中華書局編　民國十九年(1930)上海中華書局鉛印本　四冊　存一種

330000－1737－0000053　集/詩詞/1　集部/詞類/總集之屬

**絕妙好詞箋七卷**　(宋)周密輯　(清)查為仁　(清)厲鶚箋　**續鈔二卷**　(清)余集輯　(清)徐楙補錄　民國上海掃葉山房石印本　四冊

330000－1737－0000054　集/總集/42　集部/別集類/宋別集

**四明文獻集五卷**　(宋)王應麟撰　(明)鄭真輯　**深寧先生文鈔摭餘編三卷**　(宋)王應麟撰　(清)葉熊輯　**深寧先生[王應麟]年譜一卷**　(清)錢大昕編　**王深寧先生[應麟]年譜一卷**　(清)陳僅撰　(清)張恕編　**王深寧先生[應麟]年譜一卷**　(清)張大昌輯　民國五年(1916)仁和王存善鉛印本　四冊

330000－1737－0000055　集/總集/46　集部/總集類/郡邑之屬

**四明春風詩社詩草不分卷**　張咀英編　民國十六年(1927)鉛印本　一冊

330000－1737－0000056　集/詩詞/41　集

部/别集類/清别集

**紫竹山房遺稿一卷**　（清）朱承勳撰　（清）朱文治重錄　民國二十二年（1933）上海中華書局鉛印本　一冊

330000－1737－0000057　集/别集/15　史部/傳記類/總傳之屬/斷代

**清代名人軼事十六卷**　葛虛存撰　民國八年（1919）上海會文堂書局石印本　四冊　存九卷（一至九）

330000－1737－0000058　集/别集/41　集部/别集類

**匏園詩存四卷**　楊振驤撰　民國七年（1918）鉛印本　一冊

330000－1737－0000059　集/别集/43　集部/别集類

**秋螢集二卷**　葉秉成撰　民國十九年（1930）王文翰等鉛印本　一冊

330000－1737－0000060　集/别集/44　集部/别集類

**避暑山莊詩一卷**　虞和欽撰　民國十四年（1925）石印本　一冊

330000－1737－0000061　集/40　子部/藝術類/書畫之屬/總論

**江村銷夏錄三卷**　（清）高士奇撰　民國上海有正書局影印本　三冊

330000－1737－0000062　集/總集/8　集部/總集類/郡邑之屬

**四明清詩略三十二卷首三卷**　（清）董沛輯　**續稿八卷**　忻江明輯　**姓氏韻編一卷**　民國十九年（1930）中華書局鉛印本　二十冊

330000－1737－0000064　集/詩文/44　類叢部/叢書類/彙編之屬

**春暉叢書二種**　張天錫輯　民國九年至十二年（1920－1923）鉛印本　一冊　存一種

330000－1737－0000065　集/别集/37　類叢部/叢書類/自著之屬

**舜水遺書四種附錄一卷**　（明）朱之瑜撰　民國二年（1913）山陰湯壽潛鉛印本　培德題記　十二冊

330000－1737－0000067　I226/33　集部/别集類

**悲華經舍詩存五卷**　洪允祥撰　民國二十二年（1933）慈谿洪氏慎思軒鉛印本　一冊

330000－1737－0000069　集/詩文評/1　集部/詩文評類/詩評之屬

**隨園詩話十六卷補遺十卷**　（清）袁枚撰　民國上海廣益書局石印本　四冊　缺六卷（補遺五至十）

330000－1737－0000073　Z121.6/157　類叢部/叢書類/彙編之屬

**四部叢刊**　張元濟等編　民國上海商務印書館影印本　十冊　存四種

330000－1737－0000076　文/3　集部/曲類/散曲之屬

**散曲叢刊十五種**　任訥輯　民國二十年（1931）上海中華書局鉛印本　一冊　存一種

330000－1737－0000077　文/2　集部/曲類

**飲虹簃所刻曲三十種**　盧前編　民國二十五年（1936）金陵盧氏刻本　二冊　存二種

330000－1737－0000082　文/1　集部/小說類/長篇之屬

**續紅樓夢三十卷**　（清）秦子忱撰　民國十年（1921）上海大成書局石印本　六冊

330000－1737－0000083　字/1　集部/總集類/謠諺之屬

**恒諺記一卷**　（清）呂惺吾輯　民國鉛印本　一冊

330000－1737－0000087　I565.25/12　類叢部/叢書類/彙編之屬

**新文藝叢書**　民國二十二年（1933）上海中華書局鉛印本　一冊　存一種

330000－1737－0000089　集/曲類/4　集部/曲類

**峴南道唱演一卷**　（清）丹徒樵隱撰　民國峴南學社刻本　一冊

330000－1737－0000091　文/4　集部/曲類/彈詞之屬

**繡像全圖再生緣全傳二十卷八十回**　(清)陳端生撰　民國石印本　一冊　存一卷(四)

330000－1737－0000095　集/總集/32　集部/曲類

**小說唱詞□□回**　民國抄本　五冊　存五回(十、十三、十六、□、□)

330000－1737－0000098　經/4　類叢部/叢書類/彙編之屬

**四庫全書珍本初集二百三十種**　中央圖書館籌備處輯　民國二十三年至二十四年(1934－1935)上海商務印書館據文淵閣本影印本(原缺六十六卷)　一千七百七十二冊　存二百二十七種

330000－1737－0000099　經/2(1)　類叢部/叢書類/彙編之屬

**四部叢刊續編七十七種**　張元濟等編　民國二十三年(1934)上海商務印書館影印本(儀禮疏卷三十二至三十七、周易要義卷三至六、禮記要義卷一至二、麟臺故事卷四至五原缺)　四百六十三冊　存五十九種

330000－1737－0000100　經/3　類叢部/叢書類/彙編之屬

**選印宛委別藏四十種**　故宮博物院編　民國二十四年(1935)上海商務印書館影印本　一百三十九冊　存三十八種

330000－1737－0000101　集/別集/23　集部/別集類/宋別集

**黃衲集二卷**　(宋)黃庭堅撰　錢智修編　民國二十六年(1937)上海開明書店鉛印本　一冊

330000－1737－0000102　史/傳記/3　集部/別集類/清別集

**校訂定盦全集十卷**　(清)龔自珍撰　**定盦年譜藁本一卷**　黃守恆撰　民國九年(1920)上海掃葉山房石印本　五冊　存七卷(一至七)

330000－1737－0000104　集/詩詞/30　集部/詞類/別集之屬

**春燈詞一卷**　劉麟生撰　民國三十年(1941)鉛印本　一冊

330000－1737－0000105　子/雜家/19　史部/傳記類/日記之屬

**味水軒日記八卷**　(明)李日華撰　民國吳興劉氏嘉業堂刻嘉業堂叢書本　□汀跋　四冊　缺二卷(七至八)

330000－1737－0000106　子/雜家/18　經部/小學類/文字之屬/字書/通論

**中國文字之原始及其構造二編**　蔣善國撰　民國二十二年(1933)上海商務印書館石印本　二冊

330000－1737－0000107　經/5　類叢部/叢書類/彙編之屬

**四部備要**　中華書局編　民國二十五年(1936)上海中華書局鉛印本(經義考卷二百八十六、二百九十九至三百,東塾讀書記卷十三至十四、十七至二十、二十二至二十五原缺)　二千一百二十一冊　存二百九十三種

330000－1737－0000108　集/詞/31　集部/詞類/別集之屬

**味閒堂詞鈔一卷**　(清)陶然撰　民國十八年(1929)中華書局鉛印本　一冊

330000－1737－0000109　集/別集/32　集部/別集類/宋別集

**橫浦先生文集二十卷**　(宋)張九成撰　(宋)郎曄編　**無垢先生橫浦心傳錄三卷橫浦日新一卷**　(宋)于恕編　**施先生孟子發題一卷**　(宋)施德操撰　**橫浦先生家傳一卷**　(宋)張榕撰　民國十四年(1925)海鹽張氏據明萬曆刻本影印本　八冊

330000－1737－0000111　集/別集/28　集部/別集類/唐五代別集

**錦囊集四卷外集一卷**　(唐)李賀撰　民國十二年(1923)秀水金氏刻本　二冊

330000－1737－0000112　集/別集/33　子部/藝術類/書畫之屬/畫法畫品

**畫梅辯難初編四卷二編四卷三編四卷** 傅崇畯撰 傅煥等記述 民國三年(1914)興業印書局、四年(1915)武林印書館、八年(1919)武林印書館鉛印本 三冊

330000－1737－0000113 史/傳記/5 類叢部/叢書類/自著之屬
**清都散客二種** (明)趙南星撰 盧前校訂 民國二十五年(1936)上海中華書局鉛印本 一冊

330000－1737－0000114 史/傳記/6 史部/傳記類/總傳之屬/斷代
**敏求軒述記十六卷** (清)陳世箴輯 民國四年(1915)上海掃葉山房石印本 四冊

330000－1737－0000116 集/别集/16 集部/别集類/明别集
**疑雨集註四卷** (明)王彦泓撰 丁國鈞注 民國十三年(1924)上海掃葉山房石印本 四冊

330000－1737－0000117 集/總集/25 史部/史評類/詠史之屬
**十六國宫詞二卷** (清)周昇撰並註 民國上海掃葉山房石印本 四冊

330000－1737－0000118 集/總集/26 集部/别集類/清别集
**香屑集十八卷首一卷末一卷** (清)黄之雋撰 (清)陳邦直注 民國十五年(1926)上海掃葉山房石印本 四冊

330000－1737－0000119 集/26 集部/詞類/詞話之屬
**詞謔四卷** (明)□□撰 盧前校 民國二十五年(1936)中華書局鉛印本 一冊

330000－1737－0000121 集/詩文集/35 集部/詩文評類/詩評之屬
**北江詩話六卷** (清)洪亮吉撰 民國十四年(1925)上海掃葉山房石印本 二冊

330000－1737－0000122 子/雜家/14、15 子部/雜著類/雜説之屬
**鷗陂漁話六卷吹網録六卷** (清)葉廷琯撰 民國上海埽葉山房石印本 六冊

330000－1737－0000124 子/小說家/10 史部/傳記類/日記之屬
**緣督廬日記抄十六卷(清同治九年閏十月至民國六年九月)** 葉昌熾撰 王季烈輯 民國二十二年(1933)上虞羅氏上海蟫隱廬石印本 十六冊

330000－1737－0000125 子/雜家/17 集部/别集類
**積微居文録三卷** 楊樹達撰 民國二十三年(1934)上海商務印書館鉛印本 二冊 存二卷(一至二)

330000－1737－0000126 子/書畫/12 史部/傳記類/總傳之屬/技藝
**墨林今話十八卷** (清)蔣寶齡撰 **續編一卷** (清)蔣茝生撰 民國十四年(1925)上海中華書局鉛印本 五冊 存十六卷(一至十六)

330000－1737－0000127 I207.22/271 集部/詩文評類/詩評之屬
**詩品注三卷** (南朝梁)鍾嶸撰 陳延傑注 **詩選一卷** 陳延傑選 民國十九年(1930)上海開明書店鉛印本 一冊

330000－1737－0000128 子/藝術/16 子部/藝術類/書畫之屬/畫法畫品
**小蓬萊閣畫鑑七卷獵古集一卷** (清)李修易撰 (清)李厥猷編訂 民國二十三年(1934)上海商務印書館鉛印本 一冊

330000－1737－0000130 I222.752/89 集部/别集類
**悔復堂詩一卷外録一卷** 應啟墀撰 **寥陽館詩草一卷附録一卷** 姚壽祁撰 民國三十一年(1942)鉛印本 一冊

330000－1737－0000131 子/雜家/11 子部/雜著類/雜説之屬
**三餘札記四卷** 劉文典撰 民國二十四年(1935)、二十八年(1939)上海商務印書館鉛印本 一冊 存二卷(三至四)

330000－1737－0000132 Z121.6/141 類叢

部/叢書類/彙編之屬

**四部叢刊** 張元濟等編 民國八年(1919)上海商務印書館影印本 二十一册 存八種

330000－1737－0000133 集/别集/32 集部/别集類/宋别集

**歐陽文忠公集一百五十三卷附録五卷** (宋)歐陽修撰 民國上海涵芬樓影印本 十册 存五十卷(一至五十)

330000－1737－0000134 集/總集/29 史部/目録類/專録之屬

**褐木廬藏劇目附録一卷補遺一卷續補遺一卷** 宋春舫編 民國鉛印本 一册

330000－1737－0000135 經/1(1) 類叢部/叢書類/彙編之屬

**四部叢刊三編七十一種** 張元濟等編 民國二十四年至二十五年(1935－1936)上海商務印書館影印本(長興集卷一至十二、三十一、三十三至四十一原缺) 四百九十一册 存六十六種

330000－1737－0000137 D691.5/167 子部/宗教類/佛教之屬

**佛學叢書□□種** 丁福保輯 民國上海醫學書局鉛印本暨影印本 一册 存一種

330000－1737－0000140 K810.2/60 史部/傳記類/總傳之屬/家乘

**[湖南益陽]益陽板橋周氏六修族譜四十卷附一卷** 周繼浚 周繼勛主修 周祚銈等纂修 民國二十年(1931)鉛印本 四十一册

330000－1737－0000141 K810.2/58 史部/傳記類/總傳之屬/家乘

**[湖南沅江]漢沅祝氏六修族譜三十五卷首一卷** 祝湘譽纂修 民國三十五年(1946)太原堂木活字印本 三十五册

330000－1737－0000142 K820.9/291 史部/傳記類/總傳之屬/家乘

**[湖南湘鄉]湘鄉城北張氏叔房支譜十卷** 張少連纂修 民國十七年(1928)孝友堂木活字印本 十册

330000－1737－0000143 K820.9/314 史部/傳記類/總傳之屬/家乘

**[湖南寧鄉]楚溈王氏六修族譜十卷首一卷** 王世球纂修 民國三十二年(1943)太原堂木活字印本 九册 缺一卷(九)

330000－1737－0000144 K820.9/288 史部/傳記類/總傳之屬/家乘

**[湖南湘鄉]龍氏三修族譜** 龍景文纂修 民國九年(1920)納言堂刻本 二十四册

330000－1737－0000145 K820.9/289 史部/傳記類/總傳之屬/家乘

**[湖南長沙]田心劉氏源安支四修譜二十一卷首二卷** 劉高悦主修 民國二十六年(1937)尚義堂木活字印本 二十四册

330000－1737－0000146 K820.9/318 史部/傳記類/總傳之屬/家乘

**[湖南瀏陽]柏樹邨陳氏家譜十二卷首一卷** 陳世葑纂修 民國二十一年(1932)木活字印本 十三册

330000－1737－0000147 K820.9/317 史部/傳記類/總傳之屬/家乘

**[湖南臨湘]黄氏聯修族譜十八卷** 黄右昌纂修 民國三十六年(1947)江夏堂木活字印本 十七册

330000－1737－0000148 K820.9/95 史部/傳記類/總傳之屬/家乘

**[浙江餘姚]餘姚史氏宗譜十二卷首二卷末三卷** 史良書等纂修 民國三年(1914)木活字印本 十二册 缺二卷(首一、末三)

330000－1737－0000149 K810.2/57 史部/傳記類/總傳之屬/家乘

**[湖南湘鄉]新橋吴氏族譜六卷** 吴傳勲 吴英儀纂修 民國二十年(1931)世讓堂木活字印本 六册

330000－1737－0000150 K820.9/319 史部/傳記類/總傳之屬/家乘

**[湖北麻城]洪氏宗譜八卷首二卷** 洪象煃纂修 民國五年(1916)義居堂刻本 十册

330000－1737－0000151　K82.9/322　史部/傳記類/總傳之屬/家乘
**［湖北麻城］孫氏宗譜八卷**　孫濟川纂修　民國六年（1917）映雪堂刻本　八册

330000－1737－0000152　K820.9/313　史部/傳記類/總傳之屬/家乘
**［湖南常德］丁氏族譜十九卷首二卷**　丁華甲纂修　民國二十七年（1938）濟陽堂刻本　二十一册

330000－1737－0000153　K820.9/279　史部/傳記類/總傳之屬/家乘
**［湖北麻城］李氏族譜二十二卷首六卷**　李道灉纂修　民國三十五年（1946）餘慶堂刻本　二十八册

330000－1737－0000154　K820.9/316　史部/傳記類/總傳之屬/家乘
**［湖南寧鄉］胡氏三修支譜二卷**　胡保臣總修　胡瑞湘纂修　民國三十一年（1942）寶來堂刻本　二册

330000－1737－0000156　K810.2/61　史部/傳記類/總傳之屬/家乘
**［湖北羅田］王氏宗譜七卷首一卷**　王應仁主修　民國三十五年（1946）三槐堂刻本　七册

330000－1737－0000157　K820.9/320　史部/傳記類/總傳之屬/家乘
**［湖北麻城］王氏宗譜七卷首一卷**　王遵海纂修　民國三槐堂刻本　八册

330000－1737－0000158　K820.9/324　史部/傳記類/總傳之屬/家乘
**［湖北］陶氏宗譜七卷首一卷**　陶海瀾編　民國十五年（1926）五柳堂刻本　八册

# 《寧波市圖書館民國時期傳統裝幀書籍普查登記目録》書名筆畫字頭索引

## 一畫



## 二畫



## 三畫



## 四畫



## 五畫

## 六畫



## 七畫

## 八畫



## 九畫

## 十畫



## 十一畫

## 十二畫

## 十三畫



## 十四畫

## 十五畫



## 十六畫



## 十七畫



## 十八畫

## 十九畫



## 二十畫



## 二十一畫



## 二十二畫



## 二十三畫



## 二十四畫

# 《寧波市圖書館民國時期傳統裝幀書籍普查登記目録》
## 書名筆畫索引

### 一畫



### 二畫



### 三畫

## 四畫

## 五畫

## 六畫

## 七畫

## 八畫

## 九畫

## 十畫

## 十一畫

## 十二畫

## 十三畫

## 十四畫

## 十五畫

## 十六畫

## 十七畫



## 十八畫

## 十九畫



## 二十畫



## 二十一畫

## 二十二畫



## 二十三畫



## 二十四畫

# 《寧波市檔案館民國時期傳統裝幀書籍普查登記目録》
## 書名筆畫字頭索引

### 四畫



### 六畫



### 八畫



### 九畫



### 十畫

# 《寧波市檔案館民國時期傳統裝幀書籍普查登記目録》

## 書名筆畫索引

### 四畫



### 六畫



### 八畫



### 九畫



### 十畫

# 《寧波市北侖區圖書館民國時期傳統裝幀書籍普查登記目録》
## 書名筆畫字頭索引

### 十八畫

# 《寧波市北侖區圖書館民國時期傳統裝幀書籍普查登記目録》
## 書名筆畫索引

### 十八畫

# 《寧波市鎮海區文物保護管理所民國時期傳統裝幀書籍普查登記目録》
## 書名筆畫字頭索引

### 二畫



### 三畫



### 四畫



### 五畫



### 六畫



### 七畫

## 八畫



## 九畫



## 十畫



## 十一畫

## 十二畫



## 十三畫



## 十四畫



## 十五畫



## 十六畫

## 十七畫



## 十八畫



## 十九畫



## 二十畫



## 二十一畫



## 二十二畫



## 二十四畫

# 《寧波市鎮海區文物保護管理所民國時期傳統裝幀書籍普查登記目録》
## 書名筆畫索引

### 二畫



### 三畫



### 四畫



### 五畫

## 六畫



## 七畫



## 八畫

## 九畫



## 十畫

## 十一畫



## 十二畫

## 十三畫



## 十四畫

## 十五畫



## 十六畫



## 十七畫



## 十八畫

## 十九畫



## 二十畫



## 二十一畫



## 二十二畫



## 二十四畫

# 《寧波市鄞州區圖書館民國時期傳統裝幀書籍普查登記目録》
## 書名筆畫字頭索引

### 四畫



### 五畫



### 六畫



### 七畫



### 八畫



### 九畫



### 十畫



### 十一畫



### 十二畫



### 十三畫



### 十四畫



### 十五畫

## 十六畫



## 十七畫



## 十九畫



## 二十一畫

# 《寧波市鄞州區圖書館民國時期傳統裝幀書籍普查登記目録》

## 書名筆畫索引

### 四畫



### 五畫



### 六畫



### 七畫



### 八畫



### 九畫



### 十畫



### 十一畫

## 十二畫



## 十三畫



## 十四畫



## 十五畫



## 十六畫



## 十七畫



## 十九畫



## 二十一畫

# 《寧波市奉化區文物保護管理所民國時期傳統裝幀書籍普查登記目録》
## 書名筆畫字頭索引

### 二畫



### 三畫



### 四畫



### 五畫



### 六畫

## 七畫



## 八畫

## 九畫



## 十畫

## 十一畫



## 十二畫

## 十三畫



## 十四畫

## 十五畫



## 十六畫



## 十七畫



## 十八畫



## 十九畫



## 二十畫

## 二十一畫



## 二十二畫



## 二十三畫



## 二十四畫



## 二十五畫



## 二十六畫



## 二十八畫

# 《寧波市奉化區文物保護管理所民國時期傳統裝幀書籍普查登記目録》
## 書名筆畫索引

### 二畫



### 三畫

## 四畫

## 五畫

## 六畫

## 七畫

## 八畫

## 九畫

## 十畫

## 十一畫

## 十二畫

## 十三畫

## 十四畫

## 十五畫

## 十六畫

## 十七畫



## 十八畫



## 十九畫

## 二十畫



## 二十一畫



## 二十二畫



## 二十三畫

## 二十四畫



## 二十五畫



## 二十六畫



## 二十八畫

# 《餘姚市文物保護管理所民國時期傳統裝幀書籍普查登記目録》
# 書名筆畫字頭索引

## 一畫



## 二畫



## 三畫



## 四畫



## 五畫



## 六畫

## 七畫



## 八畫



## 九畫

## 十畫



## 十一畫



## 十二畫

## 十三畫



## 十四畫



## 十五畫

## 十六畫



## 十七畫



## 十八畫



## 十九畫



## 二十一畫



## 二十二畫



## 二十四畫

# 《餘姚市文物保護管理所民國時期傳統裝幀書籍普查登記目録》

## 書名筆畫索引

### 一畫



### 二畫



### 三畫



### 四畫

## 五畫

## 六畫



## 七畫

## 八畫

## 九畫

# 十畫

## 十一畫

## 十二畫

## 十三畫

## 十四畫



## 十五畫

## 十六畫



## 十七畫



## 十八畫

## 十九畫



## 二十一畫



## 二十二畫



## 二十四畫

# 《慈溪市圖書館民國時期傳統裝幀書籍普查登記目録》
## 書名筆畫字頭索引

### 二畫



### 三畫



### 四畫



### 五畫



### 六畫



### 七畫



### 八畫



### 九畫



### 十畫



### 十一畫



### 十二畫

## 十三畫



## 十四畫



## 十五畫



## 十六畫



## 十七畫



## 十八畫



## 十九畫



## 二十一畫



## 二十二畫

# 《慈溪市圖書館民國時期傳統裝幀書籍普查登記目録》書名筆畫索引

## 二畫



## 三畫



## 四畫



## 五畫



## 六畫



## 七畫



## 八畫



## 九畫

## 十五畫



## 十六畫



## 十七畫



## 十八畫



## 十九畫



## 二十一畫



## 二十二畫